ナチス・ドイツと中国国民政府

一九三三―一九三七

田嶋信雄――［著］

東京大学出版会

NAZI GERMANY AND REPUBLICAN CHINA, 1933-1937
Nobuo TAJIMA

University of Tokyo Press, 2013
ISBN 978-4-13-036244-3

目次

凡　例

一．引用文中の〔　〕内の註は、引用者による。

二．註において、既出の文献は適宜略記した。ただし、引用箇所が離れている場合はこの限りではない。なお、引用された文献はすべて巻末の文献目録に掲載しておいたので、不明の場合はそちらを参照されたい。

三．史料の出典を略記する場合は、以下のように記した。

A　文書館史料

Bundesarchiv（Berlin-Lichterfelde）→ BA-L

Bundesarchiv-Militärarchiv（Freiburg）→ BA-MA

Politisches Archiv des Auswärtigen Amts（Berlin）→ PAdAA

B　刊行史料

Akten zur Deutschen Auswärtigen Politik 1918-1945 → *ADAP*

Akten der Reichskanzlei, Regierung Hitler → *AdR, Regierung Hitler*

『蔣中正総統档案　事略稿本』→『事略稿本』

『中徳外交密档（一九二七―一九四七）』→『中徳外交密档』

四．ドイツの文書館史料の引用に際しては、以下の基準にしたがった。

(1)文書がマイクロフィルム化されている場合、文書綴名および文書に付されているフレーム番号を記す。

(2)文書がマイクロフィルム化されていない場合で、かつオリジナル文書綴に手書きなどで頁数が付されている場合、その文書綴名および頁数を記す。

(3)上記(1)および(2)以外の場合、すなわち文書がマイクロフィルム化されておらず、また手書きなどの頁数も付されていない場合は、たんに文書綴名のみを記す。

五．訳文は注釈のない限り筆者訳である。

六．ドイツ語および英語の固有名詞の発音表記は、基本的には以下の二著に依拠したが、なお慣用にしたがったところもある。

Das Aussprachewörterbuch（Duden 6）（Mannheim: Bibliographisches Institut 1974）

『固有名詞英語発音辞典』（三省堂　一九六九年）

序　章　研究の視座と前提

第一節　問題の設定

第一次世界大戦での敗北とヴェルサイユ講和条約の調印により、青島・南洋諸島などを含む植民地の一切を失ったドイツは、以後東アジアにおける国際政治の主要な舞台からほぼ姿を消し、その外交的エネルギーの多くをヨーロッパにおける政治的な地位の回復に集中させることとなった。一九二六年に常任理事国として国際連盟に加入を果たしたのちも、ドイツの東アジアにおける消極姿勢は基本的に変化がなかったといえる。

一九三三年一月三〇日にヒトラー（Adolf Hitler）が首相に任命され、ナチズム権力が成立したのちも、しばらくはこうしたドイツの東アジア政策に変化の兆候は見られなかった。ヒトラー政権は同年二月二三日の国際連盟臨時総会で、リットン報告書の趣旨を盛り込んだ一九人委員会の対日勧告の採択に賛成しており、必ずしも東アジアにおける日本の侵略行動を支持していたわけではなかった。

さらにドイツは約半年後の一九三三年一〇月一四日、国際連盟およびジュネーヴ軍縮会議からの脱退を宣言したが、これは東アジアの国際情勢とは基本的に無関係な行動であり、日本の脱退に追随するという性質を持つものでもなかった。

こうした東アジアでの消極姿勢は、一九三六年にナチス・ドイツが締結した三つの重要な協定・条約によりドラスティックに変化し、ドイツはその東アジアでのプレゼンスを一挙に拡大することとなった。

まず一九三六年四月三〇日、ドイツ外務省から東アジアに派遣されていたキープ（Otto Kiep）無任所公使が、「満洲国」との間で独「満」貿易協定を締結し、一億円規模の独「満」貿易の実施とその支払い方法などについて合意に達した。当時、ドイツ外務省通商局のリッター（Karl Ritter）局長は、東南欧・ラテンアメリカ・東アジア各国を対象として、外国為替節約のための双務主義的な貿易清算協定の締結を組織的・体系的に推進していたが、この独「満」貿易協定もその一環であった。しかもドイツはこの協定の締結により、結果的に日本の傀儡国家「満洲国」を事実上承認することとなったのである。(1)

第二にドイツは、同年一一月二五日、日本との間で日独防共協定を締結するにいたった。この協定のドイツ側推進勢力は、ドイツ国防省内部で独自の外交政策方針を追求していた防諜部長カナーリス（Wilhelm Canaris）と、同じくドイツ外務省内部で独自の外交政策方針を追求していた軍縮問題全権代表（一九三六年八月よりロンドン駐在大使）リッベントロップ（Joachim von Ribbentrop）、さらに東京駐在ドイツ大使ディルクセン（Herbert von Dirksen）らであった。対日交渉は、ドイツ外務省やドイツ国防省の激しい反対にもかかわらず、当時のドイツ駐在日本陸軍武官大島浩を相手に極秘裏に進められた。協定の内容は、文言上コミンテルンを、しかし実際上はソ連を対象として、日独の官憲が情報交換および防諜の面で協力するというものであり、国防省防諜部長カナーリスの政治的意図が明瞭に反映していたのである。(2)

さらに第三に、同年四月八日、中国国民政府の国防建設機関＝資源委員会からドイツに派遣されていた顧振を団長とする代表団が、約二カ月にわたる交渉ののち、一億ライヒスマルク（以下ＲＭ）におよぶ借款を内容とする中独条約（ハプロ条約とも呼ぶ）に調印した。ドイツ側でこの条約の推進勢力となったのは、かつて「国防軍の父」とも称された元陸軍総司令官ゼークト（Hans von Seeckt）、武器商人クライン（Hans Klein）およびその会社ハプロ（HAPRO, Handelsgesellschaft für industrielle Produkte）、国防大臣ブロムベルク（Werner von Blomberg）、国防省軍務局長（一九三五年一〇月より第七軍管区司令官）ライヒェナウ（Walter von Reichenau）、国防省国防経済幕僚部長トーマス（Georg Thomas）らであり、さらに当時ドイツで「経済の独裁者」とも称されていた経済大臣兼ライヒスバンク総裁シャハト（Hjalmar Schacht）であった。この条約は、中国に借款を供与してドイツ製武器の大量購入を可能にし、中国の対日抗戦力形成の重要な一翼を担った。

以上のように、一九三六年にドイツが東アジアで締結した三つの条約は、歴史の横軸で見ると、それぞれが志向する内容はまったく異なるとはいえ、一九三〇年代半ばにおけるドイツの東アジアに対する政治的・外交的なコミットメントの一挙的拡大、すなわちヴァイマール共和制時代のドイツ東アジア政策からナチズム東アジア政策への「非連続的」側面を、国際法的に鮮やかに表現していたといえよう。こうした非連続的側面は、「満洲国」との間で締結された独「満」貿易協定、一九三五年七―八月のコミンテルン第七回大会への反動として成立した日独防共協定にとりわけ顕著であった。

しかしながら、視点を歴史の縦軸に置くと、ドイツ＝東アジア関係史の連続的側面が浮かび上がる。こうした「連続的」な側面は、とりわけ中独関係史において多くの比重を占めていた。

かつて広東政府の権力者であった孫文は、ドイツの科学力・技術力・組織力を大いに賞賛し、その親ソ政策と併せて中独ソ三国の協力関係の形成に尽力するとともに、一九二四年春には腹心の朱和中をベルリンに派遣し、手榴弾、榴弾、航空機搭載用爆弾、火炎放射器、毒ガスなどの製造をおこなう武器工場を広東に建設する計画を推進させた。同時に孫文は、元中国駐在ドイツ公使・元外務大臣ヒンツェ（Paul von Hintze）を「政治顧問」、元青島総督シュラーマイアー（Wilhelm Schrameier）を「経済顧問」として広東に招聘し（シュラーマイアーは実際に広州に着任）、さらに広東政府の軍事顧問団を形成するため、第一次世界大戦時の参謀次長ルーデンドルフ（Erich Ludendorff）や当時の陸軍総司令官ゼークトとの接触を図っていたのである。(3)

こうした中独協力重視の政策は、孫文亡きあとも中国国民党のなかで継承された。留独経験のある中山大学教授朱家驊（一九三一年以降国民政府教育部長、交通部長などを歴任）が、国民党とドイツの関係を取り持ち、孫文の息子孫科や軍人陳儀などが訪独して、中独経済協力や兵器工場建設計画の実現を目指す一方で、一九二八年には蔣介石がかつてルーデンドルフの幕僚であったバウアー（Max Bauer）退役大佐にドイツ軍事顧問団の組織化を委ね、バウアーの客死後はナチス党員クリーベル（Hermann von Kriebel）を、さらに元国防省軍務局長ヴェッツェル（Georg Wetzell）を軍事顧問団長として採用して、国民政府軍の組織化と訓練を委嘱した。(4)

一九三三年一月三〇日にナチズムが権力を掌握したあとも、こうした中独協力は変わらずに継続した。一九三三年五月から七月にかけ、ゼークトが中国を旅行し、翌三四年五月に第四代軍事顧問団長を引き受けたのも、また南京国民政府がゼークトおよび武器商人クラインを通じて中独経済協力の実現を目指したのも、孫文以来の国民党の親独政策に則ったものであった。さらに広東と広西を実質的に支配している西南派が、孫文以来の広東武器工場建設計画を実現するため密かにゼークトおよびクラインと連絡を取っていたことも同様であった。

しかしながら、こうした従来からの中独協力に大きなモメンタムを与えたのは、逆説的にも、やはりナチズム政権の成立という非連続的な要素であった。ヴァイマール共和制の下でソヴィエト連邦およびソヴィエト赤軍との秘密の軍事協力関係を構築し、多くの利益を享受していたドイツ国防軍は、ナチズム政権成立により従来の独ソ軍事協力の放棄を強いられ、あらたにソヴィエト連邦のさらに東の国、すなわち中国を重要な軍事的パートナーとして選択することとなったのである。

一九三六年四月八日に調印された中独条約は、こうして孫文以来の国民党親独政策の集大成であるとともに、ナチズム体制下のドイツ国防省が全力を傾注して実現を目指した、国防経済政策上の重要な成果であった。しかも中独条約は、成立過程のみではなく、執行過程もまた極めて重要であった。

一九三六年夏、元ドイツ国防省軍務局長ライヒェナウ中将が中国を訪問した。その目的は、ドイツ国防軍と中国国民政府との政治的友好関係を対外的にも強調するとともに、中独条約の執行過程を現地で監督することにあった。さらにライヒェナウは、この訪中の過程で、概略以下のような中国軍の強化策を打ち出した。

第一に、ドイツ国防軍の指導の下で中国軍を組織的に再編成することである。まず蔣介石に直属する「組織局」を設置し、そのもとに軍事部門と経済・技術部門を置く。それぞれの部門に現役のドイツ参謀将校からなる「軍事顧問団本部」と「経済・技術顧問団本部」を設け、蔣介石に対する直接の諮問機関とする。

第二に、六個師団・一〇万人からなる中国中央軍を設立し、のちにそれを三〇万人にまで拡大する。さらに、それぞれの師団の配属地に軍需産業を育成し、各師団に必要な軍備を供給する。そうした軍需産業は、原料生産から武器・弾薬の製造にいたるまでの生産を担当する化学・金属工業のコンビナートを構成する。

第三は、ドイツからの緊急の対中国武器輸出計画である。さしあたり四隻の、計画全体としては五〇隻の高速魚雷艇を緊急輸出する。加えて多数の沿岸防衛用一五センチ砲台、および機雷封鎖設備を中国に供給する。これにより「揚子江は敵の艦隊に対し遮蔽しうる」とされた。

第四は、こうしたさまざまな近代兵器の運用のため、中国人留学生をドイツに派遣し、機械技術者として養成することであった。

ライヒェナウの計画は、以上のように、極めて軍事的な色彩が濃いものであり、しかもその仮想敵は明らかに日本であった。孫文以来の中独協力は、まさしくライヒェナウの訪中によりその頂点に達したのである。

実際、約一年後の一九三七年七月七日に勃発した日中戦争で、日本軍が戦った中国軍部隊の多くは、ファルケンハウゼン（Alexander von Falkenhausen）らドイツ軍事顧問団により訓練され、ドイツ製兵器で武装されていた。とりわけ一九三七年八月一三日から始まる第二次上海事変に投入された軍隊は、ドイツ軍事顧問団が永年精魂を込めて鍛え上げた精鋭軍であり、日本軍はここで大きな抵抗に遭遇することになる。当時同盟通信社上海支局長であった松本重治は、一九三八年二月、「日中戦争は、一面、日独戦争である」と喝破したが[5]、まさしく日中戦争は、その初期においては「第二次日独戦争」の性格を色濃く帯びていたのであった。

以上に見たように、一九三六年四月八日に締結された中独条約は、一方でナチズム外交における東アジア・コミットメントの一挙的拡大、すなわち史的非連続面と、他方で孫文以来の中独協力関係からの史的連続面が交差したところで成立した、極めて重要な条約であったと考えることができる。本書が分析・叙述しようとするのも、まさしくこの中独条約の成立と執行の政治過程にほかならない。

一九三六年中独条約は、以上のように、ナチス・ドイツの東アジア政策を考える上でも、また第一次世界大戦後の中独協力関係の発展とその帰結を考える上でも、さらに広く日中戦争勃発前の東アジア国際関係を考える上でも研究戦略上枢要な位置を占めるが、第二次世界大戦終結後から今日にいたるまで、この時期の中独関係史を一つのまとまりとして体系的に分析しようとする著作は、世界的に見ても極めて少なかったといってよい。それにはいくつかの理由が考えられるが、ここでは以下の諸事情に注目しておきたい。

第一は、この両国の緊密な関係が、当時の枢軸国にとって、一種の政治的なタブーとされたことである。ナチス・ドイツの側では、一九三六年一一月の日独防共協定締結以降、同盟国日本に配慮し、中独関係の緊密な過去および現状を可能な限り対外的に秘匿しようとした。また、当時の日本側のさまざまなアクターも、中独関係の深化に気づいてはいたが、やはり日独防共協定締結以降、政治的な理由により、少なくとも対外的には、緊密な中独関係への言及を控えようとした。とりわけ日独防共協定の日本側推進力であった陸軍は、世論対策上も、同盟国ドイツが中国を軍事的に支援していることを公言するわけにはいかなかったのである。

第二に、中独両国は、日中戦争と第二次世界大戦の展開過程の中で最終的に敵味方の陣営に分裂したため、とりわけ反枢軸四大国の一角を占める中国国民政府の側で、かつてのナチス・ドイツとの緊密な関係にあえて触れたくないという政治的・心理的機制が働いた。国際的反ファシズム戦争の、東アジアにおける輝かしい担い手である中華民国およびその指導者蔣介石は、かつてのヒトラーの盟友であってはならなかった。

第三は、第二次世界大戦後の冷戦と国際権力状況の変化である。ナチス・ドイツにとって代った東西両ドイツ政府、および国民党政権にとって代った中国共産党政権は、いずれも一九三〇年代における緊密な中独関係の記憶を実体験としてはほとんど有さず、そのためそれを継承することが困難であった。さらに戦後の冷戦のなかで、当事国の中国とドイツ、とりわけ中華人民共和国・台湾・東ドイツにおいて、研究の自由な発展が制限されるとともに、中独関係史に関するアルヒーフ史料も研究者に閉ざされてしまったため、歴史的証拠に基づく客観的な研究が著しく困難となった。

さらに第四は、ナチズム研究に特殊な事情である。そもそもヒトラーは中国に政治的な関心を示さず、また積極的な政治指導もほとんどおこなわなかったため、ナチズム対中国政策の具体的な政策決定・執行過程は、もっぱらヒトラー以外のアクターによって担われていた。このことを逆にいえば、「ヒトラー」を主語としてナチズム対中国政策を詳細に叙述することは極めて困難あるいは不可能なのである。このため戦後のナチズム研究、とりわけナチズム外交史研究における圧倒的な「ヒトラー中心主義」的バイアスのもとでは、対中国政策の分析にはほとんど知的な関心が向けられなかった。つまり狭義の「ヒトラー研究」では、ヒトラー自身の政治的関心のあり方に逆規定されて、中国のような「ペリフェリー」に対する政策が考察の対象となることはほとんどなかったのである。

本書は、以上のような研究上の陥穽の克服を目指しつつ、一九三〇年代中独関係の展開過程を、冷戦体制崩壊後にアクセス可能となった史料をも踏まえて分析・叙述することを課題としている。この作業は、一方でナチス・ドイツ外交史研究における「ヒトラー中心主義」的・主観主義的な潮流（„Intentionalisten"）を批判する観点を提示するとともに、他方では、近年実証主義的な進展がめざましい民国期中国外交史研究に、さらには汗牛充棟ただならぬ一九三〇年代東アジア国際政治史研究に新たな視点を提示したいという、ささやかな期待にも導かれている。

第二節　分析視角

今日までわが国は対日政策と対中政策をそれぞれ別個に推進してきたが、ドイツ東アジア政策はおこなわれて来なかった。わが国の東アジア政策は何らの公約数をも有することがなかった。それはシーソー・ゲームのように、ある時は中国側へ、ある時は日本側へと動揺し、また、一方への過度の振幅は、他方での憤懣を惹起してしまった（キープ公使の満洲国との協定、ハプロ条約、防共協定、航空協定プロジェクト）。こうした事態は、おそらく、つぎのごとき事情に由来する。すなわち、わが国の対中政策と対日政策が、それぞれの推進力を、相互に異なる政策決定機関の中に有しているという事実である。こうした現状の帰結は、わが国が日本との友好を求める一方で、日本のもっとも重大な政治的敵対者——中国——の軍拡を推進するということにほかならない。

一九三七年一月二七日、当時の駐華ドイツ大使トラウトマン（Oskar Trautmann）は、それまでのドイツ東アジア政策の展開を回顧して以上のように記していた。[6] ここには、本書における分析視角を設定するに際し、実に注目すべき問題点が示唆されている。

第一に、ここでトラウトマンは、独「満」貿易協定・中独条約（ハプロ条約）・日独防共協定が、何らの政策的「公約数」も持たず、相互調整もなされずに決定されていたことを、政策決定過程内部の参画者の立場から確認していたといえよう。さらにトラウトマンの用いた「シーソー・ゲーム」の比喩は、ナチズム東アジア政策のかかる形成過程が、ナチス「親日」政策のストレートな実現として解釈されるべきではなく、むしろその非統一性・非整合性を基本的な特徴としており、またそのことが、一九三〇年代東アジア国際関係をめぐる他の政治主体——とりわけ日本と中国——の側に著しい当惑と混乱を惹起せしめていたことを示唆していたといえよう。

しかし問題はそれに留まらない。第二に、トラウトマンの「相互に異なる政策決定機関」への言及は、ナチズム東アジア政策のかかる非統一性・非整合性が、ナチズム対外政策決定過程における多元的な行為主体（具体的にはすでに見たように、独「満」貿易協定における外務省通商局長リッター、中独条約におけるゼークト、クライン、ハプロ、国防省、経済相兼ライヒスバンク総裁シャハト、日独防共協定における国防省防諜部長カナーリス、駐英大使リッベントロップ、駐日大使ディルクセンら）を媒介として顕在化したことを示唆していると考えられる。

しかも第三に、この多元性は、たんに「親日」「親満」路線と「親中」路線という二元的な対立関係を意味しただけではなく、それぞれの路線内部にも多様な政策参画者の介入と相互の対抗関係が見られたことを示唆している。この点で、同トラウトマン報告書の中に見られるつぎの指摘は興味深い。

> もし東アジアに関して下されるべきさまざまな決定の間での調整がベルリンでおこなわれないならば、わが国の政策は非統一的・非実効的となり、幻滅に晒されることとなろう。しかし一方、諸国に派遣されている在外組織もまた改革されなければならない。これに関し本使は中国の事情しか語れないが、現在の状態は、一方で大使館、他方で軍事顧問団、第三に退役将校達（彼らの訪中を大使館は事前に知らされてもいなかった）、そして加えてクライン＝ハプロ・グループが存在しているといった有様である。大使館はこうした諸集団を規制・統括する努力をしてはいるが、成果は保証し得ない。というのも、大使館

には照会がなされず、また、各組織は必要な相互の意見交換をしばしば欠いているからである。……当地では指導者原理が理解されておらず、むしろ諸機関の嘆かわしい分散状態が存在しているのである。

ここでトラウトマンは、中国現地で活動するアクターとして大使館、軍事顧問団、ライヒェナウに派遣された退役将校、クラインおよびハプロが相互に独自に活動をおこなっており、そのことがドイツ対中国政策の「嘆かわしい分散状態」をもたらしたことを指摘しているといえよう。しかもトラウトマンはここで中国現地の事情しか語らなかったが、ドイツ本国政府内部でも同様の「嘆かわしい分散状態」が見られたのである。

こうして、ナチズム東アジア政策の政策決定・執行過程には極めて多くのアクターが介在し、そのことが政治過程を極めて錯綜させていたことが理解されるのである。現在のナチズム研究の概念でいえば、「第三帝国」の「多頭制(Polykratie)的権力構造」が政策決定過程・執行過程に顕著な影響を与えていた、ということになる。本書では、以上のような認識に立って、ナチス・ドイツの対中国政策の政策決定―執行過程を、そのアクターの多元性――すなわち、多元的な政策参画者の立場・利害・構想等――に着目しながら分析することを目標としている。(7)

なお、分析の対象時期は、一九三三年のナチズムによる「権力掌握」から日中戦争初期までの期間に限定することとしたい。第一に、日中戦争の勃発を一つの契機として、ドイツ対中国政策をめぐるドイツ国防省のイニシアティヴが終焉を迎えたからであり、第二に、日中戦争下の中独関係には、戦争勃発前とは異なるさまざまな力学が作用することを考慮に入れる必要があるからである。

第三節　研究史

一九三〇年代の中独関係史は、すでに触れたように、いままでの研究上それにふさわしい関心を必ずしも十分には払われてこなかった。かつて東ドイツのドレクスラー（Karl Drechsler）の研究（一九六四年）と、イギリスのフォックス（John P. Fox）の研究（一九八二年）が、一九三〇年代の日独中三国関係を考察したが[8]、いずれもナチズム東アジア政策という枠組のなかで、その一つの構成要素として中独関係に触れたものであった。

中独関係そのものに関する西ドイツの研究では、ブロース（Hartmut Bloß）の論文（一九七八年）が時期的にはもっとも早いものの一つであったが、しかし当該論文はナチス・ドイツの各国別外交政策に関するアンソロジーのなかの一論文にすぎず、分析はあくまで暫定的・準備段階的なものに留まった[9]。また、ラーテンホーフ（Udo Ratenhof）の研究（一九八七年）[10]は、初めて著書として中独関係史を体系的に扱ったものであったが、対象とする時期は一八七一年のドイツ統一から一九四五年までの七〇年以上にわたる期間であり、一九三〇年代中独関係はそのわずか一部を占めるに過ぎなかった。

中独関係史研究に画期的な前進をもたらしたのは、アメリカの中国学者カービー（William C. Kirby）の傑出した著作（一九八四年）であった[11]。この著作の中でカービーは、中国語史料のほかにドイツ語史料をも縦横に用い、戦間期中独関係史を生き生きと描写するとともに、一九三〇年代中国に対するドイツの政治的・経済的・社会的・軍事的影響の大きさを強調し、中独関係史研究の重要性を鮮明に示したのである。その後、冷戦体制終結にともない史料状況が飛躍的に改善されたにもかかわらず（後述）、欧米においては、このカービーの水準を乗り越える研究はいまだに登場していない。

本書における中心的な登場人物の一人であるゼークトについては、その死（一九三六年一二月二七日）後、残された膨大な「ゼークト文書」（各種覚書、日記および書簡など）をもとに、軍事史家ラーベナウ（Friedrich von Rabenau）将軍により大部の伝記『ゼークト――その生涯』[12]が編集され、戦前におけるゼークト研究の金字塔となった。このラーベナウの著作は、しかしゼークトの生涯の検証ではなく顕彰を目的としたものであったため、ゼークトの活動――とくにかれの中国での活動――の「陰」の側面について、かなりの程度目をふさいだものとなった。そもそも当のラーベナウ自身が、著作の史料的限界と、ナチス統治下にゼークト伝を書くことの政治的制約を明らかに意識しつつ、つぎのような「不吉」な予言を残していたのである。「ゼークトの中国における活動については、将来、いずれ特別の研究の対象になることもあり得るだろう[13]」。

第二次世界大戦後のゼークト研究で何よりも注目すべきは、軍事史家マイアー＝ヴェルカー（Hans Meier-Welcker）の大著『ゼークト』（一九六七年）である[14]。この著作は、上記のラーベナウ著のさまざまな弱点を免れており、管見の限り、いまだに本書を越えるゼークト伝は書かれていない。しかしながら、このマイアー＝ヴェルカー著では、当時刊行途上にあったドイツ外交文書集を含め、ドイツおよびその他の国々の刊行・未刊行の外交文書が一切用いられていないという限界があり、国際政治史研究としての本書は、残念ながら、マイアー＝ヴェルカーの依拠する史料的基盤に満足することはできない。

そのほかの重要人物の伝記では、国防省国防経済幕僚部長トーマスの回想的研究（一九六六年）[15]があるほか、国防大臣ブロムベルクに関するシェーファー（Kirstin A. Schäfer）[16]の伝記（二〇〇六年）もあるが、いずれもそれぞれの中国とのかかわりにはほとんど――あるいはまったく――触れられていない。とくにトーマスの中国に関する沈黙は異様でさえあり、おそらく当該書が執筆された時期（一九四四年一〇月一一日の逮捕直前にほぼ完成）と密接な関係があろう。当時中国と戦争状態にあったドイツで、しかもヒトラー暗殺計画＝ヴァルキューレ作戦（一九四四年七月二〇日）とのかかわりを疑われていた時、トーマスは、かつて自らが中国国民政府と密接なかかわりを持ったことに触れるわけにはいかなかったのであろう。あるいは対中国政策で深い挫折を味わったトーマスとしては、あえてそのことに言及する意欲がわかなかったのかもしれない。

一九三〇年代中独関係において重要な役割を果たしたドイツ軍事顧問団については、ライプツィヒ大学（当時東ドイツ）に提出されたメーナー（Karl Mehner）の博士論文（一九六一年）[17]、カリフォルニア大学バークレー校に提出されたセプス（Jerry Bernard Seps）の博士論文（一九七二年）[18]、およびドイツ連邦共和国で出版されたマーティン（Bernd Martin）の論文集（一九八一年）[19]などがあり、こうした著作を通じてその活動の詳細が知られるようになった。とくにマーティン編は、現在までの在華ドイツ軍事顧問団研究の国際的なレヴェルでの到達点を示しているといえよう。

関連する個別研究では、中国駐在ドイツ大公使館の一〇〇年史に関するルーラント（Bernd Ruland, 1973）[20]の著作がある。中国在留ドイツ人の歴史に関しては比較的多くの関心が注がれているといってよく、マチェツキ（Rüdiger Machetzki, 1982）[21]、フライアイゼン（Astrid Freyeisen, 2000）[22]、シュミット＝エングラート（Barbara Schmitt-Englert, 2012）[23]などの著作が出版されている。

中独関係史一般については、クオ（郭恒鈺）編（一九八六年）[24]などいくつかの論文集があり、本書のテーマにかかわる個別論文を含んだものもある。

中国・台湾では、まず周恵民の著作（一九九五年）が前掲ラーテンホーフに近いパースペクティブに立ちつつ、中国語史料をも加えて分析をおこなった。[25]さらに、中国第二歴史档案館（南京）の馬振犢が、戚如高とともに一九三〇年代中独関係に関する著書（一九九八年）を刊行した。[26]この著作は、ドイツ外交史の部分については前掲カービーの著作に大幅に依拠しつつも、第二歴史档案館における中国語の関連史料の発掘により、中独関係史研究を深めることに大きく貢献したといえよう。陳仁霞の著作（二〇〇三年）[27]は、中国のゲルマニストによる研究だが、前掲ドレクスラーやフォックスの著作と同じく日独中三国の関係を対象としており、本書の記述と重なるところは少ない。王憲群の台湾大学修士論文『合歩楼公司与中徳関係』（一九九五年）は、台湾・国史館の外交部档案、中央研究院近代史研究所の資源委員会档案、朱家驊档案などを用いているところに利点がある。[28]中国側で中独協力を推進した翁文灝および資源委員会については、林蘭芳の研究（一九九八年）[29]、李学通『翁文灝年譜』（二〇〇五年）[30]、および鄭友揆・程麟蓀・張伝洪『旧中国的資源委員会――史実与評価』（一九九一年）[31]が便利であり、さらに薛毅による詳細な研究（二〇〇五年）が加わった。[32]

本書の内容と直接的には重ならないが、関連する個別分野では、一九三〇年代ドイツと中国ファシズムの関係を扱った馮啓宏の研究（一九九八年）[33]などがある。

中国では、一九世紀末から一九四五年までの中独関係史に関する一七本の論考を集めた論文集が二〇一一年に刊行されたが、企画から刊行までに二〇年もの歳月を要したといわれており、この論文集の出版自体が中国における中独関係史研究の困難を示しているといえよう。なお当該論文集のなかで本書と重なる論文は、マーティンの概説のみである。[34]

日本では、当該時期の中独関係史そのものに対する関心は極めて低く、わずかに小野田摂子の論文（一九九五年）を見いだすのみであるが、論述および論証の両面において問題を残している。[35]中村綾乃の研究（二〇一〇年）は、東アジア在留ドイツ人に関する有益な情報を提供している。[36]ドイツが関与した国民政府の重工業化政策については、萩原充による研究（二〇〇〇年）があり、[37]中独関係史研究の視点から見ても参考になる。

第四節　史料状況

ドイツ語史料

本書が対象とする時期の中独関係史に関するドイツ側の重要な史料は、ドイツ連邦共和国の外務省外交史料館（ベルリン）に所蔵されている外務省貿易政策局（一九三六年四月より通商局）の中国関係文書のなかにある「クライン・プロジェクト」文書[38]であり、本史料により、政策決定過程を外務省の立場から追跡することができる。外務省外交史料館関係では、加えて、外務大臣文書[39]、外務次官文書[40]、外務省第四部の東アジア関係文書[41]などが検討されなければならない。さらに、冷戦体制の終焉とドイツ民主共和国の崩壊にともない、かつて中国から東ドイツに返還されていた膨大な旧中国駐在ドイツ大使館文書[42]が、（連邦文書館を経て）外務省外交史料館に移管された。これにより、いままで研究者の利用を峻拒してきたこの中独関係史研究の宝庫はようやくアクセス可能となり[43]、史料状況は劇的に改善された。

そのほかに、在華ドイツ軍事顧問団については、ドイツ連邦軍事文書館（フライブルク）に所蔵されている在華ドイツ軍事顧問団文書[44]、および歴代軍事顧問団長文書（バウアー文書[45]、ゼークト文書[46]、ファルケンハウゼン文書[47]）、さらに外務省外交史料館に所蔵されている上掲中国駐在ドイツ大使館文書のうちの「南京政府ドイツ軍事顧問団」文書[48]に当たる必要がある。そのほかの重要なアクターについては、国防省国防経済幕僚部文書[49]、東アジア協会文書[50]、ドイツ連邦文書館（ベルリン・リヒターフェルデ）に所蔵されている四カ年計画全権文書など[51]が検討されなければならない。また、やはりドイツ連邦文書館に所蔵されている内閣官房文書[52]、経済省文書[53]などにも目を通す必要がある。連邦文書館の帝国監査与信会社文書の中にあるハプロ関係文書は、いままでの研究でも未開拓の史料であるが、当該時期中独関係史研究に不可欠の情報を提供している。[54]

ドイツ語刊行史料では、公刊ドイツ外交文書集 *Akten zur Deutschen Auswärtigen Politik 1919-1945* がもっとも基本的な史料集であり、[55] 対中国政策についても重要な文書が収録されている。中独関係史に特化した史料集としては、クオが編集したドイツ対中国政策史料集（一九八九年）があるほか、[56] 冷戦体制終結後にベルリンで刊行が開始された六巻本の中独関係史料集[57]（一九九五—二〇〇六年）が有用である。本書が対象とする時期については、マーティン編集の巻[58]（二〇〇三年）があり、中国語文書の独訳を含め豊富な関連文書が収録されているが、すでに刊行ドイツ外交文書集などに掲載されているものも多い。

ドイツ現代史一般に関する史料集 *Ursachen und Folgen*[59] の第一〇巻には、ナチス戦争経済に関する重要な文書が豊富に収録されており、本書のテーマに関しても有用である。また、刊行内閣官房文書集 *Akten der Reichskanzlei* は、連邦文書館に所蔵されている内閣官房文書のみならず、他の部局の重要文書も註などで豊富に収録されており、戦間期ドイツ政治外交史研究にとって不可欠である。本書ではそのうちヒトラー政権期の巻を利用した。[60] ニュルンベルク戦犯裁判資料[61]は、現在においてもナチズム研究における第一級の史料の宝庫である。

本書のテーマに関連する当事者の重要な回想録としては、ハプロ社のエッケルト（Walter Eckert, o. D.)[62]、ハンブルク市長クロークマン（Carl V. Krogmann, 1976)[63]、東アジア協会会長ヘルフェリヒ（Emil Helfferich, 1969)[64] のものがあり、それぞれ日記や当時の文書を部分的に引用しているため利用価値が高い。

中国語史料

中国語の档案史料で筆者が参照し得たのは、国史館（台湾・新店市）のデジタルテータ「蔣介石档案　籌筆」である。「籌筆」は蔣介石が直接筆をとった電文で、政府・軍各高官に宛てた日常業務の指示などを内容とし、そのうち「籌箏一」は一九三七年七月の抗日戦争開始まで、「籌箏二」は抗日戦争時期を対象とする。

本書が対象とする時期の中独関係についての、中国語で出版された基本的な史料集は、長い間台湾の『中華民国重要史料初編――対日抗戦時期』（一九八一年）の当該部分[65]のみであったが、改革開放後の中国においてようやく档案館史料の公開が大幅に進み、中独関係史に関しても史料状況が劇的に改善されることとなった。とくに注目すべきは中国第二歴史档案館編『中徳外交密档（一九二七年―一九四七年）』（一九九四年[66]）である。これにより第二歴史档案館（南京）の中独関係史料の重要部分が明らかになった。さらに、上掲クオ編纂の中独関係ドイツ外交文書集を中国語訳したものとして、『徳国外交档案　一九二八―一九三八年之中徳関係』（一九九一年[67]）が台湾で刊行されている。

蔣介石の動向については『総統蔣公大事長編初稿』（一九七八年―[68]）、『蔣中正総統档案　事略稿本』（二〇〇三年―[69]）、および『蔣中正総統五記』（二〇一一年[70]）を参照した。この三つの浩瀚な史料集を検討することにより、スタンフォード大学に所蔵されている「蔣介石日記」を相当程度補うことが可能と思われる。

蔣介石以外のアクターでは、なによりも中独貿易を担当した資源委員会秘書長翁文灝の日記（二〇一〇年[71]）が、断片的ではあるが貴重な情報を提供しており、また中独武器貿易に深くかかわった当時の国民政府軍政部兵工署長兪大維について『兪大維先生年譜資料初編』（一九九六年）がある。[72]国民政府「親独派」の中心人物朱家驊の『言論集[73]』（一九七七年）、および中央研究院近代史研究所档案館に所蔵されている朱家驊档案[74]は、残念ながら本書が扱う時期の中独関係史の研究にはほとんど役に立たない。

さらに当事者の手になるものとして、資源委員会の銭昌照（一九九八年[75]）、駐独大使程天放[76]（一九六六年）、広西派の李宗仁（一九九五年[77]）の回想録、および同じく広西派の白崇禧のオーラル・ヒストリー（一九八四年[78]）があり、歴史的背景を知る上で有用であるが、中独関係史の具体的な歴史過程の分析には残念ながらあまり役に立たない。中国側で通訳を務めた関徳懋のオーラル・ヒストリー（一九九七年）も興味深いが、補強証拠が存在しない部分も多く、その利用には十分な史料批判が必要である。[79]

台湾の雑誌『伝記文学』、中国の雑誌『民国档案』にも、しばしば中独関係史や在華ドイツ軍事顧問団関係の史料・論文が発表されている。[80]

(1) 独「満」貿易協定の成立過程については以下を参照。田嶋信雄『ナチズム外交と「満洲国」』千倉書房、一九九二年。

(2) 日独防共協定の成立過程については以下を参照。田嶋信雄『ナチズム極東戦略――日独防共協定を巡る諜報戦』講談社、一九九七年。および同「親日路線と親中路線の暗闘――一九三五―三六年のドイツ」工藤章・田嶋信雄編『日独関係史　一八九〇―一九四五（二）枢軸形成の多元的力学』東京大学出版会、二〇〇八年、八―五三頁。

(3) 詳細は以下を参照。田嶋信雄「孫文の「中独ソ三国連合」構想と日本　一九一七―一九二四年――「連ソ路線」および「大アジア主義」再考」服部龍二・土田哲夫・後藤春美編『戦間期の東アジア国際政治』中央大学出版部、二〇〇七年、三―五二頁。

(4) William C. Kirby, *Germany and Republican China*, Stanford: Stanford University Press 1984, pp. 38-75.

(5) 松本重治『上海時代（上）――ジャーナリストの回想』中央公論社、一九七四年、一七二頁。この表現は雑誌『改造』の編集会議で、「激論」のすえ、日独防共協定の存在を理由に削除されたという。

(6) „Politischer Bericht" von Trautmann vom 27. Januar 1937, in: *Akten zur Deutschen Auswärtigen Politik 1919-1945* (folgend zitiert als *ADAP*), Serie C, Bd. VI, Dok. Nr. 162, S. 358-368.

(7) さらに詳細は、田嶋信雄『ナチズム外交と「満洲国」』千倉書房、一九九二年、第一部「ナチズム期ドイツ外交の分析枠組」三―一一〇頁。本書も基本的にはこの分析枠組を使って分析をおこなっているので、御関心のある方は参照されたい。「ナチズム多頭制」についてはそのほかに、Peter Hüttenberger, „Nationalsozialistische Polykratie", in: *Geschichte und Gesellschaft*, 2. Jg. (1976), S. 417-442. 田野大輔「ポリクラシーの政治力学」『京都社会学年報』第三号、一九九五年、五七―七六頁。ヒトラー中心主義的・「単頭制」的ナチズム論・ナチズム外交論については、とりわけ、参照、Klaus Hildebrand, *Deutsche Außenpolitik 1933-1945. Kalkül oder Dogma?* Stuttgart: Kohlhammer 1971; ders., *Das Dritte Reich*, München: R. Ordenbourg 1979（クラウス・ヒルデブラント、中井晶夫・義井博訳『ヒトラーと第三帝国』南窓社、一九八九年）。

(8) Karl Drechsler, *Deutschland-China-Japan, 1933–1939. Das Dilemma der deutschen Fernostpolitik*, Berlin-Ost: Akademie-Verlag 1964; John P. Fox, *Germany and the Far Eastern Crisis 1931–1938*, Oxford: Oxford University Press 1982.

(9) Hartmut Bloß, „Deutsche Chinapolitik im Dritten Reich“, in: Manfred Funke (Hrsg.), *Hitler, Deutschland und die Mächte*, Düsseldorf: Droste 1978, S. 407–429.

(10) Udo Ratenhof, *Die Chinapolitik des Deutschen Reiches 1871–1945*, Boppard am Rhein: Harald Boldt Verlag 1987.

(11) William C. Kirby, *Germany and Republican China*, Stanford: Stanford University Press 1984.

(12) Friedrich von Rabenau, *Seeckt. Aus seinem Leben 1918–1936*, Leipzig: Hase & Koehler Verlag 1940.

(13) Ebenda, S. 677, Anm. 1.

(14) Hans Meier-Welcker, *Seeckt*, Frankfurt am Main: Bernard & Graefe Verlag für Wehrwesen 1967.

(15) Georg Thomas, *Geschichte der deutschen Wehr- und Rüstungswirtschaft (1918–1943/45)*, Boppard am Rhein: Harald Boldt Verlag 1966.

(16) Kirstin A. Schäfer, *Werner von Blomberg: Hitlers erster Feldmarschall. Eine Biographie*, Paderborn: Schöningh 2006.

(17) Karl Mehner, „Die Rolle deutscher Militärberater als Interessenvertreter des deutschen Militarismus und Imperialismus in China 1928–1936“, Unveröffentlichte Dissertation, Universität Leipzig 1961.

(18) Jerry Bernard Seps, “German Military Advisers and Chang Kai-shek, 1927–1938”, Ph. D. Dissertation, University of California at Berkeley 1972.

(19) Bernd Martin (Hrsg.), *Die deutsche Beraterschaft in China. Militär-Wirtschaft-Außenpolitik*, Düsseldorf: Droste 1981.

(20) Bernd Ruland, *Deutsche Botschaft Peking. Das Jahrhundert deutsch-chinesischen Schicksals*, Bayreuth: Hestia-Verlag 1973.

(21) Rüdiger Machetzki (Hrsg.), *Deutsch-chinesische Beziehungen. Ein Handbuch*, Hamburg: Institute für Asienkunde 1982.

(22) Astrid Freyeisen, *Shanghai und die Politik des Dritten Reiches*, Würzburg: Verlag Königshausen & Neumann GmbH, 2000.

(23) Barbara Schmitt-Englert, *Deutsche in China 1920–1950*, Gossenberg: OSTASIEN Verlag 2012.

(24) Kuo Heng-yü, *Von der Kolonialpolitik zur Kooperation. Studien zur Geschichte der deutsch-chinesischen Beziehungen*, München:

Minerva Publikation 1986.
(25) 周恵民『徳国対華政策研究』台北・三民書局、一九九五年。
(26) 馬振特・戚如高『蔣介石与希特勒——民国時期的中徳関係』台北・東大図書股份有限公司、一九九八年。
(27) 陳仁霞『中徳日三角関係研究　一九三六—一九三八』北京・生活・読書・新知三聯書店、二〇〇三年。
(28) 王憲群「合歩楼公司与中独関係」一九九五年、国立台湾大学図書館所蔵。
(29) 林蘭芳『資源委員会的特殊鉱産統制（一九三六—一九四九年）』台北・国立政治大学歴史学系、一九九八年。
(30) 李学通『翁文灝年譜』済南・山東教育出版社、二〇〇五年。
(31) 鄭友揆・程麟蓀・張伝洪『旧中国的資源委員会——史実与評価』上海・上海社会科学院出版社、一九九一年。
(32) 薛毅『国民政府資源委員会研究』北京・社会科学出版社、二〇〇五年。
(33) 馮啓宏『法西斯主義與三〇年代中国政治』台北・国立政治大学歴史学系、一九九八年。
(34) 張寄謙主編『中徳関係史研究論集』北京・北京大学出版会、二〇一一年。マーティンの論文は以下。伯恩徳・馬丁「徳国与国民党中国（一九二七—一九四一）」、一三一—一七六頁。
(35) 小野田摂子「蔣介石政権における近代化政策とドイツ極東政策」（一）（二）『政治経済史学』第三四四号、一九九五年一月、六四四—七〇七頁および同、三四五号、一九九五年二月、六一—八六頁。
(36) 中村綾乃『東京のハーケンクロイツ——東アジアに生きたドイツ人の軌跡』白水社、二〇一〇年。
(37) 萩原充『中国の経済建設と日中関係——対日抗戦への序曲　一九二七—一九三七年』ミネルヴァ書房、二〇〇〇年。
(38) Politisches Archiv des Auswärtigen Amts (folgend zitiert als PAdAA), HaPol.-Verträge: China/„Projekt Klein".
(39) PAdAA, Sammlung RAM (Reichsaußenminister).
(40) PAdAA, R 29826, Büro des Staatssekretärs, Aufzeichnungen über Diplomatenbesuch: R 29839, Büro des Staatssekretärs, Aufzeichnungen über Besuche von Nicht- Diplomaten.
(41) PAdAA, Geheimakten der Abteilung IV, Ostasien, Allgemeines.
(42) PAdAA, R9208, Deutsche Botschaft China.
(43) 筆者（田嶋）自身、一九八〇年代半ばにかつてのドイツ民主共和国国家中央文書館に宛てて、紹介状を添えて旧中国駐在ドイツ大使館文書を含むドイツ東アジア政策関係史料の閲覧を申請したが、けんもほろろに断られてしまった。Miniserrat der Deutschen Demokratischen Republik, Ministerium des Inneren, Staatliche Archivverwaltung, an Nobuo Tajima vom 30. April 1984.

(44) Bundesarchiv-Militärarchiv, Freiburg im Breisgau (folgend zitiert als BA-MA), Msg. 160, Sammlung „Deutsche Beraterschaft in China“.

(45) BA-MA, N. 1022, Nachlaß Max Bauer.

(46) BA-MA, N. 247, Nachlaß Hans von Seeckt.

(47) BA-MA, Nl. 246, Nachlaß Alexander von Falkenhausen.

(48) PAdAA, R9208, Deutsche Botschaft China, 2241–2250.

(49) BA-MA, RW19, Chef des Wehrwirtschafts- und Rüstungsamtes.

(50) BA-MA, RW19 Anhang 1–1939.

(51) Bundesarchiv Lichterfelde (folgend zitiert als BA-L), R26/I, Beauftragter für den Vierjahresplan.

(52) BA-L, R43, Reichskanzlei.

(53) BA-L, R7, Reichswirtschaftsministerium.

(54) BA-L, R121, Industriebeteiligungsgesellschaft mbH, Bericht und Anlage der Deutschen Revisions- und Treuhand-Aktiengesellschaft Berlin über die bei der „HAPRO“ vorgenommene Sonderprüfung.

(55) *Akten zur Deutschen Auswärtigen Politik 1918–1945* (folgend zitiert als *ADAP*).

(56) Kuo Heng-yü (Hrsg.), *Deutsch-chinesische Beziehungen 1928–1938*, München: K. G. Saur Verlag GmbH & Co, 1989.

(57) Mechthild Leutner (Hrsg.), *Quellen zur Geschichte der deutsch-chinesischen Beziehungen 1897 bis 1995*, 6 Bde, Berlin:Akademie Verlag 1995–2006.

(58) Bernd Martin (Hrsg.), *Deutsch-chinesische Beziehungen 1928–1937*, Berlin: Akademie Verlag 2003.

(59) Herbert Michaelis/Ernst Schraepler (Hrsg.), *Ursachen und Folden: Vom deutschen Zusammenbruch 1918 und 1945 bis zur staatlichen Neuordnung Deutschlands in der Gegenwart*, 29 Bde, Berlin: Herbert Wendler 1958–1979.

(60) *Akten der Reichskanzlei. Regierung Hitler 1933–1945* (folgend zitiert als *AdR, Regierung Hitler*), Teil I, Boppard am Rhein 1980;

Bd. 2-, München: R. Ordenbourg 1999-.

(61) International Military Tribunal, *Der Prozeß gegen die Hauptkriegsverbrecher vor dem Internationalen Militärgerichtshof*, 42 vols, Nürnberg: [s. n.] 1947-1949.

(62) Walter Eckert, *Die HAPRO in China. Ein Bericht über Entstehung und Entwicklung des deutsch-chinesischen Austauschvertrages 1930-1937*, Graz: Selbstverlag, o. D. 筆者は、在華ドイツ軍事顧問団事務所に勤務しておられたインゲボルク・クラーク（Ingeborg Krag）氏から一九九二年に本文書のコピーを頂戴した。クラーク氏（当時フライブルク在住）に感謝したい。

(63) Carl V. Krogmann, *Es ging um Deutschlands Zukunft 1932-1939*, Leoni am Starnberger See: Druffel-Verlag 1976.

(64) Emil Helfferich, *1932-1946. Tatsachen*, Jever: C. L. Mettcker & Söhne 1969.

(65) 中華民国重要史料初編編輯委員会編『中華民国重要史料初編――対日抗戦時期第三編　戦時外交』（一）―（三）、台北・中央人物供応社、一九八一年。とくに（二）、「中徳関係」六七三―七一八頁。

(66) 中国第二歴史档案館編『中徳外交密档（一九二七年―一九四七年）』桂林・広西師範大学出版社、一九九四年。

(67) 郭恒鈺（Kuo Heng-yü）・羅梅君（Mechthild Leutner）主編（許琳菲・孫善豪訳）中央研究院近代史研究所史料叢刊『徳国外交档案一九二八―一九三八年之中徳関係』台北・中央研究院近代史研究所、一九九一年。

(68) 秦孝儀総編纂『総統蔣公大事長編初稿』台北・中正文教基金会、一九七八年―。

(69) 『蔣中正総統档案　事略稿本』新店・国史館、二〇〇三年―。

(70) 黄自進・潘光哲編『蔣中正総統五記』新店・国史館、二〇一一年。

(71) 翁文灝（李学通・劉萍・翁心鈞整理）『翁文灝日記』北京・中華書局、二〇一〇年。

(72) 国防部史政編訳局編印『兪大維先生年譜資料初編』（一）―（三）、台北・国防部史政編訳局、一九九六年。兪大維には以下の伝記もある。李元兵『兪大維伝』台北・台湾日報社、一九九三年。

(73) 王聿均・孫斌合編『朱家驊先生言論集』中央研究院近代史研究所史料叢刊（三）、台北・中央研究院近代史研究所、一九七七年。

(74) 中央研究院近代史研究所朱家驊档案（一九二五―一九六九）。目録は以下。http://archives.sinica.edu.tw/main/directory/301.pdf（二〇一二年一〇月四日閲覧）

(75) 銭昌照『銭昌照回憶録』北京・中国文史出版社、一九九八年。

(76) 程天放『使徳回憶録』台北・国立政治大学出版委員会、一九六六年。
(77) 李宗仁『李宗仁回憶録』上海・華東師範大学出版社、一九九五年。
(78) 白崇禧『白崇禧先生訪問紀録』中央研究院近代史研究所口述歴史叢書（四）、台北・中央研究院近代史研究所、一九八四年。
(79) 関徳懋『関徳懋先生訪問紀録』中央研究院近代史研究所口述歴史叢書（六五）、台北・中央研究院近代史研究所、一九九七年。
(80) たとえば『民国档案』には以下のような史料ないし論考が発表されている（ページ数省略、発行年期順）。呉首天「徳国軍事顧問団与蒋介石政権」（一九八八年第一期）。安悟行（Wolfram Adolphi）（馬振特訳）「一九三七—一九三八年徳国駐華大使館収集的有関中国抗戦档案史料」（一九八八年第一期）。「徳軍事顧問仏采而関于整頓中国軍隊致蒋介石呈文両件」（一九八八年第四期）。安悟行（Wolfram Adolphi）（張勁訳・周恒祥校）「法西斯徳国是朋友吗——存于中華人民共和国的有関一九三五至一九四一年間国民党政府的档案」（一九八九年第二期）。呉首天「論希特勒的対華政策（一九三三—一九四一）」（一九九〇年第二期）。「徳国政府代表克蘭為蒋介石籌劃設立「実力中心点」組織之建議」（一九九一年第一期）。「徳国総顧問法肯豪森関于中国抗日戦備之両份建議書」（一九九一年第二期）。「一九三五年徳国遠東経済考察団訪華史料四件」（一九九一年第四期）。「一九三七年孔祥熙出訪欧美期間与国内各方往来電文選」（一九九二年第一期）。「抗戦爆発後中徳間関于存粤鎢砂交易的一組史料」（一九九三年第二期）。「顧振等赴徳簽署中徳貨物信用借款合同期間与翁文灝等来往電文選」（一九九三年第三期）。費路（Roland Felber）（陳謙平訳）「国民党中的徳国軍事顧問——近期研究述評」（一九九四年第一期）。呉景平「徳国軍事顧問塞克特的中国之述評」（一九九四年第二期）。碧野「中国第二歴史档案館館蔵中徳関係密档簡介　一九二七—一九四七」（一九九四年第三期）。「孔祥熙与希特勒、戈林、沙赫特和里賓特洛甫的談話——徳国外交档案選訳」（呉景平訳）（一九九四年第三期）。「抗戦爆発後中徳易貨档案史料選（上）」（一九九五年第二期）。「抗戦爆発後中徳易貨档案史料選（下）」（一九九五年第三期）。「塞克徳和克蘭為中国政府拟具之「中国軍備工業之建設計画」」（一九九五年第四期）。「鮑尔関于中国内政外交及軍隊整編問題致蒋介石呈文両件」（一九九六年第一期）。馬振特「抗戦爆発前徳国軍火輸華述評」（一九九六年第三期）。「徳国赴華軍事顧問関于「八・一三」戦役呈徳国陸軍総司令部報告（上）」（傅宝真訳）（一九九八年第三期）。房建昌「民国時期徳国駐華使領館及日本人対在華徳国勢力的調査」（一九九八年第三期）。「徳国赴華軍事顧問関于「八・一三」戦役呈徳国陸軍総司令部報告（中）」（傅宝真訳）（一九九八年第四期）。「徳国赴華軍事顧問関于「八・一三」戦役呈徳国陸軍総司令部報告（下）」（傅宝真訳）（一九九九年第一期）。「中徳文化協会第一届会務報告」（一九九九年第三期）。「徳国赴華軍事顧問関于「八・一三」戦役呈徳国陸軍総司令部報告（続完）」（傅宝真訳）（一九九九年第三期）。陳仁霞「反共国際協定背後的中徳日角逐」（二〇〇三年第三期）。「有関徳籍顧問安美明的一組史料」（二〇〇三年第四期）。

王衛星「資源委員会与中国抗戦的経済準備」（二〇〇三年第四期）。「徳国軍事総顧問法肯豪森演講紀要（上）」（戚厚傑・徐志敏選訳）（二〇〇五年第一期）。「徳国軍事総顧問法肯豪森演講紀要（下）」（戚厚傑・徐志敏選訳）（二〇〇五年第二期）。劉義章・肖自力「「広州事件」与納粋徳国初期的対華政策」（二〇〇七年第一期）。徐康「抗戦前徳国軍事顧問団対中国軍事教育的改進与貢献」（二〇一〇年第一期）。崔文龍「中徳学会的成立及相関争論」（二〇一一年第三期）。

第一章　ゼークトの第一回中国訪問

第一節　ゼークト、「広西プロジェクト」と武器商人クライン

1　歴史的諸前提

ゼークトの中国訪問

一九三三年初夏、「ドイツ国防軍の父」と称された元ドイツ陸軍総司令官ゼークト将軍が、約二カ月間中国を訪問した。当年六七歳の老将軍は五月六日に香港に到着後、上海から杭州に遊び、長江を遡上して南京に到着、避暑地である牯嶺へ赴き約二週間滞在、蔣介石と会談を持ち、その後南京から山東経由で北平（北京）へ移って三週間を過ごし、南京、上海、広州とめぐり、七月一五日に香港から帰国の途についた。

ゼークトの中国訪問は、東アジアの国際政治に微妙な波紋を投げかけた。第一に、ゼークト訪中の時期は、塘沽停戦協定（一九三三年五月三一日）により「満洲事変」に一応の終止符が打たれた時期ではあったが、かれを招聘した中国側には明らかに対日デモンストレーションの政治的意図が存在していた。第二に、当該時期は、ドイツでナチスが権力を掌握（一九三三年一月三〇日）してから約三カ月後のことであり、ナチス・ドイツの新しい東アジア政策、およ

び中国政策との関連が各方面で取り沙汰された。第三に、ゼークトの中国訪問は、中国の中央政府と地方権力、具体的には西南派（「国民政府西南政務委員会」および「国民党中央執行委員会西南執行部」）との間での政治的・軍事的緊張関係に新たな要因を加えることとなった。第四に、中国訪問中の一九三三年六月にゼークトは蔣介石に宛てて中国軍の再編成に関する覚書を提出し、中国軍の近代化を目指す蔣介石の努力に一定の影響を与えていた。第五に、今次の中国訪問でゼークトの人物と能力を高く評価した蔣介石は、翌一九三四年五月、ゼークトをふたたび中国に招聘し、かれを在華ドイツ軍事顧問団の「総顧問」（一九三四年―一九三五年）として厚遇することになる。ゼークト麾下の在華ドイツ軍事顧問団の主たる任務は、当初は対共産党戦（「囲剿戦」）の遂行であったが、一九三四年一〇月に中国共産党が軍事的敗北＝「大西遷」を強いられて以降、軍事顧問団の工作の重点は、徐々に対日戦の準備へと移行することになる。

「国防軍の父」ゼークト

ハンス・フォン・ゼークトは、一八六六年四月二二日、北ドイツのシュレスヴィヒで陸軍将校の息子として生まれた。(1)一九歳でプロイセン陸軍に入隊、参謀将校としての道を歩み、陸軍大学卒業後、一八九九年に参謀本部入りし、ブランデンブルク第三軍参謀長として第一次世界大戦を迎えた。一九一五年三月以来、マッケンゼン（August von Mackensen）の下で第一一軍参謀長。同年五月、ゴルリッツの戦いを勝利に導いた。一九一五年秋、マッケンゼンとともにセルビア遠征で活躍、一九一六年夏にはオーストリア第七軍参謀長、一九一七年末にはトルコ軍参謀長に就任している。

一九一八年一一月の休戦協定締結後、一九一九年四月にパリ講和会議ドイツ代表団に陸軍代表として参加し、ヒンデンブルク（Paul von Hindenburg）退任後、ドイツ陸軍参謀総長に就任した。

一九一九年一一月、ヴェルサイユ条約の制約の下でドイツ国防軍が再編成されると、ゼークトは新設の参謀局長(Chef des Truppenamts)に就任した。参謀本部の設置を禁じられたドイツ国防軍にあって、参謀局は事実上の参謀本部としての機能を果たした。

一九二〇年三月のカップ一揆で、国防軍を局外中立に置くことに成功したゼークトは、国防軍内部においてラインハルト(Walther Reinhardt)との権力闘争に勝ち抜き、陸軍総司令官(Chef der Heeresleitung)に就任する。以後ゼークトは、国内的にはヴェルサイユ条約で許された一〇万軍を将来の拡大国防軍の中核として育成する建軍路線を追求し、他方対外的には、ヴェルサイユ条約の制約を革命ロシアとの提携により突破する政策を展開した。ロシアとの提携では戦車、毒ガス、航空機など近代武器の実験と改良が重ねられた。

一九二三年一月にはフランス・ベルギー軍がルール地方を占領した。[2] これに端を発する激しい政治危機に直面した大統領エーベルト(Friedrich Ebert)は、一九二三年一一月五日、憲法四八条の非常大権規定に従い、ゼークトに執行権力を委ねるにいたった。ゼークトは暫定的に一種の軍事独裁を実施する権限を得たのである。[3] これに基づきゼークトは、一方でザクセンやテューービンゲンの左翼革命運動を弾圧したが、他方ヒトラー、ルーデンドルフらが一一月八日に引き起こした「ミュンヒェン一揆」(「ヒトラー=ルーデンドルフ一揆」)に対しては、国防軍の介入による一揆の武力鎮圧を拒否しつつ、同時にまた一揆に同調することをも拒んだのである。これによりヒトラー=ルーデンドルフ一派の一揆は政治的に孤立し、敗北を余儀なくされた。

こうしてゼークトは、国防軍を「国家の中の国家」として政治的に遮蔽しつつ、そのヴァイマール共和制への政治的・イデオロギー的統合=「共和国化」を阻止することに成功したのである。

一九二六年にゼークトは、国防大臣ゲスラー(Otto Geßler)と対立し、上級大将の身分で退役した。その後は軍事評論家として活動し、ドイツ人民党の代議士となったが(一九三〇年―三二年)、政治的には不遇であった。一九三一年には右翼勢力の統一戦線であるいわゆる「ハルツブルク戦線」にかかわった。一九三二年の大統領選挙において右派の大統領候補と目されたこともあったが、結局ヒンデンブルクの出馬となり、ゼークトの政治的不満は残った。一九三三年一月三〇日のヒトラーの権力掌握を、ゼークトは複雑な思いで迎えたのである。

南京国民政府と西南派

一九二八年六月九日、「北伐」軍＝国民革命軍は北京に入城した。これにより中国は一応の政治的統一を達成し、首都は北京から南京に移された（北京は「北平」と改称）。しかし「北伐」軍は決して一枚岩ではなく、蔣介石、閻錫山、馮玉祥、李宗仁の四大派閥の合従連衡の上に成立したものであった。一九二九年二月には国民党の指導権を求めて李宗仁ら「桂（広西）系」が反蔣運動を起こし、湖南方面に進出したが（「両湖事変」）、蔣介石は大小軍閥を糾合して広西派を制圧、李宗仁・白崇禧らは国外に逃亡した。その後、広西政局をめぐる混乱に乗じて広西に戻った李宗仁と白崇禧は、ふたたび広西権力を掌握した。

一九三〇年九月、汪兆銘、閻錫山、馮玉祥、李宗仁らは蔣介石に反旗を翻し、北平に北方政権を樹立した。しかし東北軍閥を背景とする張学良が蔣介石支持を表明、一〇月一〇日に蔣介石軍は洛陽に入城して閻錫山ら反蔣軍を撃破した（「中原大戦」）。この勝利後、蔣介石は国民党内の実権を掌握するため「粛軍」に乗り出したが、李宗仁、白崇禧らは広西省の支配権を維持した。

翌一九三一年五月二八日、李宗仁は汪兆銘らとふたたび反蔣連合を結成し、広州にあらたな「国民政府」を樹立した。しかしその後柳条湖事件（九月一八日）をきっかけとして「満洲事変」が勃発すると、中国では国内統一への希求が高まり、一〇月二二日に上海で蔣介石、汪兆銘、胡漢民の三者会談が開催され、同月二七日より一一月七日にわたって南京・広東両「国民政府」の和平交渉がおこなわれた。その結果、翌三二年一月一日に蔣介石と汪兆銘の連合政権（「汪蔣合作政権」）が成立し、同五日、広東国民政府は解消された。しかしながらこの妥協の結果、広東派・広西派を中心とした西南派は「国民政府西南政務委員会」および「国民党中央執行委員会西南執行部」を組織し、貴州・雲南などを含めた華南に対する広範な自治を主張した。これにより西南派は、南京中央政府との間で党務・政治・経済・軍事などの各レヴェルを含む「全方位的敵対」（陳紅民）の関係に立つことになったのである(4)。

しかしながら西南派は決して一枚岩ではなく、その内部には、あくまで「反蔣」を目指す胡漢民、鄒魯、蕭仏成、鄧沢如ら国民党元老派、なによりも地域での権力基盤の維持・拡大を目指す広東派、および両者の間に位置しながら独自の行動をとる広西派の各グループが分立していた。

広東派の領袖は「南粤（広東）王」と称された陳済棠であった。陳済棠は、政権基盤を固めるため税制改革（「専税」導入）や公開入札制度導入による請負改革を試み、いくつかの実績を上げた。さらに、省政府の資本投下により製糖業などを育成して利益を独占、六〇％を超える軍費を含めた省財政の拡大に努めた(5)。こうして捻出された資金により、陳済棠は広東省のインフラ整備に乗り出すとともに、四個師に過ぎなかった陸軍を三個軍に再編成し、広東省空軍を創設するなど、大幅な軍備拡大に乗り出したのである(6)。

李宗仁、白崇禧らを中心とする広西派は、「半独立」状態の下で、「民団制度」の下に住民を組織し、広西の治安維持に努めるとともに、アヘン販売などを通じて収入を増やし、「建設広西、復興中国」のスローガンの下、さまざまな近代化政策を推進したのである。軍事に関しては、一方で外国製武器の購入に努めるとともに、他方では独自の武器工場建設の計画を推進し、武器の自給を図った。李宗仁の回想によれば、「われわれの武器工場の中には、その規格の精密さ、設備の斬新さにおいて、実に中央の各武器工場を凌駕するものがあった」という。広西派は、軍の中でもとくに空軍の建設を積極的におこなった(7)。

西南派内部の力関係は微妙であった(8)。そもそも「両湖事変」に際し陳済棠は蔣介石支持の通電をおこなっており、その際「広東省主席」であった広西派の陳銘枢を追放して広東における支配的地位を獲得していた。したがって、陳済棠の基本的な立場は、胡漢民、汪兆銘ら国民党元老派と蔣介石の間での対立を利用して広東における政治的地位を確保することにあった。一九三三年一一月に広東系の李済琛が中心となって樹立した「福建人民政府」に対して、胡漢民や李宗仁はこれに呼応した新たな政府を樹立する動きを示したが、陳済棠は「福建事変が党と国家の前途にますます危険を与えている」として陳銘枢・李済琛らを「叛党叛国」と指弾し、南京中央政府による福建への派兵要請には応じなかったものの、中立宣言を発したのである。[9]

しかしその後も、南京中央政府と西南派の対立は継続した。一九三四年七月、蔣介石は日記に「広東が平定されなければ、軍事も整理のしようがない」と記し、武力による西南派の討伐を考えていたのである。[10]

一九三六年五月九日、西南派元老派の胡漢民が突然脳溢血に襲われて三日後に死去した。蔣介石中央政権はこれをきっかけとして西南派に政治的・軍事的圧力を集中し、追いつめられた西南派は軍事的な冒険に打って出た。かれらは陳済棠を先頭に「抗日」を掲げて蔣介石に反旗を翻したのである（「両広事変」）。しかしこの試みは蔣介石の硬軟入り混ぜた政治的圧力の前に失敗し、広東軍の部隊はつぎつぎに南京国民政府軍に投降した。さらに陳済棠は下野を宣言して国外に逃亡、広東・広西の南京中央政権への政治的統合が進むことになる。[11] 広東・広西はこのような状況の下で一九三七年七月七日を迎える。

2　一九二〇年代における中国の軍需とゼークト

一九二〇年代における中国武器市場

第一次世界大戦での敗北によりドイツは、ヴェルサイユ条約の下、武器の開発および輸出を禁じられることとなった。しかしながら、軍事技術の世界的レヴェルでの発展・競争からの脱落を怖れたドイツ軍部およびドイツ軍需産業は、密かにドイツ本国を離れた世界各地で軍事技術の開発・改良の努力をおこなっていた。陸軍・空軍技術については主としてソヴィエト・ロシアの地において、[12]また海軍技術については主としてスペインおよび日本において、[13]当該国軍部との協力・交流の下、こうした活動が続けられていたのである。

また、そうした努力は、武器輸出の分野においても密かにおこなわれていた。ヴァイマール共和国期におけるドイツの武器輸出については、必ずしも詳細は明らかではないが、第三国を経由したドイツの武器輸出の重要な潜在的対象国の一つとして、長期にわたる内戦＝「軍閥」抗争に明け暮れ、膨大な武器需要を有する中国があったことは確実である。[14]

一九二八年六月の蔣介石による「北伐」の成功と一応の中国統一も、こうした事態に大きな変化をもたらすことはなかった。共産党を含む中国の各地方権力者の間での潜在的・顕在的内戦状態は、すでに見たように依然として継続していた上、一九二〇年代後半以降、日本との政治的・軍事的緊張が増大することになったからである。したがって、中国の武器需要は減少するどころかますます拡大すると考えられた。一九三〇年、ドイツ経済界は大規模な研究調査団を中国に派遣するが、こうした経済的関心の背後には、世界経済恐慌下で縮小するドイツ輸出市場の打開という一般的な意図は当然のことながら、中国の軍事的需要に対するドイツ産業界の個別的な期待も込められていたのである。[15]

ドイツ製武器への関心は、他方、中国の側でも確実に存在していた。たとえば孫文は、第一次世界大戦から一九二五年のかれの死にいたるまで、独自の「中独ソ三国連合」構想の下で、ドイツから武器を輸入しようとするのみならず、ドイツ軍需産業の支援により、中国・広東に武器工場を設立する計画を実現しようと執拗に努力を重ねていた。[16]さらに、こうした父の計画を受け継ぐ形で孫科も、一九二八年夏、伍朝枢・胡漢民とともにドイツを訪問し、孫文の『建国方略』中の「国際共同中国実業発展計画書」に沿った援助をドイツ外務省に要望したのである。[17]

また同じ時期、のちの初代ドイツ軍事顧問団長バウアーとともに陳儀らの代表団がドイツを訪問し、ドイツ各界との接触を図るとともに、常設的な顧問団形成のために活動していた。さらに同じ時期、広東派の李済琛が広州における武器工場のため、かつての孫文の腹心朱和中をドイツに派遣していたのである。(18)

ペルツ中国商会の活動

ドイツ製武器への関心は、もちろん孫文の広東政府や蔣介石の南京政府などに見られただけではなく、右に見た李済琛のように、各地方権力者（「軍閥」）の間にも確実に存在していた。

こうした中国の中央・地方権力のドイツ製武器需要に吸い寄せられる形で、多くのドイツ人武器商人が中国各地で暗躍していた。広州に本拠を置く「ペルツ中国商会（Paelz- China-Co.）」もその一つであった。

ペルツ中国商会に勤務していたマイアー＝マーダー（Andreas Mayer-Mader）退役大尉は、長年にわたる中国での経験により「中国とヨーロッパの武器貿易への深い洞察」を有すると自称するにいたった。マイアー＝マーダーによれば、第一次世界大戦後、連合国がドイツから没収したドイツ製武器は中国にも売却され、「ドイツ製武器を求めて中国から毎年数百万ドルの資金がヨーロッパに流れている」。しかもドイツ製武器の信頼度は中国では非常に高い。一方中国は「六〇年間の努力にもかかわらず、戦争に用い得る武器を組み立てることがいまだにできない」状態にある。こうした判断からマイアー＝マーダーは「ドイツはここ中国で、ドイツの旗の下に、武器工場を建設すべきである」と発案するにいたったのである。もちろんこうした発想自体は決して目新しいものではないが、かれは独自の計画を携えて中国当局とのさまざまな交渉をおこなっていた。(19)

3　中国在留武器商人マイアー＝マーダーの二回のドイツ訪問とゼークト

マイアー＝マーダーの第一回ドイツ訪問と西南派

一九三一年一月、ペルツ中国商会のマイアー＝マーダーはこうした計画を持ってドイツを訪問し、各方面との接触を開始した。その際、かれの重要な相談相手の一人はゼークトであった。マイアー＝マーダーによれば、会談においてゼークトは、「ドイツ国民に仕事を確保するため、われわれはあらゆる機会を利用しなければならない」と語っていたのである。しかしながら今回のマイアー＝マーダーの訪独では、計画に関しドイツ側が見積った費用が中国側にとって過大であると考えられたため、計画の前進にはいたらなかったといわれている。[20]

しかしその後もマイアー＝マーダーは中国におけるドイツ武器工場建設計画を諦めなかった。中国に戻ったマイアー＝マーダーは、広州において、かれの計画に関し、今度は中国国民党西南派の有力者である馬君武と多くの協議を持つにいたった。馬君武は一九二八年に梧州に創設された広西大学の学長であり、「北蔡南馬」（北の蔡元培、南の馬君武）と称され、西南政務委員会常任委員、広西省政府委員でもあった。こうした会談の中で馬君武は、マイアー＝マーダーに広西訪問を慫慂したのである。馬君武によれば、「中国の偉大な刷新は広西から始まる」というのであった。[21]

広西省の首都南寧でマイアー＝マーダーは広西派の有力軍人の一人韋雲淞と接触した。その結果、一九三一年秋にかれは広西派の軍事顧問として迎えられ、同時に南寧の軍校（中央軍事政治学校第一分校）で教鞭をとることとなったのである。かれは、「華南の気候の下、教室で、またしばしば兵舎の講堂において、一日四時間の講義をおこなう」という生活を一年半にわたって続けた。他方マイアー＝マーダーは、韋雲淞との度重なる会談の中で、持論である中国におけるドイツ武器工場の建設計画について説明した。こうした中から、広西にドイツの武器工場プラントを輸出するという「広西プロジェクト」が広西派とペルツ中国商会の間で成立したのである。この計画に基づき広西派は、馬君武とマイアー＝マーダーの二人を代理人としてベルリンに派遣することに決したのであった。[22]

マイアー＝マーダーの第二回ドイツ訪問とゼークト＝クライン一派

一九三二年六月、マイアー＝マーダーは予備交渉のため馬君武より一足早くドイツに到着した。この時の相談相手は、一年半前と同様、やはりゼークトであった。六月一〇日、マイアー＝マーダーはベルリンに到着し、さらに当時ゼークトが滞在していたバイエルンに向かう。そこでかれは、韋雲淞の紹介状と広西プロジェクトの計画書をゼークトに手交したのである。その際ゼークトは、計画の重要性を理解し、つぎのような重要な示唆をおこなっていた。「私はこの件でベルリンのある人物と連絡を取ろうと思う。私はその人物と一緒に仕事をするつもりである」[23]。

ゼークトがここでマイアー＝マーダーに紹介した「ある人物」とは、ハンス・クラインという、闇の世界に生きる武器商人であった。一九二〇年代にゼークト率いるドイツ国防軍は極秘裏にソヴィエト・ロシアとの軍事協力関係を推進していたが、同じ時期、クラインは国防軍の後援を得たSTAMAG（Stahl- und Maschinengesellschaft m. b. M.）と称する商社の社長として、独ソ経済関係の分野で暗躍していた。[24]ゼークトとクラインの結びつきは、このような独ソ間の秘密の武器貿易を通じて形成されていた。いずれにせよここにも、マイアー＝マーダーと同じく、中国の軍需に吸い寄せられた武器商人が登場したのである。しかも、やがて明らかになるように、クラインの武器貿易分野での経験および政治的・商業的手腕の蓄積は、マイアー＝マーダーの比ではなかったといえよう。

しかしそれはともかく、この武器商人同士の初めての対面の中でクラインは、マイアー＝マーダーに対して広西プロジェクトでの協力を約束し、つぎのように抱負を語っていたのである。「ドイツと広西の協力を実現するために、あらゆる努力を傾注すべきである」[25]。

広西プロジェクトをめぐる交渉とドイツ陸軍兵器部経済参謀課長トーマス

一九三二年七月一一日、こうした予備交渉を受けて馬君武とペルツ中国商会のペルツ（Paelz）社長がベルリンに到着し、ドイツで本格的な広西プロジェクトの交渉に入ることとなった。七月一三日と一四日の二日間にわたって重要な会議が開かれ、ドイツ側からはゼークトが、広西派からは馬君武が、ペルツ中国商会からはペルツとマイアー＝マーダーが、クライン・グループからはクラインおよび補佐役の退役少佐プロイ（Kurt Preu）が参加した。この話し合いにおいて各参加者は、ゼークトが監督官（Protektrat）として広西軍の組織化とドイツ製近代武器の配備を引き受けることとし、ペルツ中国商会グループが経済分野を、クライン・グループが国防経済分野を担当することで合意したのである。(26)

その後クラインは、ゼークトおよびプロイを通じたドイツ国防軍現役参謀将校の援助により、広西の軍隊五万人のため、どの程度の武器と武器工場が必要かを検討し始めた。クラインの計画によれば、五万人の広西軍は戦時には二〇万人に拡大されることになっていた。また、これに続く交渉では、馬君武とマイアー＝マーダーの今回のドイツ訪問に対し、ゼークトとクラインが答礼として翌一九三三年一月に広西を訪問する計画が述べられたのである。予定では、ゼークトとクラインの広西訪問後、その成果に基づき、ドイツと広西の協力関係の基盤を探るため、ドイツ政府とりわけドイツ国防省とクライン・グループの話し合いが本格的に開始されることとされた。(27) 実際、クライン・グループの背後には、かれらの中国での活動を支援するドイツ陸軍兵器部経済参謀課長のトーマス大佐が控えていたことがのちに明らかとなる。(28)

こうした交渉を通じて二つの武器商人グループ、すなわちクラインとペルツ中国商会は、広西プロジェクトをドイツの「国益」に沿ったものであると位置付け、つぎのように意気投合し、かつ自画自賛していたのである。(29)

このプロジェクトは大工業家が莫大な金もうけのためにおこなっているものではない。それはドイツがヨーロッパで復活し、一連のドイツ軍事産業に仕事を与えるための事業となるだろう。

4　クラインの陰謀とマイアー＝マーダーの報復

クラインの陰謀

しかしながらこの交歓は、腹黒い武器商人の間での一時的・表面的な合意に過ぎなかった。その後、こうした美辞麗句とは裏腹に、クラインは、広西プロジェクトからペルツ中国商会を追い落とす工作を猛然と開始したのである。一方でクラインは馬君武に対しペルツ中国商会の経営上の難点を指摘し、同商会の仲介では広西プロジェクトが実現困難であることを示唆し始めた。他方でクラインは、自分がゼークトの代理人であり、しかも広西プロジェクトについてシュライヒャー（Kurt von Schleicher）国防大臣の完全な了解を得ているとも語ったのである。さらにまた、のちには馬君武に対して広西プロジェクトのために準備される最新式秘密武器の細目を開陳し、ペルツ中国商会に代わってプロジェクトに必要な専門知識をすべて提供しようと申し出た。その時クラインは、勝ち誇ったように述べたという。「全ヨーロッパでこの広西プロジェクトを実現できるのは、私だけだ[30]」。

マイアー＝マーダーは交渉継続のためドイツに残り、馬君武は一九三二年八月末に帰国した。が、その後もクラインの執拗な工作は続いた。すなわちクラインは中国の馬君武に宛てて何通も電報を打ち、ペルツ中国商会は「武器製造機械を用意できない」し、「そもそもいまだに投資家を捜しているような段階だ」と述べて同商会の信用低下を図っていたのである。その際クラインは、つぎのように付け加えるのを忘れなかった。「もしペルツ中国商会の計画が失敗したら、私がそれを引き継ぐ用意がある」[31]。

こうしたクラインの主張に影響され、馬君武はペルツ中国商会から徐々に距離を置き始めた。ペルツ中国商会もようやく気付いたように、クラインは「ドイツの国益の損害を顧みることなく個人的利益を図って」いたのである[32]。しかしそれは遅きに失した。この間マイアー＝マーダーは、事態を明確化するためドイツ国防省とも接触を試みたが、同省は取り合わなかった。その後ペルツ中国商会は広西派とのプロジェクト交渉から事実上排除されてしまったのである。

ペルツ中国商会を放逐したのちにクラインは、広西派に対し、割賦ではなく一括して総額一二〇〇万ＲＭの支払いを求め、手数料として一〇％を請求し、しかもゼークトとクラインの訪中の費用として五万ＲＭを先払いするよう求めたといわれる。こうした難題のため、広西派とクラインの交渉は、結局袋小路に陥ってしまったのである[33]。

マイアー＝マーダーの報復

しかしながら、長年温めていた中国における武器工場建設計画を台無しにされたあげく、広西派との交渉からも追放されたマイアー＝マーダーの怒りは抑えがたいほどに激しいものとなった。しかもその怒りはクラインの背後にいると考えられたドイツ国防省にも向けられたのである。「何ゆえに、またどのような権利があって、わが国の政府は接触を拒否するのか」。「武器工場プロジェクトを失敗させた責任を誰が負うのか」。「クライン氏はゼークトの顧問としての立場を悪用したのではないか」。マイアー＝マーダーは、翌一九三三年一月三〇日にナチスが権力を握ったことを奇貨として、同年三月二〇日、当時権力の絶頂にあった旧知のナチス突撃隊参謀長レーム（Ernst Röhm）に宛てて長文の手紙を書き、こうした広西をめぐる屈辱に対し、つぎのように復讐を誓ったのである。「私は自らの存在をかけ、断固として決意している。この問題で誰が責任を負うべきか、ドイツの公衆の前で明らかにする」[34]。マイアー

＝マーダーはレームに、手紙をヒトラーに渡すよう依頼したのである。[35]

しかしながらマイアー＝マーダーは、クラインやドイツ国防省に非難を集中した時、真の敵を見誤っていたといえよう。なぜなら、かれも薄々は気がついていたように、「ゼークトは完全にクラインと同じ立場に立っていた」（強調原文）からである。[36]クラインの陰謀の背後には、ゼークトの支持があった。

なお、マイアー＝マーダーが念頭に置いていた広西プロジェクトの政治的・軍事的意味は、第一に、なによりも、将来あり得べき日本との戦争への準備であった。かれはレームに宛ててつぎのように書き記している。「日本は艦隊によって揚子江を支配している。このため日本の攻撃に対し、南京中央政府は、どんな手を打っても屈せざるを得なかった（一九三二年の第一次上海事変）。しかし将来確実にやって来る日本との戦争において、広西はほとんど攻略不可能である」。「ドイツの旗の下にある広西の武器工場は、中国とドイツにとって決定的な重要性を持つであろう」[37]。しかしながら第二に、広西プロジェクトは、もし実現されていれば、現実的には、蔣介石率いる南京中央政府への政治的・軍事的脅威を意味せざるを得なかった。なぜなら広西派は、すでに見たように、陳済棠らが率いる広東派などと連合して国民政府西南政務委員会および国民党中央執行委員会西南執行部を構成し、南京中央政府に対して潜在的には内戦的対峙の関係にあったからである。

こうして広西プロジェクトは、日中関係および中国政治の強い磁場の中におかれることとなったのである。そして、「広西プロジェクト」の発想は、やがてクライン＝ゼークトの「広東プロジェクト」（後述）の中に引き継がれ、ふたたびドイツおよび中国において極度の政治的混乱を引き起こすこととなろう。

第二節　ゼークト、蔣介石と第三代ドイツ軍事顧問団長ヴェッツェル

1　ゼークトと中国問題

以上に見たように、ゼークトは、一九三一年一月にマイアー＝マーダーから中国におけるドイツ武器工場プラント計画を持ち込まれ、一九三二年夏には、やはりマイアー＝マーダーから広西におけるドイツ武器工場建設の具体的な計画について打診を受け、さらに自ら訪中する意図まで語っていた。

しかしながら、ゼークトが中国問題にかかわるようになったのは、実はそれよりずっと以前のことであった。たとえば、一九二二年九月から二三年五月までドイツに滞在し、元ドイツ外務大臣ヒンツェ提督と「中独ソ三国連合」実現のための工作をおこなっていた孫文の側近朱和中は、当時孫文が指導していた広東政府にドイツ人の軍事顧問を招聘するため、陸軍総司令官であったゼークトに接近していたのである[38]。

さらにまた、一九三〇年代に入ると、ゼークトと中国の接点はいっそう拡大した。一九三一年一二月、「満洲事変」の勃発を受けて国際連盟が東アジアへ調査団を派遣することに決した時、ドイツ外務省は元東京駐在大使ゾルフ（Wilhelm Solf）、元ドイツ領東アフリカ総督シュネー（Heinrich Schnee）、およびゼークトの三人に調査団への参加を打診したが、他の二人の候補に加えてゼークトも、調査団に参加する意志があることを表明していた[39]。しかも南京の中国中央政府は、蔣介石個人の意志により、国際連盟に対し、ドイツの代表としてはゼークトが望ましいとの考えを伝えていたのである[40]（ただし、実際にリットン調査団に参加したのは、いうまでもなくシュネーであった[41]）。

蔣介石はその後もドイツの大物軍人を中国に招待する計画を懐き続けた。かれは中国国民党親独派の一人と目された朱家驊（当時国民政府交通部長）と相談し、ゼークトおよびドイツ国防大臣グレーナー（Wilhelm Groener）という二人の軍人に狙いを定めたのである。(42) すなわち蔣介石は、一九三二年五月一五日、ドイツ駐在中国公使劉文島に宛てて電報を送り、グレーナーを中国に招待することができないか検討させ、(43) また七月三一日にも朱家驊に手紙を認め、「グレーナーが来訪できれば甚だ好都合であり、五万元の資金を送るので、私人の資格で来訪するようにして欲しい」と述べていたのである。(44) ただし、事情は明らかではないが、グレーナーは最終的に中国側の訪中要請を断った。(45)

さらに蔣介石は、一九三二年五月下旬、第三代在華ドイツ軍事顧問団長ヴェッツェルと会談し、「ゼークトの再軍備事業への関心」を伝えるとともに、「中国の政治的・軍事的・経済的発展への理解を促す」ため、ゼークトの中国訪問旅行を正式に要請したのである。(46)

ゼークトの中国訪問決定

この蔣介石直々の要請に対しゼークトは、一九三二年六月二八日、ヴェッツェルに手紙を送り、短期の中国訪問を基本的に受け入れると表明した。ただしゼークトはその際、(1)ドイツの政治状況、(2)自分の健康状態、(3)訪問時期の問題、(4)「金の問題」、などについて留保をおこない、さらに自らの中国訪問を「ジャーナリスト的性質の私的訪問」と位置づけ、今回の訪中の非政治的な性格を強調したのである。(47)

すでに見たように、一九三二年七月一三日・一四日のペルツ中国商会および馬君武との会談でゼークトは、広西軍の監督官引き受けを受諾し、クラインとともに訪中する意図を表明していた。しかしゼークトは、それより約二週間前に、蔣介石の要請を受けてすでに中国訪問を決意していたことになる。明らかにゼークトは広西派と南京中央政府の二股をかけたのである。しかもその際に、かれの重要な関心事として「金の問題」に言及していたことは示唆的である。やや先回りしていえば、ゼークトが今回中国訪問を決意した際のもっとも重要な動機は「金」であった。

蔣介石＝ヴェッツェル関係の緊張

他方蔣介石の側にも、グレーナーやゼークトらドイツの有力軍人を中国に招聘する動機が複数存在していた。第一の理由は、明らかに日本に対する政治的なデモンストレーションをおこなうことであったが、第二の動機は当面内密にされていた。それは第三代在華ドイツ軍事顧問団長ヴェッツェルを更迭することであった。当時蔣介石とヴェッツェルの関係は徐々に悪化していたといわれる。ドイツ駐在中国公使館筋の表現によれば、「蔣介石はヨーロッパの概念で言えば『騎士的』であり、個人的関係を重視する」が、ヴェッツェルは「あまりにプロイセン的」に振る舞いすぎ、東洋人のメンタリティを理解せず、中国内で「多くの敵対関係」に陥っているというのであった[48]。こうした「多くの敵対関係」の中には、軍政部次長陳儀との不仲も含まれていたといわれている[49]。

このような事情から蔣介石は、先に述べたグレーナー招聘の試みの際にも、「ヴェッツェル顧問に知らせる必要はない。かれの同意は必要ない」との冷ややかな立場を取っていた[50]。ヴェッツェルの態度に懲りた蔣介石は、ゼークトを中国への短期旅行に招待することにより、ゼークトの資質および性格をあらかじめ見極めようとしたわけである。しかもその裏には、この面接試験に合格した場合、ヴェッツェルに代えてゼークトを在華ドイツ軍事顧問団長として改めて迎えようという密かな意図が存在していた。しかしそれはともかく、蔣介石は、ゼークトの訪中意志表明を踏まえ、受け入れのための準備を開始した。一九三二年一〇月一五日に蔣介石は、ゼークトの中国訪問準備のため、三万元を用意するよう手配したのである[51]。

2　ドイツ外務省と在華ドイツ軍事顧問団

ゼークトの中国訪問決定と外務省

すでに見たようにゼークトは、一九三二年七月の馬君武およびマイアー＝マーダーとの会談で、翌一九三三年一月に訪中する考えを伝えていた。しかしながら、中国への出発は三カ月ほど遷延することになった。その事情はつまびらかではないが、一九三三年一月三〇日のヒトラー首相指名にいたるドイツ国内の政治的激動が影響していたであろうことは容易に推測されよう。ゼークトは、この間いわゆる「ハルツブルク戦線」の結成や大統領選挙立候補のうわさなどに見られるように、水面下で政治的な動きを示していたからである。しかしながら、ヒトラー政権成立により、当面、ゼークトの政治的な登場の可能性は失われた。ゼークトにとっては、失意の中の訪中決断であった。

一九三三年四月三日にゼークトは、自らの中国訪問の意図を伝えるため、外務省にノイラート（Constantin Freiherr von Neurath）外務大臣を訪問した。ゼークトはその際、「（今回の訪中を）奨励したのはヴェッツェル氏」であり、ゼークト自身は「短期の旅行」に限定するつもりであることを伝えたのである。この時ノイラートは穏やかにゼークトの話を聞く姿勢に終始し、さらに外貨持ち出しについて便宜を図るとの好意まで示した。(52)

外務省の在華ドイツ軍事顧問団批判

しかしながら、ゼークトの訪中に関するドイツ外務省の態度は、実は複雑であった。そもそも外務省は、ヴェルサイユ条約の制約から、海外でドイツの軍人が活動することに否定的であった。たとえば一九二三年八月、孫文が腹心の鄧家彦を通じてドイツ外務省に軍事顧問の派遣と武器工場建設の計画について打診した時、ドイツ外務省東亜局長クニッピング（Hubert Knipping）は、ヴェルサイユ条約の制約を理由に、軍事面での対中協力構想を拒否していたのである。[53] さらにまた、一九三〇年二月に中国国民政府は、第二代在華ドイツ軍事顧問団長クリーベルに代えてヴェッツェルを第三代在華ドイツ軍事顧問団長として招聘したが、ドイツ外務省は、中国が内戦状態にあるとの理由をも加え、それを甚だ遺憾としたのである。[54] 当時ドイツ外務省は中国駐在ドイツ公使館に対し、「ヴェッツェルの出国を阻止する手立てはない」が、「適切な方法で中国政府に働きかけ、ヴェッツェル招聘を断念させ、これ以上ドイツ人の雇用を止めさせるよう」指示したのである。[55] ただし、この警告には何等の効果もなく、ヴェッツェルは外務省の懸念をまったく無視する形で中国に着任していた。

一九三二年末にヴェッツェルが副官とともに南京から北平に赴き張学良軍の下で活動し始めると、ドイツ外務省の懸念は頂点に達した。一九三二年一二月一〇日、外務省は国防省に連絡し、つぎのように強く抗議していたのである。[56]

中国におけるドイツ退役将校の活動がもたらす政治的不利益と危険性について、すでに今まで幾度も指摘してきた筈だ。しかしこうした外務省の警告を中国現地で間接的に聞き及んだヴェッツェルは、「どこで中国軍を訓練しようと自由だ」と居直った上で、「外務省は誤った立場で大騒ぎをしている」と言い放ち、警告をまったく無視する姿勢を示していたのである。[57]

ドイツ外務省は、当然の事ながら、ゼークトの中国訪問を、こうした在華ドイツ軍事顧問団の活動との関連で眺めていた。なぜなら、外務省の判断では、ゼークトは「短期の旅行」を強調していたとはいえ、在華ドイツ軍事顧問団の活動に大いに関心を抱いていると考えられたからである。外務省は、「おそらくゼークトは短い極東旅行を中断し、中国軍の再編成の仕事を引き受けるだろう」との不吉な予想さえしていたのである。[58]

第三節　ゼークトの第一回中国訪問

1　ゼークトの内的葛藤

航海途上でのゼークト

一九三三年四月一五日、ゼークトはマルセイユを出発し、同行したクライン・グループの退役少佐プロイとともに東アジアへの旅の人となった(59)。しかし長い船旅はゼークトに多くの思索を促した。翌一六日にゼークトは「華南問題」をプロイと検討し、それにかかわる書類をめくった。先回りして述べると、ここで「華南問題」とは、陳済棠率いる広東派と交渉し、ドイツの武器工場を広東に建設するというクラインの計画を意味していた。クラインは、広西派との交渉の中断ののち、今度は広東派との武器工場建設計画、すなわち「広東プロジェクト」を構想するにいたったのである。ゼークトの付き人役であったプロイは香港に到着したあと、ゼークトの南京国民政府訪問には同行せず、広州に赴いてもっぱら広東派と交渉する役割を担うことになる。クライン＝ゼークトの計画は、こうして、明らかに広東派と南京中央政府の二股をかけるものにほかならなかった。

この「背信」は、ゼークトの内心に葛藤をもたらすに十分であった。かれは日記に書いている。「全事態は私にとってはなお五里霧中、幻想なしに眺めなければならぬ(60)」。さらに四月二二日には、今回の中国訪問についてつぎのように述べている(61)。

私はいま、中国の防衛力につき諮問しにいく途上にある。この道は誤っていなかったか？　この疑問は私を一年間悩ませたものだ。そしてそれは中国訪問への決断によって終わるべき疑問であったのだが。

ゼークトは中国での活動に関し、深い懐疑に包まれていたのである。

香港から上海へ

一九三三年五月六日、ゼークトを乗せた「コンテ・ヴェルデ」号は静かに香港に入港した。船上に挨拶に来たのは広東派・広西派の代表や、蔣介石とヴェッツェルがドイツ軍事顧問団の中から派遣したハインツ（Heinz）退役大佐、クラインの広州駐在代表エッケルトらであった。ドイツからゼークトに同行して来たプロイは付き人役をハインツと交替し、エッケルトとともに予定通り広東派との交渉のため広州へと向かったのである。(62)

プロイは広州で、エッケルトの仲介により、かつてベルリンでゼークトとともに会談した旧知の馬君武と連絡を取った。さらにプロイはエッケルトと長時間協議を持ち、中国の一般情勢や広東派と広西派の関係につき情報収集をおこなったのである。その際プロイはエッケルトに対し、クラインの広東・広西におけるプロジェクトの詳細について説明した。しかも、ひとつ遅らせた船でゼークトおよびプロイを追っていたクライン自身がその間密かに広州に現れ、(63)プロイ、エッケルトとともに広東派との武器工場契約交渉に入ることとなる。(64)しかも、この「広東プロジェクト」には広西派も合流したことがのちに明らかとなろう。

一方ゼークトは、香港からそのままハインツ退役大佐と船旅を続けたが、広東派と広西派の関係に対し、さまざまに思いをめぐらせ、つぎのように記している。「華南諸省の内部では深い対立があるように思われる。つまり、貧困にあえいでいるにもかかわらずエネルギッシュな広西が、豊かな広東と陳済棠の政府に対して支配をおこなっている」[65]。西南の政治情勢および軍事情勢はゼークトにとって重要な関心の対象であった。

さらに上海に向かうゼークトの日記には、以下のような注目すべき記述があった。「私は静謐を得たいと考え、中国に来た。何という皮肉であろう。それはすべて基本的には金のためだけなのだ。私はここで何をなすべきなのか」[66]。ゼークトはここで、今回の旅行を決断した主要な理由が「金」であることを告白している。しかも、先回りして言えば、贅沢で有名なゼークト夫人ドロテー（Dorothee von Seeckt）の要求する多額の金銭こそが、ゼークトを中国訪問に駆り立てた主たる動因なのであった。ゼークトは、中国国民政府が提示する高額の報酬に目が眩んだのである。こうして船旅でのゼークトの気分は滅々たるものとなっていた。

2　蔣介石＝ゼークト会談（一九三三年五月二八日）

上海から南京へ、さらに牯嶺へ

五月八日、ゼークトは上海に到着した。上海では国民政府交通部長の朱家驊が直々にゼークトを迎えた[67]。上海からゼークトは、ドイツ軍事顧問団の将校や中国人高官に伴われ、貴賓列車に乗って杭州への二日間のエクスカーションに出かけている。ふたたび上海へ戻ったゼークトは、蔣介石が用意した中国海軍の軍艦で長江を遡上、中華民国の首都南京へと到着したのである。南京でゼークトは、当時北平で活動していたヴェッツェルの留守宅に滞在し、ヴェッツェル夫人のもてなしを受け、さらに行政院長汪兆銘ら南京政府高官との会談やさまざまなパーティーに臨んだのである[68]。

こうした首都南京でのゼークトへの歓迎ぶりは、ドイツ外務省を困惑させた。五月一三日、外務省は北平駐在のトラウトマン公使に電報を送り、ゼークトに帰路日本を訪問させるべく働きかけるよう指示した（当時中独両国の外交関係は大使ではなく公使レヴェルにとどまっており、しかもドイツ公使館は清国および北京政府時代の名残で首都南京ではなく北平に置かれていた)。つまり外務省は、ゼークトの日本訪問を実現することにより、日本に対し政治的配慮を示そうとしたのである。(69) しかしこの提案は、ゼークトの拒否にあった。トラウトマンも公平に判断していたように、この拒否の理由には、中国に加え、暑い夏の日本を訪問することへの健康管理上の躊躇があったのであろうが、しかし何よりも、日本訪問は「中国当局の不快を引き起こしかねない」という政治的考慮が、ゼークトの判断において大きな役割を演じたといわなければならない。(70)

五月二二日、ゼークトは朱家驊に伴われ、軍艦に乗ってさらに長江を遡上、避暑地である牯嶺に向かった。(71) 蔣介石はこのゼークトの長旅に、同済大学学長の翁之龍教授をわざわざ上海から呼び寄せ、医師として同伴させるほどの気配りを示した。(72) 当時共産党に対する軍事行動〔「囲剿戦」〕のため前線で指揮をとっていた蔣介石に代わり、宋美齢がゼークトの接待役を演じた。

蔣介石＝ゼークト会談（一九三三年五月二八日、三〇日）

五月二八日、前線から戻った蔣介石とゼークトとの間で、ようやく初めての会談がおこなわれた。(73) この会談は三時間にも及んだといわれている。ゼークトは日記に「総司令〔蔣介石〕との初めての面会。情勢と組織に関する一般的な話し合い」と記している。さらに翌々日の三〇日にもゼークトは蔣介石と会談し、以下のような三点の助言をおこなった。(74)

第一に教導旅の訓練、とくにその高級将校の教育を重視し、実践もまた重視する。第二に重視すべきは兵器であり、中国独自に製造しなければならない。第三には長江の防備を重視しなければならない。

のちにゼークトがトラウトマン公使に語ったところによれば、蔣介石・宋美齢夫妻はゼークトに「大きな印象を残した」という（宋美齢については、日記で「夫よりはるかに優る」と記している）[75]。他方蔣介石もゼークトを高く評価した。六月四日、蔣介石は朱家驊を通じ、「閣下の旅行への深い感謝のしるし」として、すでに支払われている三万RMとは別に、一万RMをゼークトに贈り、加えて二一品目にもおよぶ土産を持たせたのである[76]。さらに六月一五日、蔣介石は、南昌行営からわざわざ北平の何応欽（軍事委員会北平分会長）に電報を送り、ゼークトを「優待厚遇」せよ、と指示していた[77]。こうしてゼークトは蔣介石の面接試験に合格したのである。

3　蔣介石宛覚書（一九三三年六月）

牯嶺から北平へ

牯嶺に約二週間滞在したのち、五月三一日、ゼークトはハインツおよび朱家驊に伴われてふたたび南京へ戻り、そこで約一週間滞在した。南京では、三月までモスクワ駐在武官であったケストリング（Ernst A. Köstring）少将と数日話し込んだ。ケストリングは、モスクワからの帰路、世界旅行の途中で南京を訪れていたのである。また、六月二日にゼークトは考試院長の戴季陶を訪問している。

その後ゼークトはヴェッツェル問題で朱家驊と立ち入った話をしているが、これはのちに重要な意味を持つこととなろう。さらにゼークトは、北平から南京に戻ったヴェッツェル自身とようやく話し合いの機会を持つことができた[78]。しかしこの会談ではゼークトとヴェッツェルの見解の相違が露呈し、それはやがて両者の人間関係の決裂へと繫がることになる。

六月六日、ゼークトは南京をあとにし、貴賓列車で北平へ向かった。途中山東の泰安で下車し、かごに乗って泰山への六時間のエクスカーションを楽しんだ。さらに翌日自動車で曲阜へ向かい、孔廟を訪れている。六月九日、ゼークトはようやく北平に到着した[79]。

北平でのゼークトのおもな行動は、観光であった。ここでもトラウトマン公使はゼークト訪問の政治的意味をできるだけ薄めるため、さまざまな手を尽くしていた。すなわちかれは、ゼークトをわざわざ北平の外交団および北平駐在の各国武官に引き合わせるとともに、ゼークトの旅行を「慰安旅行」と紹介していたのである[80]。しかしながら、このようなトラウトマンの思惑にもかかわらずゼークトは、北平に駐屯している中国軍部隊の視察をおこない、さらに軍事委員会北平分会長何応欽、行政院駐平政務整理委員会委員長黄郛、外交部常務次長劉崇傑などとも会談の機会を持ったのである。数多い訪問者の中には、スウェーデンの親独的冒険家ヘディン（Sven Hedin）の姿もあった[81]。

ゼークトの蔣介石宛覚書（一九三三年六月）

こうして「偉大な北平[82]」での生活を堪能するなかでゼークトは、蔣介石の依頼に応じ、中国軍の再編成に関する覚書を記していた[83]。その覚書は以下のような内容であった。

まずゼークトは、大規模な軍隊を性急に建設するのではなく、何よりも小規模ながら良く訓練され、優れた装備を与えられた軍隊を創出することに労力を集中すべきであると強く主張する。中国には軍人が少なすぎるのではなく、多すぎる。軍閥的軍人が相互に対抗しながら活動しており、かれらの下にある膨大な兵員を訓練するのは不可能である。

さらに、指揮系統の扱いや将校団の地位に関しても改善する必要がある。政治権力は蔣介石の指揮の下にある軍隊にのみ基礎づけられる。将校の任用も、個々の師団の将軍たちに委ねられてはならず、全国に適用される統一的な原則に基づいて、かつ個々の将軍の利害にかかわらず断固として実行されなければならない。最上位の基本原理は国家の利益でなければならない。「満洲事変」の際のように、国家機関が同時並行的に行動するというようなことがあっては決してならない。

こうした欠点を有効に除去するため、ゼークトは「教導旅（Lehrbrigade）」の創設を提案する。しかも教導旅は、軍隊を直接訓練するためというよりは、軍の中・上級機関で任務に就いている将校たちに対し持続的な教育を与えるべきである。そうした教育は、いままでの教育の欠点を克服することに役立つとともに、現在南京でドイツ軍事顧問団の下で育っている若手将校の能力の向上にも良い影響を与えるであろう。

こうした教導旅は、二個歩兵連隊、一個砲兵部隊、一個工兵中隊、一個戦車中隊、一個通信中隊、一個騎兵中隊から構成されるべきであり、しかも教導旅には経験を積んだ上級将校からなる顧問団本部を設置するとともに、教育目的のため、一定数の若い将校を配置するべきである。

もちろん教導旅には、質的に高度な武器を十分に供給しなければならない。いままでの国産の武器は、大部分が不満足なものなので、さしあたり武器は外国から輸入すべきであるが、できれば独自の武器工場を中国に建設するべきである。ヨーロッパの武器会社に計画を立てさせた上で、こうした武器工場を建設することが合理的であろう。武器と弾薬を輸入することは、結局は高価になるばかりか危険でさえあり得る。

現在中国で活動しているドイツ軍事顧問団は、献身的に任務をこなしているが、その人数と活動範囲は十分ではなく、実際に必要なことが達成されていない。したがって、ドイツ軍事顧問団の再編成が必要であろう。(84)

ゼークトは、以上のような覚書を、ハインツおよび国民政府交通部長朱家驊を経由して蔣介石に提出したのである。

4　ゼークトとヴェッツェルの決裂

ゼークトのヴェッツェル批判（一）――中国情勢への無理解

蔣介石宛の覚書を書き終えたあと、ゼークトの頭を悩ませたのは、朱家驊から報告された中国国民政府、とりわけ蔣介石本人のヴェッツェルへの不満であった。ゼークトは、しばしの熟慮ののち、一九三三年六月三〇日、「いかなるディスカッションも持ちたくない」との理由のもと、ヴェッツェル宛に長い手紙を書くことに意を決したのである。(85)しかもゼークトはそこに、書き上げたばかりの蔣介石宛覚書を添付していた。

ゼークトはまず、ヴェッツェルが今回の中国訪問を斡旋してくれたことに対して、また何よりも南京の自宅を旅舎に提供し、ヴェッツェル夫人が心からのもてなしをしてくれたことについて、丁重に感謝の意を述べた。しかしながら、南京でヴェッツェルと中国情勢に関して会談した時に、「貴下が私のコメントと見解を好んで受け入れていないという印象」を得たという。そこでゼークトは「第三者の見解というのも独自の価値がある」と断った上で、手紙で印象を記すことにした、と述べる。

ゼークトは手紙を書くにいたった動機について、「それは貴下の人物と貴下の成果に関係がある。また、ドイツの利益とドイツ人将校〔軍事顧問団〕の成果に関係がある」と率直に切り出す。ゼークトは、ヴェッツェルとの意見の相違を前提とした上で、「もし貴下と私の見解の相違が生じたとしても、それは避けられない。私はそれが大きくないことを願う」と、非常に慎重に言葉を選んで手紙を書き進めた。

ゼークトの意見の第一は、ヴェッツェルの仕事上の人間関係、とりわけ中国人将校達に対する態度に関してであった。「貴下も承知しているように、貴下は非常に多くの敵を作ってしまった」。ゼークトによれば、その背景の一つは

「貴下の仕事に対する過度の熱意」であった。「もっと慎重で、もっと政治的であり得たのではないか」というのがゼークトの判断であった。「中国事情や中国人に対する貴下の判断や、中国人・ドイツ人に対する愛想の悪さと不用心さに関する苦言が私に伝えられている」というのである。

ゼークトによれば、軍事問題に関するヴェッツェルの判断の内容は正しい。「私は貴下の判断の正しさを疑わない」。たしかに中国人はしばしば狡猾である。しかしそれに対しゼークトはつぎのように提言する。「アジア的狡猾さに対し、同様の手練手管をもって応える方がよいのではないか」。ヴェッツェルがたびたび中国側の軍事能力について批判的・悲観的なことを述べることも、中国側の不満の原因であった。ゼークトは述べる。「貴下がしばしば中国情勢に対する悲観を白日の下に晒すことに関しても、私に苦情が提出されている」[86]。

ゼークトのヴェッツェル批判（二）――執務態度への批判

ゼークトの批判の第二のポイントは、第一の点と密接に関連するが、ヴェッツェルの執務態度に関してであった。ゼークトは「貴下は、私の考えでは、あまりに多くのことを自分一人でおこなおうとしている」と、ヴェッツェルを批判する。しかもゼークトによれば「貴下は仕事でしばしば留守をしている」ので、軍事顧問団本部が混乱している。

ヴェッツェル自身は、留守にする時、ブーゼキスト（Ulrich von Busekist）なる商人を重用していた。しかしそのことがさらに軍事顧問団の混乱に拍車をかけていたようである。ゼークトはこの点を批判する。「貴下はかれ〔ブーゼキスト〕を軍事問題にも重用している」が、ブーゼキストに関しては「中国人将校からも『軍事的知識がない』と批判されている」[87]。こうした状態を克服するため、ゼークトはヴェッツェルに「優秀な幕僚部」を作るよう提案している。

ゼークトは、蔣介石自身からも、優秀なドイツ人幕僚が欲しいという「同様の注文」を聞いていた。ヴェッツェルはしばしば前線に出て作戦指導にも口を出していたが、ゼークトによれば「蔣介石は戦争指導ではなく軍の再編成の面でドイツ軍事顧問の援助を期待している」というのである。ゼークトは続ける。「蔣介石は貴下から独立した軍事顧問を欲している」。

ゼークトにこのように述べる際、蔣介石の念頭にあったのは、もちろんゼークト自身であったろう。それは以下のゼークトの言葉からも明らかであろう。「蔣介石はその人物を推薦してくれと私に要求したが、私は断った。推薦するのは貴下の仕事だ」。ヴェッツェルは、ゼークトの野望を嗅ぎつけたに違いない。

ゼークトはヴェッツェルに対し、「独立した軍事顧問」として、中国旅行に同行していたハインツ退役大佐を推薦する。ゼークトによれば、「かれなら蔣介石夫人〔宋美齢〕ともうまくゆくだろう」というのであった[88]。

ゼークトのヴェッツェル批判（三）――組織問題

ゼークトのヴェッツェル批判の第三点は、軍事顧問団の組織問題であった。ゼークトによれば、軍事顧問団には「義勇兵的性格」があり、「業務上の上下関係が明確ではない」。しかもゼークトの判断によれば、ドイツ国防省も同様の不満を抱いていた。なぜなら、在華ドイツ軍事顧問団とドイツ国防省の連絡役であるブリンクマン（Rolf Brinckmann）もゼークトに「ヴェッツェルへの苦情」を述べていたからである。

ゼークトはこの点についてつぎのようにヴェッツェルに打ち明けている。「かれ〔ブリンクマン〕は適切な人物を探すため国防省と協力しなければならないが、国防省はいささか不快感を持っている。というのも貴下〔ヴェッツェル〕の側から情報という形での対価が払われていないからである。そのためかれ〔ブリンクマン〕は、中国情勢に関する資料を送るよう貴下に緊急に要求している」。しかもゼークトによれば、駐華ドイツ公使館・トラウトマン公使も同様の情報開示要求を表明しているというのであった。

中国人将校を教育する方法についてもゼークトはヴェッツェルに意見を述べる。ゼークトによれば、「陸軍大学」

よりも「教導旅」を設立する方が効果的である。さらにゼークトは、「軍需産業の育成には、私企業を導入せよ」とヴェッツェルに提案する。

ゼークトによれば、蔣介石は、こうした面でもゼークトにつぎのように要望したという。「ドイツで軍事行政、国防政策および会計監査にふさわしい人物を紹介して欲しい」。こうした蔣介石の要望について、ゼークトはヴェッツェルにつぎのように述べる。「これを私が実行し得るか否かは分からない。私は貴下の仕事に介入したくない」。

ゼークトは、手紙の中でつぎのように書いていた。「貴下はこの手紙を無視してもよいし、返答しなくても結構だ[89]」。明らかにゼークトは、以上のような内容を持つ手紙を、ヴェッツェルの怒りを買うことを承知で認めたのである。

第四節　「広東プロジェクト」の成立

1　広東武器工場建設契約の成立（一九三三年七月二〇日）

ゼークト、広州へ

ヴェッツェル宛の長い手紙を書いた翌日の七月一日午後、ゼークトはふたたび貴賓列車に乗って北平を出発し、南京にしばし立ち寄り、さらに上海へと向かった。南京駅でゼークトは、見送りに来たヴェッツェルに、北平での最後の日に書いた手紙を自ら手渡した。それは実質上、ゼークトとヴェッツェルの人間的決裂の瞬間であった。駅頭での別れののちに手紙の封を切ったヴェッツェルは、ゼークトへの怒りを爆発させることになる。

七月三日午後、ゼークトは上海に到着し、二日間を過ごし、朱家驊から蔣介石の用意したさまざまな土産を受け取るとともに、ちょうど上海に滞在していた宋美齢とも面会した。七月六日午前、朱家驊に見送られ、ゼークトは上海からマカオ経由香港へと向かった。香港でゼークトは、広州から来た陳済棠（広東派）の代理人やクライン、プロイ、エッケルトらに迎えられた。七月一一日、かれは「不承不承、だがクライン・プロジェクトを促進するため」、広東派の用意した貴賓列車で広州へ向かったのである。広州駅では李宗仁（広西派）の代理人として張任民将軍らが出迎えた。その後ゼークト、クライン、プロイ、エッケルトらは、広東派の陳済棠や広西派の李宗仁が開催したレセプションに出席し、さらに広州のドイツ人クラブで開催されたドイツ人コロニーの午餐会やドイツ総領事ヴァーグナー（Wilhelm Wagner）宅での夕食会に参加した。(90)

広東武器工場建設契約（広東プロジェクト第一次契約）の成立

七月一三日、あらかじめ秘密の予備交渉で準備されていた草案にしたがい、ゼークトの立ち会いの下、クラインと陳済棠・李宗仁との間で大砲工場を広州に建設する合意が成立した。(91) こうして広東プロジェクトは広東派と広西派の合同の事業となった。翌七月一四日、ゼークトは、広東派より謝礼として八三〇〇〇ＲＭを受け取った。(92) こうした基本合意を受け、七月二〇日、陳済棠の代理人繆培南および李宗仁の代理人張任民とクラインの間で正式契約が調印されたのである。(93)

契約は、広東省清遠県琶江口の南に以下の如き武器工場を建設するというものであった。⑴大砲工場（一八五万香港ドル）、砲弾・信管・薬莢工場（一〇七万五〇〇〇香港ドル）、⑶毒ガス工場（四九万香港ドル）、⑷防毒マスク工場（六万五〇〇〇香港ドル）。その他の費用を含め、契約総額は約五五〇万香港ドルに上った。さらに、こうした契約内容に関し、広東銀行および広西銀行が西南派の保証を引き受けたのである。(94)

さらに同年一二月一四日、広州において、上記契約を受ける形で、クラインの代理エッケルトと広州の永隆公司の間で、琶江口の各兵器工場の建築に関する契約が締結された[95]。

工場は二年後の一九三五年に完成する。一万六〇〇〇㎡の敷地を有し、三四〇台の機器設備を誇る工場は、同年一二月、正式に「広東第二武器制造廠」（通称「琶江武器廠」）と命名され、生産を開始することになる[96]。

2　ドイツ外務省の「広東プロジェクト」批判と、ゼークトの「心の闇」

中国駐在ドイツ代表部の「広東プロジェクト」批判

調印から約一〇日後の八月一日、クラインは広州駐在ヴァーグナー領事を訪れ、西南派と締結した契約の内容の概要を説明した。これに対しヴァーグナーは、⑴南京政府はそれを敵対的行動と判断するだろう、⑵ドイツが日本、イギリス、フランスと重大な紛争に陥る危険がある、⑶財政的リスクを負えるのか、との三点での批判をおこなったのである。

この⑴の点に関しクラインは、「南京には根回ししてある」し、「南京と広東の権力者の間では秘密の合意がある」ので「心配の必要はない」と答えた。また⑵については、「リスクはドイツの関係当局によって慎重に衡量されている」し、「他の国々は別の問題で忙殺されているので危険はさほど大きくない」と述べた。さらに⑶についてクラインは、「非常に有利な支払い条件」を確保し、銀行の保証も得たので心配はない、との姿勢を示した。ヴァーグナーはこれに対し「反乱、クーデターなどが起こったらいったいそんな保証など何の役に立つのか」との正当な疑問を呈したのである。クラインは、当時のドイツ政府の輸出振興策である「帝国欠損保障」（Reichsausfallsbürgschaft, または Reichsgarantee）を申請することもあり得る、と述べた。

さらにヴァーグナーが「武器輸出に関するドイツ法に違反するのではないか」と疑問を呈すると、クラインは「武器の輸出ではなく、製造機械の輸出だから、ヴェルサイユ条約によっても許されている」と述べた。これに対しヴァーグナーは、「武器製造機械が輸出されるのは明白」であるから、「帝国欠損保障はまったく考えられない」との姿勢を示したのである。

しかしヴァーグナーの一番の疑問は、なによりも、「いったいプロジェクトがいかに成立したのか、ドイツの誰がプロジェクトの主なのか、皆目分からぬ」点にあった。クラインが「本国の高い地位の機関」の関与を示唆していたからである。やや先回りして述べれば、このクラインのプロジェクトの背後には、国防大臣ブロムベルク、国防省軍務局長ライヒェナウ、陸軍兵器部経済参謀課長（のち国防省国防経済幕僚部長）トーマスらドイツ国防省首脳の強い支持があった。

広州のヴァーグナーからこの報告を受け取った北平駐在ドイツ公使トラウトマンは、八月二四日、報告をベルリンの外務省に転送するとともに、つぎのような意見を付け加えた。「広東政府と中央政府との関係は非常に不安定なので、このような契約を締結することには重大な疑念を呈せざるを得ない(97)」。

ゼークトの心の闇

西南派との間で武器工場建設契約に合意したあと、七月一五日、ゼークトは香港から帰国の途についた。プロイは、当初の予定とは異なり、ゼークトとともにドイツには帰らず、広州に残って、エッケルトとともに「広東プロジェクト」の事務を継続することとなった。帰国の船の中で、ゼークトの気分はふたたび陰々滅々たるものとなった。

ゼークトを悩ませた第一の問題は、南京中央政府と西南派の間での「二股政策」への呵責であった。七月一六日、ゼークトは、「二重の課題は不都合だ」として旅行日記につぎのように記している。

全体的に見れば、あらゆる事実は、予想・期待していたこととはまったく異なっていたという判断である。偉大な北平と楽しい上海の後で、最後に広州への不快な旅が待っていたのは残念だった。しかしこれも私自身が責めを負うべきものである。広東に旅行したのは不都合であった。

訪中前、ゼークトは明らかに中国中央政権と地方政権の関係を甘く見ていた。しかし実際中国に来てみると、西南派との対立が予想以上に厳しいという現実に加え、さらに広東派と広西派の間で保たれている微妙な権力関係にも思いを致さざるを得なかった。しかも南京で実際に蔣介石と会見した時の印象は強烈であった。ゼークトは蔣介石の好意に反する行動をとることについて、自責の念を持つにいたったのである。

ゼークトを悩ませていた第二の問題は、かつての部下ヴェッツェルとの葛藤であった。七月二八日、ゼークトは旅行日記に記している。「残念ながらヴェッツェルは私にほとんど満足していない」。実際、ゼークトの帰国後、ヴェッツェルは九月二八日、ドイツ公使館を通じ、ゼークトのヴェッツェル宛六月三〇日書簡をドイツ国防省の在華ドイツ軍事顧問団担当連絡官ブリンクマンに送り、その際、「この男が中国でいかに私に困難をもたらしたか」（強調原文）を告発していた。(98) ヴェッツェルの中でゼークトは「閣下」から「この男」へと転落した。ゼークトの書簡は、ヴェッツェルの怒りに火を放ったのである。

さらに一〇月一三日にもヴェッツェルはブリンクマンに手紙を送り、つぎのように吼えていた。(99)

この男に、かくも興味深い旅行と『それ以上』のこと〔充分な報酬を指す〕を与えてやったのは私だ。しかしこの男は一四日間のおしゃべり旅行において、ホテルの窓から、あるいは私の家の瀟洒に飾ったバルコニーから、中国の現状を把握し得たと思っているのだ。しかも私に知らせることなく覚書を蔣介石に渡したのだ。こんなことがどうして戦友精神と結びつくのか、私にはまったく理解することができない。

ゼークトを悩ませていた第三の問題は、妻ドロテーの金銭問題であった。広州滞在中の七月一三日、ゼークトは旅行日記に記している。「またしても銀行から金を引き出すらしい。どの手紙の中にも不平以外の内容なし。堪忍袋の緒が切れる寸前だ」。さらに中国からヨーロッパへ向かう船の中でも、七月二三日、ゼークトはドロテーに電報を打ち、「金の使い方には気をつけろ」と注意している。三日後の二六日にもゼークトは日記に記している。「金に関する注意（Geldmahnung）」。ゼークトが中国で、老躯に鞭を打ち、良心の呵責に耐えながら南京中央政府や西南派から稼いださまざまな報酬は、こうして、ドロテーによって、右から左へと浪費されていったのである。

しかしそれでもゼークトは、つぎのような呼びかけで、健気にドロテー宛のはがきを出し続けるのであった。「可愛い子猫！（Lieber kleiner Katz!）」。ゼークトの心の闇は、暗く深かったといえよう。

一九三三年八月八日、ゼークトを乗せた船は静かにマルセイユの港に到着した。

（1） *Biographisches Wörterbuch zur deutschen Geschichte*, Dritter Band: S-Z, München: A. Francke Verlag 1975, S. 2614-2616. ゼークトの生涯については、Friedrich von Rabenau, *Seeckt. Aus seinem Leben 1918-1936*, Leipzig: Hase & Koehler Verlag 1940; Hans Meier-Welcker, *Seeckt*, Frankfurt am Main: Bernard & Graefe Verlag für Wehrwesen 1967. を参考にした。和文では、以下の論文がゼークトの政治的・軍事的活動の特定の側面を扱っている。山口定「グレーナー路線とゼークト路線」立命館大学『人文科学研究所紀要』第六号、一九六二年五月、七三―一四三頁。また、ドイツ軍部に関する以下の著書・翻訳でもゼークトに関する言及は多い。室潔『ドイツ軍部の政治史　一九一四―一九三三』早稲田大学出版部、一九八九年。J・ウィーラー＝ベネット（山口定訳）『国防軍とヒトラー　一九一八―一九四五』（新版）、みすず書房、二〇〇二年。ヴァルター・ゲルリッツ（守屋純訳）『ドイツ参謀本部興亡史』学習研究社、一九九八年。ただし、これらの和文文献では、ゼークトの中国訪問についてはほとんど（あるいはまったく）触れられていない。

（2）ルール紛争については以下を参照。高橋進『ドイツ賠償問題の史的展開——国際紛争および連繋政治の視角から』岩波書店、一九八三年。

（3）Jun Nakata, *Der Grenz- und Landesschutz in der Weimarer Republik 1918-1933*, Freiburg im Breisgau: Rombach Druck- und Verlagshaus 2002, S. 179-185.

（4）陳紅民（光田剛訳）「矛盾の連合体——胡漢民・西南政権と広東実力派（一九三二—一九三六年）」松浦正孝編著『昭和・アジア主義の実像——帝国日本と台湾・「南洋」・「南支那」』ミネルヴァ書房、二〇〇七年、七八頁。陳紅民（小野寺史郎訳）「周辺の存在の国民党内派閥闘争に対する影響——胡漢民の政治主張を中心とする研究（一九三一—一九三六）」横山宏章・久保亨・川島真編『周辺から見た二〇世紀中国——日・韓・台・港・中の対話』中国書店、二〇〇二年、一四三—一五九頁。

（5）姜抮亜「一九三〇年代陳済棠政権の製糖業建設」『近きに在りて』第三〇号、一九九六年一一月。

（6）施家順『両広事変之研究』高雄・復文図書出版社、一九九二年、三三—三三頁。呂芳上「抗戦前的中央与地方——以蔣介石先生与広東陳済棠関係為例（一九二九—一九三六）」『近代中国』（台湾）一四四期、二〇〇一年八月、一七〇—一九八頁。

（7）『李宗仁回憶録』（下）、上海・華東師範大学出版社、一九九五年、四七六頁。施家順『両広事変之研究』高雄・復文図書出版社、一九九二年、二九—三〇頁。賓長初「論新桂系的経済建設方針及管理機構」『民国档案』二〇〇八年第三期、七七—八三頁。なお、白崇禧『白崇禧先生訪問紀録』（中央研究院近代史研究所口述歴史叢書四）、台北・中央研究院近代史研究所、一九八四年、にはこのころの記述がほとんど存在しない。広西の近代化政策全般については、朱浤源『従変乱到軍省——広西的初期現代化　一八六〇—一九三七』台北・中央研究院近代史研究所、一九九五年を参照。

（8）陳紅民前掲論文「矛盾の連合体——胡漢民・西南政権と広東実力派（一九三二—一九三六年）」参照。

（9）施家順『両広事変之研究』高雄・復文図書出版社、一九九二年、三五頁。羅敏（光田剛訳）「福建事変前後の西南と中央——対立から交渉へ」松浦正孝編著『昭和・アジア主義の実像——帝国日本と台湾・「南洋」・「南支那」』ミネルヴァ書房、二〇〇七年、所収。

（10）羅敏前掲論文「福建事変前後の西南と中央——対立から交渉へ」一一七頁。

（11）『李宗仁回憶録』（上）（下）、上海・華東師範大学出版社、一九九五年。施家順『両広事変之研究』高雄・復文図書出版社、一九九二年。盧溝橋事件勃発後の広西については以下を参照。ダイアナ・ラリー（益尾知佐子訳）「戦争の地域へのインパクト——広西、一

九三七年―一九四五年」姫田光義・山田辰雄編『中国の地域政権と日本の統治』慶應義塾大学出版会、二〇〇六年。

(12) 日本語では、データは古いが、差しあたり以下を参照。鹿毛達雄「独ソ軍事協力関係(一九一九―一九三三)」『史学雑誌』第七四編第六号、一九六五年、一―四二頁。

(13) Schüssler, „Der Kampf der deutschen Marine gegen Versailles 1919–1935“, bearbeitet von Kapitän zur See Schüssler, Berlin 1937, Nürnberger Dokument 156-C, in: *Der Prozeß gegen die Hauptkriegsverbrecher vor dem Internationalen Militärgerichtshof Nürnberg*, Nürnberg (s. n.), 1948, Bd. 34, S. 530–607; Berthold J. Sander-Nagashima, *Die deutsch-japanischen Marinebeziehungen 1919 bis 1942*, Hamburg: Universität Hamburg 1998; John W. Chapman, „Japan and German Naval Policy 1919–1945“, in: Josef Kreier (Hrsg.), *Deutschland-Japan. Historische Kontakte*, Bonn: Bouvier verlag Herbert Grundmann 1984. NHKドキュメント昭和取材班編『オレンジ作戦――軍縮下の日米太平洋戦略』角川書店、一九八六年、とくに「日独合作伊号潜水艦」八六―一〇六頁。

(14) 一九二〇年代における各国の中国への武器輸出について、以下を参照。陳存恭『列強対中国的軍火禁運(民国八年―一八年)』台北・中央研究院近代史研究所、一九八三年。Anthony B. Chan, *Aiming the Chinese. The Western Armaments Trade in Warlord China 1920–1928*, Vancouver: University of British Columbia Press 1982.

(15) „Schlußwort des Berichtes der China-Studienkommission des Reichsverbandes der Deutschen Industrie vom November 1930“, in: Bernd Martin, *Die deutsche Beraterschaft in China. Militär-Wirtschaft-Außenpolitik*, Düsseldorf: Droste 1981, Dokument Nr. 6, S. 362–378.

(16) 以下を参照。田嶋信雄「孫文の「中独ソ三国連合」構想と日本　一九一七―一九二四年――「連ソ」路線および「大アジア主義」再考」服部龍二・後藤春美・土田哲夫編『戦間期の東アジア国際政治』中央大学出版部、二〇〇七年、三―五二頁。

(17) Memorandum des chinesischen Aufbauministers Sun Ke, Nanjing (8. Juni 1928), in: Bernd Martin (Hrsg.), *Deutsch-chinesische Beziehungen 1928–1937*, Berlin: Akademie Verlag 2003, Dok. Nr. 1, S. 65–66; William C. Kirby, *Germany and Republican China*, Stanford: Stanford University Press 1984, pp. 63–64.

(18) William C. Kirby, *Germany and Republican China*, pp. 53–54.

(19) Brief des Majors Mayer-Mader an den Stabschef des SS Röhm mit Bericht seines Sohnes, des Hptm. a. D. Andreas Mayer-Mader betr. Waffenherstellung in China unter deutscher Regie (Provinz Kwangsi 1933) vom 20. März 1933, in: BA-MA, Msg. 160/11.

（20）Ebenda. この時マイアー＝マーダーがいかなる計画を有し、中国のいかなる勢力を代表し、ゼークト以外のいかなる相手と交渉していたかは、残念ながら必ずしも明らかではない。

（21）Ebenda. 中国国民党中央委員会党史委員会編『馬君武先生文集』台北・中央文物供応社、一九八四年、には武器工場建設にかかわるドイツとの接触についてはほとんど書かれていない。

（22）Mayer-Mader an Röhm vom 20. März 1933, a. a. O.

（23）Ebenda: Walter Eckert, *Die HAPRO in China*, Graz: Selbstverlag, o. D., S. 11.

（24）クラインの経歴に関しては、一九三三年一一月二七日のドイツ外務省の調査報告を参照のこと。Aufzeichnung des Legationsrates Altenburg vom 27. November 1933, in: *ADAP*, Serie C, Bd. II, Dok. Nr. 89, S. 151-152.

（25）Mayer-Mader an Röhm vom 20. März 1933, a. a. O.

（26）Ebenda.

（27）Ebenda.

（28）Der Chef des Stabes, Heereswaffenamt, Oberstleutnant Thomas an das AA vom 13. Januar 1933, in: PAdAA, Ostasien, Allgemeines, Aug. 1932-Mai 1936, Mikrofilm 6691/H098120.

（29）Mayer-Mader an Röhm vom 20. März 1933, a. a. O. 外交政策過程におけるアクターが自らの行動をしばしば「国益」のためであると主張するイデオロギー的傾向について、以下を参照。田嶋信雄『ナチズム外交と「満洲国」』千倉書房、一九九二年、一〇一頁。

（30）Mayer-Mader an Röhm vom 20. März 1933, a. a. O..

（31）Ebenda.

（32）Ebenda. 外交政策過程におけるアクターのモチベーションとしての「個人的利益」について、以下を参照。田嶋信雄『ナチズム外交と「満洲国」』千倉書房、一九九二年、九六―九七頁。

（33）Mayer-Mader an Röhm vom 20. März 1933, a. a. O.

（34）Ebenda.

（35）Das Auswärtige Amt（folgend zitiert als AA）an die Reichskanzlei vom 16. November 1933, in: PAdAA, R85703, 64018. ただし、手紙は内閣官房には届けられなかった。Der Staatssekretär in der Reichskanzlei an das AA vom 20. November 1933, in: PAdAA,

R85703, 64018.

一九三三年一月三〇日にナチスが権力を掌握すると、東アジア政策をめぐり、マイアー＝マーダーのように、多くの政治的・経済的投機分子がナチス権力にすり寄る現象が見られた。対「満洲国」政策におけるハイエ（Ferdinand Heye）、対日政策をめぐるハック（Friedrich Hack）などが典型であろう。ハイエについては以下を参照。田嶋信雄『ナチズム外交と「満洲国」』千倉書房、一九九二年。ハックについては、大木毅「フリードリヒ・ハックと日本海軍」『国際政治』第一〇九号、一九九五年。田嶋信雄『ナチズム極東戦略――日独防共協定を巡る諜報戦』講談社、一九九七年。なおマイアー＝マーダーは、第二次世界大戦中、「アジア通」として、トルキスタン諸民族からなる戦闘部隊の組織化を構想し、まず国防軍に属する「トルキスタン四五〇歩兵大隊」を、ついで武装ＳＳに属する師団「新トルキスタン」の組織化をもくろんだ。しかしその行動の奇矯性と陰謀性が多くのドイツ人将校の忌避にあったうえ、国防軍とＳＳの間の深刻な対立に巻き込まれるなかで、一九四四年に死亡した。ＳＳ将校に射殺されたとも、白ロシア西部でパルチザンの待ち伏せを受けたともいわれている。Joachim Hoffmann, *Kaukasien 1942/43*, Freiburg im Breisgau: Rombach Verlag 1991, bes. das 6. Kapitel, „Die Turkestaner und Mayer-Mader", S. 131-155.

（36）Mayer-Mader an Röhm vom 20. März 1933, a. a. O.

（37）Ebenda.

（38）以下を参照。田嶋信雄「孫文の「中独ソ三国連合」構想と日本　一九一七―一九二四年――「連ソ」路線および「大アジア主義」再考」一七頁。

（39）Das AA an die Reichskanzlei vom 5. Dezember 1931, in: BA-L, R43 I 57/S. 25.

（40）Wetzell an Seeckt vom 14. März 1932, in: BA-MA, N 247/133, Bl. 3-4.

（41）ハインリッヒ・シュネー（金森誠也訳）『「満州国」見聞記――リットン調査団同行記』新人物往来社、一九八八年、参照。

（42）王聿均・孫斌合編『朱家驊先生言論集』（中央研究院近代史研究所史料叢刊三）、台北・中央研究院近代史研究所、一九七七年、ではこの時期のドイツとの接触についてほとんど触れられていない。

（43）蔣介石致劉文島電、一九三二年五月一五日、蔣介石档案、籌筆一、〇五二〇四、国史館。

（44）蔣介石致朱家驊簡、一九三二年七月三一日、蔣介石档案、籌筆一、〇五三九一、国史館。

（45）Michelsen an Trautmann vom 11. April 1933, in: *ADAP*, Serie C, Bd. I, Dok. Nr. 156, S. 287.

(46) Wetzell an Seeckt vom 29. Mai 1932, in: BA-MA, N 247/133.
(47) Wetzell an Seeckt vom 3. August 1932, in: BA-MA, N 247/133.
(48) Aufzeichnung von Bülow vom 8. November 1933, in: *ADAP*, Serie C, Bd. II, Dok. Nr. 48, S. 82–84.
(49) Trautmann an das AA vom 30. Dezember 1933, in: *ADAP*, Serie C, Bd. II, Dok. Nr. 157, S. 284–286.
(50) 蒋介石致朱家驊簡、一九三二年七月三一日、蒋介石档案、籌筆一、〇五三九一、国史館。
(51) 蒋介石致朱孔陽（部長）、一九三二年一〇月一五日、蒋介石档案、籌筆一、〇五六一一、国史館。
(52) Aufzeichnung Völker vom 3. April 1933, in: PAdAA, Büro Reichsminister, Mikrofilm AA/8985/E630037.
(53) 以下を参照。田嶋信雄「孫文の「中独ソ三国連合」構想と日本　一九一七—一九二四年——「連ソ」路線および「大アジア主義」再考」一二〇—一二三頁。
(54) 北京師範大学・上海市档案館編『蒋作賓日記』一九三〇年三月一日条、南京・江蘇古籍出版社、一九九〇年、一五一—一五二頁。
(55) Schubert an die deutsche Gesandtschaft Peping vom 25. Februar 1930, in: PAdAA, Mikrofilm AA/3088H/ 624096.
(56) Bülow an Bredow, Reichswehrministerium, vom 10. Dezember 1932, in: PAdAA, Ostasien Allgemeines, August 1932-Mai 1936, Mikrofilm AA/6691/ H098097–99.
(57) Wetzell an Brinckmann, Reichswehrministerium, vom 31. Dezember 1932, in: MA- MA, Msg. 160/4, Bl. 203
(58) Michelsen an Trautmann vom 11. April 1933, in: *ADAP*, Serie C, Bd. I, Dok. Nr. 156, S. 287.
(59) Friedrich von Rabenau, *Seeckt. Aus seinem Leben 1918–1936*, Leipzig: Hase & Koeler Verlag 1940, S. 677–679.
(60) Tagebucheintragung Seeckt vom 16. April 1933, in: BA-MA, N. 247/13; Friedrich von Rabenau, *Seeckt*, S. 684; Hans Meier-Welcker, *Seeckt*, Frankfurt am Main: Bernard & Graefe Verlag für Wehrwesen 1967, S. 649.
(61) Tagebucheintragung Seeckt vom 22. April 1933, in: BA-MA, N. 247/135; Friedrich von Rabenau, *Seekt*, S. 685.
(62) Walter Eckert, *Die HAPRO in China*, Graz: Selbstverlag, o. D., S. 13.
(63) Mayer-Mader an Hitler vom 3. September 1933, in: PAdAA, R85703.
(64) Ebenda.
(65) Hans Meier-Welcker, *Seeckt*, S. 649.

（66）Tagebucheintragung Seeckt vom 6. Mai 1933, in: BA-BA, N. 247/135; Friedrich von Rabenau, *Seeckt*, S. 686; Hans Meier-Welcker, *Seeckt*, S. 650.
（67）Trautmann an das AA vom 26. August 1933, in: *ADAP*, Serie C, Bd. I, Dok. Nr. 412, S. 764–767.
（68）Ebenda.
（69）五月六日の『朝日新聞』の報道に基づき、日本参謀本部は駐日ドイツ大使フォーレッチ（Ernest A. Voretzsch）に対し「ゼークトが軍事顧問として中国を訪問するというのは事実か」と問い合わせていた。Voretzsch an das AA vom 9. Mai 1933, in: PAdAA, R 85703, E601879. ドイツ外務省は、これを考慮してゼークトに訪日を働きかけたのである。Das AA an die deutsche Botschaft Tokio vom 13. Mai 1933, in: PAdAA, R85703, E601883.
（70）Das AA an Trautmann vom 13. Mai 1933, in: *ADAP*, Serie C, Bd. I, Anmerkung der Herausgeber (6).
（71）Trautmann an das AA vom 22. Mai 1933, in: *ADAP*, Serie C, Bd. I, Anmerkung der Herausgeber (6).
（72）Trautmann an das AA vom 26. August 1933, a. a. O.
（73）Ebenda.
（74）『困勉記』一九三三年五月三〇日条、黄自進・潘光哲編『蔣中正総統五記・困勉記』（上）、新店・国史館、二〇一一年、三八四頁。
（75）Trautmann an das AA vom 26. August 1933, a. a. O.; Hans Meyer-Welcker, *Seeckt*, S. 652.
（76）Chu Jia Hua an Seeckt vom 4. Juni 1933, in: BA-MA, N. 247/133, Bl. 13–14.
（77）蔣介石（南昌行営）致何応欽電、一九三三年六月一五日、蔣介石档案、籌筆一、〇六四七一、国史館。
（78）Hans Meier-Welcker, *Seeckt*, S. 653.
（79）Ebenda.
（80）Trautmann an das AA vom 26. August 1933, a. a. O.
（81）Hans Meier-Welcker, *Seeckt*, S. 653–654.
（82）Tagebucheintragung Seeckt vom 16. Juli 1933, in: BA-MA, N. 247/135; Friedrich von Rabenau, *Seeckt*, S. 687; Hans Meier-Welcker, *Seeckt*, S. 658.
（83）マーティン教授の考証によれば、ゼークトは六月二一日に覚書を書き終え、七月四日に朱家驊に渡し、蔣介石に提出するよう依頼している。Bernd Martin (Hrsg.), *Die deutsche Beraterschaft in China. Militär-Wirtschaft-Außenpolitik*, Düsseldorf: Droste 1981, S. 392.

(84) „Denkschrift Seeckt zur Reorganization der chinesischen Armee vom Juni 1933 für Chiang Kai-shek", in: Bernd Martin (Hrsg.), *Die deutsche Beraterschaft in China*, Dok. Nr. 11, S. 383-394. 以下にトラウトマン公使による要約がある。Trautmann an das AA vom 26. August 1933, in: *ADAP*, Serie C, Bd. I, Dok. Nr. 412, S. 764-767.

(85) Seeckt an Wetzell vom 30. Juni 1933, in: BA-MA, Msg. 160/4, Bl. 13-21.

(86) Ebenda.

(87) Ulrich von Busekist, „Erinnerungen an meine Chinajahre" (私家版、タイプ原稿) はブーゼキストによる弁明の文書であるが、無批判には信用できない。筆者はハプロに勤務しておられたインゲボルク・クラーク氏所蔵の本文書をコピーさせて頂いた。

(88) Seeckt an Wetzell vom 30. Juni 1933, in: BA-MA, Msg. 160/4, Bl. 13-21. このゼークトの発言は、ヴェッツェルと宋美齢の関係が芳しくなかったことを暗に物語っているといえよう。

(89) Ebenda.

(90) Walter Eckert, *Die HAPRO in China*, Graz: Selbstverlag, o. D., S. 14; Deutsches Generalkonsulat Canton an das AA vom 19. Juli 1933, in: PAdAA, R85703, E601891-892.

(91) Tagebucheintragung Seeckt vom 13. Juli 1933, in: BA-MA, N. 247/135.

(92) Tagebucheintragung Seeckt vom 14. Juli 1933, in: BA-MA, N. 247/135.

(93) 「克蘭与両広当局簽訂之「中徳交換貨品合約」(一九三三年七月二〇日)」、中国第二歴史档案館編『中徳外交密档(一九二七—一九四七)』桂林・広西師範大学出版社、一九九四年、四六〇—四六五頁。

(94) 同右。なお、広西派が独自に進めていた軍事工場建設計画(広西プロジェクト)について交渉するため、三三年七月一日にクラインが南寧に到着したが、「クライン氏がかつての立場に固執したため」、広西派との建設計画合意にはいたらなかった。A. Mayer-Mader an Hitler vom 3. September 1933, in: PAdAA, R85703. 広西派はクラインを通じて独自の軍事工場建設をすすめる計画をさしあたり断念し、「西南派」として広東プロジェクトに加わったものと思われる。

(95) 「克蘭与広州永隆建築公司簽訂之「琶江口各兵工廠建築物承建合約」(一九三三年一二月一四日)」中国第二歴史档案館編『中徳外交

密档（一九二七―一九四七）』桂林・広西師範大学出版社、一九九四年、四六六―四六八頁。

（96）鄧演存「琶江兵工廠建立始末」広州市政協文史資料研究委員会編『南天歳月――陳済棠主粤時期見聞実録』広州文史資料第三七輯、広州・広東人民出版社、一九八七年、一六一―一六七頁。鄧演存は当時琶江兵工廠建設事務所主任として工場建設の事務処理にあたった。

（97）Trautmann an das AA vom 18. September 1933, in: *ADAP*, Serie C, Bd. I, Dok. Nr. 436, S. 801–803.

（98）Wetzell an Brinckmann vom 28. September 1933, in: BA-MA, Msg. 160/4, Bl. 90–95.

（99）Wetzell an Brinckmann vom 13. Oktober 1933, in: BA-MA, Msg. 160/4, Bl. 79–80.

第二章　ゼークトの第二回中国訪問とハプロの成立

第一節　ゼークトの中国再訪

1　ゼークトの中国再訪問題

蔣介石のゼークトに対する軍事顧問団長就任要請

ゼークトの人物および資質を高く評価した蔣介石は、当初の計画どおりかれをヴェッツェルの後任に据える決意を固めた。蔣介石およびその指示を受けた朱家驊の催促は、矢継ぎ早であった。ゼークト帰国後の九月二九日、朱家驊はゼークトに電報を送り、「ヴェッツェルに関して状況は耐え難く先鋭化」しており、「蔣介石総司令はあなたに再会したいという衷心の希望を私に伝えた」とゼークトの中国再訪を要請したのである。(1) 翌九月三〇日、朱家驊はゼークトに懇切な書簡をしたため、前日の電報には記せなかった事情を語った。(2)

ヴェッツェル将軍と蔣介石総司令との間に存在する緊張関係はこの間さらに悪化してしまった。私は両者の間に存在する険悪な感情を除去するため仲裁を試みたが、成功しなかった。ここにいたっては、もはやこれ以上の仲介は無意味である。

朱家驊は、ゼークトにつぎのような蔣介石の要請を伝達した。「いままでヴェッツェル将軍が果たしていた職務をあなたが果たして欲しい」[3]。蔣介石は、ヴェッツェルに代わり、第四代在華ドイツ軍事顧問団長として再訪中するよう、ゼークトに正式に要請したのである。

しかしながら、ドイツに戻ったゼークトは、こうした中国国民政府の要請に対し、消極的な姿勢を維持した。当時ゼークトは、姉に宛ててつぎのように心境を語っている[4]。

帰国後、中国からたくさんの電報が来ている。私はもう一度中国に行って滞在したい。非常に魅力的だ。が、しかし私は行かないだろう。中国での任務およびそれにともなう苦労や気候上の負担を考えると、私は歳を取りすぎているように思う。

ゼークトは、中国訪問に関する報告も兼ね、一九三三年一〇月一九日、ベルリンのドイツ外務省を訪問し、蔣介石からの新たな招請について、外務大臣ノイラートと相談した。これに対しノイラートは、日中両国が厳しく対立する現在の東アジア国際政治状況においては、ゼークトが軍事顧問団長として中国で活動するならば、「わが国にとって政治的に耐えられない」事態になるので、「依頼を断るよう」ゼークトに要請した。ゼークトはこのノイラートの政治的要請を受け入れ、蔣介石からの依頼を断ることにしたのである[5]。

このノイラートとの会談を受けてゼークトは、一〇月二六日、ドイツ駐在中国公使館商務書記官（参賛）譚伯羽を通じて朱家驊に断りの手紙を出すとともに、そのなかで、ゼークト自身の在華ドイツ顧問団長就任に代えて、蔣介石の個人顧問としてファルケンハウゼン将軍を、また国民政府軍政部の再編を担当する軍事顧問としてファウペル（Wilhelm Faupel）将軍を、蔣介石に推薦したのである[6]。ゼークトがファルケンハウゼンを「軍事顧問団長」ではなく、蔣介石の個人顧問として推薦したのは、明らかに第三代顧問団長ヴェッツェルの立場を考慮したものであった。

蔣介石のゼークトへの固執

しかしながら、蔣介石および朱家驊はこのゼークトの返答にまったく満足することがなかった。朱家驊は一〇月二九日、ただちにゼークトに返答の電報を発し、「閣下は中国にとって将来への希望です」と述べたのち、「総司令〔蔣介石〕個人のためにも、また中国のためにも、拒否の回答をせず、中国への旅行を準備されますよう」強く要請したのである。(7) さらにまた蔣介石自身も、一一月二日、朱家驊を通じ、つぎのような電報をゼークトに送った。「ご提案の二人の将軍〔ファルケンハウゼンおよびファウペル〕と一緒にご来訪下さい。もし閣下が来訪されないならば、二人の将軍を直接ご紹介頂けないわけですから、その場合は二人の将軍の就任もお断り致します」。この蔣介石の電報に添えて、朱家驊はさらに以下のように述べた。(8)

総司令は閣下のご来訪を強く望んでおります。閣下がご提案下さった教導旅の準備は、ドイツ留学経験を持つ桂永清大佐の指導の下で、現在すでに着手されております。かれはすでに下士官の教育に熱心に取り組んでおります。閣下の御指導の下でこそ、すべての活動が成功裏に実現されるでありましょう。近いうちにご来訪されますようお願いする次第です。

蔣介石・中国国民政府は、直接ゼークトに要請するのみならず、さらに外交ルートを通じてドイツ外務省にも圧力を加えた。一一月八日、上述の朱家驊のゼークト宛て電報を携え、ドイツ駐在中国代理公使譚伯羽が外務省に外務次官ビューロ（Bernhard W. von Bülow）を訪ね、蔣介石とヴェッツェルの関係の険悪化を指摘した上で、「中国軍の再編成を指導するためにゼークトが再訪中することを、蔣介石総司令が非常に強く求めている」と述べた。さらに譚伯羽は「在華ドイツ軍事顧問団は武器・弾薬の購入にも影響力を有している」こと、「フランス人もそのポストを狙っている」ことを示唆し、ゼークトが蔣介石の「名誉ある招聘」を拒否する場合、ドイツに「精神的・物質的損害」がもたらされると外務省に圧力をかけた。しかしながら譚伯羽は、健康に関するゼークトの不安はたしかに大きいと判断した上で、つぎのような妥協案を示唆したのである。[9]

ゼークトが中国を再訪して二、三カ月したあとに、それ以上の中国滞在が無理であることを説明した上で、同行した二人の将軍を中国に残したまま帰国する、という余地もあるのではないか。あるいは、帰国後ドイツから、二人の将軍を通じて中国軍を継続的に指導する、というやり方も考えられるのではないか。いずれにせよ、ゼークトが中国を再訪すること、つまり総司令の要請を断らないことが決定的に重要であろう。

ゼークトの決断

こうした中国国民政府の強い要請は、ゼークトにインパクトを与えた。一一月一一日にふたたび外務大臣ノイラートと会談したゼークトは、譚伯羽と国民政府の示唆に基づき、「場合によっては数カ月間中国を再訪する」可能性を示唆したのである。[10]

中国国民政府は、さらに、ドイツ国防省にも働きかけをおこない、ゼークト再訪中への同省の同意を獲得していた。前述のゼークト＝ノイラート会談がおこなわれた同じ一一月一一日、国防省軍務局長ライヒェナウが外務省を訪問し、ゼークト訪中計画への国防省の同意を、外務次官ビューロに伝えていたのである。

このような事態に直面し、ドイツ外務省はゼークト再訪中もやむなしと判断せざるを得なくなった。ビューロはライヒェナウに対し、「ゼークトが企てるのはあくまで視察旅行であって、雇用契約などを締結しないことが重要だ」

と要請するにとどまった[11]。

以上のような経過ののち、一一月二二日、ゼークトは蔣介石に宛てて電報を打ち、「三月に訪中する用意がある」との同意を与えた。さらにゼークトは、この電報の中で、「ドイツ軍事顧問団を私の指揮の下に置くことを契約により確認して欲しい」と蔣介石個人に迫った[12]。すなわちゼークトは、すでにこの段階で、「雇用契約などを締結しない視察旅行」という外務省の要請をまったく無視し、ドイツ軍事顧問団を自ら指揮する考えを表明するにいたったのである。

なお、ゼークトの今回の中国訪問および軍事顧問団長就任の主要な動機は、第一回訪中の時とまったく同様、「金」であった。かれは一九三四年二月一八日に姉に宛てて書いている。「実利的な側面などの純粋に私的な理由も作用しているのだ[13]」。しかも中国側は、こうしたゼークトの金銭面での弱点にすでに第一回中国訪問の際に気づいており、今回の招請に当たっても、「給料はヴェッツェルの倍を出す」とゼークトの鼻の先にニンジンをぶら下げていたのである[14]。

しかしそれでもなおゼークトは自分の行動を「国益のため」と称していた。たとえばかれは姉に向けて、つぎのように述べる。「私は外国〔中国〕で、それほど高いレヴェルではないとしても、ある程度ドイツの利益に奉仕し得るのだ、と自分に言い聞かせている[15]」。まさしくゼークトにとって「国益」は、「私益」を正当化するためのイデオロギーとして機能していたのである[16]。

2　ゼークトの中国再訪決定をめぐる波紋

以上のようにゼークトの中国再訪が決定されたが、ドイツ政府内部では、この決定に対してさまざまな立場が表明された。

外務省の対応

まず外務省では、一九三三年一二月三〇日、中国駐在公使トラウトマンが、ゼークトの第一回訪中の時にあらわとなった、第三代軍事顧問団長ヴェッツェルとゼークトの対立、さらにヴェッツェルと蔣介石の対立を踏まえた上で、「ゼークトはヴェッツェル以上に精力的にドイツ軍事顧問団を再編成することができるだろう」という観点から、ゼークトの再訪中決定を支持した。ただしトラウトマンは、「ゼークト再訪中の持つ外交政策的な影響」、すなわち日本の反応を「心配」する立場から、「対外的には新しい軍事顧問団長と思われないような装い」を考えるよう、外務省に提案したのである。[17]

一方、東京駐在大使ディルクセンは、[18]翌一九三四年一月一九日、外務省に宛てて覚書を送り、つぎのごとくゼークト再訪中に強く反対していた。「ゼークト将軍の再訪中は、在華ドイツ軍事顧問団の活動に関する憤激を日本において改めて焚きつけ、日独関係への重大な負担となるだろう」、したがってヒトラーと国防大臣ブロムベルクに「ゼークトの訪中を阻止するよう」要請して欲しい、と。[19]

しかしながら、ドイツ外務省幹部は、このディルクセンの憂慮を冷ややかに見ていた。たとえば外務大臣ノイラートは翌一月二〇日、外務次官ビューロにつぎのようなメモを送っていた。「私はディルクセンの心配は大げさだと思う」。[20]外務省首脳は、ゼークトが軍事顧問団長に就任しないという前提で、二、三カ月の訪問であれば――つまり一九三三年の第一回中国訪問と同じような形態であれば――今回のゼークト中国再訪を容認する姿勢を示したのである。ただし、結果的にこうした外務省の期待と予想は完全に裏切られ、以後ドイツ外務省は、ゼークトの中国での行動に翻弄され続けることとなる。

こうした経過のあと、ゼークトは二月八日朝に外務大臣ノイラートと面会し、妻ドロテーを伴って三月九日に中国へ向け出発するという予定を伝えた。ノイラートは、ゼークト中国再訪の政治的影響を緩和するため、アメリカ合衆国および日本を経由して中国を訪問するように勧めたが、ゼークトは「中国での私の立場を初めから悪くする」との理由で拒否した。ノイラートはさらに、中国での滞在期間について、「一年前の訪問の時と同様、もし外部から問い合わせがあっても曖昧に答えていただきたい」と要請したが、ゼークトはそれを承諾し、「実際どのくらい中国に滞在しなければならないか、いまだ予定が立たない」と述べたのである。(21)

ヴェッツェルの怒り

ドイツ外務省以外では、第三代ドイツ軍事顧問団長ヴェッツェルの動向にも注目しておかなければならない。一九三三年一一月二四日にゼークトは、中国再訪の決断をヴェッツェルに伝えた上で、一応念のため、自分に協力して欲しいとの要請をおこなっていた。(22) これに対するヴェッツェルの反応は激烈であった。一二月四日、かれはドイツ国防省の在華軍事顧問団担当連絡将校ブリンクマンに宛てて書簡を認め、第一次世界大戦において、また第一回中国訪問において、ゼークトがいかにヴェッツェルに恩義を負っているかを強調した上で、つぎのように述べたのである。(23)

私はかれの全行動、とくに最近の恥ずべき不当な要求に対する激しい怒りを言葉で表現することができない！……私は、私の軍人としての生涯でこれほどまでに法外な話を経験したことがない。

その上でヴェッツェルは、「この尊大で思い上がった男」には「一秒たりとも協力する気はない」と言い放ち、ゼークトが軍事顧問団長として中国を訪問するならば、ただちに在華軍事顧問団から出ていく決意を表明したのである。さらにまたヴェッツェルは蔣介石にも怒りの矛先を向け、ゼークトへの新たな招聘を秘密裏におこなったことは「不謹慎」であり、これを「蔣介石の信じがたい中国流忘恩」として激しく罵ったのである。(24)

ファルケンハウゼンの中国訪問決定

すでに見たように、一九三三年一〇月二九日、ゼークトは蔣介石に電報を送り、かれが中国を再訪するか否かはともかく、蔣介石の個人顧問としてファルケンハウゼンを、軍政部再編問題担当顧問としてファウペルを推薦していた。(25)蔣介石は、ゼークトが中国を再訪することを前提条件とした上で、ファルケンハウゼンとファウペルの受け入れを表明していた。(26)その後「ドイツ側の希望」――おそらくドイツ外務省の希望――により、ファウペルの中国訪問は中止されたが、(27)ゼークトは自分の後継者の含みでファルケンハウゼンを同行させることに固執したのである。

ファルケンハウゼンは一八七八年に、シュレージエンの土地貴族の息子として生まれた。ブリークのギムナジウムを中退したのち、ヴァールシュタットの士官学校で学んだ。そこで才能を認められてベルリン・リヒターフェルデの中央士官学校へ転校し、その後一八九七年、オルデンブルク第九一砲兵連隊に少尉として任官した。一九〇〇年、中国で義和団の反乱が勃発すると、ファルケンハウゼンは志願して極東派遣第三砲兵連隊に加わった。一九〇一年に帰国したあと、陸軍大学入学の準備を命じられ、一九〇四年に日露戦争が勃発すると、ベルリン大学東洋学部に派遣されて日本語の学習に専念した。一九一二年には東京駐在陸軍武官に任命され、一九一四年八月の日独戦争勃発まで日本に滞在した。崩壊寸前の清朝への派遣のあとに、日本の規律ある国民生活および軍を見聞したことは、ファルケンハウゼンに日本に対する好印象をもたらしたといわれている。[28]

第一次世界大戦においてファルケンハウゼンは、一九一五年のヴェルダンの戦いに参加した。一九一六年五月からはトルコに派遣され、一九一七年にはケマル・パシャ麾下のトルコ軍第七軍参謀長として活躍した。ヴィルヘルムII世からプール・ル・メリット賞を授与され、トルコ駐在ドイツ陸軍全権として終戦を迎えた。こうしたトルコでの体験は、中国や日本での体験と併せ、ファルケンハウゼンに外交官的・コスモポリタン的な性格を付加したといわれている。[29]

第一次世界大戦後の一九二〇年三月に、ベルリンでカップ一揆が起こると、シュテッティーン第二軍管区参謀長であったファルケンハウゼンは、同地区に戒厳令を布いて待機の態勢を取ったが、一揆に加わることなく事態を乗り切った。その後陸軍総司令官ゼークトが、カップ派の海軍第二師団「エアハルト」の武装解除のためファルケンハウゼンを派遣すると、武力鎮圧をも辞さないゼークトを説得して平和的な解決を目指し、それを実現することに成功した。その後はミュンスター（一九二二―二五）、ドレスデン（一九二五―三〇）で少将として砲兵学校教官の任務に就き、一九三一年一月に中将の地位で退役した。早期の退任の理由は、ドレスデン砲兵学校将校の一部がナチス支持を公然と表明した事件に巻き込まれたからだといわれている。[30]

その後ファルケンハウゼンはナチス党への入党勧誘を断り、右派のドイツ国家人民党に加入、武装組織「鉄兜団」や反ヴァイマール共和国の右翼連合「ハルツブルク戦線」にかかわった。一九三三年一月のヒトラーの権力掌握後、かれはある晩餐会で旧友パーペン（Fritz von Papen, 当時副首相）に紹介されてヒトラーに対面している。ナチス政権が一九三四年一月に鉄兜団を解散させると、そのリーダーの一人であったファルケンハウゼンも辞任した。[31]

ファルケンハウゼンに中国への赴任話が舞い込んだのはこのような時期であった。三四年一月一八日にゼークトは手紙を書き、いままでの中国との交渉の経緯を述べた上で、「同行する用意があるかどうか」とファルケンハウゼンに問い合わせたのである。[32]

ファルケンハウゼンは、東アジア情勢をよく知る立場から、中国での軍事顧問活動について若干の疑念を持たざるを得なかった。そもそもかれは「東アジアにおける日本のヘゲモニーは当面揺るがない」と考えており、「ゼークトは明らかに中国でその全面的な発展の可能性に印象づけられている」と述べ、ゼークトの親中国的な情勢判断に批判的でさえあった。[33]

そのためファルケンハウゼンは、鉄兜団解散後、新しいナチス国家の下で働くか、あるいは中国での任務に就くかで煩悶し、いくつかの方面と相談したのである。ヒトラーはファルケンハウゼンに「ドイツ本国での再就職を目指す方がよいのではないか」と示唆したようである。[34] また、ナチス突撃隊（ＳＡ）参謀長レーム（Ernst Röhm）はファルケンハウゼンに、「中国行きについてはあなただけが決定できるし、また決定すべきだ」としながらも、もしドイツ本国での職務を望む場合は、「突撃隊指導者」としての地位を与え、ミュンヒェンの全国指導者学校で軍事科学（戦術）教官として採用したい、との好意を示した。[35]

他方国防大臣ブロムベルクは決定をファルケンハウゼンに委ねるとしながらも、「われわれは、本国においてと同様、さまざまな分野で再建作業をおこなわなければならない」と述べ、暗にファルケンハウゼンの中国行きに支持を与えた。[36] 国防省軍務局長ライヒェナウもブロムベルクに同意するとともに、「新国家〔ナチズム国家〕に対して正しい態度を有する若い軍事顧問」を同行させる方がよいのではないか、とまで示唆した。[37]

結局ファルケンハウゼンは、基本的にはドイツ国防省の意向に沿う形で、中国での任務に就くことに自ら決したのである。

永井松三の反応

さて、ゼークト中国再訪の噂を聞いたドイツ駐在日本大使永井松三は、三月一三日に外務省のビューロ次官を訪ね、「こうした情報は、場合によっては日本の世論に不安をもたらし、現在の良好な日独関係を曇らせかねない」として説明を求めた。これに対しビューロは、「ゼークトはもうかなりの高齢であり、戦争準備などの任務を引き受けることなどまったく不可能」であると述べ、永井の懐柔を試みた。さらにビューロは、前年のゼークトの中国訪問にもからめて以下のように説明したのである。「ゼークトは、報道されているのとはまったく逆に、戦争にいたるような紛争を避け、中国軍を縮小し、むしろ警察目的のために訓練するよう中国政府に諮問した」。「夫人同伴というのもゼークトの中国訪問の平和的性格を示している」。同行を予定されているファルケンハウゼン将軍は、長年ドレスデン砲兵学校校長を務めた人物であり、第一次世界大戦時の有名な参謀総長ファルケンハイン（Erich von Falkenhayn）将軍と取り違えてはならない。「前線将校とか参謀将校」などではなく、国防政策的に見ても疑わしい性格の軍人ではない。「わが国の外交政策は東アジアにおける紛争の可能性をできる限り排除することに向けられている」、と。こうしたビューロの説明に対し永井は、「メッケルが日本軍の再編成に対しておこなった不朽の功績」と同じようなものですな、と応じ、さしあたり矛を収めたのである。(38)

第二節　「広東プロジェクト」の進展とハプロの成立

1　クラインのベルリンでの諸交渉とハプロの成立

クラインの国防省・外務省・経済省訪問

以上のようにゼークトは、第一回中国訪問に続き、一九三三年秋から翌三四年二月にかけて、蔣介石の数度にわたる執拗な要請を受け、中国再訪の可否、訪問形式、訪問期間、報酬、同伴者などの件で、中国側やドイツ国防省を始めとした官庁・個人との間でさまざまな交渉をおこなっていた。こうした中でゼークトは、蔣介石の求めに応じて、今回は、前回と異なり、在華ドイツ軍事顧問団長に就任する決意を固めた。しかも軍事顧問団長後任の含みで、ファルケンハウゼンを同行させることとなったのである。

一方帰国したクラインは、「広東プロジェクト」に関し、ドイツ国防省に報告し、その実現方法等につき相談した。国防省、とくに陸軍兵器部はプロジェクトに大きな関心を示し、自ら関係各機関・部署との調整に乗り出した。陸軍兵器部のデグラール（de Grahl）とトーマスは、一九三三年一〇月、ベルリン駐在中国公使館を訪問し、クラインを商務書記官譚伯羽に紹介した。(39) さらにデグラールとトーマスは、外務省と協議することが必要であると判断し、クラインを伴って外務省第四部（東欧・スカンディナーヴィア、東アジア担当）のアルテンブルク（Felix Altenburg）一等参事官（東アジア経済問題担当）を訪問したのである。(40)

この場で外務省は、クラインの氏素性を初めて知ることとなった。すなわちクラインは、一九二〇年代に秘密の対ソ武器貿易の分野で暗躍した武器会社STAMAGの社長で、ゼークトと親密であり、「国防軍に近い立場」にあることが判明した。クラインはその場で、外務省側にかれの「華南旅行および広東政府との軍需工場契約」の概要について話したのち、七〇〇万RMの帝国欠損保障を付与するよう外務省に要求したのである[41]。アルテンブルクはクラインの「広東プロジェクト」の説明を聞いて当惑したが、外務省による政治的側面の検討を留保しつつも、クラインに、ともかく経済省および政府系のドイツ監査与信会社（帝国欠損保障の担当機関）と相談するように勧めたのである[42]。

その後クラインはさらに経済省を訪問したが、その時経済省上級参事官ケーラー（Wilhelm Köhler）は、クラインが帝国欠損保障の対象である製造業者ではなく、貿易商であるとの形式的な理由で、クラインの申請に難色を示した。しかしながらその後もクラインは、外務省には秘密裏に、帝国欠損保障についてはさしあたり断念しつつ、ドイツ各工業会社との交渉を継続したのである[43]。

外務省のアルテンブルクはその間、クライン・プロジェクトの政治的側面を検討したが、トラウトマンと同じくかれも、中国中央政府と西南派との政治的な対立にかんがみて、華南におけるドイツの軍需工業・武器生産分野での活動に疑念を表明した。アルテンブルクによれば、中国における軍事経済領域でのドイツの活動は、南京中央政府の支援に限定すべきであるとされた。さらに一九三三年一一月に発生した、中国第一九路軍を中心とする福建人民革命政府の樹立および紅軍との「反蔣抗日初歩協定」の締結は、「広東プロジェクト」に関するこうしたドイツ外務省の疑念をいっそう強化する方向で作用したのである[44]。

外務大臣ノイラートは一二月二日、九月一八日付のトラウトマン報告を国防大臣ブロムベルクと経済大臣シュミット（Kurt Schmidt）に送付し、こうした外務省の疑念を伝えた[45]。しかしながら、この間、クラインの計画が「国防省、とりわけ陸軍兵器部において強力な支援を得ている」ことが外務省の知るところとなった[46]。しかも当時ブロムベルク、ライヒェナウ、トーマスらドイツ国防省首脳は、広東にドイツ軍事顧問を派遣することまで考慮していたことがやがて明らかになる。[47]

ハプロの成立

翌一九三四年一月二四日、クラインを社長とし、国防省のトーマスを取締役会議議長とする半官的な有限会社ハプロがベルリンに設立され、同年二月一四日に商業登記された。創業時に代理権を持った支配人はシュトイトナー（Fritz Steudner）のみであったが、同年六月一五日にクラーナイ（Wilhelm Kraney）が加わった。クラーナイは以前、機械製造会社ボルジッヒ社の取締役であったといわれている。創業時の二〇万ＲＭの出資金のうち一九万九〇〇〇ＲＭをクラインが、一〇〇〇ＲＭをシュトイトナーが支払った。その後同年四月一三日と六月八日に、クラインとシュトイトナーによる合計二〇万ＲＭの増資がなされた。取締役会議議長トーマスのほかに、総統直属経済特別顧問ケプラー（Wilhelm Keppler）とフォス（Wilhelm Voss）が取締役となった。ハプロは以後クラインの計画を推進する母体となる。[48]

第三節　南京国民政府の「広東プロジェクト」批判

1　ベルリン駐在中国公使館を通じた国民政府の抗議

ベルリン駐在中国公使館の抗議

この間、ベルリンにおけるクラインの関係各社との交渉は外部に漏洩し、ベルリン駐在中国公使館の察知するところとなった。その報告を受けた国民政府外交部は、一九三四年一月二九日、ベルリン駐在公使劉崇傑に電報で以下のような指示を発したのである。(49)

蔣介石総司令と協議の結果、ドイツ政府に以下のように伝えられたし。広東省領域におけるドイツ軍事顧問の雇用および軍需工場の設立には南京中央政府の事前の許可を必要とする。

これを受けてベルリン駐在中国公使館は、ドイツ政府各省に抗議をおこなうこととなった。同二九日、ベルリン駐在中国公使館商務書記官譚伯羽は、ドイツ国防省のライヒェナウ軍務局長を訪れ、上記の電報に基づく申し入れをおこなったのである。しかしながらこの時、ライヒェナウは中国側の申し入れに対して否定的な反応を示した。譚伯羽は、「遺憾ながら」、「ライヒェナウ将軍は中国の微妙な内政問題に対する正しい理解を有していない」と確認せざるを得なかった。ただしライヒェナウは、中国中央政府への一定程度の譲歩を示し、会談後、譚伯羽に電話連絡し、「ドイツ将校を顧問として広東に派遣する計画は断念した」と通告してきた。(50)

さらに三日後の二月一日、譚伯羽は、劉崇傑公使の指示で今度はドイツ外務省のアルテンブルクを訪問し、上記の電報を示したのち、「西南におけるそのような軍拡計画は中国中央政府にとって非常に不快」なので、ドイツ政府がクラインの計画を「阻止するよう」強く要請した。最後に譚伯羽は、ドイツ国防省にも働きかけるようアルテンブルクに要請したのである。(51)

国防省に対する外務省の要求

この譚伯羽の要請を受け、外務次官ビューロは、国防大臣ブロムベルクに書簡を送り、「かなりの程度独立した省〔広東〕における軍事力の拡大は、遅かれ早かれ南京中央政府に対する軍事的脅威となる」と主張した。しかもこれまでの経過から判断するならば、「広東におけるクライン氏のプロジェクトには南京中央政府の許可が下りていないことは明らか」である。ビューロは、さらにつぎのように述べる。

> 南京中央政府との友好的な関係、とりわけ蔣介石総司令とドイツ軍事顧問団およびゼークト将軍との関係を鑑みる時、ドイツ軍需産業や、いわんやドイツ官庁が広東の軍拡計画を支援するならば、それはたんに独中の政治的友好関係のみならず、実り多い経済的友好関係にも重大な危害を及ぼすであろう。

ここからビューロは、ブロムベルクにつぎのように厳しく要求した。「クライン氏および国防省下部機関に対し、広東の軍需産業プロジェクトを遂行しないよう命じていただきたい[52]」。こうして、クラインの広東プロジェクトをめぐり、ドイツ国防省と外務省の間での鮮明な政府内政治対立が惹起されたのである。

2　ドイツ政府内における妥協の成立と中国国民政府の強硬姿勢

関係各省庁会議（一九三四年二月一六日）

前述のような政治的立場に基づき、二月七日、外務省は国防省に連絡し、クラインの広東プロジェクトは「ほとんど実行不可能」と述べたあと、ライヒスバンク・国防省・経済省・財務省および外務省の五者からなる、関係各省連絡会議の開催を求めたのである。[53]

会議は一九三四年二月一六日正午に、ヴィルヘルム通りの外務省で開催されることとなった。[54] この席ではまず外務省のアルテンブルクが広東プロジェクトの成立と展開について概要を説明し、「広東省での軍事顧問の任用と軍事施設の建設には南京中央政府の事前の承認が必要である」との中国国民政府の立場を説明した。第四部（東アジア担当）のキュールボーン（Georg Kühlborn）公使館参事官は、「信用供与による支払いの担保に関するクラインの主張がすべて事実に合致しているわけではない」と述べた。さらに同じく第四部のシュトラー（Wilhelm Stoller）領事が、広東省の経済状態・財政状態は必ずしも良好とはいえないことを説明し、続けてアルテンブルクが独中関係および中国内政一般について解説し、「中国中央政府にとって望ましくないプロジェクトを実施すれば、独中両国の間に存在している信頼関係が揺らぎ、中国政府に対する良好な関係が危殆に瀕する」との危機感をあらわにしたのである。

これに対しライヒェナウは、国防省にとっては広東プロジェクトの軍事的側面が重要だと述べ、国防省の「省益」を強調したのである。かれはまず一般的に国内軍需産業と外国市場の関係についてつぎのように述べる。[55]

ドイツ国内軍需産業は、内需のみでは充分な操業状態にないので、外国からの契約を受注することにより、生産能力を強化し、必要な場合に備えることが重要である。

さらに経済的に見ても、クラインのプロジェクトは支持し得る。「予定された担保は、中国中央政府がいままで提供してきたものよりも大きい」。しかも「プロジェクトが完成したあかつきには、中国でもっとも豊かな省のうちの一つ〔広東省〕においてドイツ工業の販路を著しく拡大する可能性がある」。たしかに南京中央政府はドイツ軍事顧問団を雇用しているが、しかしだからといって、南京からクラインの「広東プロジェクト」に比肩し得るような注文がドイツ軍需産業に与えられているわけではない。したがって、「クライン・プロジェクトを放棄せよという南京中央政府の要求は、それに見合うような対価なしには認められない」。プロジェクトを実施しても、そこから南京中央政府がドイツの貿易を損なうような重大な結論を導き出すとは考えられない。したがって、「クラインのプロジェクトは基本的に継続されなければならない」。

しかしながら最後にライヒェナウは「今の段階では交渉を引き延ばすことに異存はない」とした上で、つぎのように提案し、外務省に一定の妥協的な態度を示したのである。(56)

クライン・プロジェクトを実施するか否かの最終的な決定は、近いうちに中国を訪問するゼークト将軍が、プロジェクトに対する蔣介石および南京中央政府の賛同を何らかの形で得られるか否かを確認したのちに下されるべきであろう。

アルテンブルクは「交渉を引き延ばし、ゼークトと蔣介石の話し合いの結果を待つ」とするライヒェナウの譲歩を歓迎し、それを「差し当たり最良の解決策」と評価したのである。(57)こうして、クライン・プロジェクトの成否は、ゼークトと蔣介石との協議いかんにかかることとなった。

国民政府外交部の強硬姿勢

一方、南京でも国民政府外交部が、中国駐在ドイツ代表部への働きかけを始めていた。一九三四年二月二四日、外交部政務次長徐謨は南京に駐在するドイツ公使館参事官フィッシャー（Martin Fischer）に、クライン・プロジェクトに関し国民政府が摑んでいる以下のような情報を与えた。ドイツでクラインの下にさまざまな会社からなるシンジケートが作られており、その目的は軍需品および武器工場からなる大規模な軍需契約を、広東政府のために実施することにある。さらにクラインの主張によれば、広東軍当局は蔣介石総司令の賛成を確保しているという。しかし徐謨はフィッシャーに、このクラインの主張は「まったく根拠を欠いている」と主張した。その上で徐謨はつぎのように強硬な態度を示したのである。[58]

> 中国政府はこうした情報により暴露された軍拡計画を非常に憂慮している。私〔徐謨〕は総司令〔蔣介石〕の明示的な同意に基づき、ここで遅滞なくドイツ政府の注意を喚起したと思う。輸入の統制に関する排他的な管轄権は政府自身が行使するというのが武器貿易に関する中国政府の立場である。

その後、中国国民政府は四月三〇日に各国宛てに口上書を発し、「中国の主権領域へのあらゆる形態の不法な軍事物資輸入を阻止する」ため、「中国公使館の事前の許可のない軍需物資の輸出を禁止」するよう各国外交当局に求めた。さらにこうした手続を迂回した軍需物資は、「中国当局によって例外なく没収される」との処置も明記されたのである。[59]

こうした緊張状態の中、四月八日、長い船旅ののち、ゼークトは上海に到着した。[60]

（1）Telegramm Chu Jia Hua vom 29. September 1933, in: BA-MA, N. 247/133, Bl. 30.

（2）Chu Jia Hua an Seeckt vom 30. September 1933, in: BA-MA, N. 247/133, Bl. 31-32.

（3）Ebenda.

（4）Seeckt an seine Schwester vom 2. November 1933, abgedruckt in: Friedrich von Rabenau, *Seeckt. Aus seinem Leben 1918-1936*,

Leipzig: Hase & Koehler Verlag 1940 S. 682–683; Hans Meier-Welcker, *Seeckt*, Frankfurt am Main: Bernard & Graefe Verlag für Wehrwesen, 1967, S. 668.

（5）Aufzeichnung Völker von 19. Oktober 1933, in: *ADAP*, Serie C, Bd. II, Dok. Nr. 16, S. 23.

（6）Seeckt an Chu Jia Hua vom 26. Oktober 1933, in: BA-MA, N. 247, 133. Bl. 35.

（7）Chu Jia Hua an Seeckt vom 28. Oktober 1933, in: BA-MA, N. 247, 133, Bl. 36.

（8）Chu Jia Hua an Seeckt vom 2. November. 1933, in: *ADAP*, Serie C, Bd. II, Anlage zu Dok. Nr. 48, S. 84.

（9）Aufzeichnung Bülow vom 8. November 1933, in: *ADAP*, Serie C, Bd. II, Dok. Nr. 48, S. 82–84.

（10）Aufzeichnung Neurath vom 11. November 1933, in: *ADAP*, Serie C, Bd. II, Dok. Nr. 63, S. 110.

（11）Randbemerkung Bülow vom 11. November 1933, in: *ADAP*, Serie C, Bd. II, S. 110, Anmerkung der Herausgeber（2）.

（12）Seeckt an Jiang Jie Shi vom 22. November 1933, zitiert in: Hans Meier-Welcker, *Seeckt*, S. 669.

（13）Hans Meier-Welcker, *Seeckt*, S. 672.

（14）Chu Jia Hua an die chinesische Gesandtschaft vom 8. Februar 1934, in: BA-MA, N. 247/133. Bl. 47.

（15）Seeckt an seine Schwester vom 18. Februar 1934, zitiert in: Hans Meier-Welcker, *Seeckt*, S. 669.

（16）外交政策過程におけるアクターが、自らの行動をしばしば「国益」のためであると主張するイデオロギー的傾向について、以下を参照。田嶋信雄『ナチズム外交と「満洲国」』千倉書房、一九九二年、一〇一頁。

（17）Trautmann an das AA vom 30. Dezember 1933, in: *ADAP*, Serie D, Bd. II, Dok. Nr. 157, S. 284–286.

（18）ディルクセンのキャリアについては以下を参照。Gerald Mund, *Ostasien im Spiegel der deutschen Diplomatie. Die privatdienstliche Korrespondenz des Diplomaten Herbert v. Dirksen vom 1933 bis 1938*, Stuttgart: Franz Steiner Verlag 2006, S. 23–78; Auswärtiges Amt（Hrsg.）, *Biographisches Handbuch des deutschen Auswärtigen Dienstes 1871–1945*, Bd. I, Paderborn: Ferdinand Schöningh 2000, S. 432–434. ディルクセンは一九三三年一二月一六日にモスクワから東京に転任したばかりであったが、早くも「親ソ派」から「親日派」に転向していた。かつてディルクセンの下でモスクワに駐在した一外交官は、ディルクセンの態度の豹変をつぎのように表現している。「日本に向かう船の中でかれは外務省への報告を起草し、対日関係の改善を主張した。モスクワでこの報告を手にした時、われわれは驚きの表情を隠せなかった。かつてディルクセンはモスクワからモスクワのみを宣伝し、ソ連との関係を考慮して日独の過度の接近に対し警告を発していた。しかしかれは東京から情勢をまったく逆にとらえた。かれにとっていまやソ連は極東への脅威となったのである」。Hans von Herwarth, *Zwischen Hitler und Stalin. Erlebte Zeitgeschichte 1931-1945*, Frankfurt am Main: Propyläen Verlag 1982, S. 92: 田嶋信雄『ナチズム外交と「満洲国」』千倉書房、一九九二年、一二七―一二八頁。

(19) Dirksen an das AA vom 19. Januar 1934, in: *ADAP*, Serie C, Bd. II, Dok. Nr. 199, S. 378.

(20) *ADAP*, Serie C, Bd. II, S. 378, Anmerkung der Herausgeber (2).

(21) Aufzeichnung Neurath vom 8. Februar 1934, in: *ADAP*, Serie C, Bd. II, Dok. Nr. 243, S. 447.

(22) Hans Meier-Welcker, *Seeckt*, S. 669.

(23) Wetzell an Brinkmann vom 4. Dezember 1933, „Brief Nr. 6", in: BA-MA, Msg 160-4, Bl. 53-65.

(24) Ebenda.

(25) Seeckt an Chu Jia Hua vom 26. Oktober 1933, in: BA-MA, N. 247/133. Bl. 35.

(26) Telegramm Chu Jia Hua vom 2. November 1933, in: BA-MA, N. 247/133. Bl. 37; Aufzeichnung Altenburg vom 6. Dezember 1933, Anmerkung der Herausgebrer (2), *ADAP*, Serie C, Bd. II, S. 141.

(27) Aufzeichnung Altenburg vom 23. November 1933, in: *ADAP*, Serie C, Bd. II, Dok. Nr. 80, S. 141. ファウペル（一八七三年―一九四五年）はブレスラウのギムナジウムを修了したのちに軍役に入り、一九〇〇年から一九〇一年まで中国での、一九〇四年から一九〇七年までドイツ領西南アフリカ（現ナミビア）での任務に就いた。一九一一年から一四年までアルゼンチン軍事顧問。第一次世界大戦後、ゲルリッツの「反革命義勇軍ファウペル」指導者。一九二一年から二六年までふたたびアルゼンチン軍の軍事顧問を、さらに一九二六年から一九三〇年までペルー軍の総監を務めた。一九三四年一月からベルリンのイベロアメリカ協会会長。以下を参照。Auswärtiges Amt (Hrsg.), *Biographisches Handbuch des deutschen Auswärtigen Dienstes 1871-1945*, Bd. I, Paderborn: Ferdinand Schöningh 2000, S. 544-545. ナチス党外国組織部（Auslandsorganisation der NSDAP）と緊密な関係にあり、外務省にとっては当初からいわば「ペルソナ・ノン・グラータ」であったといえよう。ナチス党外国組織部については以下を参照。Hans-Adolf Jacobsen, *Nationalsozialistische Außenpolitik 1933-1938*, Frankfurt am Main: Alfred Metzner Verlag 1968, S. 90-159.

　しかしながら、一九三六年七月にスペイン内戦が勃発し、同年一〇月にドイツが国民戦線政府（フランコ派）を承認すると、外務省は、ナチス党外国組織部やゲーリングの政治的圧力におされ、ファウペルを国民戦線政府駐在の初代ドイツ大使に任命せざるを得なかった。その後ファウペルは、フランコ派内部の政治的紛争でフランコら伝統派に対しファランヘ党急進派を支持するなどの政治的行動が原因で、一九三七年八月に解任されてしまう。以下を参照。Robert H. Whealey, *Hitler and Spain: the Nazi role in the Spanish Civil War, 1936–1939*, Lexington: The University Press of Kentucky 1989, pp. 62–65; 田嶋信雄「スペイン内戦とドイツの軍事介入」スペイン史学会編『スペイン内戦と国際政治』彩流社、一九八九年、一二四―一四九頁。

(28) Hsi-Huey Liang, *The Sino-German Connection. Alexander von Falkenhausen between China and Germany 1900–1941*, Assen/Amsterdam: Van Gorcum 1978, pp. 6–9.

(29) Ibid., p. 22.

(30) Ibid., p. 22.

(31) Ibid., pp. 66–68.

(32) Seeckt an Falkenhausen vom 18. Januar 1934, in: BA-MA, Nl. 246/12, Bl. 120.

(33) Falkenhausen an Reichenau vom 28. September 1933, BA-MA, Nl. 246/12, Bl. 95–96; Hsi-Huey Liang, *The Sino-German Connection*, p. 83.

(34) Falkenhausen an Blomberg vom 11. Februar 1934, BA-MA, Nl. 246/12, Bl. 92–93; Hsi-Huey Liang, „Alexander von Falkenhausen (1934–1938)", in: Bernd Martin (Hrsg.), *Die deutsche Beraterschaft in China. Militär-Wirtschaft-Außenpolitik*, Düsseldorf: Droste 1981, S. 139, Anm. 12.

(35) Röhm an Falkenhausen vom 27. Januar 1934, in: BA-MA, Nl. 246/12, Bl. 33. レームとファルケンハウゼンの関係の詳細は明らかではないが、この手紙からはファルケンハウゼンに対するレームの明らかな好意が見て取れる。周知のようにレームは当時国防軍に対抗する軍事力としての突撃隊による「第二革命」を目指しており、それが原因で約五カ月後の一九三四年六月三〇日未明、ヒトラー一派に襲撃されて暗殺されることになる。もしファルケンハウゼンがミュンヒェンに残ってレームらと行動を共にしていたならば、同様に殺害されていた可能性も否定できない。レーム事件について、以下を参照。黒川康「「レーム事件」の経過とその意義――「第三帝国」の支配的権力構造をめぐって」『季刊社会思想』第三巻三・四号、一九七四年。レーム事件がドイツの対「満洲国」政策に与えた間接的影響について、以下を参照。田嶋信雄『ナチズム外交と「満洲国」』千倉書房、一九九二年、二〇七―二〇八頁。

(36) Blomberg an Falkenhausen vom 25. Januar 1934, in: BA-MA, Nl. 246/12, Bl. 31.

（37） Reichenau an Falkenhausen vom 26. Januar 1934, in: BA-MA, Nl. 246/12, Bl. 32. この表現は一方でライヒェナウの親ナチス的な態度を示しており、他方で当時の国防軍首脳がファルケンハウゼンをナチス国家に対して非敵対的であると判断していたことを示しているといえよう。

（38） Aufzeichnung Bülow vom 13. März 1934, in: *ADAP*, Serie C, Bd. II, Dok. Nr. 323, S. 592.

（39） Aufzeichnung Altenburg vom 2. Februar 1934, in: *ADAP*, Serie C, Bd. II, Dok. Nr. 235, S. 234-235.

（40） Altenburg an Trautmann vom 1. März 1934, in: PAdAA, „Projekt Klein", II/6680, Bl. H095978.

（41） Aufzeichnung Altenburg vom 27. November 1933, in: *ADAP*, Serie C, Bd. II, Dok. Nr.89, S. 151-152.

（42） Ebenda.

（43） Bülow an Blomberg vom 2. Februar 1934, in: PAdAA, „Projekt Klein I", 6680/H095962.

（44） Aufzeichnung Altenburg vom 27. November 1933, a. a. O. 福建人民政府事件については、さしあたり以下を参照。羅敏（光田剛訳）「福建事変前後の西南と中央――対立から交渉へ」松浦正孝編著『昭和・アジア主義の実像――帝国日本と台湾・「南洋」・「南支那」』ミネルヴァ書房、二〇〇七年、一〇〇―一二五頁。

（45） Bülow an Blomberg vom 2. Februar 1934, a. a. O.

（46） Aufzeichnung Altenburg vom 27. November 1933, a. a. O.

（47） Aufzeichnung Altenburg vom 2. Februar 1934, in: *ADAP*, Serie C, Bd. II, Dok. Nr. 235, S. 234-235.

（48） Bericht und Anlage der Deutschen Revisions- und Treuhand-Aktiengesellschaft Berlin über die bei der „HAPRO" vorgenommene Sonderprüfung vom 3. Dezember 1936, in: BA-L, R121/5177; Walter Eckert, *Die HAPRO in China*, Graz: Selbstvertrag o. D., S. 37.

（49） Aufzeichnung Altenburg vom 2. Februar 1934, in: *ADAP*, Serie C, Bd. II, Dok. Nr. 235, S. 234-235.

（50） Ebenda.

（51） Ebenda.

（52） Bülow an Blomberg vom 2. Februar 1934, in: PAdAA, „Projekt Klein I", 6680/H095962-965.

（53） Bülow an Blomberg vom 7. Februar 1934, in: PAdAA, „Projekt Klein I", 6680/H095966-967.

（54） Aufzeichnung Altenburg vom 10. Februar 1934, in: PAdAA, „Projekt Klein I", 6680/H095968-970. 出席者は国防省から軍務局長

ライヒェナウおよびレッシング（Rössing）少佐、財務省からはナッセ（Nasse）部長およびヘルティッヒ（Hörtig）第一部参事官、経済省からはケーラー上級参事官、ライヒスバンクからはヘヒラー（Hechler）取締役、外務省第四部からは東アジア経済問題担当アルテンブルク一等参事官、シュトラー領事、キュールボーン公使館参事官、ベッツ（Rolf Betz）外交官補。Aufzeichnung Kühlborn vom 16. Februar 1934, in: *ADAP*, Serie C, Bd. II, Dok. Nr. 262, S. 483-485.

（55）Ebenda.

（56）Ebenda.

（57）Ebenda.

（58）Trautmann an das AA vom 1. März 1934, in: PAdAA, „Projekt Klein I", 6680/ H095984-095986.

（59）Verbalnote vom 23. April 1934, in: PAdAA, „Projekt Klein I", 6680/ H096009-010.

（60）Hans Meier-Welcker, *Seeckt*, Frankfurt am Main: Bernard & Graefe Verlag für Wehrwesen, 1967, S. 673.

第三章 「南京プロジェクト」と「広東プロジェクト」

第一節 ゼークトの軍事顧問団長就任と「南京プロジェクト」の成立

1 蔣介石＝ゼークト廬山会談と問題の潜在的継続

蔣介石＝ゼークト廬山会談（一九三四年五月二日）

ゼークトが上海に到着（一九三四年四月八日）したところ、蔣介石は、たんにナチス・ドイツのみならず、アメリカ合衆国やファシスト・イタリアによる広東派への武器・航空機などの輸出計画にも、極めてナーバスになっていた。四月一一日、蔣介石は北平の何応欽に電報を打ち、広東派によるアメリカ合衆国からの航空機購入計画に関しアメリカ公使館に照会せよと命じ、同日、上海の孔祥熙に宛てても電報を打ち、やはり広東派によるイタリアからの航空機および魚雷艇購入計画に関し、イタリア公使館に照会せよと命じている。蔣介石は、その際、何応欽や孔祥熙に対し、「中央政府の許可がなければ、どのような種類の武器も航空機も他省に向けて輸出してはならない」との考えを各国に徹底せよと伝えたのである。(1) 西南派の軍事化に対する蔣介石の政治的懸念は、極めて大きかった。

他方で蔣介石は、ゼークトの接待についても周到に準備していた。四月一三日、蔣介石は孔祥熙宛てに電報を打ち、上海に滞在しているゼークト夫妻に対し、夫人（宋靄齢）とともに自分に代わって歓迎の宴席を設けるよう指示した。また同日、賀耀組参謀次長に電報を打ち、中国参謀本部内の情勢や全国の軍隊の情勢一般などについて、ゼークトにブリーフィングするよう指示していた(2)。

五月二日、いよいよ蒋介石とゼークトの会談が、江西省の避暑地牯嶺（廬山）で開催されることとなった(3)。この重要な会談で蒋介石は、ゼークトの任務範囲について、「中国国民政府軍の再編」に責任を持つよう委嘱した(4)。また、ゼークトの権限については、毎週火曜日および金曜日の午前一〇時より二時間、南京軍官学校内の蒋介石の執務室において、軍政部、参謀本部および訓練総監部など各軍事機関の主管長官と会談を開くこと、さらに平時においては、蒋介石が南昌行営等にあって不在の場合、ゼークトが直接指揮の責任を負うこととされた(5)。これは、中国で外国の軍事顧問に与えられた任務および権限としては、破格のものであったといえよう。その後ゼークトは、蒋介石に対し、最新の編制と近代的基本原則に基づく「六個師団」の建設を提案することとなる(6)。

一方この五月二日の会談では蒋介石もゼークトも、重要な懸案事項の一つであったクラインの広東プロジェクトについてはあえて言及しなかった(7)。双方ともさしあたり、不愉快な話題を回避することを選んだといえよう。したがって、クラインの広東プロジェクトについて去る二月一六日におこなわれた関係各省庁会議（国防省軍務局長ライヒェナウ、外務省第四部東アジア担当アルテンブルク一等参事官らが参加）による決定、すなわち「ゼークトと蒋介石の話し合いを待つ」という決定は結局実現されず、問題は潜在的に継続することとなる。

2　ゼークト＝クライン北戴河会談と「南京プロジェクト」の成立

ゼークト＝クライン北戴河会談（一九三四年七月）

さて、以上のようにゼークトの在華軍事顧問団長（中国語で「総顧問」）としての任務と権限に関する基本的な方針が確認されたが、しかしヨーロッパからの長旅の疲れもあって、中国でのゼークトの健康状態ははかばかしくなく、一時、死期が迫っているのではないかと判断されるほどであった[8]。蔣介石は、たしかにゼークトの性格は機敏で、責任を負う点は長所ではあるが、「惜しいかな、歳を取っており多病」と判断していた[9]。五月一一日、蔣介石は賀耀組に電報を打ち、南京に戻ったゼークトの健康状態を気遣っており[10]、また、一九日にも軍政部兵工署長兪大維に電報を打ち、「塞翁」（ゼークト）の「病勢如何」と問い合わせていた[11]。ゼークト自身も五月二六日に南京駐在ドイツ領事館で一等書記官ラウテンシュラーガー（Heinz Lautenschlager）と会談した時に、健康状態が悪いので、ファルケンハウゼンが任務に就いたあと、遅くとも翌一九三五年一月までにはドイツに帰国する予定だと述べていたのである[12]。

こうしてゼークトは、強力な権限を掌中にしつつも、軍事顧問団長としての任務を十全には果たし得ない健康状態にあった。一九三四年七月初旬、ゼークトは猛暑の南京を離れ、渤海湾に臨む河北省の避暑地北戴河に出かけたのである。

その時、ゼークトに呼ばれて密かに北戴河に姿を現した一人のドイツ人がいた。ハプロの代表クラインである。この北戴河会談でゼークトは、中国軍の再編という国民政府軍事顧問団長としての本来の業務を離れ、クラインと中独軍事経済関係について立ち入った検討をおこなった。これに基づきクラインは、ゼークトの紹介状を持参しつつ、広州経由で八月上旬に牯嶺を訪問し、南京国民政府を代表する孔祥熙財政部長との交渉に入ることになる。

「南京プロジェクト」構想

その後ゼークトは八月一九日、北平駐在ドイツ公使トラウトマンに対し、この北戴河会談の内容をも含め、それまでの経緯について説明をおこなっている。ゼークトによれば、中国中央政府と貿易協定を締結することにより、ドイツでの原料資源不足を是正しようとする計画が「ナチス高官」の間で検討されており、「ライヒスバンク総裁シャハトもそれを承認している」。中国中央政府とは、つぎのような点での合意を目指している。「中国はドイツが必要としている原料資源をドイツに輸出する。ドイツはこの原料資源の代価を現金で支払うのではなく、代わりにドイツに中国政府のための口座を開設する。中国政府はドイツで商品（工業製品）を発注し、この口座から支払う」。そして、こうした交渉のため、ドイツの関係機関からクラインが中国に派遣された。ゼークト自身も「クライン氏を蔣介石に紹介した」。現在クラインがプロジェクトについて交渉中である。「蔣介石自身もすでに賛同」しており、また「中国政府の関係各部局も賛同している」[13]。以上のように、ゼークトによる南京中央政府との交渉計画は、ドイツと中国の間で一種のバーター貿易をおこなおうというものであり、既存の広東プロジェクトとは別に、いわば「南京プロジェクト」を立ち上げようというものであった。なお、ここでゼークトのいう「ナチス高官」とは、ハプロ取締役の一人でもある総統直属経済特別顧問ケプラーであることが、いずれ外務省にも明らかとなる[14]。

トラウトマンの「南京プロジェクト」批判

このゼークトの説明に対しトラウトマンは、「そのような計画がまともだとは思えない」として以下のような反論をおこなった。第一は、バーター貿易への批判である。「ドイツは中国に対し出超であるから、もしバーター原理を導入すれば、中国政府は、ドイツが中国に商品輸出する額と同じ量の商品をドイツが中国から購入せよと要求してくるだろう」。第二は、政府間での貿易独占に対する批判である。もし政府間で直接貿易をおこなえば、「わが国の経済活動の基盤」である在中ドイツ商社に打撃を与えることになるというのがトラウトマンの考えであった。ここに見られたトラウトマンとゼークトの政策的立場の相違は、やがて対中国貿易をめぐるナチス支配層内の統制経済派と自由貿易派の激しい対立となって現れることとなろう[15]。

こうしたゼークトとトラウトマンの政策的対立は、しかも、両者の間での感情的な対立を引き起こした。トラウトマンは、そもそもゼークトが「ドイツの対中国貿易の本質を詳細に検討したとは思えない」し、さらに「こうした計画はあらかじめ厳密に検討すべきであるが、それを今になってようやく知り得たのは遺憾である」とゼークトを批判したのである。この厳しい批判に対しゼークトは、つぎのように不機嫌そうに答えたのである。「まあ、私があなたの立場であったならば、しばらく何もしないで様子を見るがね。そうすればおそらくベルリンから詳細な内容を知らされるだろう[16]」。

「南京プロジェクト」の成立（一九三四年八月二三日）

以上のようなトラウトマンの憂慮にもかかわらず、クラインは牯嶺においてゼークトの説明に沿う形で孔祥熙財政部長と交渉をおこない、一九三四年八月二三日、鉄道、製鉄工場、港湾設備、爆薬工場、ガスマスク工場の建設などを主な内容とする大規模な仮契約を交わすにいたった。この仮契約の特徴は、ゼークトがトラウトマンに述べたように、ドイツの工業品ないし工業プラントを、中国で産出する農業産品および鉱業産品とバーターで交易することにあった。鉱業産品の開発にはドイツの技術者が当たることとし、クラインは、鉱業開発および先行支払いのため、一億RMのクレジットをベルリンで獲得するよう努めることとされたのである。さらに、この契約では、おそらくドイツ国内・中国国内および国際社会からのさまざまな批判の可能性を念頭に置きつつ、「両当事者は、この契約を無条件で極秘とすることに合意」したのである（契約前文最終段落[17]）。

なお、この仮契約の締結前に、蔣介石との会談の中でクラインが述べたとされるつぎのような言葉は、「第三帝国」の政府内政治を考える場合、重要な意味を持った。「両国をとりまく外交情勢は、差しあたり無条件の秘密保持を要請している」、したがって「両国の外務省・外交部とその在外代表部を関与させるべきでないこと、かれらに情報を与えるべきでないことは当然である」[18]。すでに見たように、ゼークトはトラウトマン公使に渋々ながら必要な情報を与えたが、クライン自身は以後もドイツ外務省および出先機関を徹頭徹尾回避することになる。

五日後の八月二八日、トラウトマンは外務次官ビューロに手紙を送り、ゼークトとの会談内容を伝え、つぎのように批判的なコメントを加えた。トラウトマンによれば、ゼークトらは中国との間で商品交換という形での、「一種の計画経済」をおこなおうとしている。しかしながら、「提案されたような方法で中国政府が原料資源の輸出を組織することができるとは思えない」。しかも「豊かな経験、市場に関する知識および事業組織をもったわが国の在中商社」を排除することになる。「私は軍人が経済の歯車装置に手を出そうとする時は、いつも不安を感じる」。さらにトラウトマンは、クラインの人物についてもつぎのように述べる。「私はクライン氏に何か不安を——あるいは暗いものを感じる」[19]。ここには、ゼークトとクラインの計画に対するトラウトマンの外交官僚としての本能的な違和感が、はっきりと表現されていたのである。

ところで、外務大臣ノイラートは、以上のようなクラインとゼークトの南京プロジェクトおよび南京中央政府との仮契約締結を、まったく知らされていなかった。クラインについて説明したトラウトマンの報告個所に、ノイラートはつぎのように書き込む有様であった。「誰だ、これは？」[20]。

第二節　シャハトの「新計画」と国防省国防経済組織の拡張

1　外務省貿易政策局の新しい貿易清算構想とシャハトの「新計画」

外務省貿易政策局における「双務主義的清算思想」の形成

以上のように中国国民政府とクラインの間で「バーター交易」が合意されたが、この契約は、当時ドイツ政府内で新しく形成されつつあった一般的対外貿易思想である、双務主義的清算方式を明らかに反映するものであった。

一九三三年一月のナチスによる権力掌握後、ドイツ政府内部では、経済大臣兼食糧農業大臣フーゲンベルク（Alfred Hugenberg）に代表されるアウタルキー派と、外務省、財務省および国防省に代表される自由貿易派の対立が顕在化したが、この対立は、一九三三年六月の世界経済会議におけるフーゲンベルクの外交的失態、およびその後の政治的失脚により決着がつけられ、さしあたり対外輸出の促進による外貨獲得という路線が取られることとなった。(21)

しかしながら一九三四年に入ると、ドイツの外国為替備蓄状況は悪化の一途をたどり、対外債務のいっそうの増大を招いていた。外国為替危機は、同年夏には外国為替の割当制導入を余儀なくされるほどにいたった。(22)こうした事態に対応するため、ドイツ政府は、第三国の通貨を媒介とする従来の自由貿易主義的清算思想から離れ、「応急処置」として、二国間の清算協定ないし支払い協定による、バーター的な貿易方式の導入を強いられることとなったのである。

新しい貿易清算思想は、一九三四年六月一八日、外務省貿易政策局が各国駐在ドイツ大使館・公使館・領事館に送付した「ドイツ対外貿易政策の現状と諸目的」と題する、長文の同文訓令に詳しく述べられている。ここでは、世界経済恐慌後の世界経済の動向と、ドイツ対外貿易政策再編のために採られたさまざまな方策、それらがドイツ経済に及ぼした影響などを詳細に解説した上で、「外国為替状況が貿易政策に及ぼす影響」と題し、つぎのように述べられているのである。「ライヒスバンクにおける外国為替の減少は、ここ数カ月間で、ドイツ輸入業者に与えられる外国為替割当の著しい切り詰めをもたらしている。……したがって、貿易政策の分野においては〔バーター的〕清算協定への熱望がいよいよ強く前面に出ているのである」。さらに「ドイツ貿易における〔バーター的〕清算思想」と題された章では、つぎのように述べられている。「ドイツの輸入需要を、かつて最恵国待遇主義の無制約な適用下で可能であった以上に利用し、原料・嗜好品の生産国・輸出国に対し、ドイツ工業製品を今まで以上に輸入する必要性を知らしめなければならない」。「外国為替状況を考慮し、外国からの原料・嗜好品の輸入を、ドイツ産品の輸出と結合させなければならない[23]」。

こうした対外貿易思想に基づく二国間協定は、当初は外務省貿易政策局の主導のもとで個々の国と個別に締結されていたが、八月二日にシュミットに代わってライヒスバンク総裁シャハトが経済大臣を兼任すると、同月二六日のいわゆる「ライプツィヒ演説」を経て、以後シャハトの下に、「特別口座」設定による清算方式をも含めた「新計画」として体系化されていくことになるのである[24]。

2　国防経済幕僚部の成立（一九三四年一一月一日）

外国為替状況に対する国防省の危機意識

さらに、こうした外務省貿易政策局やシャハトの動きとはさしあたり独立に、国防省も一九三四年七月に入ると、外国為替状況に対する深刻な危機感を抱くにいたった。たしかにブロムベルクは同年六月二〇日、ヒトラーに宛てて覚書を提出し、「二一個師団の軍の建設に必要な物資の調達は確保された」との楽観的な見通しを述べていた。しかしその後一カ月も経たぬ七月一九日、ドイツ陸軍兵器部経済参謀課長トーマスは「陸軍の再編成と経済問題」と題する綱領的な講演をおこない、そのなかで、「外国為替規制」および「在庫の減少」により、「状況は完全に変化した」とする認識を示したのである。しかもトーマスは、「日に日に困難となっている経済状況は、さまざまな供給分野での国防軍の再編を直接的に脅かしている」との危機感を吐露する。さらにトーマスは、そうした経済危機への対応策として、三つの「応急措置」を提案する。第一は、「ドイツに現存する在庫は国防軍用の供給に優先して配分」すべきである。第二は、「外国為替の配分においては、国防軍が必要とするものに無条件の優先順位を与える」べきである。第三は、「対外貿易における独占の導入」である。(25)

ここでとくに注目すべきは、トーマスが最後に述べた「対外貿易における独占の導入」であろう。これは、まさしくクラインおよびハプロの南京プロジェクトに適用された原理なのであった。

国防経済幕僚部の成立

さらに国防経済行政の観点から見ると、国防省内における国防経済担当部局の占める位置が、この外国為替危機・対外貿易危機の中で、顕著に拡大していたことが注目されなければならない。外国為替危機のさなかにあった七月一六日、トーマスは「頂上組織」と題する覚書の中で、つぎのような議論を展開する。まず「戦時」においては、国防軍のすべての部局すなわち陸海空三軍の利害を「国防省軍務局に直属する単一の機関で集約する必要がある」。そのためには、「平時」においても国防経済を指導する専門部局を建設しておかなければならない。他方、「軍拡全体に占める陸軍の割合は八〇％」という現状に鑑みれば、陸軍が優先されるのは当然であるから、設立されるべき専門部局では「陸軍の絶対的影響力」が確保されなければならない。それにともない陸海空三軍の個別の兵器部は、新しい専門部局に直属しなければならない。そうでなければ「戦争勃発後一四日間で、経済におけるまったくの混乱状況が生まれるであろう」。しかもこうした「単一の部局」のみが、「経済上の動員を指導し得る」ことも認めなければならない。なぜなら経済というものは、たんにあれこれの組織によって動くのではなく、「偉大な専門知識、長年の経験および実践的認識によってのみ指導し得る」からである。

こうしたトーマスの考え方に対しては、当然のことながら、陸海空三軍に並ぶ「第四軍」が創設されるのではないかとの危惧が国防軍内にも存在した。しかしトーマスは、そうした懸念を押し切りつつ、基本的には陸軍兵器部の指導する新しい専門部局の創設を提案するのである。この提案には、まさしく「偉大な専門知識、長年の経験および実践的認識」を持った国防経済官僚としてのトーマスの矜持が示されていたといえよう。[26] しかもこうした提案に基づきトーマスは、たとえさしあたり折衷的に、三軍経済機関および経済省との間での連絡調整機関にとどまったとはいえ、一九三四年一一月一日、陸軍兵器部経済参謀課長から国防省軍務局に直属する新しい機関である「国防経済幕僚部」(Die Dienststelle Wehrwirtschaft und Waffenwesen, 一九三五年一〇月より Der Wehrwirtschaftsstab) の長に就任することとなるのである。[27]

この新しい国防経済幕僚部の成立は、さらに、国防省の対中国政策の観点から見るならば、国防大臣ブロムベルク—国防省軍務局長ライヒェナウ—軍務局国防経済幕僚部長トーマスという強力な親中派のラインが形成されたことを意味していたのである。

クライン＝ハプロの中国におけるさまざまな計画は、以上のような政策上および組織上の立場にあるトーマスが全力で取り組んだ重要事業の一つなのであった。[28]

第三節　「広東プロジェクト」第二次契約の成立と国民政府の抗議

1　「広東プロジェクト」第二次契約の締結

広東プロジェクト第二次契約の締結（一九三四年七月二一日・二二日および九月八日）

しかし、この間クライン・ハプロ、国防省とトーマスがもっとも力を入れていた交渉相手は、南京中央政府ではなく、西南派、とりわけ陳済棠率いる広東派であった。なぜならドイツ国防省およびハプロは、広東省と中華ソヴィエト共和国、すなわち江西ソヴィエトの境界に存在していた豊穣なタングステン鉱に多くの魅力を感じていたからである。当時中国は世界のタングステン生産の半分以上を占めると言われていた。[29]

実際クラインは、七月初旬の北戴河におけるゼークトとの会談ののち、南京に赴く前に広州を訪れて広東省政府と交渉し、まず七月二〇日に、⑴中国の原料資源とドイツの工業製品をバーターで交易するための契約を締結し、翌二一日には、⑵鉄道建設に関する契約と、⑶港湾施設に関する契約を交わしたのである。[30]さらに八月の南京プロジェクト契約の締結後ふたたび広州に向かい、九月八日、広東派との間で防毒マスク工場（二九万香港ドル）の建設契約を締結した。また、広東派は返済をタングステン等の鉱物資源の対独輸出でおこなうこととし、鉱山開発のため、二億RMのクレジットをクラインに要請した。[31]これらは、前年七月二〇日にクラインと広東派との間で締結されていた武器工場建設契約（以下「第一次契約」と呼ぶ）と一体となって、クライン・ハプロの「広東プロジェクト」を形成することとなったのである（ただし、一九三三年七月の広東プロジェクト第一次契約はクレジット払いではなく、現金払いであった）。

ここで注目されるのは、南京プロジェクトに用意すべきクレジットが一億RMであったのに対し、広東プロジェクトに用意すべきクレジットが二億RMであったことである。さらにこの間のクラインの行動を見ると、前述のように北戴河でのゼークトとの会談ののち、七月二一日に広州で契約を締結し、その後牯嶺を訪れて八月二三日に孔祥熙との間で南京プロジェクト契約を締結したあと、ふたたび広州に戻って九月八日に広東派との間で追加契約を締結している。クラインの活動の重点が広東プロジェクトの実現に置かれているのは明らかであった。実際、のちにハプロの一メンバーが認めたように、ドイツ国防省にとって「広東の方が重要」であり、「南京協定は南京政権の不満を緩和するため」のものに過ぎなかったのである。(32)

一九三四年九月下旬、クラインは、ドイツで関係諸官庁・諸企業との調整をおこなうため、南京プロジェクトおよび広東プロジェクトという二つの成果を携えて広州からベルリンへ約一カ月の帰途についた。

「広東プロジェクト」(第一次契約)に対する蔣介石の抗議

この間外務省では、南京プロジェクトに関するトラウトマンの報告を検討したが、その結果、一九三四年一〇月一一日、トラウトマンに返事を書き、(1)バーター契約に関する中国との公式の交渉は考えていない、(2)ただし私的な貿易交渉はこの限りではない、との返答をおこなった。(33) 外務省は、クラインの南京プロジェクトに関して、その背後に国防省やシャハトの支持があることを詳しく知らぬまま、それをクラインという私人によるものと判断し、当面介入しない姿勢を示した。そして、クラインの計画については、さしあたりクラインの帰国を待つという態度にとどめたのである。(34)

しかしながら、この間、前年(一九三三年)七月に締結された広東派との契約(第一次契約)に基づき、広州では武器工場建設が大いに進捗していた。たとえば一九三四年一〇月二〇日、広州駐在ドイツ領事館のフォスカンプ(Hans

Voskamp）は、北平のトラウトマン公使を通じて外務省につぎのように報告をおこなっていたのである。「すべての建物と施設は完成した。機械はすでにほぼ到着し、その組み立てが開始されている。電気設備の供給およびその組み立ての契約は中国ジーメンスが請け負った。コンクリート作業および機械の最終的な組み立てまではなお数カ月見込まれる。したがって、竣工および引き渡しの完了は来年の春になるだろう」[35]。これは三四年夏の契約とは別のものであったが、こうした事態の進展は、南京中央政府から見れば、広東派すなわち潜在的な敵対者とドイツとの政治的な関係強化を意味していただけではなく、南京中央政府への直接的な軍事的脅威を形成することになった。

実際こうした広東での武器工場建設の進展は当然南京中央政府の知るところとなり、その激烈な反応を引き起こした。一〇月八日、国民政府外交部はドイツ駐在中国公使館に電報を打ち、こうした広東への武器工場建設を「あらゆる手段を以て阻止するよう」指示したのである。さらに翌九日、蔣介石自身がドイツ駐在中国公使館参事官譚伯羽個人に直接同様の指示を打電したのである[36]。

譚伯羽は一〇月一五日にドイツ外務省を訪問し、この蔣介石の指示を外務省第四部のエールトマンスドルフ（Otto von Erdmannsdorff）参事官に伝えた。すでに見たように、外務省と国防省は、去る二月一六日に会議を開き、広東プロジェクトに関し、蔣介石とゼークトの会談を待つということで合意したが、広東プロジェクトに関し南京中央政府の合意を得ようとするゼークトの努力は、こうして「成果のないまま」であることが外務省にも明白となり、蔣介石が広東プロジェクトに対し相変わらず極めて厳しい姿勢を維持していることが改めて浮き彫りにされたのである[37]。

クラインの帰国（一九三四年一〇月中旬）とドイツ駐在中国公使館の抗議

こうした政治的緊張状態の中で、一〇月中旬にクラインが帰国し、ベルリンで関係各機関・関係各企業との交渉を開始することとなった。譚伯羽はライヒェナウの紹介で、一一月初旬にクライン自身と面会した。この時クラインは、蔣介石との会談で広東プロジェクトに関する蔣介石の同意を得たと主張した。南京からの前述の訓令とは異なる内容に驚いた譚伯羽は、会議後ただちに南京に照会したが、南京からの返答によれば、蔣介石はクラインとの会談で、広東プロジェクトへの同意を明示的に拒否したというのであった[38]。

一一月六日、中国公使館側は抗議のレヴェルをさらに引き上げた。すなわち同日、今回はドイツ駐在中国公使劉崇傑が南京政府外交部の指示に基づき、ドイツ外務省のマイアー（Richard Meyer）第四部長（東アジア担当）を訪問し、「広東への武器輸出を止めるよう蔣介石から指示を得ている」と述べ、クラインの広東プロジェクトに重大な抗議をおこなった。これに対しマイアーは調査を約束したが、しかし「当該案件は純粋に私的な事業であって、ドイツ政府はいささかも関与していない」との姿勢を維持したのである[39]。

2　外務省と国防省・クラインの協議

マイアー＝ライヒェナウ＝クライン会談（一九三四年一一月五日）

この劉崇傑の強い抗議を受けて、同日午後、マイアー部長は国防省軍務局長ライヒェナウおよびクライン本人と対応を協議することとなった。外務省を回避することに努めていたクラインではあったが、事態の展開は、こうしてクラインを外務省の前に引きずり出したのである。この席でクラインは、蔣介石が広東への武器輸出を禁止したとの主張に「エネルギッシュに反論」し、逆に「蔣介石は抗議をしなかった」と述べた。クラインによれば、蔣介石＝クラインの会談の内容はゼークトにも知らせてあり、現在蔣介石とゼークトとの間で案件が推進されているというのであった。またライヒェナウは、陸軍兵器部が広東プロジェクトに「重大な関心」を示していると述べ、蔣介石の反発にもかかわらず広東プロジェクトを強力に推進する姿勢を示したのである[40]。さらにライヒェナウは、経済大臣シャハトも「賛意を伝えている」と述べて、対中国政策における「国防省＝経済省連合」が成立していることを誇示したのである。

マイアーとライヒェナウは最後に、広東への武器輸出問題についてはゼークトと蔣介石の間での交渉と結論を待つこと、同趣旨をドイツ駐在中国公使館にも伝えることで合意した。結局、クラインの広東プロジェクトに関する議論は、九カ月前の関係閣僚会議（二月一六日）の結論に逆戻りしたのであった[41]。

ただし外務省はこの時、必ずしもクラインの広東プロジェクトに全面的に反対する意図はなく、国防省の立場にある程度配慮する姿勢を示した。たとえば以上のようなライヒェナウとの会談を受けて、外務次官ビューロは一一月一二日、北平駐在ドイツ公使トラウトマンに電報を打ったが、その時ビューロは「国防省がこの事業に有している重大な関心を考慮」しつつ、ゼークトおよびファルケンハウゼンと協議するようトラウトマンに指示した。その際ビューロは、広東プロジェクトは「なによりも機械の輸出」であり、アメリカ合衆国やイギリスが行っていることと何ら変わりはないことを蔣介石に強調するようトラウトマンに求めたのである。

このビューロの電報では、ファルケンハウゼンが事案に巻き込まれたことに注目しておく必要があろう。ファルケンハウゼンは、当時、健康のすぐれないゼークトに代わり現場で実質的に顧問団長の役割を担っていたのであった[42]。

マイアー第四部長は一一月二三日に劉崇傑公使に電話し、「蔣介石とゼークトの会談を待つ」という上記のドイツ政府の立場を伝えたが、その時マイアーは、ビューロがトラウトマンに伝えたように、イギリスとアメリカの企業も広東政府に機械、航空機、武器などを輸出しているが、それに対し「南京中央政府はなんら抗議をしていないではないか」と主張し、国防省の立場に配慮した応答をおこなったのである[43]。

トラウトマン＝ゼークト会談（一九三四年一二月）

この間中国では一二月初旬に、トラウトマンが外務省からの訓令に基づき、ゼークトに事態を問い合わせた。これに対しゼークトは「総統〔ヒトラー〕とドイツ帝国政府が南京政府との仮契約を承認した」と述べて、クラインの南京プロジェクトにヒトラーの支持があることをほのめかした。[44] しかしながらゼークトは、他方、広東プロジェクトに関し、つぎのようにも述べたのである。「広東武器工場〔一九三三年の第一次契約〕に対する、総司令〔蔣介石〕の同意は与えられていない。さらに今年の夏、クラインは広東とのバーター貿易交渉〔第二次契約〕への総司令の明示的な同意を得ようと努力したが、これも成果を得られなかった」。つまり、トラウトマンとの会談でゼークトは、クラインの広東プロジェクトに蔣介石の同意が得られていないことを渋々認めざるを得なかったのである。さらにゼークトは、それらを踏まえた上で、要請された蔣介石との会談に関し、つぎのように述べる。「つぎの会談で蔣介石が自発的に広東への武器工場輸出に言及するか否かを待ちたいと思う。私の方からその問題を蔣介石に持ち出すつもりはない[45]」。

また、この会談では新たな事実が明らかとなった。すなわち、ゼークトに代わり現場で実質的に顧問団活動を指導していたファルケンハウゼンは「こうした事態にはまったくかかわっておらず」、むしろかれは「広東への武器工場輸出には否定的」であるというのである。ゼークトは、自らの後継者の含みであったファルケンハウゼンにも、広東プロジェクト交渉の詳細を伝えていなかったのである。[46]

以上のような会談を通じてトラウトマンは、「ゼークトは広東への武器工場輸出について聞きたくもないし語りたくもなく」、「自分が後見した子ども〔Patenkind〕を否認したいようだ」との印象を受けたのである。クラインの広東プロジェクトに対するゼークトの内心の嫌悪感は、すでに一九三三年の第一回中国訪問から芽生えていたが、それは以後もつねにゼークトの心の中に潜在していたといえよう。

第四節　ドイツ政府内・部局内の対立と混迷

1　ドイツ国防省・外務省それぞれの部局内対立

ライヒェナウ対ファルケンハウゼン

以上のような会談内容を記したトラウトマンからの電報を、外務省はただちに国防省軍務局長ライヒェナウに転送した[47]。それは、クラインの広東プロジェクトを遮二無二推進していたライヒェナウにとっては、極めて由々しき事態であった[48]。とりわけライヒェナウにとって打撃であったのは、蔣介石の同意を得ていないことをゼークトが渋々認めたこと、また、自ら中国に送り出したファルケンハウゼンが、広東プロジェクトに反対の態度を取ったことであった。

ファルケンハウゼンは実際、一九三四年一二月二五日、ドイツ国防省の在華ドイツ軍事顧問団担当連絡将校ブリンクマンに宛てて手紙を出し、「ここ数カ月、両巨頭〔ゼークトと蔣介石〕の間での会談が開催される予定であったが、いまだに実現していない」と報告した上で、つぎのように広東プロジェクトに関するゼークトの態度に否定的な態度を示したのである。「私は経済問題に関するゼークト将軍の活動に深入りしたくない。総司令と会談したり報告したりする時も、こうした問題にはいままで触れていない」。さらにファルケンハウゼンは、クライン＝ゼークトの広東プロジェクト全体について、つぎのように批判したのである。「ドイツは中央政府のみを相手にすることが肝要であろう。腹立たしい広東スキャンダルはたびたび物議を醸しており、ひとつの汚点である。いずれにせよドイツから広東にいかなる武器も供給されないよう配慮することが必要であろう[49]」。

こうしたファルケンハウゼンの態度にライヒェナウは激怒し、翌一九三五年一月一〇日、つぎのような手紙をファルケンハウゼンに送ったのである。(50)

すでに一九三三年におこなわれた広東政府との交渉は極めて重要であり、かつ国防省の利益に叶っているので、国防省はその交渉に広範な支持を与えている。その際、外務省からの反対論をも除去することに成功した。……もちろん南京からはつねに紙の上での抗議が寄せられており、そのたびにこの外務省の抗議は繰り返されている。しかしながら、一九三四年にクライン氏により広東および南京政府との間で妥結された経済交渉は全ドイツ経済および国防軍の建設に長期的な重要性を有しているため、シャハト・ライヒスバンク総裁を始めドイツ政府はこの事業を広範に支持している。そのためこの事業はすでに〔国防省の事業から〕帝国政府自身の事業となったのである。クライン氏は国防省では無条件の支持を与えられており、この経済協定を成功裏に遂行することに大きな期待がかけられている。以上のことについて貴官に伝え、この事業に関する貴官の支援を要請することがこの書簡の目的である。貴官の影響力ある助言により、いまなお南京から発せられる些細な妨害工作を阻止していただければありがたい。

このライヒェナウの書簡は明らかに、たんに南京政府の主張を批判するのみならず、ファルケンハウゼンにも広東プロジェクトへの「妨害工作」を止めるように強要するものであった。さらにライヒェナウは、「追伸」とした上で、「広東との間で締結された契約については、クライン氏から直接蔣介石総司令に報告されており、その際蔣介石は何らの反対も表明していない」と述べたのである。ライヒェナウは、南京国民政府から発せられた正式抗議を「紙の上での抗議」と無視し、「国防省の利益」の観点から外務省や現地ドイツ軍事顧問団の広東プロジェクト反対論を断固として排除する決意を示したのである。その上でライヒェナウは、この書簡は「国防大臣の指示により」書かれていると述べ、ブロムベルクの権威を持ち出して駄目を押したのである。(51)

しかしながら、もちろんファルケンハウゼンも黙ってはいなかった。三月一四日、ファルケンハウゼンはライヒェナウに宛てて返事を書き、穏やかではあるが毅然たる態度で、つぎのように指摘したのである[52]。

私は総司令がクラインの広東での活動に対し、それが軍事的な意味を持つ限りにおいて、何度も、しかも非常に明確に反対したことを確認せざるを得ません。また私は、ベルリン駐在中国公使館の数度にわたる抗議が、総司令の特別の命令によって実行されたこと、また、この問題に関し総司令が繰り返しゼークト将軍を非難したこと、さらにゼークト将軍はそれに対し――私の知る限り――クラインの広東での活動はたんに経済活動に過ぎないと答えていることを確認せざるを得ません。……総司令は広東におけるドイツの軍事的活動を承認しないでしょうし、し得ないでしょう。かれは広東の平和的制圧を望んでおり、広東が軍事的に強化されれば平和的制圧が遅延するかまたは阻害されるからです。

このころファルケンハウゼンは老衰したゼークトに代わり現場で顧問団活動を指揮し、一九三四年末に五日間にわたって開催された要塞訓練などを通じて、蔣介石の確固たる信頼を獲得しつつあった。そうした立場にあったファルケンハウゼンは、あくまで蔣介石と南京中央政府に忠誠を誓い、クライン＝ゼークトの広東プロジェクトへの批判を緩めるつもりはなかったのである[53]。

外務省内部の意見の分岐

国防省のみならず、外務省でもクラインのプロジェクトに関する意見はさまざまに分かれていた。すでに見たように、中国駐在ドイツ公使トラウトマンは、主としてバーター貿易方式＝「計画経済」への懸念および在中ドイツ商社保護の立場から、南京プロジェクトおよび広東プロジェクト双方に対し、「そのような計画がまともだとは思えない」

として反対していた。さらに一九三四年二月二二日、トラウトマンは「クライン＝ゼークト方式」が「中国におけるわが国の貿易の墓掘人」になる可能性を強く指摘し、「最近になってようやく東アジアを発見した連中」、すなわち国防省やゼークトやクラインの独断専横を厳しく批判していたのである。[54]

さらに東京駐在ドイツ大使ディルクセンも、日本に対する政治的配慮からクラインの広東プロジェクトに反対していたといわれている。[55] 東アジア国際関係をめぐって対立する意見を表明することが多かったトラウトマンとディルクセンではあったが、クライン・プロジェクト反対では期せずして一致したのである。

一方ベルリンのドイツ外務省首脳は、当初、南京プロジェクトに対しても広東プロジェクトに対しても、「クラインの私的な事業」と位置づけて帝国政府の関与を否定していたが、その後、クラインの事業に関する国防省の関与が明らかになると、「国防省の利益」を一定程度考慮する姿勢を示し始めた。しかし外務省は、そもそもクラインの計画について詳細な情報を得られぬまま、南京政府の広東プロジェクト批判に直面して対応に苦慮し、「蔣介石とゼークトの会談結果を待つ」という消極的な姿勢を維持するにとどまった。外務省本省は、クラインの南京・広東両プロジェクトに関して、必ずしも態度を鮮明にしていなかったといえよう。

しかしながら、すでに見たように広東現地では、クラインの一九三三年七月契約に基づく武器工場建設が順調におこなわれ、一九三五年春には竣工が予定されるほどに進捗していた。こうした事態は、現地ドイツ外交代表部、とりわけ広州の外交官に動揺をもたらした。すなわち一九三五年一月二日、北平駐在の公使館一等参事官プレッセン (Leopold Baron von Plessen) は、以下のように外務省に報告したのである。「広東の総領事館の見解によれば、すでに着手されていた建物の建設は完了し、つぎの作業が広範に展開されている。したがって、いまクライン氏と中国側の武器工場建設を阻止するならば、広東におけるドイツの一般的・経済的利益に深刻な打撃を与えることとなろう」。したがって、現地ドイツ外交代表部の一部に、クラインの広東プロジェクトの既成事実を容認する傾向が生み出されたのである。[56]

一九三五年一月末、こうした外務省の混乱した状態に一応の終止符が打たれた。外務省は、クラインとハプロからようやく広東および南京との契約の原文、およびクラインの「交渉経過報告書」と題する長文の文書を取得したのである。[57] 外務省貿易政策局のフォス（Hans Georg Voss）は、一月三一日、クラインの二六頁にもおよぶ「交渉経過報告書」に対し「ナンセンス」「偽り」「×」「採算に合わない」「実際には何の役にも立たない」「まったく不明瞭」「重大な疑問符」「憂慮すべき」「夢想に過ぎぬ」などとする二九項目もの意見を記述した二三頁にわたる詳細な反論文書をまとめ、[58] さらにそれを「鑑定書」と題する文書の中で以下のように要約したのである。「現状では、両契約は経済的に維持できず、政治的には疑義がある」。経済的に維持できない理由としてフォスは、⑴他国政府への担保なき国家クレジットの付与は前例がない、⑵中国側の反対給付がまったく曖昧である、⑶中国側の反対給付がそもそも可能なのか明らかではない、⑷中国側の対独輸出能力の開発（鉱山の開発など）に時間がかかり、リスクをともなう、などの諸点を挙げた。さらに政治的な疑義としてフォスは、⑴広東の軍事化は南京の利益にとって有害であり、⑵南京の軍事化は日本の利益にとって有害である、との見解を示した。[59]

さらに両契約の今後の扱いについて、フォスはつぎのように述べる。まず両プロジェクトを「承認」しているといわれているヒトラー、国防省、シャハト、ケプラーらの意図を確認しなければならない。しかも第二に、その際、外務省は現在の規模での両プロジェクトに経済的にも政治的にも反対であること、また両プロジェクトの規模は可能な限り縮小すべきであり、両プロジェクトの執行に際してはできる限り注目を引かぬようにし、無害かつ非軍事的におこなうべきである。[60] こうして外務省は、このフォスの鑑定に基づき、両プロジェクトそのものに反対するのではなく、その規模の可及的縮小を（かつ広東プロジェクトについてはその非軍事化を）求めるという条件闘争[61]に入っていくこととなる。

2 政府内対立の混迷

外務省の条件闘争

以上の方針を背景に、フォスおよび外務省第四部（東アジア担当）のエールトマンスドルフは、翌二月一日、ハプロのベルリン代表ロイス（Prinz Heinrich Reuß）の来訪を求め、両プロジェクトについて協議することとなった。この席でロイスは、クラインが「私人」ではなく、「国防省の指示の下に」行動していることを渋々認めたのである。さらにロイスは、「南京に対する日本の圧力」は政治的に憂慮すべきだが、それは「そう深刻ではないし切迫もしていないだろう」として軽視する姿勢を示した。またクレジットについては、「ライヒスバンク総裁シャハトも賛成している」としてシャハトの支持をひけらかし、さらに中国側反対給付の不明確性についてロイスは、「すべては両将軍〔蒋介石と陳済棠〕との信頼関係に基づいて」おり、「信頼が根拠を欠くというのであれば、どのように正確に契約を規定したとしても何の役にも立たないだろう」と居直ったのである。[62]

さらに二月一一日、外務省（第四部のマイアー部長およびエールトマンスドルフ）はライヒスバンクのユンネ（Jünne）部長を訪問し、協議をおこなった。この席でユンネは、「独中貿易への強い誘因と、わが国の原料供給のいっそうの強化」が期待されるので、シャハトと総統直属経済特別顧問ケプラーが、「クラインのプロジェクトを非常に高く評価」し、「陸軍兵器部（トーマス大佐）もクラインを支持」しており、「総統も関心を持っているように**思われる**」と述べたのである[63]（強調は引用者）。さらにユンネは、「国民経済一般からもプロジェクトは歓迎すべき」としながらも、他方、確かに「何らの担保もないこと」は経済的には非常に大きな疑点であり、「リスクは極めて大きい」と認めたのである。このためユンネは、広東と南京にクレジットを与えるとしても、二〇〇〇万ＲＭ以上を超えるようなものは許容し得ないとの姿勢を示した。すなわちここでユンネは、南京についてそのクレジット規模を五分の一に、広東については一〇分の一に縮減することを考えていたのである。(64)

こうしたユンネの主張に対しマイアー第四部長は、以下のように述べた。「中国と付加的な物々交換を実現しようというすべての計画を外務省は温かく支持する。また、工業産品を対価として原料を確保する可能性は利用されるべきである」。さらに国防上必要な場合は大きなリスクを甘受しなければならないことにも外務省は異議を唱えない。しかしながら、その前提条件として、原料は予定された期間内に確実に輸入されなければならないし、一定の財政的担保も用意されなければならない。「最後に」、両契約は南京・広東間、南京・日本間の「政治的紛糾」をもたらすようであってはならない。ただしマイアーは、「クライン氏となおいくつかの問題点を協議しなければ、外務省の最終的な態度は決定し得ない」と述べ、条件闘争を継続する姿勢を示したのである。(65)

マイアー＝トーマス会談（一九三五年二月一四日）

さらにマイアーは、三日後の二月一四日、国防経済幕僚部長トーマスと協議し、広東プロジェクトに関する国防省の態度を質すこととなった。この席でトーマスはまず、「陸軍の原料需要を満たすという無条件の必要性」から、国防大臣ブロムベルクとライヒスバンク総裁シャハトが「クラインのプロジェクトを基本的に支持している」ことを明らかにした上で、「陳済棠はいままで常に現金で支払いをおこなっている」ので、「リスクはわずかであるように思われる」との判断を示した。これに対しマイアーは、「外務省は原料需要の充足に関する国防省の要請を一〇〇％支持する」し、「比較的大きなリスクを受け入れる用意がある」と譲歩したが、「原料が実際に存在するか、あるいは利用可能か」を確認しなければならないし、この点に関するクラインの「交渉経過報告」は広東の財政状況および原料供給能力、とりわけタングステンの供給能力を過大に評価しており、外務省から見れば問題であると述べた。さらに政治的な疑問点としてマイアーは、クラインが帝国政府、とりわけ国防省の「隠れたエージェント」としてふるまっているが、日本がそれを見逃すわけもないし、何よりも「蔣介石がクラインの広東プロジェクトを承認ないし黙認するか否か」を確認することが重要であると述べたのである[66]。

こうしたマイアーの議論に対しトーマスは比較的冷静に「クラインの主張が実際に正しいか否かを明らかにする必要はある」と述べ、事態の明確化を待つ姿勢を示した。マイアーもこれに同調する形で、事態が明確になったあとで関係各省庁による会議を開きたいと述べたのである[67]。

ゼークトの告白（一九三五年二月）

以上のように外務省は、蔣介石の意思を確認する必要を強調したが、実際、前年一二月初旬のゼークトへの問い合わせに続き、一九三五年二月一二日、外務大臣ノイラートが中国駐在ドイツ公使館に指示を出し、ゼークトに直接改めて問い合わせるよう求めた[68]。この指示を受けてゼークトを訪問した公使館参事官ラウテンシュラーガーに対し、ゼークトは以下のように述べたのである[69]。

> 蔣介石の側からは、いままでクラインの広東プロジェクトに関して明示的な承認はおこなわれていないし、またそれを期待することもできないだろう。したがって私は今までそのような問い合わせをしていない。総司令に立場表明を強いなければ、かれは時折形式的な抗議をおこなう以外とくに難題を持ちかけることはないだろう。

すなわちゼークトは、クラインの広東プロジェクトに蔣介石の承認がないことを再度認めたのである。

ノイラートの基本方針提案

ノイラートは二月下旬、以上のような展開を受け、シャハト、ライヒェナウおよび財務大臣クロージク（Lutz Graf Schwerin von Krosigk）に宛てて覚書を送付し、[70]クライン・プロジェクトに対する外務省の基本方針を伝えたのである。外務省はまず、以下のような基本的姿勢を明確にする。

原料資源を工業産品と交換で確保する可能性を利用することは当然であり、外務省はそれを強く支持する。しかも国防の利益にとって必要な原料であればなおさらである。さらに外務省は、バーター貿易の基礎の下に独中経済関係を拡大しようとする活動を熱烈に歓迎する。

しかしながら外務省によれば、クラインのプロジェクトは「政治的にも経済政策的にも多くの重大問題」を投げかけている。経済的には、現在「中央政府も広東政府も財政状態が非常に危機的」であるので、担保のないクレジットを前提とするような事業を許可することはできない。政治的には南京と広東の関係が緊張状態にあり、日本外交も中国からの「外国の影響力排除」を狙っている。こうしたことから、少なくとも広東とのクレジット契約の決定は南京とのクレジット契約のあとにおこなうべきであるし、輸出するとしても、少なくとも非軍事的な事業（造船所、鉱山設備、鉄道、港湾）などから始めるべきである。

以上のような立場から外務省は、鉱物資源を中心とした広東の返済能力を調査するため、専門家委員会の派遣を提案したのである。委員会は八カ月から一二カ月間をかけて広東で調査をおこない、広東にクレジットを与えるべきか否か、与えるとしてどの程度の額がリスクに見合うか、判断すべきである。さらに政治的に重要な条件として外務省は、クラインが何らかの公的ないし半官的な任務を帯びているかのような印象を与えてはならないし、中国国内政治上ないし東アジア国際政治上のトラブルは、絶対に避けるべきであると述べたのである。すなわち外務省はここで、政治的・経済的なトラブルを可及的に回避するため、広東へのクレジット契約締結を先延ばしにし、広東の経済的実情、とりわけ鉱物資源の供給能力を詳細に検討するよう、ライヒスバンク（総裁シャハト）、財務省（財務大臣クロージク）および国防省（軍務局長ライヒェナウ）に提案したのである。(71)

3 「広東プロジェクト」の拡大

クラインの華南鉄道計画・工場建設計画

この間、広東プロジェクトに関する外務省の憂慮にもかかわらず、クラインの南京プロジェクトはともかくも順調に推移した。ゼークトが南京領事館のラウテンシュラーガーに語ったところによれば、一九三五年一月三一日にゼークトを接受した蔣介石は、クラインの南京プロジェクトについて再度了承し、中国からドイツに輸出し得る原料資源のリストを一週間以内に用意するとまで語ったのである。その上で蔣介石は、三月にクラインが中国を再訪するのを待ってクレジットを含めた最終的な契約を締結し、個別問題を調整したいと述べたとされる。(72) ゼークトの発言内容はかなり割り引いて判断する必要があるが、広東プロジェクトは別として、蔣介石はクラインの南京プロジェクトを全面的に承認していたといえよう。

しかしながらクラインは、この間、一九三三年七月の広東派との第一次契約、三四年七月および九月の広東派との第二次契約に加え、新たな契約を陳済棠との間で締結する工作を密かに進めていたことが明らかとなる。

一九三五年一月上旬、総統直属経済特別顧問ケプラーの紹介で、クラインがライヒ鉄道総裁ドルプミュラー（Julius Dorpmüller）を訪問し、広東派との間で華南の鉄道建設に関する契約を締結するとの計画を開陳したのである。それによれば、広州―汕頭線、広州―トンキン線、広州―貴州線の三路線計一五〇〇キロの建設を予定しており、広東政府は対価として広東と内陸部の生産物を宛てる計画であるという。その際土木工事は中国側が請け負うが、レール、車輌、橋などはドイツから輸入しなければならず、そのためクラインはドイツの鉄道技術者を求めているというのであった。いったい誰が先行投資するのかというドルプミュラーの質問に対し、クラインは「私自身が支払う」と答え、さらに「南京政府の了承を得ているのか」という問いにクラインは、「計画について蔣介石と協議し、その了解を得ている」との回答をおこなったのである。

これに驚いたドルプミュラーは、一月一二日に外務省第四部のキュールボーン公使館参事官に電話で報告し、意見を求めることとなった。ドルプミュラーはその電話報告で、そのような鉄道建設計画には二億から三億RMの費用がかかると思われるが、外務省の側で異議はないかとキュールボーンに尋ねたのである。キュールボーンはこれに対し、クラインの契約の詳細は外務省に知らされていないが、そのような契約の締結は「一瞥しただけでもほとんど不可能」と述べたのである。[73]

さらに、一月三一日に外務省に届けられた前述の「交渉経過報告書」には、「広東および隣接諸省はドイツ経済およびドイツ産業にとってほとんど無尽蔵の活動分野」であり、そのため「一連の工場および交通設備の建設が不可欠」であるとされ、以下のような建設計画が予定されていたのである。⑴鉄道網、⑵広州の港湾設備、⑶民間および海軍の造船所、⑷自動車工場、⑹製鉄工場、⑺軍事工場、⑻石炭液化設備、その他の工場。クラインによれば、陳済棠はこうした一連の工場の建設と計画を「私の手に委ねた」というのであった。[74] 外務省貿易政策局・フォスが、この「交渉経過報告書」に記したようなクラインの行動の特徴、すなわち「偽り」「ナンセンス」「夢想」は、まさしくとどまるところを知らなかったといえよう。[75]

広東ドイツ軍事顧問団問題

加えて一九三五年三月、南京駐在ドイツ軍事顧問団とは別の軍事顧問団が広東に設立されるという情報が伝わり、蔣介石を強く刺激することとなった[76]。すなわち三月中旬、在華ドイツ軍事顧問団のファルケンハウゼンは、駐華公使トラウトマンに、ドイツ陸軍兵器部の毒ガス専門家ベーツォルト（Bezold）とシュメーディング（Schmeding）が広東に到着し、そのため「中国人高官に動揺が広がっている」と伝えたのである。さらにトラウトマンによれば、ゼームスドルフ（Hans Sehmsdorf）将軍と五名の将校が「国防省の了承の下に」中国訪問の途上にあり、ゼームスドルフは広東で「軍事顧問団長のポストに就任する」予定であるというのであった[77]。

以上のような事態を受け、三月一二日、ファルケンハウゼンは、すでに述べたライヒェナウ宛の書簡の中で、つぎのように述べていたのである[78]。

> ドイツ陸軍兵器部の要員が広東で活動しており、さらにゼームスドルフ将軍が中国訪問の旅の途上にあるという噂が多くの中国人から小官に伝えられており、その噂はブリンクマン〔ドイツ国防省の在華軍事顧問団担当連絡将校〕によって確認されています。私はいままで誰に問われても「何も知らない」と答えられましたが、しかしブリンクマンが確認した以上、状況は小官にとって厄介なものとなっています。いずれにせよ、中国で激しい嵐が吹き荒れるのを覚悟する必要があります。その嵐は、われわれ在華ドイツ軍事顧問団の活動だけではなく、クラインをも含めたすべてのドイツ人の中国での活動を容易に一掃し去ってしまうでしょう。それにより広東での活動も終了してしまうのは明白です。これがドイツ外交とドイツ経済の利益に叶うのか否かは小官には判断できませんが、個人的には非常に遺憾に思います。

トラウトマンから詳細な電報を受けた外務省貿易政策局のフォスは三月一八日、覚書を記し、「広東諸契約の軍事的部分の実行が始まっており、さらに、それを超えて、広東に軍事顧問団が設立されたとの推測が成り立つ」との判断を示したのである。しかもフォスによれば、南京のドイツ軍事顧問団の立場は、軍事顧問団とドイツ国防省の「蔣介石に対する忠誠」に基づいており、したがって、ドイツ軍事顧問団の存続は、「蔣介石の信頼が揺るがぬ限りにおいてのみ可能」なのである。こうした判断からフォスは以下のように提案する。「独中関係と独中貿易の利益、さらに南京駐在ドイツ軍事顧問団の地位を考慮して、広東におけるわが国の軍事活動を、蔣介石が許容する範囲内に留めておくべきであろう」[79]。

なお、フォスによれば、前述のファルケンハウゼンの見解は、「外務省の立場と完全に一致」していた[80]。国防省＝シャハト連合に対する外務省＝ファルケンハウゼンの政策連合が事実上成立していたのである[81]。

こうした外務省＝ファルケンハウゼン連合の主張に対し、ブロムベルク国防大臣は激烈に反応した。三月二三日、ブロムベルクは外務省とファルケンハウゼンに文書を発し、以下のように述べたのである[82]。

陸軍兵器部の二人の要員が広東に到着したというファルケンハウゼン将軍の報告は正確ではない。私的な契約に基づき、顧問としてゼームスドルフ退役大将が、プロイ退役大佐を伴って最近広東に到着した。さらに三―四名の退役将校の広東への出発が予定されている。かれらは同じく私的な契約に基づいて広東に向かう。

わが国には関係の形成のため広東に顧問を派遣する権利があり、この権利は南京の抗議にもかかわらず確保されなければならない。さらにライヒ経済大臣〔シャハト〕も広東との経済関係の形成に多大な価値を置いているが、これも当然のことであろう。

ここでブロムベルクはゼームスドルフらの顧問契約を「私的」なものであると強弁し、陸軍兵器部の関与を否定する一方で、「わが国」が顧問を派遣する「権利」を主張しており、法的・論理的な整合性にまったく頓着しない姿勢を示した。かれは、国防省＝経済省連合を政治的に誇示して強引に外務省およびファルケンハウゼンを威圧しつつ、遮二無二広東派との関係の深化を目指していたといえよう。

ゼークトの帰国決定

さてこの間蔣介石は、広東における武器工場建設の既成事実が進行しており、さらにゼークトから何らの説明もないことに業を煮やし、一九三四年一二月半ば、意を決し、ゼークトに直接書簡を送ることにした。この書簡の中で蔣介石はゼークトに「広東武器工場計画に関する書面での態度表明」を要求したのである。これは、蔣介石にとってもゼークトにとっても極めて不快な事態であった。すでに見たように、ゼークトはこの蔣介石の問いをはぐらかして何とかしのいでいたが、それにより「蔣介石＝ゼークト関係は冷却化した」といわれるにいたった[83]。

一九三四年四月に中国を再訪した時、ゼークトは遅くとも翌三五年一月に帰国するつもりでいたが、この間、クラインの広東プロジェクトをめぐる政治的交渉が遷延したため、予定通りに帰国することはできなかった。しかしながら、死を予感させるほど体調を崩した上に、クラインの広東プロジェクトをめぐる蔣介石との葛藤が加わり、ゼークトの身体的・精神的ストレスは相当程度昂進していたというべきであろう。一九三五年三月一日、かれは蔣介石に宛てて辞表を提出し、受理はされなかったが、さしあたり三カ月の帰国休暇を得たのである[84]。ゼークト帰国に際し、蔣介石は参謀総長代理朱培徳を送別のため派遣したのみであった[85]。

ヒトラー＝クライン会談（一九三五年二月二八日）とクラインの中国再訪

一方クラインも、当初の予定では二月中旬にジェノヴァから中国に向けて出発する予定であったが[86]、広東プロジェクトに関する外務省やファルケンハウゼンの抵抗など予想外の困難に直面し、出発を延期せざるを得なかった。

しかしその後クラインは、二月二八日、おそらく国防省の強い推薦により、総統ヒトラーとの面会に成功したのである。この時クラインは、中国から持参した陳済棠の直筆の手紙と肖像写真、および蔣介石の肖像写真をヒトラーに提出した。さらにクラインは内閣官房長官ランマース（Hans Heinrich Lammers）に、中国へ戻る際、陳済棠および蔣介石に渡すため、ヒトラーの直筆書簡および肖像写真を用意するよう依頼した[87]。すなわちクラインは、広東プロジェクトおよび南京プロジェクトへの、ヒトラーのお墨付きを求めたのである。

ランマースはこのクラインの要望に沿う形で、陳済棠および蔣介石に渡すためヒトラー名義の書簡の草案を作成し、外務省に送付した。ヒトラーの陳済棠宛て書簡案文には、つぎのように記されていた。「特別の満足を以て私はバーター契約を歓迎します。私はその重要性を充分に認識しており、貴国とわが祖国に祝福をもたらすことを望みます。私は契約の実現をあらゆる方法で促進いたします」。さらに蔣介石宛書簡案文には、つぎのように記されていた。「私はバーター契約を中国とドイツの友好的協力の証しとして歓迎し、その契約が両国の経済的再建に大きく役立つことを信じます[88]」。

これに対し外務大臣ノイラートは三月九日、ランマースに返答し、「国家元首としての総統は、中国の両将軍の友好的な意思表示に対して直筆書簡で応えるべきではない」との原則論を述べたのち、それに代えて、蔣介石および陳済棠にただヒトラーの写真のみを贈ることを提案した。しかしその際ノイラートが「両将軍の友好的な意思表示に対する総統の心からの感謝の言葉を伝達するようクライン氏に委任する」と述べたのは、事の性質上やむを得ぬとはいえ、結果的にクラインをさらに増長させる原因の一つとなった[89]。このノイラートの提案はヒトラーに上げられ、その了承を得た[90]。

こうして一九三五年三月、ゼークトは帰国の途に、クラインは中国再訪の途につくことになる。

（1）『事略稿本』一九三四年四月一一日条、第二五巻、四五二頁。
（2）『事略稿本』一九三四年四月一三日条、第二五巻、四五八頁。
（3）『事略稿本』一九三四年五月一日および二日条、第二六巻、四頁および一六頁。
（4）Die Gesandtschaft in Peping an das AA vom 29. Mai 1934, in: *ADAP*, Serie C, Dok. Nr. 473, S. 837–834.
（5）蔣介石致朱培徳電、一九三四年五月三日、蔣介石档案、籌筆一、〇八三〇九、国史館。蔣介石致軍政部曹（浩森）次長電、一九三四年五月五日、蔣介石档案、籌筆一、〇八三〇二、国史館。『事略稿本』一九三四年五月三日条および五日条、第二六巻、一八頁および二五頁。ゼークトの権限について、さらに詳しくは、Hans Meier-Welcker, „Generaloberst Hans von Seeckt", in: Bernd Martin (Hrsg.), *Die deutsche Beraterschaft in China. Militär-Wirtschaft-Außenpolitik*, Düsseldorf: Droste 1981, S. 126–127.
（6）Die Gesandtschaft in Peping an das AA vom 29. Mai 1934, in: *ADAP*, Serie C, Dok. Nr. 473, S. 837–834.
（7）Ebenda.
（8）Ebenda.
（9）『事略稿本』一九三四年五月三日条、第二六巻、一八頁。
（10）『事略稿本』一九三四年五月一一日条、第二六巻、六八頁。
（11）『事略稿本』一九三四年五月一九日条、第二六巻、一三六頁。
（12）Die Gesandtschaft in Peping an das AA vom 29. Mai 1934, in: *ADAP*, Serie C, Dok. Nr. 473, S. 837–834.
（13）Aufzeichnung Trautmann vom 19. August 1934, Anlage 1 zu Bericht Trautmann an Bülow vom 28. August 1934, in: *ADAP*, Serie C, Bd. III, S. 353–354.
（14）Verhandlungs-Bericht von Hans Klein, Anlage zu Aufzeichnung Voss vom 31. Januar 1935, in: PAdAA, „Projekt Klein", 6680/H096187–096211.
（15）Aufzeichnung Trautmann vom 19. August 1934, Anlage 1 zu Bericht Trautmann an Bülow vom 28. August 1934, in: *ADAP*, Serie C, Bd. III, S. 353–354.

(16) Ebenda.

(17) 「中国農産品与徳国工業品互換実施合同」(一九三四年八月二三日)、中国第二歴史档案館編『中徳外交密档(一九二七—一九四七)』桂林・広西師範大学出版社、一九九四年(以下『中徳外交密档』と略)、三二四—三二六頁。Ausführungs-Vertrag über den Austausch von Rohstoffen und Landesprodukten Chinas gegen Industrie- und Sonsitige Erzeugnisse Deutschlands, in: Walter Eckert, *Die HAPRO in China,* Graz: Selbstverlag, o. D., Anhang; Bernd Martin (Hrsg.), *Die deutsche Beraterschaft in China. Militär-Wirtschaft-Außenpolitik,* Düsseldorf: Droste 1981, Dokument Nr. 15, S.410-411.

(18) „Vortrag vor Chiangkaishek", in: PAdAA, „Projekt Klein", 6680/H096174. 残念ながら、この蔣介石=クライン会談の日時は『事略稿本』などによっても確定できない。「第三帝国」の政府内政治における政治資源としての「情報」について、以下を参照。田嶋信雄『ナチズム外交と「満洲国」』千倉書房、一九九二年、一〇二頁。

(19) Trautmann an Bülow vom 28. August 1934, in: *ADAP,* Serie C, Bd. III, Dok. Nr. 180, S. 352-353.

(20) Anmerkung der Herausgeber (3), *ADAP,* Serie C, Bd. III, S. 353.

(21) 熊野直樹『ナチス一党支配体制成立史序説——フーゲンベルクの入閣とその失脚をめぐって』法律文化社、一九九六年。

(22) Runderlaß vom AA vom 20. August 1934 (gez. von Ritter), in: *ADAP,* Serie C, Bd. III, Dok. Nr. 169, S. 334-338.

(23) Runderlaß vom AA vom 18. Juni 1934 (gez. von Ulrich), in: *ADAP,* Serie C, Bd. III, Dok. Nr. 14, S. 25-35. 田嶋信雄『ナチズム外交と「満洲国」』千倉書房、一九九二年、一九九—二〇〇頁。

(24) Runderlaß vom AA vom 25. August 1934 (gez. von Ritter), in: *ADAP,* Serie C, Bd. III, Dok. Nr. 175, S. 346-348; Runderlaß vom AA vom 13. September 1934 (gez. von Benzler), in: *ADAP,* Serie C, Bd. III, Dok. Nr. 207, S. 398-399. シャハトの「新計画」については邦語でも多くの文献があるが、ここではとくに栗原優『第二次世界大戦の勃発——ヒトラーとドイツ帝国主義』名古屋大学出版会、一九九四年、第二部第三章「新計画体制の成立」二一二—二三八頁を挙げておく。ブロムベルクとトーマスはヒトラーに対してシュミットの解任を繰り返し要求し、シャハトの経済大臣兼任を実現させた。詳しくは、大島通義『総力戦時代のドイツ再軍備——軍事財政の制度論的考察』同文館、一九九六年、一七七—一七九頁。

(25) „Umbau des Heeres und Wirtschaftslage" vom 19. Juli 1934 (gez. von Thomas), in: BA-MA, RW19/v. WiIF5/406, Bl. 204-207.

(26) „Spitzengliederung" vom 16. Juli 1934 (gez. von Thomas), in: BA-MA, RW19/v. WiIF5/383.

（27）„Wehrmachtsamt Nr. 1/34 g. K. W. Wi“ vom 1. November 1934（gez. von Reichenau）mit Anlagen „Geschäftsverteilungsplan: Wehrwirtschafts- und Waffenwesen（W）“ und „Geschäftsverteilungsplan: Wehrwirtschaftliche Abteilung“（o. D.）, in: BA-MA, RW19/v. WiIF5/383, Teil 2. ただし、トーマス自身は国防経済幕僚部の新しい権限に満足していたわけではなかった。参照、大島通義『総力戦時代のドイツ再軍備――軍事財政の制度論的考察』同文館、一七七頁。トーマスは、幾度かの改名や改編をともないつつも、一九四四年までこの機関を維持した。ここでは煩瑣を避けるため、便宜的に機関名を「国防経済幕僚部」としておく。

（28）ナチズム外交における各政策参画者の政治的起動因としての組織的利害について、以下を参照。田嶋信雄『ナチズム外交と「満洲国」』千倉書房、一九九二年、九四―九六頁。

（29）以下を参照。飯島典子「清末から民国期にかけての広東・江西に跨るタングステン開発」『中国研究月報』二〇〇九年三月号、三二―四三頁。なお飯島は、江西南部のタングステン採掘業は「政治とは異なる経済の動き」を示したと述べているが、再考を要するだろう。

（30）„Vorwort zum nachstehenden Vertrag“ und „Vertrag über den Austausch von Rohstoffen und Landesprodukten der Kwangtung-Regierung gegen Industrie- und sonstige Erzeugnisse Deutschlands“, gez. am 20. Juli 1934, in: PAdAA, „Projekt Klein“, 6680/H096100-104; Anmerkung der Herausgeber（3）, *ADAP*, Serie C, Bd. III, S. 353. 製鉄工場（一一二六万香港ドル）、港湾施設（一二三〇万香港ドル）、火薬工場（四三二万香港ドル）。

（31）Verhandlungs-Bericht von Hans Klein, Anlage zu Aufzeichnung Voss vom 31. Januar 1935, in: PAdAA, „Projekt Klein“, 6680/H096151.「克蘭与広東当局籤訂之《防毒面具廠合約》」『中徳外交密档』四六八―四七一頁。

（32）Aufzeichnung Voss vom 2. Februar 1935, in: *ADAP*, Serie III, Dok. Nr. 476, S. 879-881.

（33）Trautmann an das AA vom 16. Dezember 1934, in: PAdAA, „Projekt Klein“, 6680/H096028-046, hier H096030.

（34）Anmerkung der Herausgeber（1）, *ADAP*, Serie C, Bd. III, S. 353.

（35）Voskamp an die deutsche Gesandtschaft Peping vom 20. Oktober 1934, in: PAdAA, IV OA, Allg. Bd. 211/3, H098359.

（36）Aufzeichnung Erdmannsdorff vom 15. Oktober 1934, in: PAdAA, IV OA, Allg. Bd. 211/3, H098341-342.

（37）Ebenda.

（38）Aufzeichnung Erdmannsdorff vom 3. November 1934, in: PAdAA, „Projekt Klein“, 6680/H096006.

(39) Aufzeichnung Meyer vom 6. November 1934, in: *ADAP*, Serie C, Bd. III, Dok. Nr. 301, S. 560–561.
(40) Ebenda.
(41) Ebenda.
(42) Auszug aus einem Brief von Falkenhausen an Brinkmann vom 25. Dezember 1934, in: PAdAA, Abt. IV OA, Allgemein. Bd. 211/3, H098386–393.
(43) Anmerkung der Herausgeber (4), *ADAP*, Serie C, Bd. III, S. 561.
(44) 「第三帝国」の政府内政治における政治的手段としての「ヒトラー・シンボル」について、以下を参照。田嶋信雄『ナチズム外交と「満洲国」』千倉書房、一九九二年、九九—一〇〇頁。
(45) Trautmann an das AA vom 1. Dezember 1934, in: *ADAP*, Serie C, Bd. III, Dok. Nr. 366, S. 677.
(46) Ebenda.
(47) Das AA an Reichenau vom 4. Dezember 1934, in: PAdAA, „Projekt Klein", 6680/H096024.
(48) ちなみに、クラインの広東プロジェクトには、ライヒェナウの実弟が広東現地でかかわっていた。Voskamp an die deutsche Gesandtschaft Peping vom 20. Oktober 1934, in: PAdAA, IV OA, Allg. Bd. 211/3, H098359. フライブルク大学のマーティン教授がハプロの当事者におこなったインタビュー(一九八〇年九月一二日)によれば、ライヒェナウはクラインに頼み込んで「一家の黒い羊」である弟を広州のハプロ事務所に送り込んだが、「怠け者の上陰謀家」である弟は「争いの種を蒔くのみ」だったので、ハプロは手切れ金を持たせて弟をインドシナに追放したという。Bernd Martin (Hrsg.), *Die deutsche Beraterschaft in China. Militär-Wirtschaft-Außenpolitik*, Düsseldorf: Droste 1981, S. 416, Anm. 14. ここでも「ナチズム外交における政策参画者の起動因としての個人的利益」が示されているといえよう。以下も参照。田嶋信雄『ナチズム外交と「満洲国」』千倉書房、一九九二年、九六—九七頁。
(49) Auszug aus einem Brief von Falkenhausen an Brinkmann vom 25. Dezember 1934, in: PAdAA, Abt. IV OA, Allgemein. Bd. 211/3, H098386–393.
(50) Reichenau an Falkenhausen vom 10. Januar 1935, in: BA-MA, Msg. 160/7, Bl. 45–46.
(51) Ebenda.「第三帝国」の政府内政治における政治的手段としての「大臣シンボル」について、以下を参照。田嶋信雄『ナチズム外交と「満洲国」』千倉書房 一九九二年、九九—一〇〇頁。

(52) Falkenhausen an Reichenau vom 14. März 1935, in: BA-MA, Msg. 160–7, Bl. 41–43.
(53) Auszug aus einem Brief von Falkenhausen an Brinkmann vom 25. Dezember 1934, in: PAdAA, Abt. IV OA, Allgemein. Bd. 211/3, H098386-393.
(54) Trautmann an Neurath vom 22. Januar 1935, in: *ADAP*, Serie C, Bd. III, Dok. Nr. 504, S. 938.
(55) Aktenvermerk Willing vom 18. Januar 1934, in: PAdAA, „Projekt Klein“, 6680/H096069–070.
(56) Pressen an das AA vom 2. Januar 1935, in: PAdAA, „Projekt Klein“, 6680/H096050.
(57) クラインの「交渉経過報告」は以下を参照。„Verhandlungs-Bericht“, in: PAdAA, „Projekt Klein“, 6680/H096187–213.
(58) „S〔eekt〕-K〔lein〕Geschäfte“, in: PAdAA, „Projekt Klein“, 6680/H096151–173.
(59) Aufzeichnung Voss vom 31. Januar 1935, in: *ADAP*, Serie C, Bd. III, Dok. Nr. 472, S. 873–874.
(60) Ebenda.
(61) 「第三帝国」の政府内政治における「条件闘争」について、以下を参照。田嶋信雄『ナチズム外交と「満洲国」』千倉書房、一九九二年、一〇七頁。
(62) Aufzeichnung Voss vom 2. Februar 1935, in: *ADAP*, Serie C, Bd. III, Dok. Nr. 476, S. 879–881.
(63) 「第三帝国」の政府内政治における「総統の意志の推測」の意味および政治的機能について、以下を参照。田嶋信雄『ナチズム外交と「満洲国」』千倉書房 一九九二年、八九—九〇頁。
(64) Aufzeichnung Erdmannsdorff vom 11. Februar 1935, in: *ADAP*, Serie C, Bd. III, Dok. Nr. 488, S. 902–904.
(65) Ebenda.
(66) Aufzeichnung Erdmannsdorff vom 14. Februar 1935, in: *ADAP*, Serie C, Bd. III, Dok. Nr. 491, S. 908–910.
(67) Ebenda.
(68) Anmerkung der Herausgeber (1), *ADAP*, Serie C, Bd. III, S. 913.
(69) Lautenschlager an das AA vom 15. Februar 1935, in: *ADAP*, Serie C, Bd. III, Dok. Nr. 494, S. 913–914.
(70) Anmerkung der Herausgeber (7), *ADAP*, Serie C, Bd. III, S. 947.
(71) Neurath an Krosigk vom 27. Februar 1935, in: *ADAP*, Serie C, Bd. III, Dok. Nr. 508, S. 944–947.

(72) Lautenschlager an das AA vom 15. Februar 1935, in: *ADAP*, Serie C, Bd. III, Dok. Nr. 494, S. 913–914.『事略稿本』ではこの蔣介石＝ゼークト会談を確認できない。
(73) Aufzeichnung Erdmannsdorff vom 14. Februar 1935, in: PAdAA, „Projekt Klein", 6680/H096047–049.
(74) „Verhandlungs-Bericht", in: PAdAA, „Projekt Klein", bes. 6680/H096190–191.
(75) „S〔eekt〕-K〔lein〕Geschäfte", in: PAdAA, „Projekt Klein", 6680/H096151–173.
(76) Aufzeichnung Voss vom 18. März 1935, in: PAdAA, „Projekt Klein", 6680/H096255–260.
(77) Anmerkung der Herausgeber (1), *ADAP*, Serie C, Bd. III, S. 1020–1021.
(78) Falkenhausen an Reichenau vom 14. März 1935, in: BA-MA, Msg. 160/7, Bl. 41–43.
(79) Aufzeichnung Voss vom 18. März 1935, in: PAdAA, „Projekt Klein", 6680/H096255–260. Siehe auch Anmerkung der Herausgeber (3), *ADAP*, Serie C. Bd. III, S. 1021.
(80) Ebenda.
(81)「第三帝国」の政府内政治における「政策連合」について、以下を参照。田嶋信雄『ナチズム外交と「満洲国」』千倉書房、一九九二年、一〇六頁。
(82) Blomberg an Neurath vom 23. März 1935, in: *ADAP*, Serie C, Bd. III, Dok. Nr. 554, S. 1020–1021.
(83) Trautmann an das AA vom 15. Dezember 1934, in: PAdAA, „Projekt Klein", 6680/H096025.
(84) Trautmann an Neurath vom 1. März 1935, in: *ADAP*, Serie C, Bd. III, Dok. Nr. 512, S. 950–951.
(85)『事略稿本』一九三四年三月五日条、第三〇巻、五五頁。
(86) Aufzeichnung Voss vom 2. Februar 1935, in: *ADAP*, Serie C, Bd. III, Dok. Nr. 476, S. 879–881.
(87) Rk. 1937/35, Lammers an Neurath vom 5. März 1935, in: BA-L, R43I/57, Bl. 165–166.
(88) Rk. 1937/35, Lammers an Neurath vom 5. März 1935, in: BA-L, R43I/57, Bl. 169–170.
(89) Rk. 2123/35, Neurath an Lammers vom 9. März 1935, in: BA-L, R43I/57, Bl. 171 u. Rückseite.
(90) Ebenda.

第四章　中独両国における新しい国防経済計画の形成と中独交渉

第一節　南京国民政府支配領域の拡大と南京・広東プロジェクト

1　クラインの中国再訪と諸会談

広東プロジェクト第一次契約と第二次契約

すでに見たように、クラインの広東プロジェクト第一次契約（一九三三年七月）は、⑴大砲工場（一八五万香港ドル）、⑵砲弾・信管・薬莢工場（一〇七万五〇〇〇香港ドル）、⑶毒ガス工場（四九万香港ドル）、⑷防毒マスク工場（六万五〇〇〇香港ドル）を含めた契約総額約五五〇万香港ドルにのぼる契約（現金払い）を中心としていたが、ゼークトが帰国の途に、クラインが中国再訪の途についた一九三五年三月には、この広東プロジェクト第一次契約はかなりの進捗を見せており、すべての施設は完成し、据え付けるべき機械も到着して組み立てが開始された。またそれ以降も、追加の機器・備品などの搬送が続けられることになる。

こうしてクラインと広東派が作った広東プロジェクト第一次契約の既成事実は、もはや動かしがたいものとなり、ドイツ外務省の内部においてさえ、すでに見たように、ドイツの経済的利益を理由として、既成事実を容認する意見を発生せしめていたのである。

したがって、今回のクライン訪中の主要な目的は、とりわけ一億RMの借款契約と各種工場建設を中心とする南京プロジェクト仮契約の実現のための交渉と、広東プロジェクト第二次契約、すなわち主契約たる二億RMの借款協定のほか、⑴鉄道建設（一一二六万香港ドル）、⑵港湾施設建設（二三〇万香港ドル）、⑶火薬工場（四三二万香港ドル）、⑷防毒マスク工場建設（二九万香港ドル）の各仮契約をめぐって展開されることになる。なかでも中独関係において軋轢の焦点となったのは、もちろん主契約たる二億RMの借款協定と、軍事的に重要な意味を持つ⑷の防毒マスク工場の建設問題であった。蔣介石・南京中央政府は、すでに見たように、終始広東派の軍事的強化の一切に断固として反対する態度をとっていたのである。

ゼークト＝クラインのシンガポール会談（一九三五年四月四日）とその余波

さて、一九三五年三月下旬に上海を発ったゼークトは、途中香港に立ち寄り、軍事顧問としてすでに広州に到着していたゼームスドルフ将軍と極秘裏に会談した。(1) この会談の内容は明らかではないが、ゼークト＝クラインの広東プロジェクトと、ドイツ国防省による広東への軍事顧問派遣問題が密接に関連していることを明らかに示していた。

その後、香港から南下したゼークトと、インド洋から東アジアへと向かっていたクラインは、四月四日にシンガポールで合流した。このシンガポールでの会談でクラインは、ドイツで関係各機関との間でおこなってきたさまざまな交渉について、例によって誇張を交えてゼークトに報告した。クラインによれば、南京中央政府および西南派との経済協力および鉱工業開発に関する諸計画は、「ドイツ政府によって承認」されたという。この報告を「完全に了承」したゼークトは、その場ですぐに南京のファルケンハウゼンに宛てて手紙を書き、クラインへの「全面的な支援をお願いする」との要請を記した。さらにこの手紙の中でゼークトは、ドイツに帰国したら「中枢機関に中国情勢を報告する」と述べ、ドイツでチャイナ・ロビーとしての活動を展開する決意を示したのである。(2)会談後クラインは、この手紙を携えて意気揚々と上海に向かった。

一方、ゼークトを乗せた客船マーニックス号は、長い航海ののち、四月二三日にジェノヴァに入港した。(3)ジェノヴァでは、ドイツ国防省の在華ドイツ軍事顧問団担当連絡将校ブリンクマンが、わざわざベルリンからやってきて丁重にゼークトを出迎えた。(4)しかしながら、ジェノヴァでゼークトを待っていたのは、長旅をねぎらうブリンクマンだけではなかった。それは四月一六日付の、以下のような蔣介石の電報であった。(5)広東プロジェクトを厳しく批判するその内容は、船上で充分な休養を取り、身も心も「リフレッシュ（erholt）」して下船したゼークトにとっては、極めて不愉快な出来事であったに違いない。(6)

クラインによる広東への軍事物資供給に関しては、中国政府側によって主張されている見解が、予期に反し、ドイツ政府によりほとんど尊重されておりません。クラインは私〔蔣介石〕の了解がある旨をいたるところで触れ回っていますが、これはけっして事実に合致するものではありません。クラインとの会談で私はいかなる同意も与えておりません。本当の事情を明らかにするため、ドイツ国防省に私の見解を一刻も早く伝えていただきますよう閣下〔ゼークト〕にお願いする次第です。

しかももちろん蔣介石は、この電報をたんにゼークトに宛てて打電したのみならず、翌一七日にはベルリン駐在中国公使館の譚伯羽商務書記官にも指示を出し、同文の電報をドイツ国防省軍務局長ライヒェナウに確実に届けるよう命じていたのである。(7)蔣介石には、クラインの広東プロジェクトを許すつもりはいささかもなかった。

クライン＝ファルケンハウゼン会談（四月一八日）およびクライン＝孔祥熙会談（四月一九日）

一方、四月一五日に箱根丸で上海に入港したクラインは、一六日の夜行列車で上海を発って翌一七日に南京に到着した。[8] 一八日、南京の軍事顧問団事務所にファルケンハウゼンを訪ねたクラインは、ゼークトから預かった手紙を渡すとともに、例によって誇張と虚言を取り混ぜながら、広東プロジェクトは「蔣介石の要望に沿うような形で調整された」との説明をおこなったのである。もちろん、ファルケンハウゼンはクラインのさまざまな言明をただちに信用したわけではなかったが、自ら蔣介石宛に手紙を書き、可及的速やかにクラインを接受するように求めた。[9] すでにブロムベルクの強硬な手紙（三月二三日付）に接していたファルケンハウゼンは、それに加えて今回のゼークトの依頼もあり、やむを得ず蔣介石とクラインとの会談を仲介したのであった。

クラインは、ファルケンハウゼンとの会談後、数時間南京に滞在したのみで、ふたたび汽車に乗り、上海に戻った。[10] 当時蔣介石は紅軍追撃のため、貴州省の省都貴陽で指揮・督戦をおこなっていて首都南京を不在にしていた上、クラインとしては広東プロジェクトに強硬に反対している蔣介石との面会を回避し、一九三四年八月二三日の仮契約の調印者である孔祥熙に交渉相手を絞れば、籠絡しやすいと判断したようである。こうして四月一九日の午後、上海でクラインと孔祥熙の会談がおこなわれたのである。[11] あくまでクラインの表現ではあるが、この会談は「満足すべき会談」であったという。[12] クラインはこの「成果」を、ただちに電報で経済大臣兼ライヒスバンク総裁シャハトに通知した。

しかも、南京での会談でファルケンハウゼンがとくに異議を唱えなかったことに気をよくしたクラインは、四月二三日、ドイツ陸軍兵器部に電報を打ち、「クライン・蔣介石・ファルケンハウゼンがクライン・プロジェクトで合意した」［!］とのまったくの虚言を弄するありさまであった。陸軍兵器部長リーゼ（Kurt Liese）からこの驚くべき情報を得たベルリン駐在中国公使館の譚伯羽商務書記官は、ただちにドイツ外務省に照会をおこなったが、もちろんこの電報の内容は外務省のまったくあずかり知らぬものであった(13)。その後もクラインは、半年前（一九三四年一二月）に開業したばかりの近代的な高層ホテル「上海パークホテル」（国際飯店）に居を構え、ここを拠点として秘密裏に行動することとなるのである(14)。

ブロムベルクの強硬姿勢とシャハトの対中協力意欲

このように事態が錯綜する中で、上記四月一六日付の蔣介石による広東プロジェクト否認に対し、五月一日、国防大臣ブロムベルクは電報を打って蔣介石に直接回答した。しかもその内容は、以下のように非常に強硬なものであった(15)。

ドイツ国防省は、以下のことを再度確認したいと思います。
(1)クライン氏は総統〔ヒトラー〕に直接会って説明をし、肯定的な成果を得ております。
(2)ヒトラー氏は閣下〔蔣介石〕に署名入りの写真を渡すようクライン氏に依頼しました。
(3)クライン氏はドイツ国防省および経済大臣シャハト博士の完全な信頼を得ております。ドイツ政府はクライン氏のプロジェクトに特別の関心を持っており、そこに大きな価値を置き、それを完全に支持しております。
(4)クライン氏はドイツにおいて中国および閣下〔蔣介石〕の利益のみに基づいて発言し行動しております。

ブロムベルクは、このように、クラインの広東プロジェクトに反対する蔣介石の抗議に対し、ヒトラーというシンボルを引き合いに出して正面突破を図ろうとしたのである。

さらに五月六日には、前述のクラインと孔祥熙の会談（四月一九日）の報告を受けて、シャハトが孔祥熙に手紙を送り、以下のように中独バーター貿易実現への意欲を示した。[16] これは、ドイツ政府はクラインのプロジェクトを支持しているという、上述のブロムベルクの主張を裏付けるかのような効果を有していたといえよう。

私は貴国政府がクライン氏と締結したバーター契約〔南京プロジェクト〕に非常に満足しており、私に与えられたあらゆる手段を用いてこの契約を実現する用意があります。ドイツは中国の鉱物資源および農業産品を大規模に輸入する態勢と能力を有しており、また高度に発展した産業に依拠してあらゆる分野で中国に工業産品を輸出することが可能です。両国の産業と生産能力の相互補完性という僥倖により、相互の経済建設へ向かう新しい道が開かれると私は確信いたします。

このような認識からシャハトは、契約締結後の第一年次および第二年次に確実に供給し得る、農業産品と鉱業資源の種類および総量を、可及的速やかに通知するよう孔祥熙に依頼した。さらにシャハトは、満足すべき書類が届いた場合、中国政府に二〇〇〇万RMの借款を与える用意があることを明らかにしたのである。[17]

2　紅軍の「大西遷」と蔣介石による中国統一の進展

第五次「囲剿戦」

しかしながら、こうした中独関係の背景にある中国国内の政治状況は、一九三四年秋から三五年春にかけて、大きな変化を見せ始めていた。一九三四年一月に「福建人民政府」を制圧した蔣介石は、江西ソヴィエトを主な対象とした第五次「囲剿戦」を継続し、ドイツ軍事顧問団の助言をも受けながら、トーチカ戦術により紅軍への包囲網を一歩一歩狭めていった。[18] その結果、一九三四年秋、紅軍はついに「大長征」と呼ばれる軍事的敗北を強いられることとなったのである。[19] 広東派の陳済棠はこの「囲剿戦」において、蔣介石から「剿匪南路軍総司令」に任命されていたが、広東軍の南からの包囲活動は不活発で、紅軍第一方面軍はその隙を突く形で一〇月一六日、江西省西南部からの「西遷」に出発したのである。[20] 蔣介石は紅軍第一方面軍の逃走、およびそれを許した広東軍の行動に驚き、一〇月三〇日、陳済棠に関して「何を以て天下と後世に対するか」と怒りをあらわにしたが、[21] それはともかく、「大西遷」の結果、西南派は、南下してきた南京中央政府およびその軍隊の政治的・軍事的圧力に直接さらされることとなった。[22]

蔣介石による中国統一の進展と広東プロジェクト

一九三五年三月二三日に貴州省の省都貴陽に入った蔣介石は、「剿共戦」に関して貴州軍の督戦をおこなった上、四月二四日、貴州省主席兼第二五軍長王家烈を罷免して、呉忠信をあらたな省主席の地位に就け、貴州省の中央化を進めた。さらに五月一〇日、蔣介石は貴陽から雲南省の省都昆明に入り、特別支出費を支給して雲南省主席龍雲との関係を強化した。[23] また四川省でも三五年二月一〇日、「剿共戦」の過程で中央に接近してきた劉湘を主席とする政府が発足して、統一へと向かっていた。[24] こうして西南派五省連合のうち雲南、貴州、四川が中央政府の支配下に入った。[25] 残るは両広（広東・広西）のみとなったが、広西省の南部は国民政府軍に占領され、さらに南京国民政府の支配領域は広東省の境界にまで及ぶこととなった。[26]

このことを政治的・経済的に見れば、以下の点がとりわけ重要であろう。第一にそれは、広東省・広西省にとって重要な財源の一つである貴州省・雲南省からのアヘンの輸送路を、南京中央政府が制圧したことを意味していた。第二に、われわれの観点からみてとくに重要であるのは、南京中央政府が広東省と江西省・湖南省の境界に存在する大量のレアメタル鉱を手中にする展望が生まれたことである。このことはさらに第三に、近い将来、南京国民政府が西南派を政治的・軍事的に制圧し、広東プロジェクトの成果である武器工場群を接収する可能性が生じたことを意味していたのである。

事実、一九三五年五月初旬、国民政府軍政部兵工署長兪大維は、「広東が最終的に統合された場合の接収」に備え、ファルケンハウゼンに対し、広東へ供給された武器の詳細を尋ねていた(27)。さらに南京中央政府側は、将来広東が中央化された場合、「対価なしで広東の武器工場が手に入る可能性」、すなわち南京中央政府による広東プロジェクトの没収の可能性さえ示唆していたのである(28)。

しかもこの場合、以下の事情が留意されなければならない。つまり、もしこの時点で南京国民政府がクラインの広東プロジェクトを承認すれば、将来広東武器工場群を接収する場合、当然のことながら、しかるべき補償をおこなわなければならない。逆に、「補償」を回避し、「対価なき没収」を正当化するためには、建前上、広東プロジェクトを「非合法」なものとしてあくまで否認しておく必要があった。

こうして南京中央政府・蔣介石の広東プロジェクトに関する態度は、実際はアンビヴァレントなものであった。蔣介石は、ドイツに対し建前上は広東プロジェクト拒否の態度を貫きつつ、場合によってはそれを黙認し、さしあたりクライン＝ハプロが同時に推進していた南京プロジェクトを、積極的に推進する姿勢を示したのである。

第二節　ヒトラーの政治指導の不在と中独交渉をめぐる混乱の継続

1　新しいアクターの登場

ドイツ航空省の介入

以上のようにブロムベルク・シャハトが広東プロジェクトを含めたクラインの活動を強力に支援し、他方南京国民政府の態度も微妙なニュアンスを含み始めた中で、ドイツ本国および中国現地では、政策決定過程に混乱をもたらす要因があらたに加わっていた。

あらたな混乱要因の第一は、ドイツ空軍総司令官ゲーリング（Hermann Göring）およびドイツ航空省が対中国政策、とくに対広東政策に関心を示したことである。ことの発端は、一九三五年五月に南京で流れた情報であった。それによれば、クラインの広東プロジェクトに関連して広東にドイツ空軍顧問が派遣され、重爆撃機の使用にも耐える飛行場の建設を指導するというのであった。しかもその飛行場は、当時全通を目指して工事がおこなわれていた粤漢線（広州・漢口線）の広東側既設部分（広韶段）の終点に建設されるという。この飛行場の建設により広東政府は、南京中央政府の地上施設、とりわけ重要な戦略拠点であり「剿共戦」のための航空機が発着する南昌の飛行場を破壊する能力を獲得することになるというのであった[29]。

そして実際、明らかにこの情報に関連して、ドイツ航空省がファルケンハウゼンに「広東にドイツの航空機一〇〇機を輸出する可能性」について南京国民政府に打診するよう求めた。続けて航空省は、南京駐在のドイツ空軍顧問シュトレチウス（Alfred Streccius）に対しても、「空軍の立場から南京—広東間の関係について意見を送るよう」要請したのである[30]。ここには中国情勢、とりわけ南京中央政府と西南派の関係に関するゲーリング＝航空省の、救いがたい無知・無理解が示されていたといえよう。

こうした空軍の問い合わせに対しシュトレチウスは、「クライン・プロジェクトは南京の顧問団の立場を危うくする」し、イタリアの在華空軍顧問団の存在を念頭に置いた上で、「私が解任されても喜ぶのはイタリアだけだ」との返答を本国の航空省におこなった[31]。また、ファルケンハウゼンも迅速に対応し、ドイツ国防省・航空省に空軍顧問の派遣を一時留保するよう手配したのである。[32] ドイツ外務省はこの問題を航空省に照会したが、航空省からは六月上旬に「初めは広東を予定していた」が、「反対意見」を考慮して「南京に切り替えるつもりである」との返答をようやく得ることができた。しかしその際にも航空省は、現在なお「広東への若干の供給を検討中」であるとの未練を残した。[33]

上海総領事クリーベルの登場

二つ目のあらたな混乱要因は、上海総領事クリーベルが、この間あらたな広東プロジェクト反対派として登場したことである。そもそもクリーベルは、ヒトラー、ルーデンドルフらが一九二三年一一月八日―九日に起こしたミュンヒェン一揆に参加したヒトラーの古参の同志であり、ヒトラーが親称 Du で話す数少ない友人の一人であった。ランツベルクの刑務所を出所したあとクリーベルは、オーストリアで右翼系準軍事組織である護国団の運動などにかかわり、その後中国に渡って第一代ドイツ軍事顧問団長バウアーの下で副顧問団長に就任した。バウアーが一九二九年に上海でチフスにより客死すると、クリーベルが第二代目として後を継いだ。しかしながらクリーベルは、国民政府の多くの軍人や官僚と良好な関係を築くことに失敗し、ドイツ国防省は代わりに国防省元軍務局長のヴェッツェルを中国に派遣した。このころドイツ国防省は、バウアーやクリーベルら右翼急進主義者に代えて、ドイツ国防軍の主流派であるヴェッツェルを送り込み、在華ドイツ軍事顧問団の再編成を目指したのである。軍事顧問団長退任後クリーベルは、外交・領事職試験を受けたのち、上海総領事の職につくことになった。[34] すでに述べたように、当時上海ではクラインがパークホテルを拠点に暗躍していたが、クリーベルは南京のファルケンハウゼンから情報を得て、クラインの広東プロジェクトが中独関係全般に影響を及ぼしかねないと判断し、強い危機感を持つにいたったのである。

一九三五年五月、クリーベルは「信頼できる情報源」から、蔣介石が広東へのドイツ軍事顧問派遣に不満を抱いているとの情報を得た。五月一二日、クリーベルは外務省に電報を打ち、もし軍事顧問が広東に派遣された場合、蔣介石は南京の在華ドイツ軍事顧問団を解任するだろうとの判断を示したのである。さらに翌一三日にクリーベルは、個人的なアクセスを利用してヒトラーに直接電報を打ち、(35)以下のように述べた。南京中央政府との武器・軍需工業取引は、ドイツ軍事顧問団の存在にかかっているが、広東プロジェクトと広東への軍事顧問派遣がおこなわれれば、蔣介石は間違いなく南京駐在ドイツ軍事顧問団を解任するであろう。「ドイツ国防省は、南京―広東の関係を誤って判断しているのではないか」。以上のような危惧からクリーベルは、広東から軍事顧問を召還して南京の軍事顧問団に直属させること、また、クラインの広東への武器・武器工場プロジェクトを放棄し、その代わりに南京中央政府と大規模な事業を推進することを提案したのである。(36)その際クリーベルは、蛇足ながら、上海で予定されていた「イギリス海軍退役軍人会」の集会に自ら参加して挨拶したい旨を述べ、イギリスに政治的シンパシーを抱くヒトラーの歓心を買うことを忘れなかった。(37)この情報は、のちに意味を持つことになる。

以上のような、南京の空軍顧問シュトレチウスと上海総領事クリーベルの提案に便乗する形で、北平の駐華公使トラウトマンも五月一七日、外務省本省に改めて「広東での冒険」を中止するよう求めたのである。(38)

孔祥熙の疑念

三つめのあらたな混乱要因は、蔣介石に続き、財政部長孔祥熙も、クラインの活動に不信感を持ち始めたことである。ファルケンハウゼンが南京駐在ドイツ公使館のラウテンシュラーガー参事官に語ったところによれば、「孔祥熙の周囲」も「クラインのパーソナリティ」に不信を抱き、「いったいクライン氏はどのような権限を有しているのか?」「ドイツは国家間条約を求めているのになぜ全権委員を任命しないのか?」との疑問を呈したのである。これは、ドイツの中国駐在外交官にとっては、ドイツの対「満洲国」政策を大混乱に陥れた「ハイエ事件」の悪夢を想起させるものであった。[39] さらに孔祥熙は、中国国民政府がドイツから借款を得た場合に予想される日本の反応を憂慮し、七月一〇日、南京駐在日本総領事須磨弥吉郎に対し、「支那が外国より借款するかまたは通貨調整につき援助を受くるに於いては、〔日本は〕如何なる態度に出ずべきや」と尋ねていたのである。[40]

2　ヒトラーの政治指導の不在と政府内調整

ヒトラーの無関心

広東プロジェクトに反対する上海総領事クリーベルのヒトラー宛電報は、外務省から内閣官房を経由してヒトラーに渡され、五月二〇日にその確認を得た（„Der Führer hat Kenntniss"[41]）。が、それは対中国政策決定過程に直接ヒトラーを巻き込むまでにはいたらなかった。というのも、このころヒトラーの政治的・外交的関心は、英独海軍協定（六月一八日調印）にいたる英独関係にもっぱら注がれていたからである。英独海軍協定は、『わが闘争』以来かれが夢見ていたイギリスとの同盟関係を形成するための第一歩と考えられており、当時のかれの頭はその興奮で満たされていたのである。ヒトラーは六月二〇日付のクリーベル宛て返信の中で、肝心の広東プロジェクト問題にまったく関心を示さず、むしろクリーベルが蛇足で報告した「イギリス海軍退役軍人会」の集会の情報を喜び、クリーベルに「感謝」するありさまであった。[42] こうして対中国政策をめぐるナチス・ドイツの政府内政治は、ヒトラーの政治指導を欠いたまま、いわば「ルールなき政府内政治」の様相を呈するにいたったのである。[43]

外務省と国防省の調整（一九三五年五月二四日）

しかしながら、以上のような政策決定過程の混乱は、外務省と国防省の再度の調整を不可避とするに充分であった。[44]

外務省第四部長マイアーは、国防省と連絡しつつ広東プロジェクトに関する以下のような基本的方針案を作成し、外務大臣ノイラート、外務次官ビューロおよび国防省軍務局長ライヒェナウの承認を得たあと、五月二四日、北平のトラウトマンに送付したのである。

(1)クラインは活動を広東から南京に移す。
(2)広東への諸計画は漸次整理する。広東への武器輸出はおこなわない。今後、設備の建設をどの程度進めるか否かは蔣介石の了承による。
(3)広東の軍事顧問は、蔣介石が広東残留を望まない限り、漸次撤収する。場合によってはファルケンハウゼンの軍事顧問団に編入する。

外務省と国防省は、こうした基礎の上で、上海のクラインに指示を出し、蔣介石と面会し、直接の調整をおこなうよう求めたのである(45)。

ここで外務省が国防省にクラインの広東プロジェクトの段階的撤収を方針として呑ませたのは、かなりの前進であったといえよう。しかしながら、先回りしていえば、蔣介石の意思の確認をクラインに任せたのは、この合意の致命的な欠陥であった。

3　一九三五年夏の諸会談

蔣介石＝クライン会談（一九三五年六月一六日）

四月下旬の帰国以来ベルリンでは、ゼークトが「チャイナ・ロビー」としての活動を開始していた。五月二二日、ゼークトはケプラーやハプロのベルリン代表ロイスと協議を持った。このころゼークトはロイスと毎日の如く会談し、現地中国で活動しているクラインやその助手である退役将校ハインツらとも、頻繁に電報で連絡を取っていた(46)。こうした会談や連絡のなかでゼークトは、中国における来るべき蔣介石＝クライン会談について調整するとともに、ベルリンで予定されていた自身のヒトラーへの訪中報告の準備もおこなっていたのである。

すでに見たように蔣介石は、このころ西南各地を飛び回って「剿共戦」の督戦をするとともに、現地地方政権の中央化・統一化をなかば強引に推進しており、かなりの期間南京を留守にしていた。そのため蔣介石とクラインの面会は遷延したが、四川省の重慶に出向いて機会を伺っていたクラインは、蔣介石からのアポイントメントを得て、ハインツおよび国民政府軍事委員会弁事処ドイツ語通訳の齊焌を引き連れ、二〇時間バスに揺られて四川省の省都成都に向かい、ようやく六月一六日に蔣介石と会談の機会を持つにいたった(47)。蔣介石はその会談の結果をベルリン駐在中国公使館の譚伯羽商務書記官に打電し、ゼークトに転送するよう指示したのである(48)。

本日クライン氏と詳細な会談をおこない、甚だ愉快でした。かれの建議を実行することを許可しました。将軍〔ゼークト〕がクライン氏を信任しているので私も信任いたします。

一見して明らかなように、ここで蔣介石は南京プロジェクトと広東プロジェクトの区別を何らおこなっていない。それはクラインが広東プロジェクトへの言及をおそらく避け、もっぱら南京プロジェクトについてのみ説明をおこなったことの反映だったであろうが、クラインの広東プロジェクトを明確には否定しなかったこの蔣介石の態度表明は、結果的に、のちに禍根を残すこととなる。また、ここで蔣介石が、自らクラインを信用するのではなく、「ゼークトがクラインを信任するから自分も信任する」という論理を使っていることにも注目しておきたい。しかしいずれにせよこれは蔣介石自身が南京プロジェクトをクラインに対して承認した瞬間であった。

ヒトラー＝ゼークト会談（六月二六日）

蔣介石＝クライン会談の一〇日後の六月二六日、ベルリンの内閣官房にゼークトが招待され、ヒトラー、国防大臣ブロムベルク、外務大臣ノイラート、経済大臣兼ライヒスバンク総裁シャハト、総統付陸軍連絡将校ホスバッハ(Friedrich Hoßbach) らが出席して中国に関する報告会が開かれた。出席したホスバッハによれば、ゼークトはオープンカーで内閣官房に到着し、「形式と内容において明晰で、説得的に組み立てられた講演」をおこなった。聴衆も「かれの長い話を黙って聞いた」。「ヒトラーもまた講演に魅せられ、ゼークトに大きな好意を持って接した」という。講演ののちゼークトは、中国駐在ドイツ大使館を、北平から南京に移して欲しいという蔣介石の「緊急の要望」を、ヒトラーに伝えた。日本が五月一七日に中国駐在公使館を大使館に昇格させたことにともない、イギリスやアメリカ合衆国も歩調を合わせたため、ドイツもすでに北平駐在公使館の大使館への昇格を決定していたが、蔣介石はゼークトを通じてその所在地を首都南京に変更するよう求めたわけである。(49) これに対しヒトラーは、大使館の臨時事務所をただちに南京に開設するとともに、大使館にふさわしい土地を南京で探すよう指示した。(50)

以上のように、ゼークトのヒトラーらへの報告は非常に友好的な雰囲気の中でおこなわれ、ヒトラーもそれに満足したようである。ただし、報告の性質上、クラインのプロジェクトについてはほとんど触れられなかったし、南京における大使館の開設を除き、ヒトラーから対中国政策に関する具体的な指示もなかったのである。ヒトラーは、この時も、対中国政策については熱心な政治指導をおこなわず、いわば「怠惰な独裁者」にとどまった[51]。

なお付け加えておけば、会談はたしかに友好的な雰囲気の中でおこなわれたが、それはおそらく表面的・社交的なものであって、ヒトラーとゼークトの関係はそう単純なものではなかった。ヒトラーにとってゼークトは、自身が一九二三年一一月に起こしたミュンヒェン一揆を戒厳司令官として最終的に挫折させた張本人であったし、ゼークトにとってヒトラーは、自ら立候補の意欲を示した一九三二年の大統領選挙におけるナチス党の候補者であった。一九三三年一月三〇日のヒトラーの首班指名を、ゼークトは複雑な思いで眺めていたのである。この日の会談は、たがいに腹に一物ある老獪な政治家同士の会談であった。

ゼークトはこの会談のあと、七月八日に蔣介石に電報を送り、ヒトラーがクラインとゼークトの計画に「賛成した」と報告した。しかしその中でゼークトは、当然のことながら、クラインの広東プロジェクトに関して一切言及しなかったのである[52]。また、会談に同席したシャハトも、七月一五日に財政部長孔祥熙に電報を打ち、一九三四年八月二三日のクラインと孔祥熙による仮契約を「承認・支持」すると伝えたのである[53]。これは、シャハトが、二〇〇〇万RMではなく、南京プロジェクト仮契約にある一億RMの対中借款を事実上認めたものであった。

蔣介石＝クライン会談に関するクライン一派の「報告」

六月一六日の蔣介石＝クライン成都会談、および六月二六日のヒトラー＝ゼークト会談は、クラインをいっそう増長させる結果となった。成都から七月一八日に南京に戻ったクラインは、自分だけ二〇日にさっさと本拠地の上海へ帰ってしまい、翌二一日に協力者のハインツと通訳の齊焌を南京のファルケンハウゼンの事務所に派遣し、成都での会談内容を報告させた。クライン自身は、あくまでファルケンハウゼンとの面会を忌避したわけである。その席でハインツらは、「すべてはうまくいっており、総司令〔蔣介石〕は広東プロジェクトに全面的に同意した」と述べた。これに対しファルケンハウゼンが、「それでは広東プロジェクトに反対する旨の総司令の電報〔四月一六日付〕はどのように理解したらよいか」と詰問したところ、ハインツらは「総司令はそうした電報については何も知らない」と答えるありさまであった。ファルケンハウゼンは、当然のことながら「まったく信じられない」との感想を抱いたのである[54]。

上海に戻ったクラインは、そこでも上海総領事クリーベルとの面会を忌避した上で、遅れて南京から上海に帰還したハインツを七月二一日午前に上海ドイツ総領事館に派遣した。そこでのクリーベルに対するハインツの報告によれば、蔣介石が南京プロジェクトを受け入れる際に、広東プロジェクトは「なんら障害にならなかった」し、蔣介石は「広東のドイツ軍事顧問問題にも触れなかった」。それどころか、蔣介石はクラインにつぎのように述べたという。

広東の武器工場やその他の計画は粛々と継続してほしい。そのため〔クラインが〕上海に戻ったら広東へ出張してもよい。広東プロジェクトに関する発言は私〔蔣介石〕の発言ではなく、ほかの中国人グループから出たものだ。

もちろんクリーベルはこのハインツの報告をまったく信じなかったし、むしろクラインがハインツら協力者に広東プロジェクトについて箝口令をしいているのだろう、と判断していた。しかしながらクリーベルは、蔣介石が一定の譲歩をした可能性も否定し得ず、六月一六日の蔣介石との会談でクラインが「カバンの中の数百万のクレジットをちらつかせた」のではないかと疑った。さらにクリーベルは、蔣介石はいま日本軍の華北分離工作（六月一〇日梅津・何応欽協定成立、六月二七日土肥原・秦徳純協定成立）により厳しい状況に置かれているため、全力で南京中央政府自身の軍拡プログラムを推進する必要があったのかもしれない、と判断した。いずれにせよクリーベルは、このハインツの訪問の目的について、自らを「懐柔」するためだと正しく判断していたのである。クリーベルは、このハインツとの会談に関するメモをただちに南京のファルケンハウゼンと、北平のトラウトマンに送付した。(55)

こうした一連のハインツの報告からは、外務省とライヒェナウ連名の五月二四日付指示（「クラインは活動を広東から南京に移す」、「広東への諸計画は漸次整理する。広東への武器輸出はおこなわない」など）をまったく無視するクラインの姿勢が明らかとなったのである。つまりクラインは、自らの後見人たるドイツ国防省の意向さえ無視したのであり、ドイツ国防省自身がクラインによって手玉にとられていたわけである。

蔣介石＝ファルケンハウゼン会談（七月三一日）と、蔣介石の「真意」

さて、クリーベルの書簡を受け取ったファルケンハウゼンは「私は絶対的に貴下と同じ考えです」と述べてクリーベルに同調する姿勢を示し、さらに事態の打開のため、自ら成都に飛び、蔣介石と面会してその意図を確認する決意を固めたのである。(56)

この重要な蔣介石＝ファルケンハウゼン成都会談は、多くの別のテーマも含め、七月三一日に二時間にわたっておこなわれた。(57) ファルケンハウゼンによれば、この時蔣介石は、クラインの名前をいっさい口に出さないまま、西南派への武器供与に関し、以下のように述べたという。(58)

私はまだ両広〔広東省・広西省〕を統治していない。もちろん私は両広の軍事的強化を望んでいない。しかしまだ両広への武器供給を阻止する力はない。だが、もし武器輸出業者が代金を得られなくても、私はその損害に責任を持てないだろう。

つまりここで蔣介石は、おそらく日本の華北分離工作などを念頭に置きつつ、いま西南派への武器輸出を実力で阻止することはできないが、両広の軍事化を黙過するつもりはないし、場合によっては将来における西南派の政治的・軍事的制圧ののち、クラインの広東プロジェクトを没収することもあり得ることを示唆したのである。

八月一三日、ファルケンハウゼンは、今回の四川訪問に関する報告書を、ドイツ国防省在華軍事顧問団担当連絡将校ブリンクマンに送付したが、そのなかで、広東プロジェクトに関する蔣介石の発言について、「聞く耳を持つものは理解できるだろう」と述べた。かれは蔣介石の意図を理解したのである。その「真意」は、以下のように分析することができよう。(1)南京プロジェクトは推進する。(2)近い将来、西南派を政治的・軍事的に制圧し、広東プロジェクトの成果を接収する可能性があるので、直接的な軍事的脅威にならない限り、これを黙認する。(3)対外的にはもちろん広東プロジェクト拒否の政治的立場を貫く。

第三節　中独両国における新しい国防経済建設計画の形成

1　資源委員会と中独協力

すでに見たように、一九三五年六月一六日の会議で蔣介石はクラインに南京プロジェクトの許可を与えたが、南京プロジェクトを実施に移すに当たり、蔣介石は、同年八月、孔祥熙に加え、翁文灝を南京プロジェクト担当の直接の責任者とし、クラインとの交渉を委ねた。[59] 翁文灝は当時中国国民政府の中で国防建設の重要部分を任されていた「資源委員会」の責任者であり、さらに地質学者として、ドイツが何よりも欲していたタングステンなどのレアメタルをも含む中国の鉱物資源開発に精通していたのである。

資源委員会の前身は、一九三二年一一月一日に国民政府参謀本部の下に極秘に創設された「国防設計委員会」であり、委員長は蔣介石、秘書長は翁文灝、副秘書長は銭昌照であった。設立の時期および名称が示しているように、この委員会の任務は、日本の侵略の拡大に備え、中国の国防計画を立案することにあった。委員会はさらに一九三五年四月、参謀本部から軍事委員会直属の資源委員会として再編成され、蔣介石の指導権がいっそう明確になるとともに、任務も天然資源の調査・統計・研究、タングステンやアンチモンなどレアメタルやその他の鉱物資源の採掘と販売管理、さらには重工業の建設へと拡大していった。この委員会の顕著な特徴の一つは、欧米留学の経験を持つ優秀な理科系のテクノクラート官僚や大学教授などを、その主要なメンバーとして擁していたことであり、かれらは自らの専門により対日抗戦に備えた重化学工業の建設、およびそれに必要な鉱業資源開発を目指したのである。(60)

クラインのプロジェクトはまさしく、ドイツの軍需品など工業製品と中国の鉱産資源・農産資源をバーターで交易しようとするものであり、その主管には資源委員会がうってつけであった。八月一日、蔣介石は資源委員会に対ドイツ交渉の責任者を推薦するよう求めたが、これは事実上資源委員会を責任機関、翁文灝を責任者とするよう要請したにほかならなかった。(61)翁文灝は八月一二日、軍事委員会ドイツ語通訳の齊焌から孔祥熙とクラインの南京プロジェクト仮契約（一九三四年八月二三日）を取り寄せ、ねじり鉢巻きでにわか勉強を開始した。(62)

南京プロジェクトを引き受けたことにより、資源委員会の活動範囲はさらに拡大した。またそれにともない、蔣介石の資源委員会に対する政治的期待もいっそう高まった。八月一日の資源委員会宛の手紙のなかで蔣介石は、南京プロジェクトのほかに、「四川重工業の建設手順とその準備責任者を速やかに資源委員会から指定して派遣して欲しい」とも要請していた。四川省を始めとする中国奥地における重工業の開発と中独協力は、以後資源委員会の二つの重要な任務を形成することになる。蔣介石はこうした事態を前に、「資源委員会の仕事は以後日に日に忙しくなる。……

いつまでも現状のままなら、資源委員会の役割は予定していたよりも難しくなる」と述べ、翁文灝ら資源委員会メンバーに発破をかけたのであった[63]。

2　ドイツにおける新しい国防経済論の形成

トーマスの国防経済建設計画と中独バーター貿易

つぎに目をドイツに転じて、そこでの新しい国防経済建設構想の形成を分析しておこう。すでに見たように、一九三三年一月三〇日にナチスが権力を掌握したあと、ドイツ経済政策、とりわけ対外経済政策をめぐり、アウタルキーを指向する経済大臣兼食糧農業大臣フーゲンベルクと、自由貿易主義の立場から輸出促進による外貨獲得をめざす外務省、財務省、経済省、国防省の対立が顕在化したが、一九三三年六月の世界経済会議におけるフーゲンベルクの外交的失態およびその後の政治的失脚により、ナチス体制初期の対外経済政策は自由貿易主義を基調として運営されることとなった。しかしながら、一九三四年六月以降深刻化した外国為替の不足は外務省（とくに貿易政策局）、経済省、国防省の政策的再考を促し、外務省貿易政策局の「双務主義的清算思想」（一九三四年六月）や、シャハトの「新計画」（一九三四年一〇月）を生み出した。こうした措置は、さしあたり当面は「過渡的」「対症療法的」な性格を有するものと考えられていたが、一九三五年に入ると、外国為替危機のいっそうの進行、ナチス国防経済建設の加速化とも相まって、国防省も経済省もはっきりと自由貿易主義からの決別、およびとりわけ国防経済面での経済統制導入の必要性を主張し始めることになった。

一九三五年一一月七日、国防経済幕僚部長トーマスは、陸軍大学校において国防経済の計画的推進に関する綱領的な講演をおこなった。トーマスはまず世界経済に関するつぎのような現状認識を示す。「今日まで世界を支配していた経済秩序は再編成期にあり、今日の経済危機はこの再編成の始まりであり、その帰結は諸民族の存在あるいは消滅を決するであろう」。こうした経済再編成の特徴は、「戦争と平和、国家と経済、政治と戦争指導の区別」が消滅し、「国防経済が経済の顕著な傾向となった」ことである。

さらにトーマスは、自由貿易主義から統制経済の立場への移行をつぎのように述べる。「自由主義時代の経済の自由な発展は激変し、経済統制の時代となった」。こうした時代における国防経済を、トーマスはつぎのように定義する。

　この国防経済力はたんに国防軍の存在の前提であるばかりでなく、当該国防軍が守るべきもっとも重要な目的物である。二つの条件は相互に前提をなすものであるが、しかし相互補完的ではない。あまりに弱体な国防軍は巨大な国家経済力を防衛し得ないし、強大な国防軍でも、それを養う国防経済力を欠いていれば結局は存立し得ないのである。

さらにトーマスによれば、原料供給は「戦争指導のもっとも重大な問題の一つ」であるが、しかし原料領域では「わが国の国防経済状況は深刻であると考えなければならない」。また、外国為替の領域でも備蓄はつきており、外貨で戦争準備に必要な原料を用意することは長期的に見て不可能である。「これは日々私を悩ませている心配の種である」。こうした危機的状況の中にあっては、「一定のリスク」も冒さなければならないし、そのほかにも「原料確保のための大きなバーター・プロジェクトや、代替生産の適用という形で状況を改善するため、可能なことすべてがおこなわれている」。

トーマスはさらに東アジアに目を向けて以下のように述べる。

ここ数週間の発展はわれわれにつぎのことを示している。すなわち、ここヨーロッパでもまた極東でも、戦闘が準備・開始されており、結局この闘争は諸国の経済的存立をめぐる争闘を惹起せしめる。これは原料基盤あるいは生産物の販路をめぐる戦いである。

ここでは明らかに、国防経済上の死活性を持つものとして、中国における「原料基盤あるいは生産物の販路をめぐる戦い」が想定され、その一環として「大きなバーター・プロジェクト」、すなわちクラインの南京プロジェクトが念頭に置かれていた(64)。トーマスのドイツ国防経済建設計画には、こうして、中独バーター貿易が有機的かつ重要な構成要素として位置づけられていたのである。

シャハトのアウタルキー批判と「新計画」

一九三五年一一月一二日、シャハトはやはり陸軍大学校における講演の中で、ドイツにとっての貿易政策の重要性と、「新計画」の成果を強調する講演をおこなった。シャハトによれば、こんにちにおいて「あらゆる経済政策は国防経済政策でなければならない」し、「技術的・経済的な軍拡可能性を創出すること」は経済政策の義務である。しかもこんにちでは「純粋な農業国家は現代戦争に対して無力」であり、「健全で、技術的に強力な、しかも巧妙に組織された工業」こそが国防経済を可能にするのである。

その上でシャハトは、当時敵対的な関係にあった食糧農業相ダレー（Walter Darré）に代表されるナチスの農本主義的潮流を念頭に置きつつ(65)、つぎのようにアウタルキー志向を批判する。「わが国はアウタルキーを獲得することができない」。なぜなら「わが国は重要な原料資源に欠けているからである」。したがって、当然の帰結として「わが国は貿易政策上の対外関係を必要とする」（強調原文）。

シャハトによれば、現在のドイツ経済にとってもっとも脆弱な部分は、原料資源の不足である。ドイツは植民地を有していないから、戦争のためには原料を備蓄しなければならないが、現在はそれが極端に不足している。したがって、「もし明日戦争が起これば、ドイツは四週間で店をたたまなければならないだろう」。しかもドイツには、現在原料資源の不足のみならず、外国為替も払底しているから、「わが国は必要な原料資源を購入することができない」。したがって、ドイツにとっては輸出を通じた原料資源の獲得こそが、「戦争能力保持のための不可欠の前提」たらざるを得ないのである。

このような考えのもとで推進されたのが、「新計画」（一九三四年九月開始）であった。「新計画」は、外国為替を通じた多角的な貿易から、双務主義的決算によるバーター交易への移行により、「国際的な原料購入源の完全な移動」をもたらした。たとえば、木綿は以前もっぱら北アメリカ南部から輸入してきたが、現在は主としてブラジル、アルゼンチン、エジプトから輸入しており、銅やモリブデンやタングステンも同様に、原料供給源が国際的に移動した。その上でシャハトは、「新計画」の成果をつぎのように自負する。「新計画とバーター事業は、外国貿易のうち八三％を外国為替なしで実現することを可能にしたのである」。

この講演でシャハトは中国に言及していないし、またタングステン供給源の国際的移転に関しても、具体的に国名を挙げていないが、シャハトの対中国政策を考慮すれば、シャハトにとってこの講演の大きな背景の一つが中国とのバーター貿易であったことは、容易に想像し得るであろう。[66] シャハトとトーマスの国防経済建設計画にとって、以上のように、中独バーター貿易は、死活的な意味を帯びていたのである。

3　クラインの「組織建議」

以上のように、中国およびドイツで生まれてきた新しい国防経済建設構想を背景とし、かつ両者にみられる新しい経済思想を中独国防経済協力のための極端なプランに統合しようとしたのが、以下に見るクラインの「組織建議」であった。しかもクラインは、中独協力をたんに軍事協力・国防経済協力にとどめず、それを政治・行政・経済・産業・社会・教育の分野にまで拡張しようとする野心を示したのである。

六月一六日の蔣介石との会談後、クラインは、南京プロジェクトとは別に、中独協力の具体化と中国の軍拡に関する計画の立案を開始し、「実力中心点を建設するための建議」と題する八項目にもわたる広範な「組織建議」を作成した(67)。その計画は、「一、臨時建設署の設立」「二、臨時建設署署長」、「三、民族主義青年の結集」、「四、建設署署長の工作幹部」、「五、技術経済団各署の組織およびその重要職責」、「六、ドイツ代表団」、「七、建設事業全体に関するその他の重要項目」、「八、銀行団および運輸組織」の各項目からなっていた。

第一項「臨時建設署の設立」では、中国各地に「実力中心点」を建設するために、蔣介石に直属する「(臨時)建設署」を設けよと述べられていた。第二項「臨時建設署署長」では、この「建設署」を中国の行政管理、国防軍事力、国防経済、鉱業、工業、農林業、交通など、つまり「全国国民経済」の「新生命発源地」であると位置づける。第三項「民族主義青年の結集」では、建設署署長の第一の任務は、青年の力を集中して能力を引き出すことにあるとする。第四項「建設署署長の工作幹部」では、建設署の組織を「軍事参謀団」と「技術経済団」の二つに分けることが重要であるとした。このうち、「軍事参謀団」は中国に派遣される「ドイツ国防軍現役軍官」と密接に連携しながら業務を進め、「技術経済団」は、やはりドイツから派遣される技術経済専門家と密接に連携しながら業務を進めることなどが規定された。第五項「技術経済団各署の組織およびその重要責務」では、前項で規定した「技術経済団」の中に、「総務署」「測量署」「工程署」「鉱冶署」「工業署」「農林署」「交通署」「郵務署」「司法署」「民衆衛生・民衆救済署」「国民訓育署」「獣医署」「宣伝署」などの部署を設置することが提案された。第六項「ドイツ代表団」では、蔣介石に直属するドイツ代表団を設置し（既存のドイツ軍事顧問団との関係については言及なし）、ドイツ代表団長のもとに「軍事参謀主任」および「技術経済主任」を置き、それぞれが中国の「建設署」の「軍事参謀団」および「技術経済団」と協力しつつ、第一歩として「一〇万陸軍およびその空軍戦闘力の建設」をおこなうとされた。第七項「建設事業全体に関するその他の重要項目」では、「中独両国責任指導者の密接な連絡」「建設段階の区分に関する計画」「輸出の組織」「鉱産原料の開発」「軍備工業の建設」「収支予算」「仕入れおよび委託手続きの実施」「中国輸出貨物の輸送および互換計算」などが規定された。第八項「銀行団および運輸組織」では、銀行決済の手続きや貨物交換の方法などが規定された。

一見して明らかなように、このクラインの「組織建議」は、中国の国家行政組織全般にわたる広範な提案であったが、ここではとくに第七項「建設事業全体に関するその他の重要項目」に注目しておきたい。そこでは「三カ年計画」を「数期」、つまり第一次、第二次、第三次などの三カ年計画に分けることが提案され、また中国が「ドイツの軍備・武装系統にあわせた統一標準」に則り「現在の最新式の軍備」を採用することが提案されていた。さらに中国人青年をドイツに派遣し、軍事や国防経済などを学ばせることまでが予定されていた。やや先回りしていえば、それらの多くは、のちに南京国民政府・資源委員会の「重工業建設三カ年計画」のなかに反映されていくことになるのである。

第四節　南京プロジェクト交渉の進展とクラインの策謀

1　南京プロジェクト交渉の進展と資源委員会の拡張

南京プロジェクト交渉の進展と蔣介石の書簡（一九三五年一一月二三日）

一九三五年六月一六日の蔣介石＝クライン会談をうけて、一九三五年秋、南京プロジェクトをめぐるクラインと翁文灝の実務交渉が本格化した。九月、翁文灝は国民政府資源委員会統計処処長孫拯に、中独貿易総量やドイツの対中国信用借款状況に関する各種統計表などを提出させ[68]、一〇月七日、孔祥熙も七月一五日付けのシャハト電報に返答し、現在クラインの計画書を「慎重に検討中」であると伝えたのである[69]。さらにクラインは一〇月末、ドイツ国防省の「急需の各種農鉱原料」として大豆一〇万トン、落花生一〇万トン、胡麻などの油種五万トン、桐油二五〇〇トン、綿花一万トン、錫四〇〇〇トン、アンチモン四〇〇〇トン、タングステン四〇〇〇トンなどのリストを翁文灝に提出し[70]、これに基づき国民政府は、一一月上旬、二〇〇〇トンのタングステンを用意する手はずを整えた[71]。南京プロジェクトは、大枠においてほぼ合意に達したのである。

これを受けて国防大臣ブロムベルクは、一一月一六日、蔣介石および孔祥熙宛てにつぎのような感謝状を送付した。「〔中独両国の〕協力関係が迅速に実際上の成果をもたらしたことを喜ぶとともに、閣下の力強い援助に感謝の意を表します[72]」。

以上の展開を受け、一一月二三日、蔣介石はゼークトに長文の礼状を認めた。その手紙の中で蔣介石はまず、「昨年中国政府とクライン氏が立案したバーター契約」を実施するのに「いささかの障害もない」と述べ、クライン＝ゼークトの南京プロジェクトに明確に「賛意」を表明したのである。タングステン等の鉱業産品およびその他の農業産品について蔣介石は、「明年初春に対ドイツ貨物輸送を開始することが可能」であると保証した。

さらに蔣介石はこの礼状の中で、クラインが策定した上述の「組織建議」は、中国国防経済、国民経済および行政管理の「基本材料」になる、との考えを示し、このクラインの建議にしたがって「中国全体を建設するための基本工作を策定」すると述べた。蔣介石によれば、それを三期に分けて進め、一期を三年とする計画であった。第一期では、「中心区」を樹立し、「およそ一〇万人の国防軍および相当量の空軍力、および海軍の初歩的基礎の建設」をおこなうとされた。第二期では、「建設範囲を中心点以外にも拡張すべき」であるとされた。第三期は、「建設計画内のすべての予定工作を確立し、この期間内に完成させるべき」であるとされた。さらに蔣介石は、クラインの報告および「組織建議」を「認可」すると述べ、「貴国の元勲および軍同僚」にこの計画を周知するよう、ゼークトに求めた。加えて蔣介石は、こうした計画を推進するため、既存のドイツ軍事顧問団とは別の「ドイツの高級参謀団」の中国訪問を強く求め、その訪問の時期を明示するよう、ゼークトに要請したのである。(73)

以上のように、この蔣介石のゼークト宛て書簡は、たんにクラインの南京プロジェクトに積極的に賛同し、タングステン等の鉱業産品やその他の農業産品をドイツに輸出する意欲を示したのみならず、ともかく蔣介石がクラインの「組織建議」に賛意を示し、「三カ年計画」を実施する決意を述べ、さらにそのためドイツの現役将校からなる「高級参謀団」の来華まで求める、意欲的なものであったといえよう。

書簡の最後で蔣介石はつぎのように述べた。(74)

貨物バーターの実施に関しては、わが国財政部長孔祥熙博士と貴国経済大臣兼ライヒスバンク総裁シャハト博士により交渉し細部を取り決めます。そのほかベルリンで解決すべき各種問題については、わが国が代表団をベルリンに派遣し、将軍〔ゼークト〕と相談しますので、是非将軍のご指導を賜り、その使命完遂を促して下さいますようお願いいたします。

同日（一一月二三日）、蔣介石はヒトラー、シャハト、ブロムベルクにもクラインの南京プロジェクトを承認するとの趣旨の書簡を認め、それを帰国予定のクラインに託した(75)。蔣介石のヒトラー宛書簡は、翌一九三六年一月二四日、クラインを通じてヒトラーに手交されることになる。こうして南京プロジェクトのつぎの実務交渉の焦点は、中国代表団の訪独およびドイツ当局との、より具体的にはドイツ国防省との交渉に移っていく。蔣介石は、クラインの南京プロジェクトを全力で推進する姿勢を示したのである。

資源委員会の役割のさらなる拡大

一九三五年一一月一日、行政院長の汪兆銘が反日派の新聞記者に狙撃され、重傷を負った。汪兆銘は、満洲事変勃発後、一九三二年一月一日に二つの「国民政府」（南京および広東）が合流して成立した政権（「汪蔣合作政権」）を軍事委員会委員長蔣介石とともに支えていたが、この事件により政治の舞台から一時退場を余儀なくされたのである。それに続いて中国国民党中央委員会第五次全国代表大会（一九三五年一一月一二日―二三日）が南京で開催された。この大会は西南派の鄒魯、陳済棠、蕭仏成らが出席することになったこと、蔣介石が「党と国家の命令に服し、最後の決心を下す」場合のことを述べたこと（一九日）などで注目をあびた。さらに中独関係および中国の国防建設の観点から注目されるのは、第一に、汪兆銘に代わって軍事委員会委員長の蔣介石自身が行政院長を兼務し、それを補佐する重要な職位である行政院秘書長に、資源委員会秘書長の翁文灝を兼務させたこと(76)。第二に資源委員会から呉鼎昌が実業部長に、張嘉璈が鉄道部長に、王世杰が教育部長に、張廷黻が行政院政務処長に任命されたことである。これにより新内閣は「三元巷内閣」（三元巷は当時の資源委員会所在地）といわれたほどで、中国の政治経済における資源委員会の重要性が顕著に増大したのである。[77]蔣介石は、親日派が後退したいま、子飼いのテクノクラート集団＝資源委員会をフルに活用しつつ、対日抗戦をも視野に収めた国防経済の建設に全力を傾注することとなったのである。[78]

2　クラインの策謀と翁文灝のクライン批判

クラインの策謀

すでに見たように、一一月二三日の蔣介石のヒトラー・ブロムベルク・シャハト・ゼークト宛て書簡により、南京中央政府は資源委員会を先頭に、クラインの南京プロジェクトを全力で推進する態勢に入った。他方この間クラインは、密かに広東プロジェクトに関する若干の軌道修正を図ったようである。第一にクラインは、一一月一三日、翁文灝に一九三三年夏の広東プロジェクト第一次契約を手渡した。[79]クラインはさすがに二億ＲＭの借款を規定した一九三四年夏の第二次契約については、この場でも黙っていたが、ほぼ完成して規模も限定されている第一次契約を示しても、翁文灝は黙認すると計算したのであろうし、実際翁文灝が何らかの異議を申し立てた形跡はみられない。しかしこうしてクラインは、目立たない形ではあるが、「広東プロジェクトはすでに南京国民政府に通知済み」という既成事実を作ったのである。

第二にクラインは、南京プロジェクトの成立を見越し、国民政府との交渉が始まった一九三五年春から、広東プロジェクト第一次契約実現のスピードを緩めていたようである。一一月二八日、広東派の陳済棠は、広州に滞在していたトラウトマン大使に対し、「クラインはドイツ国防大臣とライヒスバンクの紹介により武器工場の建設を始めたが、春に工事は停止し、主任技師は帰ってしまった」と苦情を述べたのである。陳済棠は「南京政府を攻撃する意図はないが、この事業は実現したい」とし、「国防大臣に電報を送ってクラインに折り返し広州を訪問するよう働きかけてほしい」とトラウトマンに要請したのである。これを聞いたトラウトマンは、「この不愉快な出来事はクラインの行動のせいだ」と怒りつつも、広東派を慰撫するためには「すでに開始されている工事と造船所に関する交渉を継続すること」が肝要ではないかと、外務省に示唆したのである。(80)

第三にクラインは、やはり南京プロジェクトの成立を見据えて、広東プロジェクト第二次仮契約（一九三四年八月・九月）の根幹部分である二億RMの借款契約の締結を、基本的には断念した。したがって広東プロジェクトについては、上記第一次契約（一九三三年八月）のほか、第二次契約の残りの部分、すなわち、(1)鉄道建設に関する契約（一一二六万香港ドル）、(2)港湾施設建設に関する契約（二三〇万香港ドル）、(3)火薬工場建設に関する契約（四三二万香港ドル）、(4)防毒ガスマスク工場（二九万香港ドル）に関する契約の実現のみで、満足する立場に移行したようである。右に見た広東派の苦情からも明らかなように、この間クライン自身も広州を訪問していないし、ハプロの広州代表者エッケルトも大きな動きを見せていない。(81)しかし、のちにみるように、広東プロジェクト第二次契約のうち、民生用ともいえる鉄道建設および港湾施設の建設はともかく、防毒ガスマスク工場については、南京中央政府とクライン・ドイツ国防省の間での、あるいはドイツ政府の内部での、激しい政治的対立の原因となっていく。

第四に、クラインは、たんに中国駐在のドイツ各当局者との接触を極力回避したのみならず、翁文灝以外の中国当局者との接触も避けていた。たとえば中国が必要としている軍需品については、なによりも軍政部長何応欽や軍政部兵工署長兪大維との交渉が必要であったが、クラインはそれを避け続けた。一一月二四日、兪大維は翁文灝に文書を送り、中独バーター貿易について承知してから半年ほど経つが、いまだに条約案を知り得ていないので、「研究に資するため」、「複本を一部ご恵贈いただきたい」と依頼したのである。さらに何応欽によれば、ドイツから購入すべき軍需品の価格が分からなければ他国の価格との比較もできないし、「中国の国情にあまり合致しない」ものを購入し

ないようにすべきであった。そのため何応欽は、軍政部からも訪独代表団に要員を参加させたいと述べたのである。(82)

翁文灝のクライン批判

翁文灝は一九三五年秋、「中独バーター貿易をおこなう際に注意すべき諸点」という文書を作成し、六点にわたる注意事項を記したが、以上のようなクラインの問題行動を目の当たりにしたかれは、そのうち第四点以下をクラインの行動にあてて、つぎのように述べた。

四、クラインはわが政府と協議する時、それぞれの部局と単独で協議することを好むので、わが方の各部局は完全に隔たりができ、事務進行上甚だ不便を感じるのみならず、価格もまた審議を経ることがない。
五、クラインはわが方が直接ドイツ国防省や国防省所属のハプロ社と交渉することがないよう努めており、一切はかれを通じて伝達される。しかし資源委員会がかれに宛てて推進すべき事項を提出しても、かれはいずれも放置しておく。
六、クラインはわが国に対し一つの経済集中管理機関を設立し、一切の建設事務を処理させることを提案したいと欲しており、それによりかれ本人がそれを操縦する地位に就きたいと願っている。

こうした考察から翁文灝はつぎのように述べる。

以上の各項目を総合して見ると、クラインはつぎの目的を有していると思われる。中国に一つの経済集中管理機関を設立し、かれ本人がそれを操縦する地位に就き、軍需および重工業の建設一切を請け負い、価格上の審査を受けず、ドイツ実業界がこの上ない巨利を得るようにしたいと考えている。

このような判断から翁文灝は、中国政府がとるべき方策として、以下のような提案をおこなう。「クラインには壟断・操縦の行為がある」ので、「わが政府は処理すべき事務の一切を直接ドイツと交渉すべきである」[83]。クラインは、交渉を始めてからまだ間もない翁文灝から痛烈にその行動を批判されていたのである。

以上のような騒ぎをよそに、一二月、クラインはドイツで中国代表団受け入れの準備を整えるため、協力者ハインツとともに密かに帰国の途についた。

(1) Aufzeichnung Lautenschlager vom 10. Mai 1935, in: PAdAA, „Projekt Klein“, 6680/H096288–291.
(2) Seeckt an Falkenhausen vom 4. April 1935, in: BA-MA, Msg. 160/7, Bl. 91–92.「第三帝国」の政策決定過程に「ロビイズム」概念を適用する野心的な試みとして、以下を参照。Peter Hüttenberger, „Interessenvertretung und Lobbyismus im Dritten Reich“, in: Gerhard Hirschfeld/Lothar Kettenacker (Hrsg.), *Der „Führerstaat“: Mythos und Realität*, Stuttgart: Klett-Cotta 1981, S. 529–552.
(3) Falkenhausen an Seeckt vom 19. April 1935, in: BA-MA, Msg. 160/7, Bl. 79.
(4) Aufzeichnung Kühlborn vom 30. April 1935, in: PAdAA, „Projekt Klein“, 6680/H096272.
(5) „Telegramm Marschall Chang Kai Schek an Gen. v. Seeckt vom 16. April 1935“, in: BA-MA, Msg. 160/7, Bl. 85.
(6) Aufzeichnung Kühlborn vom 30. April 1935, in: PAdAA, „Projekt Klein“, 6680/H096272.
(7) Tann an Reichenau vom 17. April 1935, in: PAdAA, „Projekt Klein“, 6680/H096270.
(8) Heinz an Falkenhausen vom 14. April 1935, in: BA-MA, Msg 160/7, Bl. 87.
(9) Falkenhausen an Chiang Kai Shek vom 18. April 1935, in: BA-MA, Msg 160/7, Bl. 81.
(10) Lautenschlager an das AA vom 24. April 1935, in: PAdAA, „Projekt Klein“, 6680/H096278–283.
(11) Heinz an Falkenhausen vom 14. April 1935, in: BA-MA, Msg. 160/7, Bl. 87.

(12) Aufzeichnung Kühlborn vom 30. April 1935, in: PAdAA, „Projekt Klein", 6680/H096272.
(13) Ebenda.
(14) Lautenschlager an das AA vom 8. Mai 1935, in: PAdAA, „Projekt Klein", 6680/H096288-291.
(15) Blomberg an Chiang Kai Shek vom 1. Mai 1935, in: BA-MA, Msg 160/7, Bl. 69.
(16) Schacht an Kung vom 6. Mai 1935, in: *ADAP*, Serie C, Bd. IV, Dok. Nr. 76, Anlage, S. 136-137.
(17) Ebenda. シャハトの原文の冒頭には「総統の希望により」契約を支持すると記されていたが、この「ヒトラー・シンボル」は外務省によって削除された。Anmerkung der Herausgeber (2), *ADAP*, Serie C, S. 136. 中国語訳は「沙赫特為中徳訂立貨物互換合同事到孔祥熙函」『中徳外交密档』三三四―三三五頁（日付なし）。
(18) 「囲剿戦」については、以下の史料集がある。国民政府軍事委員会委員長行営『参謀団大事記』（上）（中）（下）、台北・軍事科学院軍事図書館、一九八六年。
(19) 「大長征」については、以下の史料集がある。中央档案館編『紅軍長征档案史料選編』北京・学習出版社、一九九六年。さらに、多くの体験談や研究書があるが、ここでは、オットー・ブラウン（瀬戸鞏吉訳）『大長征の内幕――長征に参加した唯一人の外人中国日記』恒文社、一九七七年をとくに参照した。
(20) 郭昌文「蔣介石「剿共」態度之研究（一九三二―一九三六）――以処理「剿共」与平定粤桂関係為中心」『民国档案』二〇一一年第二号、七六―八三頁、参照。
(21) 同上、八〇頁。
(22) 呂芳上「抗戦前的中央与地方――以蔣介石先生与広東陳済棠関係為例（一九二九―一九三六）」『近代中国』（台湾）第一四四期、二〇〇一年八月、一七〇―一九八頁。
(23) 石島紀之『雲南と近代中国――〝周辺〟の視点から』青木書店、二〇〇四年、一九四―一九五頁。
(24) 石島紀之「国民政府の「安内攘外」政策とその破産」池田誠編著『抗日戦争と中国民衆――中国ナショナリズムと民主主義』法律文化社、一九八七年、五九―七九頁、とくに六九頁。今井駿『四川省と近代中国――軍閥割拠から抗日戦の大後方へ』汲古書院、二〇〇七年、とくに第五章「四川省統一と「中央化」の進展（一九三五―一九三七年）」。さらに、山西省との関係については、以下を参照。田嶋美喜「中国国民党の地方統合と党組織――山西省の場合」『人文学報』（首都大学東京都市教養学部人文・社会系）四〇〇号（歴史

学編三六)、二〇〇八年三月、一二三—一四七頁。

(25) ドイツ側もほぼ同様の情勢判断をおこなっていた。Aufzeichnung Lautenschlager vom 24. April 1935, in: PAdAA, „Projekt Klein", 6680/H096278–283.

(26) Aufzeichnung Voss vom 18. März 1935, in: PAdAA, „Projekt Klein", 6680/H096255–260.

(27) Trautmann an das AA vom 10. Mai 1935, in: PAdAA, „Projekt Klein", 6680/H096287.

(28) Aufzeichnung Lautenschlager vom 8. Mai 1935, in: PAdAA, „Projekt Klein", 6680/H096288–291.

(29) Trautmann an das AA vom 16. Mai 1935, in: PAdAA, „Projekt Klein", 6680/H096293–294. 粤漢線については以下を参照。萩原充『中国の経済建設と日中関係——対日抗戦への序曲　一九二七—一九三七年』ミネルヴァ書房、二〇〇〇年、とくに第五章「粤漢鉄道の全通と日本」一三四—一五九頁。

(30) Trautmann an das AA vom 16. Mai 1935, in: PAdAA, „Projekt Klein", 6680/H096293–294.

(31) Streccius an das Reichsluftfahrtministerium vom 13. Mai 1935, in: PAdAA, „Projekt Klein", 6680/H096295.

(32) Trautmann an das AA vom 16. Mai 1935, in: PAdAA, „Projekt Klein", 6680/H096293–294.

(33) Aufzeichnung vom AA vom 8. Juni 1935, in: PAdAA, „Projekt Klein", 6680/H096308.

(34) クリーベルの政治的キャリアについて、以下を参照。*Biographisches Wörterbuch des deutschen Auswärtigen Dienstes 1871–1945*, Paderborn: Ferdinand Schöningh 2005, Bd. II, S. 653–654.

(35) 「第三帝国」の政策決定過程におけるヒトラーへのアクセスの重要性について、以下を参照。田嶋信雄『ナチズム外交と「満洲国」』千倉書房、一九九二年、八七頁。

(36) Trautmann an das AA vom 17. Mai 1935, in: *ADAP*, Serie C, Bd. IV, Do. Nr. 94, S. 167.

(37) Reichskanzlei (Dr. Thomsen) an das AA vom 20. Juni 1935, in: BA-L, R43II/1414, S. 129.

(38) Trautmann an das AA vom 17. Mai 1935, in: *ADAP*, Serie C, Bd. IV, Dok. Nr. 94, S. 167.

(39) Trautmann an das AA vom 23. Mai 1935, in: PAdAA, „Projekt Klein", 6680/H096309–311. ナチス党外交政策局から「満洲国」に派遣されたハイエがドイツ本国の政策決定過程および東アジア現地の政治にもたらした混乱について、以下を参照。田嶋信雄『ナチズム外交と「満洲国」』第四章「『満洲国』問題をめぐる政府内抗争——一九三三—一九三六年」千倉書房、一九九二年、一二七—二三七頁。

（40）こうした孔祥熙の態度に接し、須磨は「孔はその他の外国との間にも何ら話し合いをなしおるや」と懸念し、「百方探査」したが、「あるいは英国とその辺の話し合いを進め居るに非ずや」と推測したのみで、中独交渉を察知していなかった。須磨南京総領事発広田外務大臣宛（一九三五年七月二三日）、外務省外交史料館「外国ノ対中国借款及投資関係雑件　第二巻」B-E-1-6-0-X1_002（アジア歴史資料センター、レファレンスコードB08061036800）。なお漢字・仮名遣いを改めた。

（41）Handschriftliche Bestätigung in der Reichskanzler vom 20. Mai 1935, in: BA-L, R43-I/57, Bl. 180.

（42）Reichskanzlei (Dr. Thomsen) an das AA vom 20. Juni 1935, in: BA-L, R43II/1414, S. 129.

（43）ナチズム外交における「ルールなき政府内政治」について、以下を参照。田嶋信雄『ナチズム外交と「満洲国」』千倉書房、一九九二年、九〇頁。

（44）一九三五年五月二一日に制定された「国防法」（Wehrgesetz）により国防省（Reichswehrministerium）は「戦争省」（Reichskriegsministerium）と改名されたが、本書では以下引き続き「国防省」の訳を用いる。

（45）Meyer an die Gesandtschaft in Peping vom 24. Mai 1935, in: *ADAP*, Serie C, Bd. IV, Dok. Nr. 101, S. 190.

（46）Seeckt an seine Schwester vom 22. Juni 1935, in: BA-MA, N. 247/178; Bernd Martin (Hrsg.), *Die deutsche Beraterschaft in China. Militär-Wirtschaft-Außenpolitik*, Düsseldorf: Droste 1981, S. 132, Anm. 44.

（47）Kriebel an Falkenhausen vom 12. Juli 1935, in: BA-MA, Msg. 160/7, Bl. 53–55.

（48）『事略稿本』一九三五年六月一六日条、第三一巻、三七四頁。

（49）Aufzeichnung Neurath vom 28. Mai 1935, in: BA-L, R43II/1415, S. 13.

（50）Aufzeichnung Neurath vom 27. Juni 1935, in: PAdAA, Sammlung RAM (Reichsaußenminister), Nr. 1/1c, Bd. 4; Friedrich Hoßbach, *Zwischen Wehrmacht und Hitler*, Wolfenbüttel: Wolfenbütteler Verl. Anstalt 1949, S. 18–19. なおホスバッハは回想録で会談の日付を六月二七日としているが、第一次史料であるノイラートの覚書によれば六月二六日である。

（51）ナチズム外交史研究における「新修正主義学派」、とりわけモムゼン（Hans Mommsen）の「弱い独裁者」論について、以下を参照。田嶋信雄『ナチズム外交と「満洲国」』千倉書房、一九九二年、四一―五六頁。一九三三年から一九三六年までのナチズム対「満洲国」政策においてモムゼンの「弱い独裁者」テーゼを支持したものとして、同著、とくに二四五頁。

（52）電報の原文は未発見であるが、以下の蒋介石の返電から明らかである。「蒋介石為全面加強中徳合作致塞克特函稿」（一九三五年一一月三日)、『中徳外交密档』一頁。

(53) 電文の原文は未発見であるが、以下の孔祥熙の返電から明らかである。Kung an Schacht vom 7. Oktober 1935, in: *ADAP*, Serie C, Bd. IV, Do. Nr. 338, S. 699–700.

(54) Falkenhausen an Kriebel vom 22. Juli 1935, in: BA-MA, Msg. 160/7, Bl. 49.

(55) Kriebel an Falkenhausen vom 17. Juli 1935, in: BA-MA, Msg. 160/7, Bl. 51.

(56) Falkenhausen an Kriebel vom 22. Juli 1935, in: BA-MA, Msg. 160/7, Bl. 49.

(57) 『事略稿本』一九三五年七月三一日条、第三二巻、一三三頁。

(58) Auszug aus dem Brief des Generals von Falkenhausen, Nanking, den 15. August 1935, an Oberstleutnant Brinckmann, Berlin, in: PAdAA, „Projekt Klein", 6680/H096327–330.

(59) 李学通『翁文灝年譜』(中国近現代科学技術史研究叢書)、済南・山東教育出版社、二〇〇五年(以下『翁文灝年譜』と略)、一九三五年六月五日条、一〇〇頁。翁文灝の略歴については以下を参照。厳如平「翁文灝生平概述」『民国档案』一九九四年第三期、一一二—一一九頁。

(60) 資源委員会については、中心人物の回想録として銭昌照『銭昌照回憶録』北京・中国文史出版社、一九九八年。研究書として鄭友揆・程麟蓀・張伝洪『旧中国的資源委員会(一九三二—一九四九)——史実与評価』上海・上海社会科学院出版社、一九九一年。薛毅『国民政府資源委員会研究』北京・社会科学出版社、二〇〇五年。そのほか、以下の著作・論文が有用である。石島紀之「南京政権の経済建設についての一試論」『茨城大学人文学部紀要文学科論集』一一号(一九七八年)、四一—七七頁。石島紀之「国民党政権の対日抗戦力」野沢豊・田中正俊編集代表『講座中国近現代史』第六巻「抗日戦争」、東京大学出版会、一九七八年、三一—六二頁。石川禎治「南京政府期の技術官僚の形成と発展」『史林』第七四巻第二号(一九九一年三月)一—三三頁。萩原充『中国の経済建設と日中関係——対日抗戦への序曲 一九二七—一九三七年』ミネルヴァ書房、二〇〇〇年、とくに第一章「南京政権期の鋼鉄業」、第二章「中央鋼鉄廠建設計画」。程麟蓀「国民政府資源委員会とその人民共和国への遺産」久保亨他編『一九四九年前後の中国』汲古書院、二〇〇六年、一三九—一六〇頁。田嶋俊雄「中国・台湾二つの開発体制——共産党と国民党」東京大学社会科学研究所編『二〇世紀システム(四) 開発主義』東京大学出版会、一九九八年、一七一—二〇六頁。

(61) 「蔣委員長致翁文灝秘書長請速決定四川重工業之建設程序並指派負責籌備人員電(一九三五年八月一日)」中華民国重要史料初編編

輯委員会編『中華民国重要史料初編――対日抗戦時期　緒編（三）』台北・中央文物供応社、一九八一年、三三九頁。日本語訳は丁秋潔・宋平編、鈴木博訳『蔣介石書簡集――一九一二―一九四九（下）』みすず書房、二〇〇一年、七六〇頁。

（62）「齊焌為呈送「中徳易貨運輸及価目協訂弁法協議草案」致翁文灝函（一九三五年八月一二日）」『中徳外交密档』三二七頁。

（63）「蔣委員長致翁文灝秘書長請速決定四川重工業之建設程序並指派負責籌備人員電（一九三五年八月一日）」中華民国重要史料初編編輯委員会編『中華民国重要史料初編――対日抗戦時期　緒編（三）』台北・中央文物供応社、一九八一年、三三九頁。日本語訳は丁秋潔・宋平編、鈴木博訳『蔣介石書簡集――一九一二―一九四九（下）』みすず書房、二〇〇一年、七六〇頁（ただしここでは、文体上の流れから、鈴木訳を用いていない）。ほかに『翁文灝年譜』一〇〇―一〇一頁。

（64）„Vortrag gehalten am 7. November 1935 vor der Wehrmachtakademie, Berlin", in: BA-MA, RW19/v.WIIF5/113. この時期以降のトーマスの活動を「工業経済動員準備」と「軍産官協同関係」の観点から分析したものとして、以下を参照。横山啓一「ドイツ第三帝国の国防経済　一九三五―一九三七」『駿台史学』第一二一号（二〇〇四年）、一―三五頁。

（65）シャハトとダレーの対立についても邦文で多くの文献があるが、ここでは栗原優『第二次世界大戦の勃発――ヒトラーとドイツ帝国主義』名古屋大学出版会、一九九四年、とくに第三部第一章「四カ年計画の成立」二五四―三一三頁、をあげておく。

（66）„Notizen über den Vortrag des Reichsbankpräsidenten Dr. Schacht am 12. 11. 35 in der Wehrmachtakademie", in: BA-MA, RH8/v. 957.

（67）「克蘭呈委員長蔣、部長孔建設実力中心点之組織建議（訳件）」『中徳外交密档』一五一―一七一頁。この「建議」には日付はないが、後述する事情から、一九三五年六月一六日の蔣介石＝クライン会談から一九三五年一一月三日までの間に起草されたものと判断される。

（68）「孫拯編制之「中徳貿易数量統計表」（一九二九年―一九三四年）」および「孫拯到翁文灝函（一九三五年九月二九日）」『中徳外交密档』二〇八―二一八頁。『翁文灝年譜』一〇一頁。

（69）Kung an Schacht vom 7. Oktober 1935, in: *ADAP*, Serie C, Bd. IV, Dok. Nr. 338, S. 699–700.

（70）「克蘭関於徳方所需貨物情況到翁文灝三件（一九三五年一〇月二九日、一〇月三一日、一一月三日）」『中徳外交密档』二二八―二三二頁。

（71）「克蘭来電（一九三五年一一月七日）」『中徳外交密档』二三二頁。

（72）Blomberg an das AA vom 11. November 1935, in: PAdAA, „Projekt Klein" 6680/H096333.「柏龍白来電（一九三五年一一月一六日）」

『中徳外交密档』二三三頁。

（73）「蔣介石為全面加強中徳合作致塞克特函稿（一九三五年一一月二三日）」『中徳外交密档』一一四頁。

（74）同上。

（75）各人への電報自体は発見されていないが、以下の文書からその存在は明らかである。「希特勒為発展対華合作事致蔣介石電（一九三六年五月一三日）」『中徳外交密档』四―五頁。「柏龍白致蔣介石電（一九三六年一月一〇日）」『中徳外交密档』三五四頁。「沙赫特致蔣介石函（一九三六年五月一五日）」『中徳外交密档』三三七―三三八頁。

（76）『翁文灝年譜』一〇二頁。『事略稿本』第三四巻、六六四頁。

（77）薛毅『国民政府資源委員会研究』北京・社会科学出版社、二〇〇五年、一三四頁。中国国民党第五次全国代表大会の諸決定について、以下を参照。李雲漢『中国国民党史述』第三編、台北・中国国民党中央委員会党史委員会、一九九四年、二五八―二七七頁。『事略稿本』一九三五年一一月一九日条、第三四巻、二三九―二七六頁。

（78）劉大禹・姚路英「五全大会与蔣介石個人集権政治的形成」『民国档案』二〇一一年第一期、九三―一〇二頁。

（79）Blomberg an Chiang Kai-shek vom 24. März 1936, in: *ADAP*, Serie C, Bd.IV, Dok. Nr. 206, S. 263.

（80）Trautmann (z. Z. in Kanton) an das AA vom 28. November 1935, in: *ADAP*, Serie C, Bd. IV, Dok. Nr. 432, S. 847-848.

（81）Walter Eckert, *Die HAPRO in China*, Graz: Selbstverlag o. D.

（82）「何応欽購徳軍火価格事致翁文灝函（一九三五年一一月二四日）」『中徳外交密档』二三三―二三四頁。

（83）「中徳易貨応行注意各点」『中徳外交密档』二〇六―二〇八頁。

第五章　中独条約の成立と親日派に対する国防省の闘争

第一節　顧振代表団の訪独

1　クラインの帰国（一九三六年一月）

クラインの帰国とブロムベルク＝シャハト＝リッベントロップ会談（一月一一五日）

資源委員会・翁文灝は、ドイツに派遣する代表団の団長に、当初は翁文灝自身をあてるつもりであったようだが[1]、何らかの事情で代わりに顧振を任命し、ほかに酆悌、凌憲揚ら三名の専門家、および行政院秘書兼通訳として齊焌が同行することとなった[2]。

代表団長の顧振は、一八九四年無錫生まれ、コーネル大学で鉱業冶金学を学び、中国技術者学会（中国工程師学会）会員であった関係で、翁文灝に資源委員会のメンバーに誘われたようである。詳しい経歴はよく分からないが、ドイツからの帰国後、開灤砿務総局総経理となり、一九三七年に死亡している[3]。酆悌は、黄埔軍官学校の一期生で、軍事委員会交通研究所主任、三民主義力行社書記（併任）などを経て、当時訓練総監部軍事教育処処長であり、顧振代表団の一員として活動したのち、陸軍武官としてドイツに駐在する予定になっていた[4]。凌憲揚は、ハプロに対応する中国側受入機関である「中央信託局」の副経理であった。[5] いずれも大規模な借款条約を締結するための代表団の長およびメンバーとしては、やや格が低い感は否めない。一九三六年一月五日、蔣介石は出発前の代表団を接受し、ヒトラー、ブロムベルク、シャハトに宛てた紹介状を自ら手渡した。[6] 顧振は先発し、その他のメンバーは二一日に上海から訪独の途についた。[7]

一方クラインは、一九三六年一月上旬にベルリンに到着し、各方面との折衝を開始した。一月一五日、クラインとブロムベルク、シャハト、リッベントロップ（当時外務省軍縮問題全権）の会談が開かれ、クラインの報告によれば、かれの南京プロジェクトは「幸いにして各人の全面的賛成」を受け、同時に一億RMの借款供与も同意・決定された。さらに当時タス通信などが報じていた日独接近の情報について、「まったく事実の根拠がない」との意見が出されたという。[8] 当時リッベントロップは、親日派として国防省防諜部長カナーリスとともに駐独日本陸軍武官大島浩を相手に日独防共協定交渉を推進しており、なぜこの席にリッベントロップが同席していたかは不明だが、いずれにせよ当時リッベントロップは外務大臣ノイラートとは敵対的な関係にあった。[9]

ヒトラー＝クライン会談（一月二四日）と外相ノイラートの怒り

さらに一月二四日午後、ヒトラー、ブロムベルク、ノイラートとクラインの会談がおこなわれた。この席でクラインは、例によってプロジェクトについて大風呂敷を広げ始めたのである。ノイラートはその「雄大な叙情詩」を途中で遮り、「広東プロジェクトに関し中国中央政府の承認を得ることにどれだけ成功したのか？」とクラインに質した。これに対しクラインは、クラインの計画を承認する旨を記した蔣介石のヒトラー宛書簡（一九三五年一一月二三日付）を持ち出し、勝ち誇ったようにノイラートの前でひけらかした。さらにクラインは、「広東プロジェクトの継続に賛同した蔣介石の手紙を持っている」（！）し、そもそも「広東の武器工場はすでに完成」している、とまで述べたのである（実際、広東プロジェクト第一次契約に基づく工場群はすでに完成していた）[10]。

この会談のなかでクラインはさらに増長し、突然外務省批判を開始した。クラインは「外務省の中国駐在代表部の側でのひどい扱い」、とりわけ南京と広州のドイツ代表部について「苦情」を述べたのである。これに対し、普段は感情をあまり外に表さない外相ノイラートが、「この主張はイカサマだ！」と怒りを爆発させた。ノイラートは「外務省を非難するなら具体的に述べよ」と反論したが、クラインは何も答えられなかった。さらにノイラートは「中国駐在ドイツ代表部への訪問を執拗に回避したのはあなたではないか」と批判し、ドイツ在外代表部がクラインに非友好的などというのは、「中国の海岸での陰口に過ぎない」と断定した。その上でノイラートは、必要ならばわが在外代表部に推薦状を書くので外務省に取りに来ればよいいし、私でも誰でも、いつでも相談には乗る、と付け加えたのである。

この会談からヴィルヘルム通りの外務省に戻ったノイラートは、外務省第四部のエールトマンスドルフ参事官に事の詳細を口述筆記させたのち、最後に吐き捨てるように述べたのである。「できることならば、あんな奴には二度と会いたくない！[11]」。

一方ノイラートの剣幕に辟易したクラインは、今まで以上に外務省を避けようとの決意を固めたにちがいない。ただし、クラインは会談後に気を取り直し、翁文灝および孔祥熙に以下のような電報を打ったのである。「本月二四日のヒトラー総統兼総理との面会は極めて円満に経過しました〔!〕。すべては委員長閣下〔蔣介石〕のご意志を立論の根拠にしました〔!〕。委員長閣下のお手紙もわが総統に直接お渡しいたしました〔!〕」。「わが総統は、私の建議〔「組織建議」〕に基づいて、経済を基礎とする中国建設計画すべてに賛成し、それを許可しました。わが総統は必ずや委員長閣下の事業の完成に助力されるでありましょう[12]」。

2　顧振代表団のドイツでの活動とレアメタル輸送の停滞

ドイツ側の厚遇

一九三六年二月二三日、顧振を団長とする中国代表団がベルリンに到着し、翌二四日にゼークトと面会したあと、さらに二五日にブロムベルクと、二七日にヒトラーと、二八日にシャハトと面会した。[13]いずれの場合にもクラインとゼークトが立ち会った。顧振の報告によれば、二七日の会談でヒトラーは代表団に対し、「ドイツ工業製品と中国原料の交換を希望」し、「中国の実業発展を援助したい」と述べた。[14]なお、この訪問先をみると、クラインやゼークトが意図的に外務省を外したことは明らかである。

顧振代表団は、こうしたドイツ首脳との一連の会談を受け、三月二日、蔣介石に宛ててつぎのような報告をおこなった。「代表団は連日ヒトラー、シャハト、ブロムベルクらに謁見し、かれらは誠実に中国と協力したいとの意思を表示し、委員長に特別の敬意を払った」。「かれらは各種の新式武器および国防工業建設用品、さらに各種の優秀な専門人材を全力で提供すると述べた」。かれらはそのため「いたる所で誠意と気前の良さを見せている」。以上から考えて、「今回の中独協力が成功すれば、わが国にとって極めて大きな助力となり、かつ将来わが民族の復興はこれに大きく依存している」、と。[15]顧振代表団は、ドイツ側の中独協力意欲を高く評価したのである。

二月二八日、ドイツ国防省は陸海空三軍に「中国は近代武器の大量購入を予定しているので、現在国防軍に導入されている武器の完成品をよく見学させるよう」求め、ドイツ国防省が中国代表団を最上客として扱っていることを示した。[16]このブロムベルクの指示を背景に、三月、訪独団はエッセンのクルップ（三月四日）、オーバーハウゼンのグーテホフヌングスヒュッテ（三月五日）、デュッセルドルフのラインメタル（三月六日）、ルートヴィッヒスハーフェンの

IGファルベン（三月九日）、ロイナのIGファルベン（三月一一日）、デッサウのユンカース工場（三月一二日）、ベルリンのダイムラー工場（三月一三日）などを存分に見学した。[17] 顧振を始めとする代表団は、こうしたドイツ側の厚遇にすっかり満足したのである。

華南のレアメタル鉱をめぐる南京と広東の相克

しかしこの間、南京プロジェクト交渉にはいくつかの問題が発生していた。第一の問題は、南京政府によるタングステン輸送の停滞である。一九三六年一月、資源委員会・翁文灝は、ドイツに供給するレアメタルを採鉱・調達するため、湖南省の長沙に資源委員会錫鉱業管理所を設置したが、[18] 供給はなお滞り気味であった。

こうした事態にドイツ側は焦燥を深めた。ゼークトは一月一五日に翁文灝に電報でレアメタルの発送に関し問い合わせ、[19] 一月三〇日にはブロムベルクが直接乗り出して財政部長孔祥熙に打電し、タングステンの第一弾はいつ到着するか問い合わせた。[20] またクラインも一月三一日、タングステンの供給が滞っているため、自分は国防省との関係において「面子を失って苦境に陥っている」との嘆きの電報を翁文灝に打ち、二月一〇日にも督促の電報を打ったのである。[21] さらに三月三日に打った電報では、「わが国防省はすでにアンチモン三〇〇〇トンの購入の準備をしましたが、中国側では速やかに積み出せるでしょうか？」というらだった。[22]

こうしたドイツ側の要求に対し翁文灝は、一月二八日に蔣介石と相談し、さきに設置した長沙の錫鉱業管理所に加え、タングステンを専管する機関を江西省北部にある省都南昌に設置することにした。ただし当面運送できる量は少量だったので、さしあたり試験的な輸送にとどまらざるを得なかった。[23] 翁文灝は一月三〇日にクラインに打電し、タングステンの発送は三月初旬まで延期せざるを得ないと申し開きをおこなったのである。[24] 二月九日に翁文灝は、資源委員会南昌担当者に決まった洪肇生と会談し、「ドイツに販売するタングステン鉱」について早く手続きを終えるべきであると、督促せざるを得ないような状態であった(25)。

ドイツ国防省は、こうした南京中央政府によるタングステン出荷の遅れは、当時活性化していた広東派の動きに関係しているのではないかと疑った。というのも、一九三六年一月なかば、粤漢線の完成を前にして、武漢・広州両方面で紛争が再燃したとの情報がベンドラー通り（ドイツ国防省所在地）に届けられたからである。それによれば、中央政府が西南派に「中央が許可しない武器は一切通過を許さない」と主張したという。中央政府は確かに当時領海内を管理し、広東省の海運を阻止する能力を有したが、密貿易・密売の統制についてはなお時間がかかるとされた。さらにその情報によれば、華南地方では以下のように広東派の勢力の拡大が見られるという。「湖南省はますます広東省の統制下に入り、広東省政府の力はすでに省都長沙に及んでいる。錫やアルミニウムの鉱産はあまねく広東省の掌中に帰している。来陽の炭鉱もまた広東軍の占有に帰し、広東省が開発している」。こうした情報は、とりわけ華南のレアメタル鉱の状況を熟知しているクラインにとっては、危機的なものと映った。

しかも広東派の活動は湖南省のみではなく、江西省南部の鉱業地帯にもおよんでいた。三月初めに翁文灝が孔祥熙に述べたところによれば、江西省内のタングステン鉱の「産額の一〇分の八は広東派の軍人の管理」のもとにあり、そこで採鉱されたタングステンは「広東省を経由して」輸出されているありさまであった(26)。当時江西省北部は中央政府支配下にあり、すでに見たように、資源委員会は省都南昌からタングステンを発送できたが、その量は江西省全体から見れば二割程度であったことになる。

一月二八日、翁文灝はこうした状況について蔣介石と協議し、「広東軍はまだ湖南に到達していない」と確認した上で、三〇日、クラインに「広東省の武力がすでに省都長沙および各方面に浸透しているというのは純粋な誤報であり、事実ではない」と述べた。にもかかわらず、広東軍の動き自体は否定し得ぬものであった(27)。

蔣介石はドイツからの矢継ぎ早の催促を憂慮し、翁文灝に「速やかに処理すべき」との指示を出した。二月末、資源委員会はようやく洪肇生を南昌に派遣してタングステン鉱業管理署を設立し、江西省産のタングステンの統制実施に責任を持つこととなった。三月六日、洪肇生は翁文灝に電報を打ち、まず二〇〇トンを発送したいと伝えた[28]。こうして中国国民政府は、政情が未だに安定しない湖南省からではなく、江西省の南昌を拠点として、細々とであれレアメタルの出荷を開始するめどを立てることができたのである。三月一八日、翁文灝は、一カ月以内にタングステン二〇〇トンを発送することが可能であると、クラインに打電した[29]。

第二節　蔣介石の妥協と中独条約の成立

1　広東毒ガス製造工場問題の再燃と蔣介石の怒り

広東毒ガス製造工場問題の再燃

顧振代表団訪独時における中独交渉の第二の、さらにやっかいな問題は、広東プロジェクト、とくに毒ガス問題が再燃し、ベルリンでの交渉を混乱させたことであった。事の発端は一九三六年一月一六日付けの、翁文灝発クライン宛の電報であった。この電報で翁文灝は、「南京国民政府は誠意を持って中独協力を進めているのに、「ドイツから極めて重要な毒ガス材料を輸入した」との情報があるので、「〔ドイツ政府は〕広州に対していかなる方針をとるのか」と問い質したのである[30]。

すでに見たように、当時クラインは第二次契約の主要部分である二億RMにのぼる借款契約、および軍事顧問の派遣や広範な華南鉄道構想こそ諦めていたものの、第二次契約の一部分である鉄道建設（一一二六万香港ドル）、港湾施設建設（二三〇万香港ドル）、火薬工場建設（四三二万香港ドル）、防毒ガスマスク工場の建設（二九万香港ドル）は、もちろん蔣介石の明示的な同意のないまま、広東派の現金支払いで秘かに進めていたのである。今回翁文灝が問題にしたわれる「毒ガス材料」とは、おそらくこの第二次契約のうちの防毒ガスマスク工場建設にかかわる器材の問題であったと思われる（なお、これ以降、国民政府とドイツ国防省・外務省との間で紛糾の種になる毒ガス問題の対象については、「毒ガス」「毒ガス材料」「毒ガス製造器」「毒ガス施設」「防毒ガスマスク工場」などさまざまな言い方がなされている。さらに、「大規模な武器工場」についても問題とされている。こうした情報の錯綜は、そもそも、クラインが事実を隠蔽ないし歪曲し、または意図的に虚言を弄していることに加え、南京国民政府の認識が、基本的にはその実効的支配領域外にある広東に関する、しかも間接的な情報に基づいていたことに原因があるだろう。こうした状況を踏まえつつ、以下では、あえて史料の表現に手を加えずに論を進めることとしたい）。

翁文灝は前年一九三五年一一月一三日、すでにほぼ完成している広東プロジェクト第一次契約の複本をクラインから渡されたが、それは中央政府がクラインの広東プロジェクトを承認したことを意味したわけではもちろんなかった。毒ガス問題に関する翁文灝からの強い照会に慌てたクラインは、折り返し翁文灝に釈明の電報を打ち、広東省と交わした契約の一切は、すでに昨年一一月一三日に渡した報告書の中で「委細を尽くして述べた」とおりであり、「ご記憶の中にあると思います」と言い訳をしたのち、「広東省への供給を予定されていた毒ガス製造器（あるいは簡略に、毒ガス化合設備）の供給は、いままでけっして実行されていませんし、閣下の情報はまったく事実に反します」と述べた。最後にクラインは、以下のように翁文灝の泣き落としにかかった。「私は閣下の信任を求めます。私はけっして中央政府や軍事委員会委員長閣下〔蔣介石〕の威信を損なうような行動はいたしません[31]」。

しかし翁文灝は一月二八日、蔣介石と会談し、「ドイツは中国の省政府の委託を受ける時は、まず中央の同意を得なければならない」との原則を再確認したのである[32]。

蔣介石の怒り（一）

今回の防毒ガスマスク施設の問題は、実際蔣介石を強く刺激した。その怒りは、二月八日、南京駐在ドイツ大使トラウトマンが蔣介石を訪問した時にはっきりと示された。この時蔣介石は、クラインに関する極めて深刻な疑念を呈示したのである。トラウトマンによれば蔣介石は「かつてないほど上機嫌」であったが、突然「クラインを知っているか？」と尋ねたのである。トラウトマンがそれを否定すると、蔣介石は「クラインは貴大使と協力して仕事をしているのかと思っていた」と驚き、さらに「私は数分しか会っていないが〔一九三五年六月一六日〕、いま孔祥熙がクラインと交渉中である」と述べたのである。蔣介石が「ドイツにおけるクラインの立場を正確に知りたい」と質問すると、トラウトマンは以下の如く答えた。「クラインの業務上の交渉について私は知らされていませんが、かれがドイツ国防省の信任を得ていることは知っています」。最後に蔣介石はクラインの広東プロジェクトに言及し、「毒ガス設備と大砲製造機器を広東に提供したかどうかクラインに電報で問い合わせた」と述べ、クラインへの不信をあからさまに示したのである。会談の終了後、早速トラウトマンは電報で本省に広東プロジェクトに関して問い合わせるとともに[33]、蔣介石との会談に関する詳細な報告書をまとめ、クーリエに運ばせた。このトラウトマンの報告書は、三月二日に本省に到着することになる[34]。

トラウトマンの電報での問い合わせは外務省から国防省に回され、ブロムベルクやトーマスを当惑させた。国防省は折り返し二月一四日、以下のような電報を外務省経由でトラウトマンに送付したのである[35]。

クラインが広東に約束したすべての計画は、総司令〔蔣介石〕に報告されている。武器工場は建設中であり、毒ガス施設は計画されているが、まだ提供されていない。引き渡しは蔣介石総司令の同意の下にのみおこなう。

ここで「すべて蔣介石に報告されている」というのはもちろん国防省が直接確認したことではなく、外務省が正しく見抜いたように、「クラインの見解」を伝えただけだったのである。[36]

さらにブロムベルクおよびトーマスは、二月下旬ないし三月上旬、以下のような国防省の正式な態度を蔣介石に直接電報で伝えたのである。[37]

毒ガスはまだ輸送されていない。今後ドイツ国営企業と中国中央政府で交渉する軍用品供給のほかは、商人は密売をしてはならない。しかし商人がすでに契約したにもかかわらず完全には引き渡していない契約については、政府は干渉するわけにはいかない。

語るに落ちるとはこのことであろう。ここでブロムベルクとトーマスは、民間会社ハプロがすでに契約し、引き渡しが終わっていない供給物質、すなわちこの場合毒ガス製造機器については、国防省は関知しないと示唆したのである。[38]

蔣介石の怒り（二）

三月一九日、トラウトマンは長期休暇をドイツで過ごす挨拶のため、ふたたび蔣介石を訪問した。以上のようなドイツ国防省の見解およびクラインの言い訳に接していた蔣介石は、この席で「かなり興奮しながら」広東プロジェクトを批判したのである。蔣介石はまず、「ゼークトがクラインを紹介したから信用したが、騙されたので、もはや信じない」と切り出した。蔣介石によれば、「広東武器工場はまったく小さな企画だというので了承を与えた」（！）が、

「毒ガス施設には一度も許可を与えていない」。しかしいま広東方面から「大規模な武器工場が建設された」との報告がなされている。「クラインは約束を破った」。さらに蔣介石は、上述した中央政府と広東派の関係の変化を念頭に、「政治情勢は安定していないので、もしそれが変化すれば、私は武器工場の存続に責任が持てない」と述べたのであるという。もしクラインの広東での活動が停止されれば、タングステンをドイツに輸送するが、「そうでなければ不可能」であるという。トラウトマンが蔣介石のヒトラー宛書簡（一九三五年一一月三日）の件を持ち出し、「ベルリンでは総司令がクラインを全面的に信頼しているという印象を持たれている」と述べると、蔣介石は「たしかに手紙をクラインに手渡した」と認めつつも、「苦渋の表情」を示したのである。顧振代表団の活動に関して蔣介石は、「もしクラインの広東プロジェクトが中断されなければ、代表団の交渉に関心はない」と中独交渉の決裂の可能性さえ示唆した。最後に蔣介石は、以下のようにトラウトマンの理解を求めたのである。「外交的美辞麗句を抜いてあからさまにクラインについて語って申し訳ない。しかしそうでなければ誤解は解けないでしょう」[39]。

この蔣介石の怒りを受けて、同日、翁文灝は中国代表団の顧振に以下のような電報を打ったのである[40]。

> 最近の情報では、ハプロ公司がいまだ広州に武器工場用機器および毒ガス製造機器を供給しており、委員長閣下は大変驚き訝っている……。諸君はドイツ政府に説明を求め、もし約束が守られないならば商談は直ちに停止する。〔ドイツが〕協力を願うならば、必ず誠意を持たなければならない。

さらに翁文灝は三月二〇日、トラウトマンに面会を求め、クラインの広東プロジェクトに関する蔣介石と南京中央政府の立場を説明した。翁文灝によれば、ブロムベルクは「中央政府の了承なしには他省へは何も輸出しない」と述べたが、それにもかかわらずハプロが依然として輸出をおこなっている旨が報告されている。そのため蔣介石の「現在・

の考え」〔強調原文〕では、クラインの広東プロジェクトについて「はっきりさせなければならない」というのであった。[41]

2　蔣介石の妥協

ブロムベルクの居直りと泣き落とし

こうした蔣介石・翁文灝の強硬な態度に接し、ドイツ側の対中協力意欲にすっかり感服していた顧振ら中国代表団のメンバーは、恐慌に陥った。三月二二日、顧振は翁文灝に電報を打ち、「現在ドイツ政府はすこぶる不満で、決裂の可能性もある」と述べた上で、ベルリンにいる自分たち代表団に「交渉の責任」を任せ、「委員長および兄らは駐華ドイツ大使館、ベルリンのドイツ政府およびクライン等に対し、直接意見を言わないでいただきたい」と不平を述べたのである。[42]

三月二四日、ブロムベルクはゼークトを通じて一通の電報を蔣介石に送付した。[43]

閣下〔蔣介石〕はもしクラインの広東への供給が停止されなければ顧振・齊焌〔通訳〕代表団の交渉には関心がないと述べている。私の二月一四日の電報でふれたように、ハプロを通じた広東への武器輸出は閣下の合意に基づいてのみおこなわれると改めて確認する。ハプロは広東に月産で大砲一四門と軽迫撃砲九門、砲弾三〇〇発、軽迫撃砲弾二〇〇発を生産する小さな武器工場を設置した。

この契約は一九三三年に締結され、一九三四年八月に齊焌の同席の下で閣下〔蔣介石〕に呈示され、一九三五年一一月一三日に南京で翁文灝秘書長に手交された。武器と毒ガス施設は提供されていない。

ハプロ社は現在国有化されており、将来は私の指示に基づいて活動する。トラウトマン大使との会談の中で誤解が生じたと思われる。私が承認した計画が閣下の完全な同意を得ていること、顧振の代表団が閣下の名前で交渉し、借款条約を締結する資格があることを電報でご確認いただきたい。

ここでブロムベルクは、蒋介石へ届けられた広東に関する最新の情報を「誤解」であると主張し、「蒋介石の完全な同意を得ている」という虚構を蒋介石本人にまで押しつけようという、強硬な姿勢を示したのである。なお、のちに見るように、ハプロが正式に国有化されるのは半月後の四月八日であるが、右のブロムベルクの言明は、すでに国有化路線が既定方針であったことを示している。

同日（三月二四日）、クラインと顧振・酆悌・齊焌らがドイツ国防省を訪れると、すでにブロムベルクは上記の電報を打電し終わったところであったが、顧振らによれば、その時ブロムベルクは「すこぶる落胆」し、「両国の協力の可能性はなくなった」と嘆いた。トーマスは、「広州が求めている毒ガス材料は、すべていまなおドイツで国防省が保管しており、委員長〔蒋介石〕の許可が下りる前は、けっしていかなる武器材料も広州に渡さない」と「丁重に」説明した。ここから顧振らは、ドイツ国防省が依然として中国中央政府との協力を欲しており、「密かに広州と交渉する意志はない」と信じた。さらに顧振らは、いま中国では「明らかに破壊に従事する人間がいる」とし、「妄言を弄するもの、破壊を企むもの、国事を誤らせるものは、調査して、相応の処分を受けるべきである」とまで述べた。こうした立場から顧振はただちに翁文灝に打電し、「現在の政策を継続し、協力するよう切実に欲する」と要求したのである。(44)

代表団からは、顧振が翁文灝に電報を打っただけではなかった。軍事委員会の酆悌と齊焌も、上司である蒋介石に直接打電した。その電報によれば、二四日、ブロムベルクは自ら酆悌と齊焌の来訪を求め、「極めて真摯な談話」をおこなったという。おそらくブロムベルクは、鄷悌と齊焌を通じて蔣介石の懐柔を図ろうとしたのであろう。いささか長いが、当時のブロムベルクの態度と心境を示す、極めて興味深い史料なので引用しておこう。[45]以下ブロムベルクの発言である。

(1)駐華大使トラウトマンから報告の来電があった。蔣介石委員長は広東事件に対し誤解をしており、中独協力に影響を与えており、遺憾である。しかし私はドイツ政府が誠意を持って中国に対応しており、誤解は最後には必ず消滅すると深く信じている。現在すでに私は蔣介石委員長に電報を送り、もういちど誤解を明らかにした。

(2)クライン氏が中国で蔣委員長に説明した各節について、ドイツ政府は絶対に信任し責任を負う。

(3)中独協力に政治的野心はなく、中独の利害はお互いに衝突しないのであるから、両国は互恵に基づいて良好な友人関係を築きたいと願っていると深く信じる。かつ私は、中独両民族は優良な道徳を有しており、けっして事実を欺瞞するにはいたらないと信じている。

(4)中日関係、中ソ関係、独仏関係、独ソ関係について。外電によればドイツと日本が徒党を組んで悪事を働き、密かに同盟条約を結んだと。このことについてまず私は絶対にないと申し上げるべきである。ドイツと日本は、もとより対ソ関係において若干の友好関係はあるが、しかし私は、日本はドイツの友人とは思っていないし、したがって私はもとより日本と秘密条約を結ぶことに反対である。

(5)私はイギリスが中国を援助していることを知っており、ドイツはこれに関し極めて同情している。けだし中国は天国であり、国際間において中国を助ける友人が多く、それは必要だからである。その上独英関係は良好であるから、中独協力がイギリスに誤解を与えることはないだろう。

(6)中独協力の成功は両国の前途にもっとも光明を与える。というのも、両国は同じく自ら復興と建設を求め、お互いに助け合えば半分の労力で倍の成果を上げられるからである。

(7)ともかく私は蔣介石委員長の健全な人格に極めて敬服している。このたびの中独協力は中独の最高の機会であり、誤ってデマを信じてドイツを疑うことがあってはけっしてならない。けだし私は誰かが間に立って破壊に従事していることを深く恐れるからである。もし蔣委員長にドイツ政府に関して了解できない若干のことがあるならば、私はヒトラー総理にお願いし、私がもっとも信頼する高官を中国に派遣し、蔣委員長が質問したらドイツを代表していつでも答えられるようにしたい。

クラインの広東プロジェクトをめぐる情報については、あくまで「誤解」「デマ」と言い張りつつ、ドイツ政府の「誠意」を蔣介石に印象づけようとしたことがよく窺える。また、ブロムベルクが「私がもっとも信頼する高官を中国に派遣したい」と語ったことも、注目されよう。それはやがて、一九三六年夏のライヒェナウ訪中となって実現することになる。それはともかく、こうしたブロムベルクの態度に感激した鄷悌と齊焌は、「その態度は真面目で、実に筆墨では形容しがたい」ものであり、「協力が成功することを真に望んでいる」と結んだのである。[46]

国防省VS.外務省

しかしブロムベルクは、以上のように、中国側を籠絡しようと努力する一方で、ドイツ政府内ではプロジェクト反対派への熾烈な批判を開始した。三月二五日、ブロムベルクは、虚言をも含んだ以下のような電報を、南京のファルケンハウゼンに打電したのである。ブロムベルクによれば、南京ではドイツ大使館でも顧問団事務所でも、クラインの計画に関し、「私が承認し得ない見解」が成立している。そもそもクラインのプロジェクトは「通常の私的事業」ではなく、ハプロを通じて「国家事業」となり、「総統と私により完全に承認され、私の指示により実行」されている。その上「外務大臣〔ノイラート〕も経済大臣〔シャハト〕も計画の目的適合性を確信」し、その実現のため努力している〔!〕。蔣介石は書簡のなかで、「クラインの計画に賛成し、あらゆる手段で遂行する」と述べている〔!〕。ハプロの広東プロジェクトは現在国防省の監督の下にあり、「蔣介石の同意の下に遂行されている」(!)。その上でブロムベルクは、「バーター・クレジット条約は近日中に締結される」との見通しを示し、以下のようにファルケンハウゼンを恫喝したのである。「クライン氏のやり方を妨害ないし阻止する者は私の命令に反することになる」[47]。

さらに同日ブロムベルクは、外務大臣ノイラートに書簡を送り、トラウトマンの二通の報告（二月七日の蔣介石との会談に関する報告および三月一九日の蔣介石との会談に関する報告）を非難し、「総統がクライン・プロジェクトを支持しているのであるから、「いままでのように蔣介石にクラインに関する疑念を起こさせるようなことをしてはならない」とノイラートに強く要求したのである。そしてむしろブロムベルクは、「中国およびドイツのすべての官庁がバーター計画の重要性を確信する必要がある」とし、その旨をトラウトマンに指示するようノイラートに求めたのである[48]。

書簡を受け取ったノイラートは、翌二六日にブロムベルクと直接会談し、外務省とトラウトマンの立場を断固として擁護することになった。ノイラートはトラウトマンの二通の報告に対するブロムベルクの非難を、「まったく根拠のないもの」として拒否し、トラウトマンは実際蔣介石が述べたことを忠実にそのまま報告しただけだと擁護した。むしろノイラートは、クラインがいままで大使館や軍事顧問団本部の訪問を意図的に避け、計画や実際の事業の内容を報告しなかったことに問題があると批判したのである。ブロムベルクはこれに対し、数日中にクラインをノイラートのもとに派遣し、報告させようと述べるにとどまった。最後にノイラートが、広東への軍事物資供給の停止に関する蔣介石の問い合わせに、国防省は回答したのか確認を求めると、ブロムベルクは「まだ答えていない」としぶしぶ認めたのである[49]。

ノイラートが最後に述べた、広東への軍事物資供給に関する具体的な疑問は、国防省にとっても痛いポイントをついていたように思われる。ノイラートとブロムベルクの会談を受けて、国防経済幕僚部長トーマスは、同日、代表団の顧振と会談し、ドイツが中国各省に現在輸出している武器のリストを示したのである。それは以下のようなデータであった（括弧内は原文）。(1)冀察政務委員会の宋哲元に歩兵銃およびその弾一〇〇〇万発、三七ミリ対戦車砲五〇―一〇〇門およびその砲弾、(2)満洲にピストル銃弾五〇万発、(3)広東省とは機関銃輸出を契約、数字は不明、(4)江西省とは歩兵銃二万五〇〇〇丁、(5)華南部（どこを示すのか不明、現在調査中）、(6)上海方面（中央政府の注文のようだ）、爆弾、望遠鏡、測量機、鋏型望遠鏡、測量板、(7)ベルリン駐在中国大使館商務部、浮き橋材料。それに加え、トーマスは、「以上の各契約は、もし委員長（蔣介石）が欲すればどれでも取り消し、未発送のものは停止することができる」とまで述べた。このリストが当時のドイツの対中国武器輸出のすべてであったとは考え難いが、しかしこのトーマスの発言は、蔣介石・南京中央政府の立場へかなりの政治的歩み寄りをみせたものであったといえよう(50)。

外務省の遅すぎた反論

すでに何度も見たように、クラインは外務省およびその出先機関との接触を極力回避していたため、外務省は、クラインの広東プロジェクトはいうにおよばず、南京プロジェクトについてさえほとんど情報を得ていなかった。しかしながら、二月下旬に顧振代表団が訪独して関係各省庁・企業などで交渉を開始し、さらに南京からは、トラウトマン報告を通じて蔣介石のクラインに関する抗議が外務省に到着したため、外務省は国防省に、中国に対する具体的な諸計画に関する説明を求めた。三月上旬、国防省で実務を担当していた陸軍兵器部からリーゼ部長、ヘーデリヒ（Leo Hederich）大佐、ハネッケン（Hanneken）大佐、外務省から第四部のエールトマンスドルフとフォスが参加して、会議が開かれた。この会議での情報により外務省は、クラインが中独関係の将来にかかわる詳細な覚書を作成し、それに基づき国家条約の締結が予定されていること、中国はそのためクレジットを付与され、農業・鉱業産品により清算すること、ライヒスバンク総裁シャハトの了承があることなど、クラインの南京プロジェクトの詳細を初めて知った

のである。(51)

さらに外務省では、三月二六日のブロムベルクとノイラートの論争を受け、三月三一日に第四部のフォスが詳細な覚書を起草し、南京プロジェクトへの主として経済的な疑念を提示した。フォスによれば、一九三二年から一九三五年までのドイツの対中国輸出の年平均額は八二〇〇万RM、同じく中国のドイツに対する年平均額は五二〇〇万RMなので、一億RMの借款は規模が大きすぎる。さらにこうした大規模なバーター契約は「わが国の通常の貿易関係に深い影響を及ぼす」であろう。また、経済的に見ると、南京政府は外国市場では信用がなく、「いままで無担保の借款やクレジットなどを外国から獲得したことはない」。しかもこうした規模の借款条約を秘密にしておくことはできず、日本を刺激する。担保付きでクレジットを付与しようとするドイツの民間会社（オットー・ヴォルフ、ジーメンス等）は、現在担保を認定するため困難な交渉をおこなっているが、こうした各社の交渉は締結にいたることができないだろう。また反対給付である農業・鉱業原料については、そもそも中国で余剰がなく、さらに中国政府は財政状況が悪いから原料を国内で購入するのは困難である。資源価格の上昇が見込まれる上、もし他国が現金で購入するといった場合、中国政府の支払い意欲を当てにすることはできない。鉱業資源の開発・採掘にも時間がかかるであろう。以上のような理由からフォスは、南京プロジェクトに難色を示したのである。(52)

同日、第四部のエールトマンスドルフ参事官は、以上のフォスの覚書を踏まえた上で、南京プロジェクトへの政治的な疑念を付け加えた。エールトマンスドルフは、一九三四年四月の「天羽声明」を引き合いに、(53)クラインのプロジェクトは「日独関係を曇らせる」可能性があると主張した。しかもクラインのプロジェクトは、たんに天羽声明のいう中国への財政支援にとどまらず、武器と武器工場設備の輸出により中国の軍拡を援助しようというのであるから、なおさらである。中国の軍拡を支援すれば、日ソ戦争が起こるような場合、「ソ連側に立って日ソ戦争に介入する可能性」を中国に与えるのではないか。こうして外務省は、経済的にも政治的にも、クラインの南京プロジェクトに否定的な態度を取ったのである。[54] しかしながら、この外務省の南京プロジェクト批判は、あまりに遅すぎた批判であった。

蒋介石の妥協

すでに見たように、三月二四日、ブロムベルクは蒋介石に電報を打ち、広東毒ガス施設搬入問題には触れぬまま、クラインの広東プロジェクトはすべて蒋介石の同意の下に進める旨を伝えた。その後同日、トーマスが顧振らを招き、「委員長の許可が下りる前は、けっしていかなる武器材料も広州に渡さない」とくり返した。さらに同日、ブロムベルクは代表団の酆悌・齊焌を招いて長い時間ドイツ国防省の立場を説明し、中独協力実現にかけるブロムベルクの「誠意」を示したのである。こうしたドイツ国防省の態度は、すでに見たように、同日、電報により、ゼークトや翁文灝を通じて、さらに酆悌・齊焌から直接に、蒋介石に伝えられた。

当時蒋介石は故郷の浙江省奉化に滞在していたが、[55] 二六日、ベルリンからの三通の電報に接した。三通の電報、とりわけ酆悌・齊焌の詳細な報告は、蒋介石の胸を打ったようである。通読後、蒋介石は翁文灝と協議した。蒋介石は、とりわけトーマスのリストを「非常な機密」を提供するものとして高く評価し、ブロムベルク、トーマスらの「誠意」を深く認めた上で、中独交渉の継続を決意したのである。[56] 蒋介石は、翁文灝にブロムベルクへの返電を起草するよう指示した。それは以下のような文言からなっていた。[57]

> 委細承知しました。ブロムベルク大臣の真摯な態度は敬服に堪えません。広東に対する供給が、すでに事実でないならば、中国は必ず以前の契約を実施せねばならず、けっして問題はありません。あわせてゼークト将軍とクライン氏を私に代わって安心させて下さい。……責任代表者の中国派遣を大いに歓迎します。

さらに四月三日、蔣介石は確認のため、ゼークトを通じてブロムベルクに以下のような電報を打った。「中独協力に関するクラインのプロジェクトを完全に信頼します。広東への武器供給があると主張する情報は完全に誤りでした。閣下の三月二四日付電報と顧振代表団の詳細な報告から、この情報が完全に根拠がなく事実に合致しないことが示されました。私は中国と協力しようとするドイツ政府の真剣な意欲を理解しました。私はそれを非常に喜びとし、かつ満足しました。顧振らの代表団とさらに交渉し、迅速な成果を達成されますよう閣下にお願いいたします[58]」。

こうして蔣介石はクラインの広東での陰謀に目をつむり、南京プロジェクトの成立を優先することに決したのである。

3　中独条約の成立

中独条約の調印とヒトラー＝蔣介石の交歓

一九三六年四月八日、ドイツ政府と中国代表団との間で中独（ハプロ）条約が締結された。借款条約という性質上、ドイツ側の署名者はシャハトであったが、すでに見てきたように、その推進者はもちろん国防省であった。条約の主要条文は以下のごとくであった。

(1)中国政府は、中国政府とハンス・クライン氏が一九三四年八月二三日に締結した物資交換契約をドイツ政府が継承することに同意する。

(2)ドイツ政府は中国政府に一億ＲＭの商品信用借款を提供する。

(3)中国政府は物資交換契約に基づきこの商品信用借款をドイツ工業産品およびその他の生産物の輸入に用いることができる。[59]

中独条約の締結により、ドイツは対中国バーター交易事業の国家による運営を図った。この条約の成立により、ドイツは一億RMの借款を与えて中国中央政府の武器輸入を可能とし、中国はタングステンを始めとする鉱業資源、およびその他の農業資源でこれを相殺するシステムが成立したのである。

また、この条約締結と同じ日、ハプロは共同経営者会議を開き、クラインとシュトイトナーは持ち分を国防経済幕僚部のツィネマン（Kurt Zinnemann）に引き渡すことを決定した。ハプロは事実上国有化されたのである。[60]

一九三六年四月一四日、蔣介石は来たるヒトラーの誕生日（四月二〇日）にあわせ祝電を送るとともに、「ドイツと中国との間の経済的協力関係は、〔中独〕条約の調印によって、偉大な成果をもたらしました」と述べて中独条約調印への満足感を示した。[61]これに対しヒトラーは五月一三日、蔣介石に電報を打ち、「中独両国のバーター貿易は実に両国の経済発展に対し莫大な利益を与えるものであり、閣下の特別のご配慮をいただいたことに謹んで感謝申し上げます」と述べたのである。[62]このヒトラーと蔣介石の交歓は、まさしく中独バーター貿易がもたらした両国の友好関係を象徴していたのである。

「国内価格」問題の発生

ブロムベルクは、中独条約に基づき中国へ輸出するドイツ製武器について、以下のような基準を設定し、五月一三日、これを蔣介石・中国国民政府に伝達した。[63]

(1)すべての武器はドイツ陸軍が準備したもので、その形式および性能はドイツ兵器産業の発展程度に見合うものとする。

(2)武器および工業設備の価格は同等物品をドイツ政府が購入する際の価格を根拠とする。
(3)ドイツ国内での検収は国防省指定の機関が専門におこなう。

つまり中国向けの武器は、ドイツ陸軍の指定により、国内価格に基づき、国防省指定の機関が検収して輸出するというのである。当時ドイツ製武器の国際価格は、ドイツ国内価格に比べて五〇％から八〇％高い水準にあったといわれており[64]、このブロムベルク・国防省の設定したドイツ国内価格は、中国にとって極めて有利であった。蒋介石がブロムベルクに返電し、ドイツ国内価格による輸出について「すこぶる便利であり当を得ている」とし、「深い満足」の意を表明したのも当然であったといえよう[65]。しかしながら、この中国向け武器の「国内価格」問題は、いずれ国防省と中国関係商社との激しい論争の焦点の一つとなる。

陳済棠の告白

すでに見たように、三月二六日、国防省国防経済幕僚部長トーマスは、中国代表団長の顧振に対し、ドイツが現在中国に輸出している武器のリストを示した。しかしながら、こうした国防省・トーマスの歩み寄りを評価しつつも、翁文灝は、この情報の裏を取る努力を忘れなかった。すなわち四月四日、翁文灝は冀察政務委員会の宋哲元に電報を打ち、ドイツからの武器購入に関して問い質したが[66]、四日後の八日、宋哲元は翁文灝に返電し、「未だドイツと武器購入の契約を締結していない」と回答した[67]。これは、「宋哲元に歩兵銃およびその弾一〇〇〇万発、三七ミリ対戦車砲五〇―一〇〇門およびその砲弾」を輸出しているとのトーマスの言明とは齟齬があったが、いずれにせよこの電報は、南京中央政府にとっては、いちおう自身の判断の正当性を裏書きするものといえた。

同じ八日、翁文灝は、今度は広東の陳済棠に電報を打ち、単刀直入に「かつて防毒ガス機材購入の契約を締結したか」と問い質した(68)。三日後の四月一一日、陳済棠は翁文灝に、以下のような正直な電報を打ったのである。これはクラインとドイツ国防省の主張を揺るがすものであったが、すでに中独条約は成立して既成事実となっており、国民政府としては何らの措置を講ずることもできなかったのである。

「たしかにドイツとのあいだで防毒ガス機材購入の契約を締結しております(69)」。

4　ハプロの実績

中独条約の締結とハプロによるバーター取引のため、ナチス・ドイツの中国に対する武器輸出は顕著に増大することとなった。一九三五年一〇月三〇日に成立した「武器輸出組合」(Ausfuhrgemeinschaft für Kriegsgeräte=AGK)の手になる第一回「年次報告書」(一九三五年一一月一日—一九三六年一〇月三一日)によれば、当該年度におけるドイツの武器輸出総額は三四八五万五四三四RMにのぼったが、そのなかに占める中国の割合は実に約五七・六%(二〇〇七万八六五五RM)で、ドイツの武器貿易全体に占める中国の圧倒的な地位を示していた。報告書はそれを以下のように評価した(70)。

中国は広範な武器分野において陸軍の建設を遂行し、そのためにドイツからの輸入武器を用いているので、中国が発注した品目(銃、大砲、高射砲、銃弾、迫撃砲弾、大砲弾、光学機器、測定・照準機器)が輸出総額として突出した。

しかも注意すべきは、このうち、約半年前に締結された中独条約によるものがすでに約五〇%(約一〇一〇万RM)を占めており、わずか半年の間に、ハプロを通じた武器貿易が在華ドイツ商社による武器貿易を相当程度圧迫し始め

表5-1　ドイツの主要国向け武器輸出額

	1936年（暦年）		1937年（暦年）	
	金額（1000RM）	比率（%）	金額（1000RM）	比率（%）
中　国	23,748.4	46.95	82,788.6	36.82
ハンガリー	5,250.1	10.39	33,780.6	15.03
トルコ	2,293.8	4.54	18,690.9	8.32
ポルトガル	2,656.2	5.26	17,233.4	7.66
ギリシア	512.0	1.01	17,195.0	7.64
ブルガリア	4,962.6	9.81	15,785.2	7.03
日　本	111.9	0.22	10,865.0	4.83
ルーマニア	3.0	0.00	10,986.8	4.88
ユーゴスラヴィア	1,953.1	3.86	6,141.3	2.73
ソ　連	3,452.4	6.83	271.6	0.12
ブラジル	574.3	1.13	793.7	0.35
その他	5,073.5	10.02	10,367.1	4.61
合　計	50,591.3	100.00	224,899.2	100.00

出所）„AGK Jahresbericht 1937“, in: PAdAA, R901/106417, Anhang より作成.

たのである。[71]

　また、翌一九三七年の「年次報告書」においては、「年度」ではなく「暦年」（一月一日—一二月三一日）が採用され、それに合わせた一九三六年の数字も掲載されている。それによれば一九三六年（一月一日—一二月三一日）のドイツの武器輸出全体は、五〇五九万一三〇〇ＲＭにのぼった。そのうち中国の割合は約四六・九％（二三七四万八四〇〇ＲＭ）であり、武器貿易全体に占める中国の圧倒的地位には、何ら変わりはなかった。[72]

　さらに一九三七年（一月一日—一二月三一日）には、前年に比べ、ドイツの武器輸出総額は約四・四倍に増え、二億二四八九万九二〇〇ＲＭにのぼった。対中国武器輸出に関していえば、ドイツの武器輸出全体に占める比率は下げたが（約四六・九％→約三六・八％）、総額は前年に比べ一挙に約三・五倍の八二七八万八六〇〇ＲＭに拡大した（表5-1）。

　しかも注目すべきことは、一九三六年（一月一日—一二月三一日）における対中国武器輸出総額のうち、ハプロ事業によるものが六〇・三％（一四三三万一〇〇〇ＲＭ）を占めており、さらに翌三七年（一月一日—一二月三一日）にはそれが実に八七・九％（七二七四万九八〇〇ＲＭ）にまで拡大した。[73]ドイツの対中国武器輸出は、こうして一九三七年にはほぼハプロにより独占されたのである。

第三節　資源委員会の「重工業建設三カ年計画」と中独「兄弟軍」の建軍

1　資源委員会の「重工業建設三カ年計画」とドイツ国防省の中国軍拡政策

翁文灝・資源委員会の対ドイツ発注

翁文灝は、中独条約締結前の三月一九日に、顧振らをつうじてドイツに対し武器工場建設のためのプラント諸設備を発注していた[74]。加えて翁文灝は、中独条約成立から五日後の四月一三日、「今年から開始すべき各種重工業建設のため」、ドイツからの借款に基づき、以下のような重工業プラントをドイツに発注するよう顧振に指示した。⑴タングステン鋼工場設備、⑵製鉄工場、⑶廃銅精錬工場、⑷鉛・亜鉛鉱業所、⑸アルコール工場、⑹石炭鉱業設備、⑺窒素工場、⑻電線工場、⑼電球・真空管工場、⑽電池工場・電信工場、⑾錫電気精錬工場、⑿鋼鉄製造工場二廠。そのほかに翁文灝は、こうした工場を建設・運営する各種の専門家を雇用し中国を訪問させるよう要請していた[75]。

翁文灝は、さらに、やはり三月一九日、以下のような武器をドイツに発注するよう顧振らに指示していた。⑴観測器および砲弾三六万発を含め、二〇ミリ高射砲一二〇門、⑵七九ミリ砲弾三〇〇〇万発、砲弾一二万四〇〇〇発を含む三七ミリ対戦車砲一二四門、観測器および砲弾六万発を含む一〇五ミリ榴弾砲六〇門、⑶四トン軽戦車一五輌、八トン中戦車一五輌、二トン半小型戦車一八輌、ガソリン運搬車六輌、トラック一二輌、二〇ミリ戦車砲弾一万五〇〇〇発、三七ミリ戦車砲弾一万五〇〇〇発。⑷河川防衛要塞用の防御盾付き長射程要塞砲七門および弾薬三五〇〇発および射撃指揮器材、⑸海軍用一五〇ミリ榴散弾四五〇発および信管、一〇五ミリ榴散弾九〇〇発および信管など[76]。また、そのほかにも陸軍用にヘルメット二二万個、迷彩ヘルメット二四万一〇〇〇個、偵察用装甲車一台、海軍用に一〇五ミリ砲八門、魚雷二四発をふくむ軽油快速艇三隻、快速護衛艦一隻、魚雷四〇発を含むディーゼル快速艇五隻、水雷艇一隻、空軍用として砲弾三〇〇〇発をふくむ二〇ミリ高射砲一二〇門、砲弾一八万発をふくむ三七ミリ高射砲六〇門、探照灯一連、などが発注されたと言われている。[77]

資源委員会の「重工業建設三カ年計画」

翁文灝・銭昌照ら資源委員会は、中独条約成立を期とし、さらにクラインの「組織建議」の影響なども受けながら、一九三六年六月、「三カ年計画」を提出し、軍事委員会を経て国民政府の承認を得た。それは以下のような内容からなっていた。[78]

(1)タングステン、アンチモンを統制し、同時にタングステン鋼工場を建設する。年産のタングステン鋼二〇〇〇トン。
(2)湘潭および馬鞍山製鋼所を建設し、三〇万トンの年産で国内需要の半ばを供給。
(3)湖北省霊郷および湖南省茶陵鉄鉱の開発、年産三〇万トン。
(4)湖北省大冶、陽新および四川省彭郷銅鉱の開発、同時に年産三六〇〇トンの製銅工場を建設し、国内需要の半ばを供給。
(5)湖南省水口および貴県に鉛・亜鉛鉱業所、年産五〇〇〇トン、国内需要を供給。
(6)江西省高坑、天河、湖南省譚家山および河南省禹県における年産一五〇万トンの炭鉱、華中・華南の石炭不足を補充。

(7)江西省における石炭液化工場の建設、同時に陝西省延長・延川、四川省達県・巴県の油田開発、年産二五〇〇万ガロンを見込み、国内需要の半ばを供給。
(8)窒素ガス工場、年産五万トンの硫酸第一鉄、同時に硫酸、硝酸を武器工業用に製造。
(9)湖南省湘潭に航空機発動機工場、原動機工場および工作機械工場を含む機械工場の建設。
(10)湖南省湘潭に無線電機工場、電管工場、電話機工場および電気機械工場の建設、毎年国内需要を満たす量を生産。

こうした施設の多くは、三月一九日に翁文灝がドイツに発注したプラントからなっていた。重工業建設には、法幣にして二億七〇〇〇万元の資金としかるべき技術が必要とされたが、翁文灝ら資源委員会は、これらの多くを中独条約による借款、およびドイツ人技術者に頼ったわけである。まさしく資源委員会の「三カ年計画」は中独協力の産物であった。こうしてナチス・ドイツは、蔣介石・中国国民政府の「安内攘外」路線の重要な一翼を担っていった。[79]

中独「兄弟軍」の建軍

中独条約の成立により、ドイツ国防省は、対中国武器貿易の軸足を、民間会社を通じたものから国有会社ハプロを通じたものへと移していった。中国政府の旺盛な武器購入意欲に対し、国防大臣ブロムベルクは四月三〇日、顧振を通じて蔣介石に「中国国民政府が求めている武器については、すべてドイツ国防軍が自ら用いている最新式のものを供給する」と約束した。[80] さらにブロムベルクは、五月六日、ドイツ三軍あてに通達を出し、「中国政府がドイツ軍需産業から購入しようとしている物資の供給を、ドイツの軍需品調達プログラムの中に編入せよ」という驚くべき決定をおこなった。[81] 中国軍の軍拡は、ドイツ国防省の物資調達プログラムに有機的に組み込まれたわけである。

蔣介石の直轄する中国エリート軍は、ゼークトの建軍思想（一〇万軍のエリート軍建設と三〇万軍への拡大）により建軍され、ドイツ国防軍から同じ編制の、しかも最新式の武器を供給され、ドイツ国防軍（在華軍事顧問団）によりドイツ式の訓練を受け、その軍事戦略思想により指導され、ドイツ製武器プラント工場からさまざまな補給を受けることとなった。こうして中国軍は、ドイツ国防省により、いわば「兄弟軍」ともいうべき位置づけを与えられたことになる。「第三帝国」の軍拡政策と中国の軍拡政策は、有機的かつ密接に結合されることとなった。

2　一九三三年広東契約の完成と両広事変（一九三六年六月）

広東プロジェクト第一次契約の完成

一九三五年一月二日に北平駐在公使館のプレッセンが報告していたように、クラインの広東プロジェクト第一次契約は一九三五年の初めに一応完成し、広東省に大砲工場、砲弾工場、毒ガス工場、防毒ガスマスク工場が建設された。そのうち大砲工場および砲弾工場などは広州市北方、広東省清遠県に建設され、工場総面積一万六〇〇〇平方メートル、機器設備三四〇台を誇った。この工場群は「広東第二武器制造廠」（通称「琶江兵工廠」）と命名され、一九三五年一二月に生産を開始した[82]。広東プロジェクト契約に広東派とともに調印した広西派の李宗仁は、回想録の中で「われわれの武器工場の中には、その規格の精密さ、設備の斬新さにおいて、実に中央の各武器工場を凌駕するものがあった」と誇った[83]。

両広事変の勃発と西南派の政治的崩壊

一九三六年六月、粤漢線が全通した。これによりいままで上海経由でドイツへ送られていたハプロの鉱業産品・農業産品は、広州から出荷することが可能となった。

さらに、一九三六年六月、中国中央政府とドイツ国防省・ハプロの関係を改善する事態が発生した。いわゆる「両広事変」である。五月九日、西南派の元老格である胡漢民が、突然脳溢血に襲われて広州で死去した。南京中央政府はこれをきっかけとして西南派に政治的・軍事的圧力を加え、追いつめられた陳済棠・李宗仁は六月三日に連合して「抗日」を通電し、軍を北上させたが、粤漢線で輸送された国民政府軍の前に反乱は一挙に瓦解し、陳済棠は香港に逃亡した[84]。李宗仁は広西に戻り、白崇禧と相談した上で二一日に通電を発し、中央政府に服従を表明した。

国民党は同年七月一〇日に第五期二中全会を開催し、「中国国民党西南執行部」および「国民政府西南政務委員会」の解散を決定した。同時に陳済棠を解任して余漢謀を「広東綏靖〔鎮定〕主任」兼第四路軍総司令に任命し、広東省全省の軍事的整理に当たらせることとなった[85]。さらにこの会議で蔣介石は、「かりに何人かがわれわれに傀儡国〔「満洲国」〕の承認などを強要し、領土主権を侵害する時こそ……われわれが最後の犠牲を払う時である」と宣言した[86]。

南京の国民政府軍政部兵工署は、同年一一月に琶江兵工廠の接収を開始し、翌三七年にそれを完了した。その際に工場は「広東第二兵工廠」と改名された[87]。

広東第二兵工廠は大砲工場、砲弾工場、雷管工場、工作機械工場、鋳造工場、木工場、動力工場などを包括し、三〇〇人の労働者を雇い、約四〇人のドイツ人技師が働いた。生産技術は完全にドイツ人技師に掌握されていた。設計上、毎月の生産能力は七五ミリ歩兵榴弾砲九門、七五ミリ野戦砲九門、一〇五ミリ軽便野戦榴弾砲五門、砲弾一万二五〇〇発とされていた[88]。

日中戦争勃発後、一九三八年四月、広東第二兵工廠は日本軍機の連続爆撃に晒された[89]。破壊は激しく、生産不能となったため、国民政府軍政部兵工署は同年五月、重慶への移転を決定した。移転にともない名称も「兵工署五十工廠」に改められることになる[90]。

第四節　親日派に対する国防省の闘争とライヒェナウの中国訪問

1　日独防共協定交渉の進展と国防省＝外務省連合

日独防共協定交渉の進展と国防省＝外務省連合の反対活動

中独条約成立をめぐってさまざまな政治勢力が抗争を繰り返していたころ、ベルリンでは、国防省内で例外的に親日派的な姿勢を取っていた防諜部長カナーリスと、やはり外務省内で独自に行動していた軍縮問題全権代表（一九三六年八月以降駐英大使）リッベントロップが、武器商人ハックを仲介人として、ドイツ駐在日本陸軍武官大島浩を相手に日独防共協定交渉をおこなっていた。交渉は一九三五年九月に開始され、同年一一月には協定の枠組みはほぼ完成していたが、ドイツ外務省は東アジアにおける中立政策の維持の観点から、また国防省はクライン・プロジェクト貫徹の観点から、連合してこの親日派による日独交渉に激しく反対していた(91)。

それに加え、一九三五年秋、イタリアによるエチオピア侵略の本格化、エチオピア問題をめぐるいわゆるホーア・ラヴァル案の公表と挫折、関東軍・天津軍による華北分離工作の進展、広田防共外交と日中独三国防共協定案の成立と挫折など、国際政治情勢の変動が重なったため、交渉は中断した。さらに翌一九三六年二月の二・二六事件は、こうした趨勢に拍車をかけることとなり、日独防共協定交渉のゆく末はまったく不透明なものとなった。

中独条約は、こうしたなかで成立したため、以後、ドイツ政府の内部では、国防省、外務省、親日派のいわば三つ巴の抗争が展開されることとなる(92)。

ライヒェナウの中国訪問計画をめぐる対立

三つ巴の抗争の直接の契機は、中独条約の実施過程の視察を目的とする元軍務局長ライヒェナウの訪中計画であった。一九三五年一〇月に第七軍管区（ミュンヒェン）司令官に転出後も、この中独条約交渉にかかわり続けたライヒェナウは、ドイツ国防軍の親中姿勢を明示することも兼ね、五月下旬に中国訪問の途につくこととなる。

五月四日、訪中計画を説明するためヴィルヘルム通りに外務次官ビューロを訪ねたライヒェナウは、中国旅行の「主目的」として「蔣介石との関係を発展させること」を挙げ、加えて、基本的には軍需品と武器工場からなる中国の発注に対し「シャハト経済大臣が一億ＲＭのクレジットを用意した」と告げた。さらにライヒェナウは、ドイツによる中国の軍拡は「長期的な優先順位」を有していると語り、この優先順位は「日独接近とは両立しない」と主張したのである。ライヒェナウによれば、当時ブロムベルクも、日独防共協定交渉の停滞を背景に、つぎのように語っていたのであった(93)。

> 日本への接近はまったく問題にならない。リッベントロップ氏の日本との交渉は中止された。

このライヒェナウの主張に対し、中独条約成立直前に出されたフォスとエールトマンスドルフの鑑定書を踏まえていたビューロは、中独条約に関しさまざまな具体的疑念を挙げて批判したのち、「用意された資金はおそらく大部分無駄になるだろう」とまで述べ、国防省が推進してきたやみくもな中国政策にあからさまな不快感を示したのである。加えてビューロは、「国防省も、日独交渉に際し、非常に強く関与したではないか」と主張し、日独交渉における国防省防諜部長カナーリスの積極的役割に関し、ライヒェナウに痛烈な皮肉を投げかけたのである(94)。

国防省の理論武装

このころ、中独条約の成立とライヒェナウの訪中計画を受けてブロムベルクは、親中路線の貫徹に全力を傾注していた。かれはまず五月六日、すでに見たように、陸海空三軍に対し、「中国政府がドイツ軍需産業から購入しようとしている物資の供給を、ドイツの軍需品調達プログラムの中に編入せよ」という指示をおこなった[95]。ついで同日、在華軍事顧問団長ファルケンハウゼンに書簡を送り、「総統の完全な了解の下に」ライヒェナウを三カ月間訪中させることを伝え、「我が〔中独〕関係のいっそうの強化」のため「全力でわれわれの諸計画を促進するよう」求めたのである。これはクライン・ハプロおよび国防省の路線に批判的であったファルケンハウゼンに、屈服を迫る意味をも含んでいたといえよう[96]。

さらにブロムベルクは、親日路線、とりわけ日独軍事協定構想を抑制するため、五月一二日、三軍指導部および国防経済幕僚部長トーマスに対し、「極東における権力要因としての日本」をテーマとするレポートの提出を命じたのである。この命令は、中独提携論・日独協定反対論の「理論武装」を目的としていたといえるが、その際提出締め切りを五月一九日としていたことは、明らかにライヒェナウの訪中（五月下旬）を前提とした上でのことであった。

この要請に対し五月一五日、国防経済幕僚部長トーマスは、「日本の国防経済情勢」と題する報告を起草し、つぎのように結論を下していた。「日本は、たんに中国に対してのみ積極的な経済戦争上の措置をとることが可能な状態にある[97]」。また、空軍も五月一八日、極東ソ連空軍との関係に関し、つぎのように主張した。「〔極東ソ連空軍の〕脅威は、日本の航空戦力を釘付けにし得る状態にある。さらにロシアは、短期間のうちに西部から多数の編隊を極東に召集し得る状態にある[98]」。ついで五月一九日、海軍もつぎのように報告した。「両アングロサクソン国家が共同で行動する場合には、長期戦になれば、日本は、経済上のシーレーンのほぼ完全な遮断により、敗北に追い込まれよう[99]」。

しかし圧巻は、陸軍参謀本部の一五頁にわたる詳細な報告であった。参謀本部第三課（外国陸軍担当）長シュテュルプナーゲル（Carl Heinrich von Stülpnagel）は、参謀総長ベック（Ludwig Beck）の承認を得たのち、五月一六日、つぎのような報告を提出したのである（強調原文）[100]。

日ソ戦争が勃発しても、ヨーロッパにおけるソ連の権力政治上の立場に決定的な影響を与えるとはけっして考えられない。むしろ日ソ戦争は、ヨーロッパにおける日本の同盟国をイギリスおよびアメリカとの重大な紛争に巻き込むであろう。

この結論は、要するに、極東ソ連軍はすでにヨーロッパ・ロシアから独立した力量を持っており、日独が軍事的に提携してもソ連の権力政治的な立場に影響を与えないこと、さらに、日独軍事同盟を締結した場合、日ソ戦争が勃発すればドイツはイギリスおよびアメリカとの軍事的紛争状態に陥るとの危惧を深刻に表明したものであり、日独協定交渉に関し、イデオロギー上の「防共協定」は甘受する場合があるとしても、日独軍事協定だけは全力で阻止せんとするドイツ国防軍の決意を再確認したものにほかならなかったのである。

事実ブロムベルクは、この報告を受けて、当時のドイツの他の政策参画者に対し、積極的に日独接近への疑念を訴えることとなった。たとえば五月二七日、かれは航空相ゲーリング、経済相兼ライヒスバンク総裁シャハト、財務相クロージク、プロイセン財務相ポーピッツ（Johannes Popitz）らが出席する原料・外国為替に関する会議で発言し、「日本への接近については慎重な行動が必要である。目下のところ満洲国を承認すれば、クライン氏により中国で進行中の諸計画に壊滅的な打撃を与えるであろう」、「日本は軍事的権力要因としては問題が多い」と主張していたのである。これに対しシャハトも、「クライン氏は中国から食糧の輸入を予定しているので、私はつねにかれの努力を支援してきた」と語り、国防省の路線への同調を示した[101]。

ディルクセンとトラウトマンの帰国

ところで、この五月半ば、駐日大使ディルクセンが病気療養を理由に一時帰国していた。ディルクセンは、日独協定交渉の存在を東京で察知して以来、外務省の中では例外的に日独協定締結に積極的に賛成しており、ベルリンでの親日論の推進に意欲を燃やしていたのである。かれはまず五月一九日、ブロムベルクと会談し、中独条約およびライヒェナウの旅行について「日独関係への負担を最小限にするよう」要請し、そのための方法として、一、ライヒェナウは中国のみならず日本をも訪問する、二、ドイツの中国での諸計画が公になる前に適宜それらを日本側に通知する、との二点を提案した。これに対しブロムベルクは、日本への通告には一応賛意を示しながらも、「ライヒェナウ将軍は蔣介石に対する私の個人的な信任者として旅行する」と述べて、ライヒェナウの日本訪問に関しあからさまな難色を示した(102)。さらにディルクセンは五月二四日、ライヒェナウに書簡を送り、つぎのように泣きついていた。「貴下の日本旅行を実現するため可能な限りのことをしてください。わが国の対日関係への重大な悪影響を回避するためには、貴下〔の日本訪問〕が唯一の、かつ非常に有効な手段であると私には思われます(103)」。

しかし、このディルクセンの要請に対し、ライヒェナウは何ら耳を貸すことがなかった。すなわち、五月二五日ごろに外務省政務局長ディークホフ（Hans Heinrich Dieckhoff）および陸軍参謀総長ベックと会談したライヒェナウは、「私が日本を訪問してもほとんど役に立たないし、かえって中国で深刻な不快感を呼び起こすだけだ」と述べていたのである(104)。

一方このころ駐華大使トラウトマンも帰国し、日独協定が中独関係に及ぼす悪影響に関し説いて回ることとなった。かれは六月九日、まずヒトラーと会談したのち、リッベントロップ宛てに一通の覚書を送付したのである。その中でトラウトマンは、中独条約や軍事顧問団の活動を基礎とした中独の友好関係、日本の対ソ・対中態度、満洲国問題、イギリスの極東政策などに言及しつつ、ソ連の極東軍事力に関し、つぎのように述べていた。「もしヨーロッパで紛争が勃発した場合、日本との了解があったとしても、わが国の軍事的負担がどれほど軽減されるか否かは疑わしい」。「ロシア極東軍はほぼ自立した戦力に発展しており、防衛目的のためにも十分な力を持っている」。一見して明らかなように、ここでのトラウトマンの議論には、極東ソ連軍はヨーロッパ・ロシアから独立した戦力を維持しているとするドイツ国防省の見解が反映されていた。すでに見たように外務省とトラウトマンは国防省のやみくもな中独条約交渉に一貫して反対してきたが、日独協定反対では、両者は共同戦線＝政府内政治連合を形成していたのである。[105] トラウトマンは、以上の議論を踏まえ、リッベントロップにはっきりと主張した。「ドイツは東アジアにおいて〔日独協定のごとき〕一方的な政策を推進してはならない」[106]。

2　国防省＝外務省連合の崩壊と国防省の屈服

日本大使館の抗議（一）

同じ六月九日、駐独日本大使武者小路公共が、長期の日本滞在後の帰任の挨拶をもかね、ヒトラーと会談した。その席で武者小路は、「日本はドイツおよびドイツ総統に対し、精神的に類似した国家として非常に大きなシンパシーを有しており、ドイツとの非常に緊密な協力を望んでいる」と述べ、日独協力への意欲を示した。これに対しヒトラーは、つぎのように述べ、日独防共協定に前向きとも取れる発言をおこなったのである。[107]

私は以前より共産主義との仮借なき闘争のなかにヨーロッパの唯一の救済を見いだしている。もし共産主義の打倒に成功せず、共産主義思想が全ヨーロッパに定着するならば、ヨーロッパは一八〇〇年前の古代世界のように、没落に甘んじることとなろう。

さて以上のように、武者小路はヒトラーとの会談で日独協力への意欲を示したが、当時、ベルリン駐在日本大使館では、ドイツの対中政策に対する一定の疑念が広がっていた。というのも、この間ディルクセンが、外務省首脳の許可を得ることなく独断で、武者小路に対し、「内密に」、「クラインの事業の概略」を伝えていたからである。ただし、さすがのディルクセンもこの時は、中独条約の軍事的性格に関しては日本側に伝達し得ず、中独条約の目的は、たんに「原料、とりわけタングステンと落花生をドイツに確保すること」であると述べるにとどまった。(108)

とはいえ、一億RMにおよぶ借款という内容のみでも、この条約は日本側を刺激するに十分であった。実際、六月一二日、日本大使館参事官井上庚二郎がドイツ外務省のエールトマンスドルフを訪れ、つぎのように主張していた。(109)

日本政府は中国における〔第三国の〕純粋に経済的な事業には反対しない。しかし日本政府は、借款や大規模な信用供与にはつねに異議を申し立ててきた。というのも、それらは、中央政府ないし中国の地方権力者によって、容易に政治目的——たとえば軍備拡張や学生のあいだでの反日宣伝など——のために悪用されるからである。

これに対しエールトマンスドルフは「クラインの条約の詳細は私も知らない」と述べたが、もちろん井上は満足せず、「近いうちにクライン事業に関する当局の公式の情報が得られるよう」エールトマンスドルフに要求したのである。(110)さらに一週間後の六月一九日、武者小路がノイラートを訪問し、ふたたびこの問題についてドイツ外務省の見解を求めた。これに対しノイラートは、「その件については私もあまりよくは知らされていない」としながらも、「いずれにせよわれわれが中国政府に対しクレジットの供与を予定しているというのは正しくない」との虚言も含め、のらりくらりとした釈明に終始せざるを得なかったのである。[111]

クライン「組織建議」の露呈

以上のように、エールトマンスドルフが「クラインの協定の詳細は私も知らない」と述べ、ノイラートも「その件については私もよくは知らされていない」と釈明をおこなっていたが、この発言自体はしかし必ずしも偽りとはいえなかった。というのも、すでに見たように、ドイツ外務省は、中独条約の文言はともかく、国防省およびクラインがこの条約の下で推進しようとしていた広範な軍事的・経済的諸計画について、まったく知らされていなかったからである。実際、ドイツ外務省がその詳細の一端を知らされたのは、中独条約成立後三カ月以上も経った七月一六日のことであった。しかもその内容は極めて大規模かつ軍事的色彩が濃厚で、ドイツ外務省を震撼させるに十分なものだったのである。

すなわち同日、ハプロのベルリン代表ロイスが外務省を訪問し、エールトマンスドルフおよびフォスに対し、クライン＝ドイツ国防省の対中計画に関し、つぎのごとき説明をおこなったのである。まず組織面では、軍事・軍拡問題を担当する「ドイツ参謀将校からなるドイツ軍事顧問団本部」（既存の在華ドイツ軍事顧問団とは別組織）と、経済建設問題を担当する「経済・技術顧問団本部」の二部門を、蔣介石・中国政府に対する「諮問機関」として設立する。さらに具体的な計画として、六個師団からなる「一〇万軍」を建設し、のちにそれを「三〇万軍」に拡大強化するとともに、それぞれの師団の配属地に軍事産業を育成し、各師団に必要な軍備を供給し得る体制を整える。

つぎにドイツの対中輸出に関する計画に関し、ロイスはつぎのように述べる。まず「四〇〇〇万ＲＭにわたる緊急プログラム」が、「沿岸防衛用の諸設備」のため用意されている。さしあたり四隻の高速魚雷艇がドイツの在庫から供給され、さらに八隻が建造される予定である。計画総体としては、約五〇隻の同型高速艇が供給され、「三〇キロの範囲にわたり海岸を敵の攻撃から防御する」ために用いられよう。さらに、「多数の沿岸防衛用一五センチ砲台および機雷封鎖設備」が供給される。これにより「揚子江は敵の艦隊に対し遮蔽し得る」。将来、複数の小型潜水艦の供給も予定されている。しかも、こうした近代武器の運用のため、中国人学生にドイツで技術を学ばせ、機械技術者として養成する必要があろう。(112)

こうしてロイスが述べた計画は、明らかに、一九三五年秋にクラインが中国国民政府に提出した「実力中心点を建設するための建議」＝「組織建議」を要約し、さらに具体的な肉付けをおこなったものであった。しかもそれは明確に日本を仮想敵としていたのである。

日本大使館の抗議（二）

このように、ドイツ外務省がクライン・ドイツ国防省の対中計画を知り動揺を深めるなかで、さらに外務省を当惑させる事態が生起する始末となった。すなわち、中独条約に関する前述のエールトマンスドルフおよびノイラートの弁明に、まったく満足しなかった武者小路が、日本外務省に経過を報告し訓令を得たのち、約一カ月後の七月一七日（すなわち右のロイス＝エールトマンスドルフ＝フォス会談の翌日）、ドイツ外務省政務局長ディークホフを訪問し、中独条約に関し、「友好的だが、しかし深刻かつ明示的な態度で」ドイツ側の態度を質すこととなったのである。武者小路はまず、中独条約をめぐる中国側の反応につき、つぎのように苦言を呈する。(113)

南京の明白な主張によれば、クラインの条約は顕著な政治的性格を有しており、また、その条約のなかで約束されたドイツからの供給は、わずかどころか大部分があらゆる種類の武器から構成されており、したがって、結果として日独の友好関係は著しく害されている。

武者小路によれば、このような中国側の主張により「日本の世論は深刻に動揺せしめられている」。したがって、「もしドイツ側からクライン条約の真の意味について、さらに、できればその内容について可及的速やかに説明が与えられなければ、〔日本の〕世論の中で日独関係が脅かされるであろう」。こうした武者小路の抗議に対しディークホフは、覚書の最後につぎのように記した。「武者小路大使が日本政府の訓令による抗議を実行に移す際に示した深刻さと重みには、瞠目すべきものがあった」(114)。こうして日独関係は、中独条約問題の処理いかんでは、日独協定交渉の進展をも脅かすほどの緊張を孕むにいたったのである。

以上のような事態の進展は、ドイツ外務省の内部に、対日政策に関する一定の変化をもたらすこととなった。すなわち、七月一六日のロイスによるクライン・ドイツ国防省の対中計画に関する報告、一七日の武者小路による抗議を受け、翌一八日、外務省貿易政策局・フォスが、ドイツ東アジア政策についての一通の覚書を作成しているのである。それは、武者小路の「深刻なトーン」での抗議と、「両者にとってひとしく不快な会談」について言及したのち、中独条約と日独関係につき、つぎのように述べる。「もしハプロ条約が現実に執行され、中国の軍事的強化がもたらされるならば、事態は日本にとって非常に悪いものとなろう」。フォスによれば、「もしわれわれが日本に対抗する中国政策に固執する場合」、日本は二つの手段を取り得るという。第一は、軍事的手段を講じて中国にドイツ軍事顧問団の引き揚げを要求することであり、第二は、ドイツに対し日ソ和解の可能性（したがって極東ソ連軍のヨーロッパへの配置転換の可能性）を示唆して圧力を加えることである。以上のような考察からフォスはつぎのように判断する。「いずれにせよ〔ドイツによる〕中国軍備拡張政策は、それが長期化すれば、日本にとっていよいよ耐えがたくなる。われわれは中国で日本に対抗する政策を推進し得る可能性を有しない」。フォスがここから引き出した結論は一種の対日宥和論であった(115)。

ハプロ条約は日本の利益を非常に深刻に侵害するので、日本がわれわれに二者択一を迫る時期がいずれ到来しよう。そうなればわれわれは後退する以外方法はなかろう。現在なお時間があり、ドイツ側での好意的態度が日本側で率直に評価され得るかぎりは、日本との了解に成功することが望ましいであろう。

以上のように、外務省の外交上の考慮を無視したクライン・ドイツ国防省のやみくもな中国軍備拡張政策は、その反動として、駐日大使ディルクセンに加え、外務省中枢に有力な対日宥和論＝積極的日独了解論を生みだすにいたった。こうしてドイツ外務省は、日独協定論への外交政策上の歯止めを、内部的に、徐々に失うこととなった。日独防共協定に反対する国防省＝外務省連合は崩壊過程に入ったのである。

「ライヒェナウ路線」の突出

この間中国では、ライヒェナウが中独条約に基づくドイツ国防省の対中計画を促進するため各方面と協議をおこなっていたが[116]、中国現地での状況を直接見聞するにおよび、かれはいよいよ自らの親中路線をエスカレートさせるにいたった。たとえば、南京駐在ドイツ大使館参事官フィッシャーは、一〇月一日、ライヒェナウの副官の以下のごとき発言を、「かれ〔ライヒェナウ〕の路線上にあるもの」として、ドイツ外務省・エールトマンスドルフに伝えているのである。

当地〔東アジア〕では日本につくか中国につくかを決めなければならない。当地のわが国の公的代表者たちは中国に関しあまりに懐疑的である。〔ファルケンハウゼンら〕軍事顧問団は倦むことなく任務に尽力しなければならない。もし日中戦争が勃発すれば、かれらが〔中国軍と〕ともに戦争に赴かなければならないのは当然である。

これは、たんなる軍事的・経済的協力関係の枠を越えて、極めて軍事同盟的な色彩を帯びた中独関係を構想するものにほかならなかった。この発言を聞いたフィッシャーは驚倒し、つぎのようなコメントにその当惑を表現していたのである。「私は聞くがままにこれを述べている（Relata referro）[117]」。

実際、このライヒェナウらの路線は、日本を政治的に刺激し、日中に対するドイツの政策的バランスを失するというレヴェルにとどまらず、場合によっては英米をも含めた当時の東アジア国際システム全体にも重大な影響を与えかねないほどの東アジア・コミットメントを求めたものにほかならず、ドイツの他の政策参画者の当惑と反発を惹起するのは必然であった。たとえば、ライヒェナウは九月末に帰国の途につくが、かれから中国に関する報告を聞いたヒトラーは、二年後、当時を回想し、卓上談話でつぎのように語ったといわれている（ヒトラーの副官エンゲル Gerhard Engel 少佐のメモによる[118]）。

> ライヒェナウ将軍が帰国した。総統は立腹し、「将軍たちは政治を何も理解していない」と罵った。ライヒェナウは、かれ〔ヒトラー〕の対日構想すべてを台無しにしようとしている。ライヒェナウは、皆と同じように、「中国病に罹って」帰国した。陸軍はかれ〔ヒトラー〕にとって国家の中でもっとも不安定な要素であり、外務省や司法部よりもなお悪い。

日本大使館の抗議（三）

このころ日独防共協定交渉は妥結し、一〇月二三日に仮調印がおこなわれて、あとは日本における枢密院での審議を待つのみとなった。しかし右のようなドイツ国防省の対中活動は、さまざまなルートで日本側に伝わり、ふたたび日独関係を緊張させていた。たとえば一〇月三〇日に武者小路は外務次官ディークホフを訪問し、「目下東京で枢密院に提出されている協定」について語り、「この協定が〔枢密院により〕受け入れられることを望む」と述べていたが、中独関係に言及し、つぎのように主張した。「ここ数日、日本の報道の中で中独両国政府の間での緊密な協力に関する報告が数多く登場している。私はここに一定の危険を感じている」。それらの報道によれば、「中国政府に対するクライン・グループの約束により、揚子江の防備施設が建設され、萍郷に軍需工場が設立される」ことになるという。こうした事態に危機感を持った武者小路はつぎのように主張する。「このような報告は〔日独防共〕協定を容易に危機にさらすか、あるいは少なくとも枢密院での審議に際し政府の立場を困難にする」。これに対しディークホフは例によって「その件についてはは何も知らない」と述べたが、もちろん武者小路はまったく満足せず、ドイツ政府が明確な説明を与えるよう「非常に強く固執」し、この問題に関する日本政府の強い不快感を示したのである。(119)

国防省の屈服

こうした日本側の強硬な態度に直面し、すでに日独防共協定締結を不可避と考えるにいたっていたドイツ外務省は、国防省と連絡を取り、善後策を検討することとなった。すなわち、四日後の一一月四日、外務省幹部ヴァイツゼッカー（Ernst von Weizsäcker）およびエールトマンスドルフは、国防省国防経済幕僚部長トーマスと会談し、国防省側の再考を求めることとなった。この席でトーマスは、国防省側の措置に関し、つぎのように報告したのである。「中国におけるドイツの活動につき、ライヒェナウ将軍により作成されたプログラムは、国防大臣〔ブロムベルク〕の異議に基づき、日独関係を考慮して、抜本的に修正された。それは、ドイツにより中国向けに保証すべき人的および物的支援の両面に及ぶものである」。トーマスによれば、この措置により、「ライヒェナウ氏およびクライン氏の構想」は、ドイツ国防省により放棄されたという。さらに外務省側が、「とりわけ日本を不快にする」揚子江河口防衛のための要塞設備および高速魚雷艇を中心とした軍需品供給計画に言及し、「現在進行中の日独交渉を考慮して延期されなければならない」と主張したが、トーマスもこれに「完全な理解」を示した[120]。

以上のような展開をふまえ外務省政務局長ディークホフは、一一月一〇日、武者小路の来省を求め、日本側の懐柔を試みることとなった。この席でディークホフは武者小路に一通の覚書を手交したが、それによれば、ドイツによる揚子江の防衛施設建設や軍需工場の設立に関する日本側の主張は「根拠がない」ものとされ、さらにつぎのように述べられていた。「わが国は、軍需産業の操業のため、わが国の需要の充足に必要な分量を超えた軍需品を多くの他国に輸出してきた。わが国は、〔中国へも〕この分量を超えるドイツ軍需品の供給をおこなうことはない。この点で日本政府はまったく安心されて良い[121]」。こうして、ライヒェナウらによって「台無し」にされようとしていたヒトラーの「対日構想」は、一一月、ドイツ外務省の介入と、ブロムベルク、トーマスら国防省の大幅な譲歩により、一応保持されることとなったのである。

（1）一二月二九日、クラインはヨーロッパへ向かう船上から翁文灝に電報を打ち、「いつかベルリンでご尊顔を拝見できるのが喜びにたえない」と述べている。「克蘭致翁文灝電（一九三五年一二月二九日）」『中徳外交密档』三五三頁。

（2）「翁文灝復塞克特電（一九三六年二月一九日）」『中徳外交密档』三五四―三五五頁。

（3）石川禎治「南京政府期の技術官僚の形成と発展」『史林』第七四巻第二号（一九九一年三月）、一〇頁。馬振犢・戚如高『蔣介石与希特勒』台北・東大図書股份有限公司、一九九八年、五〇〇頁も「ハプロ借款条約交渉中国側代表」としか記していない。『事略稿本』第三五巻、六八一頁に解説のある「顧振」はまったくの別人で、誤りである。『中国人名資料事典』（八）、日本図書センター、一九九九年（『現代中華民国満州帝国人名鑑』昭和一二年版）、一三七頁。

（4）『事略稿本』第三五巻、六八二頁。一九三八年一一月一三日に発生した長沙大火の際、酆悌は長沙警備司令の任にあったが、その後蔣介石に責任を問われ、処刑された。中国現代史辞典編輯委員会編『中国現代史辞典――人物部分』台北・近代中国出版社、一九八五年、六一九―六二〇頁。

（5）中央信託局については、劉鼎銘「中央信託局概略」『民国档案』一九九九年第二期、六五―六八頁に概略が記されている。

（6）『事略稿本』一九三六年一月五日条、第三五巻、四一―四三頁。

（7）Won Wen Hau an Seeckt vom 4. Januar 1936, in: BA-MA, WiIF5/370, Teil 1.「翁文灝復克蘭電稿（一九三六年一月三〇日）」『中徳外交密档』四七三―四七四頁。

（8）「克蘭報告与徳方要員商談中徳関係事致蔣介石等電（一九三六年一月一六日）」『中徳外交密档』八―九頁。いままで一九三六年一月一五日のブロムベルク＝シャハト＝リッベントロップ会談に関するドイツ側史料は発見されておらず、したがって、それに触れた研究も存在しない。

（9）以下を参照。田嶋信雄『ナチズム極東戦略――日独防共協定を巡る諜報戦』講談社、一九九七年、五六―六〇頁。

（10）蔣介石がこの時点でクラインの広東プロジェクトを承認した文書はいまのところ見いだせない。ただし後述のように、蔣介石は、一九三六年三月一九日、トラウトマンに対し、「広東武器工場はまったく小さな事業だというので承認を与えた」と述べている。Trautmann an das AA vom 19. März 1936, in: *ADAP*, Serie C, Bd. V, Dok. Nr. 156, S. 188-189.

（11）Aufzeichnung Erdmannsdorff vom 24. Januar 1936, in: *ADAP*, Serie C, Bd. IV, Dok. Nr. 517, S. 1011.

（12）「克蘭致翁文灝等電（一九三六年一月二七日）」『中徳外交密档』三五五―三五六頁。

（13）Hans Meier-Welcker, *Seeckt*, Frankfurt am Main: Bernard & Graefe Verlag für Wehrwesen 1967, S. 692.

（14）「顧振致翁文灝電（一九三六年二月二七日）」『中徳外交密档』三六一―三六二頁。

（15）「酆悌等致蔣介石密電（一九三六年三月二日）」『中徳外交密档』三六二頁。

（16）Blomberg an die drei Wehrmachtteilen vom 28. Februar 1936, in: BA-MA, RM11/2/v. Case 3/2/48899.

（17）„Reiseplan", in: BA-MA, RM11/2/v. Case 3/2/48899.

（18）『翁文灝年譜』一〇四頁。

（19）「克蘭致翁文灝電（一九三六年二月一〇日）」に、一月一五日付ゼークトの督促への言及がある。『中徳外交密档』二三七頁。

（20）「徳国防部長奉孔部長電（一九三六年一月三〇日）」『中徳外交密档』二三六頁。

(21)「克蘭致翁文灝等電（一九三六年一月三一日）」『中徳外交密档』二三六頁。「克蘭致翁文灝電（一九三六年二月一〇日）」『中徳外交密档』二三七頁。

(22)「克蘭致関徳懋電稿（一九三六年三月三日）」『中徳外交密档』二三七—二三八頁。

(23) 翁文灝（李学通・劉萍・翁心鈞整理）『翁文灝日記』北京・中華書局、二〇一〇年、一九三六年一月二八日条、一一—一二頁。

(24) 原電は未発見だが「克蘭致翁文灝等電（一九三六年一月三一日）」『中徳外交密档』二三六頁から日付と内容が分かる。

(25)『翁文灝日記』一九三六年二月九日条、一五頁。

(26)「翁文灝致孔祥熙函稿（一九三六年三月六日）」『中徳外交密档』二四〇—二四一頁。

(27)『翁文灝日記』一九三六年一月二八日条、一一—一二頁。「翁文灝復克蘭電稿（一九三六年一月三〇日）」『中徳外交密档』四七三—四七四頁。

(28)『翁文灝年譜』一〇九頁。「翁文灝致孔祥熙函稿（一九三六年三月六日）」『中徳外交密档』二四〇頁。

(29)『翁文灝日記』一九三六年三月一八日条、二八頁。

(30)「翁文灝致克蘭電稿（一九三六年一月一六日）」『中徳外交密档』四七二頁。

(31)「克蘭致翁文灝電（一九三六年一月一六日）」『中徳外交密档』四七二頁。

(32)『翁文灝日記』一九三六年一月二八日条、一二頁。

(33) Trautmann an das AA vom 8. Februar 1936, in: PAdAA, „Projekt Klein“, 6680/H096342.

(34) Trautmann an das AA vom 11. Februar 1936, in: *ADAP*, Serie C, Bd. IV, Dok. Nr. 552, S. 1094.

(35) Anmerkung der Herausgeber (1), *ADAP*, Serie C, Bd. IV, S. 1094.

(36) Anmerkung vom AA zum Schreiben Thomas an das AA vom 14. Februar 1936, in: PAdAA, „Projekt Klein“, 6680/H096350.

(37) 国防省の蒋介石宛直接電報の原文は未発見であるが、以下の二つの電報から内容とおおまかな発電時期を確認できる。「顧振等致翁文灝電（一九三六年二月二六日）」『中徳外交密档』三六〇—三六一頁。Trautmann an das AA vom 20. März 1936, in: PAdAA, „Projekt Klein“, 6680/H096383-384.

(38) Anmerkung der Herausgeber (2), *ADAP*, Serie C, Bd. IV, S. 1094.

(39) Trautmann an das AA vom 19. März 1936, in: *ADAP*, Serie C, Bd. V, Dok. Nr. 156, S. 188-189.

(40)「翁文灝致顧振電（一九三六年三月一九日）」『中徳外交密档』三六三頁。『翁文灝日記』一九三六年三月一九日条、二八頁。
(41) Trautmann an das AA vom 20. März 1936, in: PAdAA, „Projekt Klein", 6680/H096383-384.
(42)「顧振等致翁文灝電（一九三六年三月二三日）」『中徳外交密档』三六五頁。
(43) Blomberg an Chiang Kai-shek vom 24. März 1936, in: *ADAP*, Serie C, Bd. V, Dok. Nr. 206, S. 263.
(44)「顧振等致翁文灝電（一九三六年三月二四日）」『中徳外交密档』三六六―三六七頁。
(45)『事略稿本』一九三六年三月二八日条、第三六巻、一九五―一九八頁、「敬電」（二四日を示す符号）に関する記述。
(46) 同上。
(47) Blomberg an Falkenhausen vom 25. März 1936, in: PAdAA, „Projekt Klein", 6680/H096411-412.
(48) Blomberg an Nerutath vom 25. März 1936, in: *ADAP*, Serie C, Bd. V, Dok. Nr. 217, S. 283-284.
(49) Aufzeichnung Voss vom 30. März 1936, in: *ADAP*, Serie C, Bd. V, Dok. Nr. 235, S. 318. 各種史料を検討しても、「数日後」にクラインがノイラートを訪問した形跡は見あたらない。
(50)「顧振致翁文灝電（一九三六年三月二六日）」『中徳外交密档』三六八頁。
(51) Aufzeichnung Voss vom 4. März 1936, in: PAdAA, „Projekt Klein", 6680/H096369-372.
(52) Aufzeichnung Voss vom 31. März 1936, in: *ADAP*, Serie C, Bd. V, Dok. Nr. 239, S. 324-328.
(53)「対中国国際援助問題に関する情報部長の非公式会談」外務省編『日本外交年表竝主要文書』（下）、原書房、二〇〇七年、二八四―二八六頁。
(54) Aufzeichnung Erdmannsdorff vom 31. März 1936, in: *ADAP*, Serie C, Bd. V, Dok. Nr. 238, S. 323-324.
(55)「翁文灝等致顧振等電（一九三六年三月二五日）」『中徳外交密档』三六七頁。
(56)「翁文灝等致顧振等電（一九三六年三月二八日）」『中徳外交密档』三六九―三七〇頁。
(57)『事略稿本』一九三六年三月二六日条、第三六巻、一九七―一九八頁。
(58) Chiang Kai-shek an Blomberg vom 4. April 1936, in: *ADAP*, Serie C, Bd. V, Dok. Nr. 254, S. 356-357.
(59) 第四条以下はつぎの通り。

(4) 中国政府およびドイツ政府は、中国政府がドイツでおこなうべき公的支払い、ドイツ政府が中国でおこなうべき公的支払いを物資交換協定によって処理することができる。
(5)信用借款は、物資交換協定に基づく中国の農鉱原料の供給を通じて随時弁済しまたは全額を継続することができる。
(6)借款および中国がドイツに有する貸し金は中国政府ないしその全権代表者が処理する。
(7)ドイツ政府は一億ＲＭの商品信用借款をドイツ手形割引銀行において提供し、商品信用借款および貨物交換により生ずる支払い手続きを同銀行に委託する。
(8)中国政府は貨物交換により生ずる支払い手続きを中国中央銀行に委託する。
(9)この商品信用借款には手数料は含まれない。
(10)提供された信用および原料供給により生ずる貸し金の利子は年利５％とし、雑費手数料を含まない。
(11)〔仲裁裁判条項、略〕。
(12)この商品信用借款付帯契約は、独文および中文それぞれ二通を作成する。中国全権代表は、ドイツ語成文が中国語の成文と内容的に完全に一致すると声明する。

Kreditzusatzvertrag zu dem zwischen der chinesischen Regierung und Hans Klein abgeschlossenen Warenaustausch-Vertrag vom 23. August 1934, Berlin, den 8. April 1936, in: *ADAP*, Serie C, Bd. V, Dok. Nr. 270, S. 382–383.「中徳信用借款合同（一九三六年四月八日）」『中徳外交密档』三二九—三三〇頁。

(60) Bericht und Anlage der Deutschen Revisions- und Treuhand-Aktiengesellschaft über die bei der „HAPRO" vorgenommene Sonderprüfung vom 3. Dezember 1936, in: BA-L, R121/5177, Bl. 4.
(61) Chiang Kai-shek an Hitler vom 14. April 1936, in: PAdAA, „Projekt Klein", 6680/H09416.
(62)「希特勒為発展対華合作事致蔣介石電（一九三六年五月一三日）」『中徳外交密档』四—五頁。
(63)「柏龍白為徳方供華軍火事致蔣介石函（一九三六年五月一三日）」『中徳外交密档』二四四頁。
(64) Emil Helfferich, *1932–1946. Tatsachen*, Jever: C. L. Mettcker & Söhne 1969, S. 124.
(65)「蔣介石為擬派員赴徳査閲中徳易貨帳目事致柏龍白函稿（一九三六年五月）」『中徳外交密档』二四四—二四五頁。
(66)『翁文灝日記』一九三六年四月四日条、三三頁。
(67)『翁文灝日記』一九三六年四月八日条、三四頁。

(68)『翁文灝日記』一九三六年四月八日条、三四頁。

(69)『翁文灝日記』一九三六年四月一一日条、三五頁。

(70) „Jahresbericht der AGK bei der Reichsgruppe Industrie, Das erste Geschäftsjahr, 1. 11. 1935-31. 10. 1936", in: BA-MA, WiIF5/383, Teil 2.

(71) Ebenda.

(72) Reichsgruppe Industrie, Ausfuhrgemeinschaft für Kriegsgerät, „Jahresbericht 1937", in: BA-L, R901/106471. 筆者はいままでドイツ連邦軍事文書館で発見した前記の一九三六年の「年次報告書」（一九三五年一一月一日—一九三六年一〇月三一日）のみを用いて対中国武器貿易の総額と比率を論じてきたが、その後一九三七年の「年次報告書」（一九三六年一月一日—一二月三一日の統計を含む）をドイツ連邦文書館で発見することができたので、ここでは二つの数字を併記しておく。

(73) Ebenda.

(74)「翁文灝等致顧振等電（一九三六年三月一九日）」『中徳外交密档』三六三—三六四頁。

(75)「翁文灝等致顧振等電（一九三六年四月一三日）」『中徳外交密档』三七四—三七五頁。

(76)「翁文灝等致顧振等電（一九三六年三月一九日）」『中徳外交密档』三六三—三六四頁。また、ドイツ連邦軍事文書館にもリストが存在する。„Auftragliste der Chinesischen Kommission im Auftrag des Marschalls Chiang Kai Shek", in: BA-MA, RM11/2/v. Case3/2/48899.

(77) 一九三八年におけるこのリストの納入状況は、馬振特・戚如高『蒋介石与希特勒』台北・東大図書股份有限公司、一九九八年、三三五—三三七頁に掲載されている。

(78) 戚如高・周媛「資源委員会的「三年計画」及其実施」『民国档案』一九九六年第二期、九五—一〇三頁。

(79) 同上。資源委員会とハプロによって進められた「中央鋼鉄廠建設計画」については、萩原充『中国の経済建設と日中関係』ミネルヴァ書房、二〇〇〇年、第一章「南京政府期の鋼鉄業」ならびに第二章「中央鋼鉄廠建設計画」、とくに六四—六六頁に詳しい。家近亮子『蒋介石と南京国民政府』慶應義塾大学出版会、二〇〇二年、とくに第六章「蒋介石の「安内攘外」期における南京国民政府の国家建設および外交戦略」ではドイツにまったく触れられていない。

(80)「顧振等致翁文灝電（一九三六年四月三〇日）」『中徳外交密档』三八〇頁。

(81) B. Nr. B Stat 1192/35 Gkods vom 15. Mai 1936, in: BA-MA, RM11/2/v. Case3/2/48899.
(82) 鄧演存「琶江兵工廠建立始末」広州市政協文史資料研究委員会編『南天歳月——陳済棠主粤時期見聞実録』（広州文史資料第三七輯）広州・広東人民出版社、一九八七年、一六一—一六七頁。
(83) 李宗仁『李宗仁回憶録』（下）、上海・華東師範大学出版社、一九九五年、四七六頁。
(84) 両広事変について、以下を参照。施家順『両広事変之研究』高雄・復文図書出版社、一九九二年。
(85) 李雲漢『中国国民党史述』第三編、台北・中国国民党中央委員会党史委員会、一九九四年、二八三—二八八頁。
(86) 石島紀之『中国抗日戦争史』青木書店、一九八四年、四六頁。
(87) 李滔・陸洪洲編『中国兵工企業史』北京・兵器工業出版社、二〇〇三年、一五二—一五四頁。
(88) 同上。
(89) 一九三八年四月に入ると華南方面を主作戦地域とする海軍高雄航空隊ならびに第一四航空隊（三灶島に飛行場を建設）が開隊し、華南に進出、年内に七次にわたる作戦をおこなった。そのうち琶江兵工廠は四月一四日から二一日と、七月一六日から二五日の二波にわたる攻撃の対象の一つとなった。防衛庁防衛研究所戦史室編『戦史叢書』第七九巻「中国方面海軍作戦（二）」朝雲出版社、一九七五年、七四頁。
(90) 李滔・陸洪洲編『中国兵工企業史』北京・兵器工業出版社、二〇〇三年、一五二—一五四頁。
(91) 田嶋信雄「親日路線と親中路線の暗闘」工藤章・田嶋信雄編『日独関係史　一八九〇—一九四五（二）——枢軸形成の多元的力学』東京大学出版会、二〇〇八年、八—五三頁を参照。
(92) 以下「ライヒェナウの中国訪問と親日派に対する国防省の闘争」は、ことの性質上、前記田嶋信雄「親日路線と親中路線の暗闘」論文の一部と重なる部分があることをお断りしておきたい。
(93) Aufzeichnung Bülow vom 4. Mai 1936, in: *ADAP*, Serie C, Bd. V, Dok. Nr. 306, S. 466-467.
(94) Ebenda.
(95) Oberkommando der Marine an die Abteilungen der Marineleitung vom 15. Mai 1936, in: BA-MA, RH 11/2/v. Case 3/2/48899, Bl. 390.
(96) Blomberg an Falkenhausen vom 6. Mai 1936, in: PAdAA, „Projekt Klein", 6680/H096424.

(97) Bericht des Wehrwirtschaftsstabes vom 15. Mai 1936, in: BA-MA, RW5/v. 315, „Akte Stein".
(98) Bericht des Oberkommandos der Luftwaffe vom 12. Mai 1936, ebenda.
(99) Bericht des Oberkommandos der Kriegsmarine vom 19. Mai 1936, ebenda.
(100) Bericht des Generalstabs des Heeres vom 16. Mai 1936, ebenda.
(101) Niederschrift des Ministerrates am 27. Mai 1936, in: *Der Prozeß gegen die Hauptkriegsverbrecher vor dem Internationalen Militärgerichtshof*, Bd. XXVII, S. 144-148.
(102) Aufzeichnung Dirksen vom 19. Mai 1936, in: *ADAP*, Serie C, Bd. V, Dok. Nr. 338, S. 524-526.
(103) Aufzeichnung Dirksen vom 25. Mai 1935, in: *ADAP*, Serie C, Bd. V, Dok. Nr. 346, S. 538-539.
(104) Handschriftlicher Vermerk Dieckhoff vom 26. Mai 1936, in: *ADAP*, Serie C, Bd. V, S. 539, Anm. (5).
(105) ナチズム外交における「政府内政治連合」について、以下を参照。田嶋信雄『ナチズム外交と「満洲国」』千倉書房、一九九二年、一〇六頁。
(106) Trautmann an Dieckhoff vom 10. Juni 1936, in: *ADAP*, Serie C, Bd. V, Dok. Nr. 363, S. 562-566.
(107) Aufzeichnung Meissner vom 9. Juni 1936, in: *ADAP*, Serie C, Bd. V, Dok. Nr. 362, S. 561-562.
(108) Aufzeichnung Erdmannsdorff vom 12. Juni 1936, in: PAdAA, „Projekt Klein", 218/147896-897.
(109) Ebenda.
(110) Ebenda.
(111) Aufzeichnung Neurath vom 19. Juni 1936, in: *ADAP*, Serie C, Bd. V, Dok. Nr. 386, S. 605-606.
(112) Aufzeichnung Voss vom 17. Juli 1936, in: PAdAA, „Projekt Klein", 218/147932-934.
(113) Aufzeichnung Dieckhoff vom 17. Juli 1936, in: PAdAA, „Projekt Klein", 218/147925-926.
(114) Ebenda.
(115) Aufzeichnung Voss vom 18. Juli 1936, in: *ADAP*, Serie C, Bd. V, Dok. Nr. 461, S. 732-734.
(116) ライヒェナウの中国訪問について、以下を参照。Walter Eckert, *Die HAPRO in China*, Graz: Selbstverlag, o. D., S. 47-51. 馬振特・戚如高『蔣介石与希特勒』台北・東大図書股份有限公司、一九九八年、三〇〇頁。

(117) Fischer an Erdmannsdorff vom 4. November 1936, in: PAdAA, „Projekt Klein". 218/148034–037. ライヒェナウ訪中に際し通訳の任に当たった関徳懋は、「当時ライヒェナウは、中独軍事攻守同盟を締結し、ドイツが表に出て日本を抑え、中日紛争を解決し、さらに中独日三国が共同で手を携え、もってソヴィエト・ロシアに対処することを提案していた」と主張している。関徳懋『関徳懋先生訪問紀録』（中央研究院近代史研究所口述歴史叢書六五）、台北・中央研究院近代史研究所、一九九七年、三七頁。また、ブロムベルクも、未刊行の回想録で、当時親中国的な「英米に対抗するユーラシア大陸ブロック構想」を追求していたと主張している。Bernd Martin (Hrsg.), *Die deutsche Beraterschaft in China. Militär-Wirtschaft-Außenpolitik*, Düsseldorf: Droste 1981, S. 71. いずれも興味深い見解ではあるが、補強証拠がなく、ただちに信を置くことはできない。

(118) Aufzeichnung Engel vom 1. Oktober 1938, in: Gerhard Engel (hrsg. u. kommentiert von Hildegard von Kotze), *Heeresadjutant bei Hitler 1938–1943. Aufzeichnungen des Majors Engel*, Stuttgart: Deutsche Verlags-Anstalt 1974, S. 40–41.

(119) Aufzeichnung Dieckhoff vom 30. Oktober 1936, in: *ADAP*, Serie C, Bd. V, Dok. Nr. 637, S. 1078–1079.

(120) Aufzeichnung Erdmannsdorff vom 4. November 1936, in: *ADAP*, Serie C, Bd. VI, Dok. Nr. 7, S. 19–20.

(121) Aufzeichnung Dieckhoff vom 10. November 1936, in: *ADAP*, Serie C, Bd. VI, S. 20, Anm. (6).

第六章　ナチス・ドイツの一般的輸出奨励策と対中国武器輸出問題

第一節　中国の武器需要とドイツ各社の対中国武器輸出競争

1　武器輸出をめぐる政治的利害関係の配置（一九三三年）

輸出促進策での合意とフーゲンベルクの孤立

さて、ハプロをめぐる政治対立は以上のように複雑な過程を経たが、本章では、ハプロ問題とは一応別個に、一般的な武器輸出政策の枠内で展開された、ナチス・ドイツの対中国武器輸出問題の推移を分析することとしたい。これは、言い換えれば、ドイツの各武器会社が、直接ないし中国在留ドイツ商社などを通じておこなっていた中国への個別の武器輸出に対し、ナチス・ドイツ政府がいかなる対応をおこなったかという問題を、検討することでもある。

そこでまず、この問題を分析するための前提として、一九三三年一月にナチスが権力を掌握して以降、ドイツの武器輸出政策一般に対し、ドイツ政府内の主要なアクターたち、具体的には外務省、経済省、財務省、国防省および首相ヒトラーの五者が、いかなる政治的な利害関係を有していたかという問題を、概括的に述べておきたい。

外務省、財務省の二者は、ヴァイマール共和制末期からヒトラー政権初期にかけて、基本的には工業界の支持を背景としつつ、自由貿易主義に基づく輸出志向の通商政策を展開していた。当時、ユンカーを始めとする農業利益を代表していたフーゲンベルク（国家人民党党首、ヒトラー政権成立時の食糧農業相兼経済相）は、外国からの農産物輸入に対する自主（高率）関税の設定、および輸入割当制の導入等の要求を掲げてドイツ経済のアウタルキー化を志向していたが、これに対し伝統的保守派官僚である外務大臣ノイラートおよび財務大臣クロージクは、農産物輸出国との協調による関税の引き下げを求め、フーゲンベルクと激しく政策的に対立していた。

こうしたヒトラー政権初期の対立は、一九三三年六月―七月の世界経済会議で決着がつけられた。すなわち、会議の席で唐突に「アウタルキー演説」をおこなったフーゲンベルクは、国際的にも閣内においても孤立し、辞任せざるを得なかったのである。フーゲンベルクの後任となったのは、アリアンツ保険会社社長でベルリン商工会議所副会長でもあったシュミットであった。かつて経済省では、関税・通商局長ポッセ（Hans Ernst Posse）がフーゲンベルクと対立しつつ、自由貿易主義的な政策の堡塁を堅持していたが、フーゲンベルク辞職後、経済省は新大臣シュミットおよび次官に昇任したポッセの下で、国内産業の保護育成および輸出の促進という「本来の」政策に回帰していくこととなる。(1)

輸出促進という点では、国防省も同様の立場をとっていた。当時のドイツは、深刻な外国為替不足に起因する、外国からの原料・食糧輸入の困難に直面していた。このため、ドイツ国防省は、軍拡に必要な原料資源の輸入を確保するためにも、武器を含むドイツ工業製品の輸出促進に死活的な利害を有していたのである。その際、ドイツ国防省がとくに貿易促進を求めていた相手国はソ連であったが、ヒトラー政権下での対ソ貿易再建の困難性を見越し、国防省はその代替として、中国の市場に並々ならぬ関心を注いでいたのである。(2)

こうしてナチス政権初期には、外務省、経済省、財務省、国防省が、ドイツ工業製品の輸出促進政策という「総論」で、基本的には轡を並べることとなる。

武器輸出に関する政策の相違

しかしながら、問題を武器輸出という「各論」に限定すると、この四者の間で大きな温度差が存在した。それは基本的には、国際政治の動向に配慮せざるを得ない外務省と、なによりも自国の軍拡を最優先する国防省の対立であった。

外務省の行動を拘束した要因は、第一に、いうまでもなくヴェルサイユ講和条約の軍事主権制限、とりわけ武器輸出入禁止規定であった。外務省は立場上、なによりもヴェルサイユ条約違反を口実とした、英仏など西側列強からの政治的・外交的圧力の回避を優先課題とせざるを得なかったのである。さらに第二に、中国への武器輸出についていえば、外務省は以上のようなヴェルサイユ条約への配慮に加え、東アジア国際関係に特有の諸条件をも勘案せざるを得なかった。その諸条件については本章で詳細に分析するが、概括的にいえば二つの大きな条件があった。一つは中国の潜在的な分裂状態であり、二つには、一九三一年九月一八日の柳条湖事件に端を発する、日中間の政治的・外交的・軍事的対立である。こうした観点から、外務省は対中国武器輸出に、非常に慎重な姿勢を維持したのである。

これに対しドイツ国防省は、中国への武器輸出をもっとも強く主張する官庁であった。何よりも中国は、ドイツ軍需産業にとって非常に魅力のある武器市場であった。そもそもドイツ軍需産業は、一九二〇年代、ヴェルサイユ条約の禁止規定にもかかわらず、第三国などを通じて対中国武器輸出を継続しており、中国においてドイツはつねに一、二を争う重要な武器輸出国としての地位を占めていたのである。しかも中国は、食糧や鉱業原料、とりわけ当時の非常に重要な軍事的戦略物資であったタングステンを大量に輸出し得る能力を有していた。ドイツ国防省にとって中国は、極めて魅力ある武器貿易のパートナーだったといえよう。

輸出促進策へのヒトラーの同調

最後にヒトラーは、対中国武器輸出問題では首尾一貫した政治指導をおこなわなかった。たしかにフーゲンベルクと外務省・財務省との対立の中でヒトラーは、「対外政策上の利害は国内経済の利害よりも優先する」と述べ、ノイラート外相らの議論に表面上賛成していた。(3) しかしそれは、当時のヒトラーの「国際協調」的な路線の確固たる表明というよりは、むしろかれの思考の中で一種の強迫観念としてある「外交政策の優位」という、一般原則を吐露したものに過ぎなかったと思われる。さらにそもそもヒトラーは、『我が闘争』でも、いわゆる『第二の書』でも、中国に対してほとんど外交政策的な関心を向けていなかった。(4) こうした事情から、対中国武器輸出問題に対するヒトラーの見解は、その時々の「対外政策上の利害」に関する、かれの主観的かつアドホックな判断に左右されることとなる。

2　宋子文の訪欧とラインメタルへの帝国欠損保障付与問題

宋子文の訪欧・訪米

一九三一年九月一八日の柳条湖事件に端を発する「満洲事変」は、一九三三年五月三一日の塘沽停戦協定で一応の終止符が打たれた。日本の侵略行動に対し有効な軍事的抵抗をおこなうことができず、国際的な支援を得ることにも失敗した中国国民政府は、その後「安内攘外」路線を再確認しつつ、政治的・軍事的には共産党への攻撃に勢力を集中し、他方で経済力・軍事力の着実な充実を図る路線に転換していくこととなった。(5)

一九三三年初夏、中国国民政府財政部長宋子文は、ロンドン世界経済会議（一九三三年六月一二日—七月二七日）に出席のため、当時滞在中であったアメリカ合衆国からヨーロッパを訪問した。(6) 七月下旬に宋子文はドイツに立ち寄り、ヒトラーに面会を求めたが果たせず、その後太平洋を渡ってふたたびアメリカ合衆国へと向かった。

宋子文訪独の隠れた目的は、ドイツ製武器を大量に買い付けるため、ドイツ軍需産業の各社と接触することにあった。たとえば宋子文は、一〇〇〇万RMの予算で機関銃を購入したいという希望を、ラインメタル社に伝えたのである。供給期間は三年、支払い期間は六年との条件であった。(7) さらに宋子文は、クルップ社にも五億RMおよび二六〇〇万ドルにのぼる予算で、武器工場を中国に建設するプロジェクトについて打診していたのである。(8)

対中国武器輸出へのラインメタルの関心

こうした中国国民政府の商談を受けたラインメタル社は、内部での検討の結果、リスクを回避するため、当時ドイツ政府がおこなっていた輸出奨励策の一つである、帝国欠損保障を申請することとした。(9) さらにラインメタル社はドイツ国防省にも計画を打診したが、それに対し国防省は「国防政策的な理由」から、輸出の実現に「大きな関心」を示したのである。(10)

しかしながら、ラインメタル社による帝国欠損保障申請の計画を察知したドイツ外務省は、いくつかの点で反対せざるを得なかった。第一に、「北伐」の終了、および国民政府の統一後もなお継続している中国の内戦的な状態のもとでは、この計画へのドイツ政府の公的な支援は、中国内の一当事者への一方的な政治的肩入れを意味すると判断された。第二に、「満洲事変」以降日中関係が緊張している中で中国と武器取引をおこなうことは、対日政策の観点からも「遺憾なきにあらず」とされた。こうした観点から外務省は、六月下旬、ただちに関係各省庁の会議を招集し、「帝国欠損保障の付与に基づく軍事物資の対外輸出は、今日においてもなお許可されるべきではない」との意見で、関係各省庁からの合意を得たのである。(11)

六月三〇日、ラインメタル社のエルツェ（Hans Eltze）とパープスト（Waldemar Papst）の二名が、外務省第四部のミヒェルゼン（Erich Michelsen）部長代理を訪れ、同社の対中国機関銃輸出計画を伝えた。これに対しミヒェルゼンは、上述した外務省の立場および関係各省庁会議での合意を伝え、ラインメタル社の計画への支援を拒否したのである。[12]ラインメタルはもちろん諦めなかった。かれらはつぎにドイツ経済省を訪問し、経済次官フェーダー（Gottfried Feder）に救いを求めたのである。この席でラインメタルとフェーダーは、ラインメタルが武器を「半製品」として、ラインメタルのスイス支社であるゾーロターン武器製作所に販売し、ゾーロターンがそれを中国に輸出するという「抜け道」を見出したのである。帝国欠損保障は、ゾーロターンと中国国民政府との取引にではなく、ゾーロターンからラインメタルに支払われるべき約束手形に対して申請することとされた。[13]

外務省の帝国欠損保障付与拒否

七月六日、こうした新たな「抜け道」案を携えてパープストがふたたびドイツ外務省を訪れた時、ミヒェルゼンはパープストに対し、一応「上司に決定を求めるつもりである」と約束したのである。しかしながらミヒェルゼンは会談後、「この方法でもうまくいかないだろう」と判断せざるを得なかった。「現在のドイツ経済の困難な状況を考えれば、ドイツ工業界と商社が中国への武器輸出のため努力していることは良く理解できる」し、「それはたしかに一定程度国防経済上の利益に合致する」であろう。しかしながら、「中国側の買い手が誰であれ、中国における武器輸出取引は一般的に悪評」であり、「過去においても繰り返し政治的・経済的な困難をもたらしてきた」。ドイツ政府はこうした事業に対し明白に距離を置いてきたから、ドイツの民間会社が公的な支援を求めてきた場合でも、「きっぱりと拒否」することができた。しかしもし、ラインメタル事業でこうした立場を放棄すれば、情報が漏洩する可能性が高い。そうなれば、「政治的な紛糾」を覚悟しなければならないだけではなく、ドイツの別の軍需会社がこの例を引き合いに出しつつ、中国への武器輸出に帝国欠損保障の付与を求めてくる可能性もある。こうした考えからミヒェルゼンは、ラインメタルの申請を却下するよう、外務次官代理ケプケ（Gerhard Köpke）に提案したのである。[14]

以上のようなミヒェルゼンの覚書に対しケプケは、一〇日後の七月一五日、「了解」とのサインを記し、外務省の基本的な立場が確定した[15]。

3　ドイツ各社の対中国武器輸出の進展

対中国武器輸出に関する外務省の一般方針

以上のように、ドイツ外務省は中国への武器輸出に対する帝国欠損保障の付与を拒否したが、しかしその立場はドイツ各軍需会社の中国への武器輸出一般を拒否するものではなかったことに注意されなければならない。実際、ドイツ外務省は武器輸出入禁止法（一九二七年制定）の存在にもかかわらず、ドイツ各軍需会社の個別的な対中国武器輸出を黙認、ないし場合によっては暗に支援する姿勢を取り始めていたのである。

たとえば、前述のように宋子文はクルップ社にも武器工場建設計画を打診していたが、それに対するドイツ外務省の態度は、必ずしも否定的なものではなかったのである。三三年九月二七日、クルップ社のクルップ・フォン・ボーレン（Gustav Georg Friedrich Krupp von Bohlen und Halbach）が外務省を訪問し、先に述べた宋子文の計画に関してビューロ外務次官と協議したが、その際ビューローは「日本の不快はもちろん考慮すべきだが、英米伊蘭その他の国も中国で活動しており、ドイツだけが孤立しているわけではない」、したがって「リスクは分散されており、日本が抵抗したり抗議をおこなったりしても、静かに聞き流すことができるだろう」との立場を表明したのである。ビューロによれば、むしろ心配なのは「中国内政の急激な変動の可能性から派生する経済領域でのリスク」なのであった。こうした考慮から、ビューロは対中国武器貿易に関し、つぎのような準則を提示したのである[16]。

⑴個別の計画について、個別に交渉すること。
⑵個々の計画の規模を限定すること。
⑶交渉に当たっては安全確保の必要性について配慮すること。

その上でビューロは、将来クルップと中国政府が何らかの契約を締結する場合には、与信問題および為替問題のため、ドイツ政府も関与せざるを得ないだろうと述べていた[17]。

こうしてドイツ外務省は、対中国武器貿易問題に関しては、ドイツ政府が帝国欠損保障その他の形で公的に支援しない限り国際政治上問題はなく、個々の企業の経済的リスクを回避するためには、ドイツ政府も与信上および為替問題上の協力を惜しまない、との姿勢を示したのである。

民間ベースでの対中国武器輸出

さて、すでにみたようにラインメタル社は外務省により帝国欠損保障の付与を拒否されていたため、同社はさしあたり帝国欠損保障抜きの民間ベースで中国への武器輸出を進めることとなった。しかもこのラインメタルの計画は、ドイツ国防省の支援を得ていたのである。一九三三年一一月一五日、陸軍兵器部のデグラール参事官が外務省を訪問し、ラインメタルの対中武器輸出事業について説明した。それによればラインメタルは、ゾーロターンを通じて、⑴七五ミリ軽野戦砲、⑵軽榴弾砲、⑶三七ミリ対戦車砲、⑷一五センチ重榴弾砲を中国に輸出する計画であった。そのため一二月に、南京で当該武器のトライアルが開催される予定である。デグラールによれば、「こうした武器に対する中国中央政府の関心はおそらくここ数年かなり大きなものとなる見込み」であり、他方「外交代表部に支援された他国企業との競争も非常に厳しい」。こうした判断からデグラールは、中国駐在外交官を通じて中国中央政府に対し、ラインメタルの当該武器は優れており、ドイツ国防省の推薦を得ている旨を伝えて欲しいと要望したのである[18]。外務省はこれを受け、一一月一七日、デグラールの覚書を北平駐在ドイツ公使館に転送し、国防省の評価を「内密に口頭で」中国中央政府に伝えることに異存はない、との立場を伝えた[19]。一二月下旬、北平駐在ドイツ公使トラウトマンは汪兆銘と会談し、ゾーロターンが大砲の試射をおこなうこと、ゾーロターンの武器にはドイツ国防省の推薦があることを述べたのである[20]。さらに公使館参事官フィッシャーも、中国政府軍政部次長陳儀と会談し、ゾーロターンの事業にはドイツ国防省の推薦があることを伝えた。これに対し陳儀は、「その推薦は価値がある」との好意的態度を示した[21]。こうした中国での動きは、ベルリンにおいて外務省から国防省に伝えられたのである[22]。

4　国防省の対中国武器輸出強化論と外務省の慎重論

国防省の対中国武器輸出支援

しかしながら国防省はこうした経緯に満足したわけではなく、逆に、帝国欠損保障を拒否する外務省の立場に反発を強めていた。一九三四年四月一六日、陸軍兵器部のリーゼ部長は、「外国為替状況に規定された原料問題と、それに関連するドイツ軍需産業の対外事業」について詳細に記した覚書を起草し、国防省の立場を鮮明にしたのである。リーゼはまず当時のドイツの原料状況に関しつぎのような認識を提示する。「原料状況の悪化により在庫が減少し、原料状況は日々悪化の一途をたどり、軍拡状況にとって非常に憂慮すべき状態となっている」。こうした状況の改善のため、リーゼが戦略的に重要と考えたドイツ軍需産業の在外事業の第一の対象は、ソ連であった。しかしリーゼは、ナチズム体制下における独ソ関係の全面的再建の困難性を前提として、さらに中国に対して関心の対象を拡大し、つぎのように述べる。

広東における武器工場建設の目的意識的な進展に刺激されて、南京中央政府も今日軍備拡張の推進を欲しているかに見える。ドイツ製武器と武器製造機器への関心は大きく、当然にも一定の期待が持たれている。したがって、ドイツの側でも、帝国欠損保障、輸出奨励金その他の手段を用いて軍需会社に便宜を与え、そうした事業を通じて外国為替を獲得することが望ましい。外務大臣と経済大臣の関心をとくに中国事業に向けさせることが必要であり、また、中国においてドイツ産業を統一的に擁護することが望ましい。……あらゆる手段を通じて軍需産業の外国事業を促進することが緊急に求められている。

リーゼは、こうした立場から、対中国武器輸出事業に帝国欠損保障の付与を拒否する外務省を、つぎのように痛烈に批判したのである。

ヴェルサイユ条約や武器輸出入禁止法をたてに取ってドイツ軍需産業の輸出事業をサボタージュないし妨害するような省庁が、わが国にあってはならない。(23)

この間、こうした陸軍兵器部の支援もあり、ラインメタル＝ゾーロターンの対中武器輸出事業は着々と進展していた。ゾーロターンは、五年間の信用払いで約二〇〇〇万マルクにのぼる大砲を中国軍に売却する計画を進めていたのである。(24)

外務省の慎重論

しかしながら、外務省は相変わらず中国に対する大規模な武器輸出ないし軍需工場の建設には、否定的な考えを維持していた。それはとりわけ、東アジア政策業務に直接かかわる「現場の人間」に顕著であった。たとえば一九三四年四月二一日、ゾーロターン社の中国代表者が駐華公使トラウトマンを訪ねて同社の中国事業を説明し、スウェーデンの武器会社ボフォース社の代理店カルロヴィッツ社や、シュネデール社の代理店クンスト&アルバース社、さらにはアームストロング社やシュコダ社も国民政府の事業に関心を持っているので、「総司令〔蔣介石〕と財務部長〔宋子文〕に契約締結を積極的に働きかけて欲しい」と要望した時、トラウトマン公使は、以下のように述べてこれを拒否したのである。(25)

事業の内容から見てもそのような契約を締結することはまったく誤りだし、さらに政治的に見ても、日本の脅威を考えれば、武器取引を支援しないというわが国の以前からの政策を維持すべきである。

さらにこうしたトラウトマンの判断を受けて外務次官ビューロも、四月二七日、以下のようにトラウトマンに訓令を送ったのである。「貴官の判断を支持する。以前と同様、純粋な武器取引では積極的な関与を避けられたし。ただし、ゾーロターンのプロジェクトへの明示的な反対は控えられたし(26)」。

第二節　重榴弾砲輸出事業と帝国欠損保障付与問題

1　重榴弾砲輸出をめぐる各社の競争激化

ラインメタル＝ゾーロターン事業の伸展

しかしこの間もラインメタル＝ゾーロターンの事業は進展していた。五月一七日にゾーロターンの代表は、以下のようにトラウトマンに報告したのである。

(1)蔣介石は、南京政府の軍当局は将来ドイツ製武器のみを購入すべきであり、在華ドイツ軍事顧問団長ゼークトと兪大維が購入すべき個々の武器の種類と数量を判断する、と決定した。
(2)ドイツ国防省が暫定的に一五センチ重野戦砲二四門と砲弾一〇〇〇発ずつを総額九〇〇万ＲＭで放出し、それを中国政府が購入する。
(3)支払い条件は以下。総額を為替手形で支払う。四年の借款。契約締結時から割賦弁済。未償還額には七パーセントの利子。支払い条件の改善に向け現在交渉中。
(4)一五センチ砲以外の大砲の購入については秋にファルケンハウゼンによる検討後に決定。
(5)現在の事業の見込みは依然として良好。

加えてゾーロターンの代表者は、トラウトマンに対し、「競争が激しい」ので「完全な秘密保持を厳重に要請」し

たのである。(27)

中国武器市場をめぐる競争は、もちろんたしかに激しいものであった。たとえばこの間、クルップと連合を組んだスウェーデンの武器会社ボフォースは、ドイツの在中国商社カルロヴィッツを通じて国民政府財政部長孔祥煕に食い込み、やはり一五センチ野戦榴弾砲の販売を策していたからである。上海総領事クリーベル、ファルケンハウゼン、ゾーロターン代表者の間での三者協議によれば、孔祥煕は「ドイツは内政的・外交的な理由からして契約を締結することができないのではないか」との理由から、ラインメタルではなく、ボフォースの採用に傾いていたといわれる。さらにカルロヴィッツ＝ボフォースは、孔祥煕だけではなく蔣介石の関心を惹くことにも成功し、蔣介石は購入契約にサインすることを承諾したとまでいわれた。(28)

一方ラインメタルの側も、諦めるそぶりをまったく見せなかった。その間ゾーロターンの中国代表者は、国民政府軍政部兵工署の兪大維と手を結び、ボフォースへの注文を押し戻し、財政部との交渉を再開することに成功したといわれる。(29)

クルップ＝ボフォースによる妥協案

ドイツ企業同士の激しい競争は、中国駐在ドイツ公使トラウトマンにとって憂慮すべきものと映った。トラウトマンによれば、クルップとラインメタルという二つのドイツ企業の競争は、「販売条件の引き下げ合戦」を引き起こし、「ドイツの中国における事業全般を損ねる事態にまで立ちいたっている」というのである。

こうした状況を前にして、クルップ＝ボフォースはドイツ国防省に両者の仲介を求めたのである。クルップ＝ボフォースによれば、以下のような条件が認められれば「クルップ＝ボフォースは重野戦榴弾砲の事業から手を引く」というのであった。(1)クルップの軍用車両による中国砲兵隊の自動車化、(2)軽野戦榴弾砲、(3)七・五センチ山砲および対空砲におけるクルップ＝ボフォースの現状維持、(4)中国における他の大規模工業事業におけるクルップ＝カルロヴィッツの優遇。[30] このトラウトマンの提案は、ただちにベルリンのドイツ外務省に送られた。外務省第四部のマイアー部長は、これに賛成のコメントを付けて国防省に転送したのである。[31]

2　ラインメタルの勝利と帝国欠損保障問題の再燃

ラインメタルの受注

しかしこの間中国では、ラインメタルが中国国民政府の受注を取り付けることに成功していた。国民政府軍政部兵工署長兪大維は、ベルリン駐在中国公使館商務書記官（参賛）譚伯羽を通じて、ドイツ陸軍兵器部長リーゼに対し、九月一一日、ラインメタルと契約を締結するという中国政府の決定を正式に伝えたのである。[32] それは、八〇〇万ＲＭの予算で、ラインメタルの一五センチ重野戦榴弾砲を購入するというものであった。兪大維はその際、「さまざまなサイドから提案がなされており、決定を下すのは非常に困難であった」と述べ、競争が激烈であったことを示唆していた。[33]

ドイツ国防省は、「雇用創出」と「為替管理」という二つの観点から、ラインメタルの契約成立を歓迎した。かれらによれば、ボフォースはクルップと提携関係にあるが、現状では外国企業と見なさなければならず、「ラインメタル社と同様に扱うことはできない」のであった。ただし、陸軍兵器部としては、ラインメタルの契約が成立したあとにラインメタル、ボフォース、クルップの間で協議をおこなうことには「世界経済の上から」賛成する立場を取ったのである。しかしその際にも、「原料問題およびそれに関連するバーター貿易の問題、ドイツ国内における発注およびそれに関連する各工場の生産能力の問題」の観点から、国防省が「最終的決定権を留保する」という姿勢を打ち出したのである。[34]

ラインメタルによる帝国欠損保障の再申請と外務省の拒否

それはともかく、ラインメタル社は、中国国民政府との合意を受け、前年秋と同じく、一五センチ重野戦榴弾砲二四門および二万四〇〇〇発の砲弾を、中国に輸出するための帝国欠損保障を申請することとし、一九三四年九月二〇日、申請書を担当機関である政府系のドイツ監査与信会社に提出した。[35]

このラインメタルの申請を受けて、ただちに九月二六日、ドイツ監査与信会社において、対応策をめぐる会議が開催され、外務省、国防省、経済省、ライヒスバンク、ラインメタルなどの代表者が出席した。しかしそこでは主として経過報告と情報交換のみがおこなわれたようであり、この件に関し、外務省は差しあたり態度を留保したのである。[36]

案件を持ち帰った外務省のエールトマンスドルフは、早速同日、外務省の基本的な方針案の作成に取りかかった。かれはまず、「政治的な理由」として以下のように述べる。たしかにラインメタルの輸出は、対外的にはゾーロターン武器製作所の契約としてカモフラージュされているが、「ゾーロターンは一五センチ重野戦榴弾砲を製造する力がない」といわれているのであるから、実際には「ドイツから輸出されていることを秘密にしておくことはできない」。契約がヴェルサイユ条約や武器輸出入禁止法に抵触することは、ここでは措くとしても、帝国欠損保障を付与すれば、それは対中国事業にドイツ政府が関与することを意味しよう。「日本は例の今年四月一七日の声明〔天羽声明〕に基づきおそらく抗議してくるであろうが、そうなると厄介なことになるだろう」。さらに、中国の内政の観点から見ても、武器輸出には問題がある。たとえ法的には正統な中央政府への供給だとしても、ふたたび内戦が勃発したあかつきには、中央政府の敵たちから敵対的な行為と見なされ、ボイコット運動などを誘発することになるだろう。第二に、エールトマンスドルフによれば、ラインメタル事業は経済的および金融的にも「大きなリスク」を抱えていた。担保は何もない。中国では中央銀行は政府の機関であるから、「中央銀行の保証があっても、それは財政部長の署名以上の意味はない」。支払期間は五年以上とされているようであるが、「政府内の方針転換」も考慮に入れなければならない。新しい政府が樹立されれば、旧政府の支払い義務を承認しないかもしれない。

以上のような考察からエールトマンスドルフは、ラインメタルの対中国重野戦榴弾砲輸出事業に、帝国欠損保障を付与することを拒否するよう提案したのである。[37] 九月三〇日、外務次官ケプケは、このエールトマンスドルフ覚書を承認した。[38]

外務省による各省庁への働きかけ

以上のような省内議論ののち、外務省は国防省、経済省、財務省、ライヒスバンクなど関係各省庁への働きかけをおこなうこととなった。まず、外務省第二部のフローヴァイン（Albert Eduard Frohwein）参事官（軍縮・軍事問題担当）は、一〇月三日、国防省軍務局のベックマン（Herbert von Böckmann）外国部長に面会し、ラインメタルへの帝国欠損保障に反対する外務省の立場を伝えたのである。ただしその時フローヴァインは、念のため、「外務省の反対は事業自体ではなく、帝国欠損保障の付与に向けられている」と付け加えていたのである。[39]

さらに外務省経済特別部（経済交渉、経済・賠償問題担当）のウルリヒ（Robert Ulrich）参事官（対外経済問題・財政問題・輸出促進政策担当）は、二日後の一〇月五日、経済省にも働きかけをおこなった。かれはエールトマンスドルフの草案を、ほぼ原案通り経済省のケーラー上級参事官に送付し、つぎのように述べたのである。「外務省は、政治的な懸念からも商業的な懸念からも、当該事業に帝国欠損保障を付与することに反対の意見を表明せざるを得ない」。[40]

ライヒスバンクには、外務省第四部のフォス参事官（極東経済問題担当）が働きかけをおこなった。かれは翌一〇月六日、ライヒスバンクのブレッシング（Karl Blessing）理事（外債問題担当）を訪問し、上述のエールトマンスドルフ覚書に沿った外務省の反対論を述べたのである。それに加えてフォスは、以下のような「政治的反対理由」を新たにつけ加えた。

当該重火器はかつて中国が持ったことのないものである。たとえば上海事変では、それを唯一所有していた日本軍が中国軍に対して決定的な優位を得たという事情がある。したがって、それが中国に輸出されると、日本にとっては非常に痛いところを突かれることになる。……中国における日本の立場は非常に強力であり、もしわが国が日本の受忍限度を超えるようなことをすれば、日本は南京におけるドイツ軍事顧問団の活動や中国におけるわが国の一般的な活動に困難をもたらすことができる。国際政治的に見ても、またわが国の中国での活動の観点から見ても、わが国は日本との友好関係に依存している。それに加えてわが国は日本に対し出超であり、この理由からも日本は友好的に扱わなければならない。

つぎにフォスはいくつかの「経済的反対理由」をつけ加えた。

今まで武器貿易は現金でおこなわれており、実際この分野は支払いが遅滞なくおこなわれてきた唯一の大きな業務であった。ドイツ企業にとって武器貿易は世界経済危機の時代に非常に大きな支えとなった。中国の権力者たちは武器を必要とし、そのための金を必要としていた。しかるにクレジットで輸出すれば、武器を求める中国側の強い欲望が刺激され、将来武器を購入する際にもつねに支払猶予を要求する恐れがある。……もしわが国が南京政府にクレジットで武器を供給していることが分かれば、中国の他の権力者たちも同様のクレジットを要求するだろう。

しかし最後にフォスは、意外にもつぎのような腰の引けた面を垣間見せたのである。「しかしこうした反対意見にもかかわらず、経済大臣〔シャハト〕が自らの立場を固持したいと考えるなら、外務省はこれ以上とやかく言うつもりはない」[41]。外務省は、もはやヴェルサイユ条約や武器輸出入禁止法を根拠に武器輸出一般に反対することが、すでに不可能な状況に追い込まれていたのである。

3　ラインメタルのギリシア事業およびトルコ事業とドイツ外務省の後退

ラインメタルのギリシア事業

しかしながら、以上のような原則的な立場にもかかわらず、外務省の議論には決定的な弱点が存在していた。外務省は、同じ時期にラインメタルによって進められていた中国以外の国、具体的にはギリシアおよびトルコに向けられた武器輸出事業に対し、主として経済的な理由から、それを容認する姿勢を示していたのである。

問題の発端はラインメタルの対ギリシア武器輸出問題であった。一九三四年二月二八日、ラインメタルのパープストが外務省のフローヴァインを訪れ、ギリシアに対して総額四〇〇—五〇〇万RMで高射砲一四門を輸出するという計画を報告した。パープストによれば、交渉終了まではあと一年程度かかるだろうとの予想であった。差し当たりゾーロターンからの輸出を考えているが、法的に可能と判断された場合には、ラインメタルから直接輸出することもあり得るとのことであった。しかもこの計画は、すでに国防省の了解を得ているとされた。パープストはフローヴァインに、「わが社がギリシア事業にかかわることに外交政策上の反対意見は存在するか」と尋ねたのである。

こうしたラインメタルの問い合わせに関する外務省内の内部的検討において、フローヴァインはつぎのような意見を提出した。

近年における同種の事例において外務省は、軍縮交渉の現段階を踏まえれば、そのような武器輸出契約の締結に反対し得ないとの立場を取ってきた。われわれの力点はむしろ、そのような契約をできるだけ秘密に締結すること、しかも武器は目立たぬように輸出するべきことに置かれてきた。このラインメタルのケースでは、一年経たなければ契約が実行されないというし、差し当たりゾーロターンを経由した隠蔽がおこなわれるというのであるから、軍備制限の観点からは反対する理由はほとんど存在しない。

以上から、フローヴァインは、つぎのように述べた。もしドイツ＝ギリシア外交関係の立場からの反対理由が存在しないということであれば、外務省はラインメタルに対し、ギリシア事業に反対する理由はないと伝えてもよいであろう、と。(42)

この問題に関する外務省内の議論では、第二部のブッセ（Arthur Busse）参事官〔ルーマニア担当〕が、「バルカン協商の一員かつブルガリアの敵国」であるギリシアへの武器輸出に反対する立場を表明したが、それ以外の担当者は全員が「ドイツ軍需産業の利益」の観点からラインメタルの事業に賛成した。さらに外務次官ビューロも、三月六日に賛意を表明し、武器輸出事業の一般的な原則として以下のように記したのである。

私の考えでは、友好国のみに武器を輸出するのは誤りである。そうすればわが国はますます疑われるだけである。しかるべき隠蔽工作を暫定的におこなうならば、〔ギリシアのような〕旧敵国への武器輸出は非常に魅力的であろう。さらに、支払い能力があれば誰にでも武器を輸出する、という、あらゆる健全な軍需産業にとっての基本原則を考慮しなければならない。

このような省内議論を踏まえた上で、三月六日、フローヴァインはパープストに電話で連絡し、ヴェルサイユ条約一七〇条および武器輸出入禁止法はたしかに「今なお形式的には効力を有する」が、にもかかわらず「しかるべき配慮さえあれば、外務省はラインメタルのギリシア事業に反対しない」と伝えたのである[43]。

しかもこの外務省の了解に力を得たラインメタルは、その後も引き続き交渉を継続し、七五〇〇万―一億RM規模の契約を締結することで、ギリシア軍部との合意に達したのである[44]。ラインメタルはその上で、六月二五日、今度はギリシア事業に帝国欠損保障を申請したいとの希望を、ふたたび外務省に伝えてきた[45]。このラインメタルの提起により、外務省は、ドイツ政府として、帝国欠損保障を通じて外国への武器輸出に公式にかかわるべきか否かの、基本的な決断を迫られることとなったのである。

外務省の後退

これに対し外務省経済特別部は、武器輸出を一般的に禁止する代わりの方策として、新しい歯止めを提案した。それは、経済界からの代表を含めた関係各省庁委員会を設置し、そこにおいて武器輸出の可否、および可とされた場合の形態を審議させる方式であった。当該委員会で武器輸出事業が認可された場合は、政府系の信用機関ヘルメス社と、当該輸出企業との間で欠損保障契約を締結するという手続きが考えられた。その際、武器の発注者にはヘルメスによる帝国欠損保障の付与を秘密にしておくことが、前提とされたのである[46]。

軍縮・軍事問題担当のフローヴァインは、このような方法をとっても、関係者の枠が大きいだけに、秘密漏洩により帝国欠損保障付与の事実が公になる危険性があるとの危惧を抱いた。にもかかわらずかれは、七五〇〇万―一億RMの輸出という「当該事業の経済的重要性の大きさ」を考慮すれば、ヴェルサイユ条約と武器輸出入禁止法を根拠にして存在している外交政策上の反対意見を撤回し、「外務省が帝国欠損保障の付与に合意することに賛成したい」と主張した。もちろんその際、関係各省庁委員会の参加者およびヘルメス社、ラインメタル社には、「最大限の秘密保持」を強く要求することとされたのである[47]。

このフローヴァインの提案に対し、外務省首脳はつぎのように書き込んでいた。「私ならばこの事業を進めるだろう。七五〇〇万—一億RMという額は無視できない。それに比べれば危険要因はあまり大きくない。ケプケ」。「了解。七月二七日、ビューロ」[48]。こうして外務省は、ギリシア事業の経済的規模の大きさを理由として、武器輸出に対する帝国欠損保障付与に対し、原則として賛成する立場に転じたのである。

ラインメタルのトルコ事業

さらに同じころ、ラインメタル社は、今度はトルコに二〇ミリ砲四八門および関連する装備・機器・パーツなどの輸出を計画し、九月二二日と一〇月五日の二度にわたって、帝国監査与信会社を通じて外務省に帝国欠損保障を申請してきた。これに対して外務省は、ヴェルサイユ条約を考慮して、「契約は姉妹会社ゾーロターンの名において締結される」との確認をおこなったのである。しかしながら、旧敵国への、しかも大量の武器移転であった対ギリシア事業と異なって、今回の事業は旧同盟国であるトルコへの、しかも少量の輸出であった。そのため、この対トルコ事業への帝国欠損保障付与に関しては、外務省内ではもはやほとんど議論らしい議論が起こらなかった[49]。こうして外務省は、武器輸出に対する帝国欠損保障への政治的歯止めを、内部的に徐々に失っていったのである。

第三節　帝国欠損保障付与をめぐる政府内対立とヒトラーの決定

1　外務省と国防省＝経済省連合の対立の激化

ラインメタルの中国事業と国防省＝経済省連合の成立

しかしながら、こうしたギリシア事業およびトルコ事業への方針にもかかわらず、ドイツ外務省は、すでにみたように、対中国武器輸出問題に対してはあくまで帝国欠損保障を拒否するという態度を維持していた。こうした外務省の方針に対し、ラインメタル事業へのテコ入れを図る国防省と経済省は、ただちに政府内での政治的反撃を開始した。

陸軍兵器部のリーゼ部長は、経済大臣シャハトと面会して、ラインメタルの対中事業への帝国欠損保障問題を議題とし、その際外務省の反対意見についても説明した。これに対しシャハトは、「帝国欠損保障の付与に同意する」と述べ、反対意見の取り下げを外務省に働きかけるようリーゼに慫慂したのである。さらにシャハトは、外務省に圧力をかける手段として「ヒトラー」の名前を持ち出し、「もし外務省が反対意見に固執するならば、この件について総統兼帝国宰相に決定を求める」との態度を表明したのである。リーゼは軍務局外国部長ベックマンに依頼し、一〇月五日、こうした経過を外務省のフローヴァイン参事官に伝えた。(50) こうして中国に対する武器輸出問題、とりわけラインメタル事業への帝国欠損保障付与問題に関し、ドイツ政府内では、外務省に反対する国防省＝経済省の政策連合が形成されたのである。

国防省と外務省の対決

一〇月一六日、さらに外務省と国防省の事実上のナンバー2であるケプケとライヒェナウ軍務局長との会談がおこなわれ、軍縮・軍事問題担当のフローヴァイン外務省参事官と軍務局外国部のベックマン部長が、それぞれ専門家として同席した。この席でライヒェナウは「中国への重榴弾砲輸出事業」について語り、「国防省と経済省はこの事業の実現に非常に大きな価値をおいている」と述べたのである。さらにライヒェナウは、中国の支払い能力および支払い意志の有無の問題は、「なによりも経済・金融各部局に任せるべき」であり、「責任は他の省庁が取るのだから、外務省はそれで満足すべきだ」と述べたのである。これは事実上、ラインメタルの対中国事業について、外務省は口を出すなと主張するに等しいものであった。さらにライヒェナウは、以下のように述べたのである。

現在わが国が直面している外国為替の危機的状況を考えれば、日本がおこなってくる抗議は、それほど心配する必要はない。……日本も単純とはいえない状態にあるのだから、中国への重榴弾砲輸出問題でわが国と重大な対立関係に入る場合でも、その前に深刻に考えなければならないだろう。

これに対しフローヴァインは、ギリシア事業およびトルコ事業の例を見れば分かるように、もしいま帝国欠損保障が認可されれば、将来ラインメタルを始めとするドイツ軍需産業が、武器輸出事業のためさらにこの制度を用いようとするであろうが、それは「重大な外交政策上の問題」を惹起するであろうと述べた。これに対しライヒェナウは、「インフレーション後の破壊的な資金状況の下では、多かれ少なかれドイツ政府自身が外国へと飛び込んでいかざるを得なかったのだ」と反論したのである。

最後に外務省側が、「もし対外的にまったく目立たない形で事業がおこなわれるなら、あるいは反対すべきことはないかもしれない」と妥協の姿勢を垣間見せると、ライヒェナウも「ドイツ政府がクレジット付与で武器貿易を支援する場合は、事後調査の対象となる」として、厳格に手続きを処理するとの態度を示した。こうして国防省と外務省の両者は一定の歩み寄りを示したが、しかしそれにもかかわらず、この会議でも問題の決着はつかなかった[51]。

2　ヒトラーの決定と二つの解釈

ライヒェナウの直訴とヒトラーの決定

このような状態に業を煮やしたライヒェナウは、一〇月一八日午前、ヒトラーを訪ね、「ラインメタル重野戦榴弾砲の中国への輸出問題」についての決定を求めた。それに対しヒトラーは、以下のような態度を取ったのである。これはおそらくライヒェナウにとってまったく想定外のことであった。

> 総統は、事業は実行されてはならないという立場に断固として固執した。

これに当惑したライヒェナウは、間髪を容れずに「さまざまな反対意見を述べた」が、「総統はその立場を動かさなかった」のである。

こうしてヒトラーの反対により事態が膠着したため、その日の午後、改めて首脳会議が開かれ、今度はヒトラー、ライヒェナウに加え、外務大臣ノイラートも協議に参加することとなった。その中でノイラートは、ヒトラーとライヒェナウの間での「仲介案」として、「一九三五年の一年間は重野戦榴弾砲を輸出しないこととし、その期間の経過後に輸出をおこなうか否かについては、総統が決定を保留する」との案を提出した[52]。

なぜヒトラーが、このようにラインメタル重榴弾砲の中国への輸出を「断固として」拒否したのかについては、史料はなにも語っておらず、不明である。ただ当時のヒトラーが、工業製品の輸出を促進すべきだという立場に立っていたことは、確実である。当時ドイツでは、外国為替状況の悪化に直面していたが、その打開の方策について、工業製品の輸出を可及的に促進すべきであるという国立銀行総裁シャハトと、家畜用飼料穀物の輸入のため外国為替の優先的配分を求める食糧農業相ダレーとの間で、深刻な政治的対立が惹起されていた。この問題をめぐり、上記の一〇月一八日におこなわれた、ライヒェナウとの午前・午後の二回の会談を挟む形で、同日一二時に、外国為替割当に関する関係各省庁会議が開かれたが、その席でヒトラーは、「輸出拡大のためあらゆる努力をしなければならない」と主張するシャハトに同調し、飼料用輸入穀物の必要な家畜は「缶詰にしてしまえ」と述べるとともに、「輸出で外国為替を獲得し得る工業製品の生産は、決して制限されてはならない」との立場を表明していたのである[53]。

したがって、ヒトラーがラインメタルの対中国事業に反対する理由としては、国内市場優先のアウタルキー志向ではなく、(1)ドイツの武器輸出一般に対する国際的反発への配慮、(2)中国への武器輸出に対する東アジア国際関係の観点からする配慮、などが考えられよう[54]。一方、ヒトラーの決定は外務省の立場からみれば極めて好都合な決定であったにもかかわらず、二回目の会議に参加したノイラートが敢えて「仲裁案」を示した理由は、明らかではない。ただ一つはっきりしていることは、ここでヒトラーは帝国欠損保障の可否について述べていなかったが、会議の全体の雰囲気からすれば、明らかにヒトラーはラインメタルの対中国事業そのものに反対していたという事実である。

ヒトラー決定に関する二つの解釈の成立

しかしながらライヒェナウは、意図的か否かはともかく、このヒトラーの決定を「帝国欠損保障の付与に反対」という意味に限定的に解釈した。会議後にライヒェナウは、外務次官ビューローに会議の内容を記した書簡を送り、以下のようにヒトラー決定を解釈したのである。

ラインメタルが帝国欠損保障を断念し、輸出の時期をできるだけ遅らせれば、ラインメタルは契約を実行することができる。ラインメタルは経過を書式で外務省に知らせる。事業の清算はシャハトにより監督される。輸出は早ければ九カ月後に開始される、一九三七年ごろに終了する。こうした方法によりノイラートの反対意見も取り入れられることになる。(55)

このライヒェナウの主張に接したノイラートは、一〇月二〇日、確認のため再度ヒトラーと面会したのち、つぎのように記した。

総統はもう一度はっきりと、一九二《ママ》五年の間は輸出を禁止する、と述べた。(56)

こうして、ヒトラー決定に関する相矛盾する二つの解釈が成立したのである。外務次官ビューロは一〇月二五日、ライヒェナウに文書を送り、ヒトラーの決定についての——とりわけラインメタルが輸出を許される時期についての——二つの解釈の矛盾を指摘せざるを得なかったのである。(57)

その後ラインメタル社は、当然のことながら、ライヒェナウの「ヒトラー決定」解釈に則った方向で計画を進める姿勢を示した。一〇月二〇日、ラインメタル社は外務省に書簡を送り、「わが社はドイツ監査与信会社に宛てた帝国欠損保障付与に関する請求を取り下げ、この保障の確保を断念する」と伝えた。しかしその際、「当該事業では契約締結の約一年後に輸出開始を見込んでおり、輸出は約六カ月延期されることになる」(58)。つまりラインメタル社は、帝国欠損保障を断念し、輸出を延期した上で中国への重榴弾砲輸出をおこなう姿勢を示したのである。

3　武器輸出に関する政府内部での検討の進行

関係各省庁連絡会議（一九三四年一一月二三日）

以上のような事態の混乱に直面し、外務省は、武器輸出に対する帝国欠損保障の付与問題一般について政府の見解を統一する必要を痛感するようになった。一〇月一九日、フローヴァインは、「関係諸官庁と企業の代表者による協議をおこない、武器輸出への保障に関する諸問題を検討する必要がある」との提起をおこなったのである[59]。

このような外務省の方針を受け、三四年一一月二三日、関係省庁の連絡会議が開催された。出席した顔ぶれから考えると、大きな権限を持たない事務方の会議という性格を持つものであったが[60]、会談内容は詳細であった。外務省からまずフローヴァイン参事官が、武器貿易に関する国際状況を説明した。とくに、最近アメリカ合衆国がジュネーヴ軍縮会議事務局に提出した条約案に触れ、ドイツの外国への武器輸出にドイツ各省庁が関与するための最終的な調整は、国際的に条約ができるか否か、またその内容がどのようなものかを見極めてからでなければできないとの考えを示した。しかしながら現在、武器輸出事業に関し軍需工業界からしばしば政府の支援が求められているので、条約の正否にかかわりなく、暫定的な調整がなされなければならない。

以上のような一般的な状況を述べたあと、フローヴァインは外務省の立場を以下のように説明した。「国際法の状況をまったく考慮しないとしても」、いままでの経験からいって、政府が武器輸出のような「デリケートな事業」に関与するのは望ましいことではないので、ドイツ政府は（帝国欠損保障のようなやり方で）武器輸出に関与しない方がよいと考える。他方、「政治的な理由から必要な場合」は、一定の国への武器輸出を禁止し、または逆に優遇することにより、影響力を行使すべきである。

しかしながら、世界経済恐慌のもとではこうした「理想的な状況」を前提にはできず、「政府は一般的な輸出促進と外国為替獲得のために、政府の財政力により武器輸出のような事業を援助する方向で介入せざるを得ない」。その場合には少なくとも、「政府の関与が公にならないよう最大限の保障が確保されなければならない」。

以上のような外務省の態度表明ののち、各参加者の間で審議がおこなわれ、そこからつぎのような各省庁の立場が明確になった。

まず陸軍兵器部は、軍需工業界の個々の生産物の輸出については、一般原則として、まず各会社が陸軍兵器部に当該生産物の在庫を確認し、陸軍兵器部が統制解除に同意した場合にのみ輸出しうるようにしなければならない、と述べた。その際、外交政策上望ましくない一定の国については、統制解除の対象外とすることとされた。

統制解除された品目を、許可された国に輸出する場合でも、それが大規模な輸出の場合は、さらに陸軍兵器部に可否を問い合わせる必要がある。こうした問題は、「ドイツ工業全国身分」の中のデューリング（Düring）の下に設置された軍需産業委員会で扱われる。確認すべきは、すでに「決して少なくないドイツ軍需品の輸出」がおこなわれていることである。

つぎに、武器輸出にクレジットを供与する問題について議論がおこなわれ、つぎのような現状が確認された。

武器貿易は、以前はほとんど現金でおこなわれていたが、今日では世界のどこでもこうした貿易は長期にわたるクレジットの付与によってのみ可能となる状態であり、与信がなければドイツ軍需産業は外国企業との競争を勝ち抜くことができない。

しかしながら外務省は、参加各省庁代表に、外国への武器輸出契約に際しても「できる限り政府の保障や信用供与を求めないよう」企業に働きかけて欲しい、と強く要請したに過ぎなかった。

さらに、将来いかなる形態で帝国欠損保障を与えるか、という問題について審議された。この問題に対し財務省と経済省は、秘密保持の観点から政府系のヘルメス社を介在させるのは望ましくないとし、むしろドイツ監査与信会社のほうが望ましい、と主張した。ドイツ監査与信会社を介在させる場合でも、さらに秘密保持を強化するため、同社と協議する必要が確認されたのである。[61]

外務省の後退と関係各省庁協議の遷延

以上の会議内容からも明らかなように、外務省は、武器輸出に関し、ヴェルサイユ条約や武器輸出入禁止法を引照することがもはやできなくなっていた。さらに悪化したドイツの経済状況、および外国為替状況に直面し、武器輸出自体に反対することも不可能になってしまった。外務省は、こうして武器事業へのドイツ政府の関与を可能な限り隠蔽することで満足するという立場へと、後退せざるを得なかったのである。

しかしながら、秘密保持を強化するためのドイツ監査与信会社との協議は、数カ月にわたってペンディングとなった。その理由は、経済省内の人事異動にあったといわれている。ようやく翌三五年三月二日に財務省で関係各省庁連絡会議が開催されたが、その会議は、「武器輸出入禁止法撤廃にはなお機が熟していない」ので、「武器輸出入禁止法の諸規定を迂回する方法をとる方が望ましい」との結論で終わったのである。[62]

第四節　武器輸出組合（ＡＧＫ）の成立と武器輸出の解禁

1　ラインメタル重榴弾砲対中国輸出問題の再燃とヒトラー決定の換骨奪胎

ヴェルサイユ条約軍備制限条項の撤廃と国防省＝経済省連合の攻勢

武器輸出が経済的な観点から不可避であり、しかもヴェルサイユ条約や武器輸出入禁止法を事実上無視する政策に転換した以上、「対外的に隠蔽する」という方法はもはや一時しのぎでしかなく、この問題の根本的な解決は、当然のことながら、ヴェルサイユ条約と武器輸出入禁止法の公然たる破棄以外にはありえなかった。

そのための大きな機会は、上記の関係各省庁会議の二週間後にやってきた。一九三五年三月一六日、ヒトラーはヴェルサイユ条約の軍備制限条項の撤廃と、一般兵役義務（徴兵制）の導入を宣言した。(63) さらに二カ月後の五月二一日、帝国議会は新しく「国防法（Wehrgesetz）」を制定し、(64) 同日ヒトラーは帝国議会で長い演説をおこない、こうした措置を正統化したのである。(65)

このヴェルサイユ条約軍備制限条項の撤廃は、ラインメタル社に対中国武器輸出に対する新たなインセンティヴをもたらした。ラインメタルは国防省と経済省・シャハトに働きかけ、六〇〇万ＲＭにのぼる中国向けの重榴弾砲輸出に対し、帝国欠損保障の付与をあらたに求めたのである。これに対し陸軍兵器部と経済大臣シャハトは、「確約」を与えた。

ラインメタルはこの「確約」に基づき、経済省次官ポッセに対し、中国向け重榴弾砲輸出計画への帝国欠損保障に関して、関係各省庁で調整をおこなうよう要望した。ポッセはただちに経済省部長ゾルタウ（Fritz Soltau）に対し、「帝国欠損保障付与の準備を開始するよう」指示した。ゾルタウはこの問題を内部的に検討し、つぎのような「一般的にいえば慣例から外れた」方法を考案するにいたった。すなわち政府の関与が明確な帝国欠損保障ではなく、帝国信用会社が必要な額の信用を供与し、政府はこれに対し「財務省の保障宣言という形で政府保障を与える」というのである。これによりドイツ監査与信会社やその他の監査委員会が、この問題を扱うことは必要なくなることになる。(66)

一九三五年四月二日、外務省第四部のフローヴァイン参事官との電話会談で、ゾルタウはこうした計画を説明し、その実現のために財務大臣クロージクに連絡するつもりだと語った。さらにゾルタウは、ラインメタルの対中国輸出事業を政治的にもクレジットの面でも「非常に否定的に判断」している外務省の見解が、「非常に大きな障害になっている」と強く批判したのである。さらにゾルタウは、「支払期間が短縮され、一定額の頭金が支払われる」ことにより、ラインメタルの対中事業は「いささか性格を変えた」という。こうした判断からゾルタウは、外務省に対し、「以前の否定的な態度を放棄するか、少なくとも緩和できないか」検討して欲しいと依頼したのである。これに対しフローヴァインは、外務省内部で検討すると約束した。(67)

外務省の屈服とヒトラー決定の換骨奪胎

外務省にとって何よりも問題であったのは、「一九三五年のうちは重榴弾砲二四門を中国に輸出してはならない」という、一九三四年一〇月一八日にヒトラーが下した「決定」であった。したがって外務省によれば、ラインメタルの対中国重榴弾砲輸出事業に対する帝国欠損保障の付与については、「国防政策的な情勢の変化を勘案してこの〔ヒトラーの〕決定を撤回できるか否か」を判断する必要があった。これに関し外務省は、帝国信用会社を介在させることにより、ドイツ監査与信会社を通じた「通常の保障」が回避されるのであれば、「保障に対する政治的反対理由はなくなるだろう」と判断した。さらに経済的反対理由についても、支払期間が短縮され、頭金が支払われるのであれば「撤回が可能である」と考えられたのである。(68)

しかし何よりも外務省の態度変化に影響を与えたのは、ちょうど同じ時期、ドイツ国防省の強力な支持の下でクラインが広東派との間で進めていた、広東プロジェクトである。すでにみたようにこのプロジェクトは、中国中央政府と潜在的な内戦的対峙の関係にあった西南派に大量の武器輸出を計画することで、南京中央政府にドイツへの重大な不快感をもたらしていたのである。したがってドイツ外務省のキュールボーンは、四月五日、つぎのように述べる。(69)

クラインの広東政府との事業が進展している。加えて帝国欠損保障を拒否すれば、中国中央政府への重榴弾砲輸出を阻止することになろう。そうした事態になれば、政治的にはむしろ不都合であろう。

こうした判断から外務省のマイアー第四部長は、つぎのような見解に達したのである。

一九三四年一〇月の総統の決定から状況は変化したのであるから、ラインメタルの対中国武器輸出事業の実施について、今日ではもはや反対する理由は存在しないであろう。

これに対し外務大臣ノイラートも、同日、「反対すべき理由はない」(kein Bedenken)と手書きのメモを記した。(70)こうして、「一九三五年内にはラインメタルの対中国重榴弾砲輸出は実施されてはならない」という一九三四年一〇月のヒトラーの決定は、「情勢の変化」を理由に、国防省、経済省、外務省を中心としたドイツ政府内部の検討の過程で骨抜きにされてしまったのである。(71)

2　武器輸出入法の制定

財務省による「武器輸出に関する暫定措置（案）」の決定

一方、帝国欠損保障以外のもう一つの問題、すなわち武器輸出を隠蔽する方法については、三月二日の関係各省庁会議の内容を受け、財務省と国防省が検討を重ねた。五月二八日、財務大臣クロージクは、以下のような内容の書簡を外務大臣ノイラートに送付したのである。一般兵役義務の導入にもかかわらず、「武器輸出入禁止法が形式的にはまだ効力を有している限り」、外交政策上の観点からも、また法律の権威を保持する観点からも、「武器輸出はいままでのように隠蔽された形でおこなわれなければならない」。今後は国防軍の拡大と軍需産業の建設に見合う形で、武器輸出も拡大することになろう。他方、いままでの経験では、武器貿易に関しては政府内での新しい調整が必要である。武器の輸出入分裂状態が認められる。こうしたことから、武器貿易の処理に当たり、関係各省庁による管轄権の申告、検査、許諾の判断などを一つの部局、すなわち国防省に統一するべきであろう。そして必要な場合には、国防省が経済省と協議をおこなえばよいだろう。

以上のような考量からクロージクは、外務省に「武器輸出入に関する暫定措置（案）」を送付し、外務大臣ノイラートがこれに賛成するよう求めたのである。[72] その内容は以下のようなものであった。

〈武器輸出入に関する暫定措置〉

一九二七年七月二七日の武器輸出入禁止法がなお効力を有する現状において、武器輸出は、つぎのような手続きにより隠蔽された形でのみおこなわれなければならない。

武器の輸出入は、国防大臣により財務大臣に申請する。輸出産業の利益ないし外国為替問題に関連し必要と認められる場合、国防大臣は事前に経済大臣に連絡する。申請に際しては、以下の項目を明記する。

(1)発送の際に偽装で用いられる貨物名

(2)貨物の実際の内容

(3)梱包方法および標識

(4)通関の場所および発送申請時期

武器の輸出入はシュテティーン特区、ハンブルク市マイアー通り北、ハンブルク中央貨物駅集配所、ベントハイム、ジンゲン（駅）およびパッサウ（駅）の各税関でのみ扱う。

国防大臣ないしその指定した代理人が申請書に署名し、財務大臣に宛ててその指定した人物に送付する。財務大臣は申請書受領後、遅滞なく特任官吏に指示を発し、当該貨物の発送を手配する。その際、当該貨物は免税扱いとし、かつ関税記録ないし統計書類に記載しないこととする。発送の際の通関点検は、同一の運送取扱人ないし国防省の特任官がこれをおこなう。

外務省、新たな法的枠組みの検討へ

この提案を財務省から受け取った外務省は、武器輸出入禁止法を所与とする対応にはもはや限界があり、武器輸出を統制するための新たな法的枠組みが必要であると判断せざるを得なかった。六月六日、外務次官ビューロは財務省に書簡を送り、上記の「暫定措置（案）」に外務省として賛成すると伝えたが、しかし「暫定措置の発効後、武器輸出入禁止法の撤廃とそれに代わる新たな法的措置の問題をあらためて提起するつもりである」と述べていたのである。[73]ただし、もちろん外務省としては、いきなり旧法撤廃と新法制定を断行するわけにはいかなかった。武器輸出という極めてデリケートな問題であるだけに、国際情勢をも考慮に入れてタイミングを計る必要があったからである。実際五月二八日にフローヴァインは、ビューロの指示により、武器輸出入禁止法の撤廃と新法制定に関して関係各省庁への連絡をおこなったが、そこで示されたのは、「適切な時期を見て新法制定の問題を検討する」という、一種の先延ばし案であった。「新法については、適切な時期を選択すべきであり、また武器に関する国際的な交渉における最近の傾向に当然考慮を払うべきである。外務省は、こうした観点から新法に関心を持っており、二、三週間後にこの問題を議事日程に乗せるつもりである[74]」。

ブロムベルクの「武器輸出入禁止法即時撤廃」案とヒトラーの同調

しかしながら国防大臣ブロムベルクは、こうした財務省の「暫定措置」論、外務省の「適切な時期における新法」論に対してついに不満を爆発させることとなった。しかもかれは、「政府内政治」の手段としてヒトラーを動員することを決意し、以下のようにヒトラーの説得を試みたのである[75]。

ドイツ製武器の輸出および武器・弾薬貿易の促進・簡易化は、経済上および国防上の理由から緊急に望まれる。輸出のための武器製造は、長期的に見てわが国の軍需企業の業績向上および財政的自立化のために、もっとも価値ある、しかも唯一の手段である。

しかしながら、「強力な輸出に向けられた努力を妨害しているのが武器輸出入禁止法である」。財務省により提案された暫定措置でもなお、「根本的な障害が広範囲にわたって存在している」。外国の政府はドイツからの武器購入が非合法であることを知っているし、外国の軍需産業は、ドイツ企業は武器輸出を禁止されていると主張して、ドイツの輸出努力を妨害している。ここからブロムベルクはつぎのように武器輸出入禁止法の即時廃棄を主張した[76]。

ドイツ軍需産業の大部分は戦後あらたに勃興してきたため、外国に優越する設備を備えている。しかも一般的にみて武器に対する外国の需要はなお大きい。そのため武器輸出入禁止法を廃止するためのタイミングは今が非常に良い。現在および近い将来に存在する重要な輸出チャンスは失われるべきでない。したがって、もはや武器輸出入禁止法廃止にはいかなる延期も許されない。

しかもブロムベルクによれば、「総統もこうした考え方に耳を貸さざるを得なかった」という。こうしてヒトラーの支持を調達し得たと考えたブロムベルクは、六月二四日に外務大臣ノイラートに書簡を送り、こうした国防省の議論は、「すでに総統の基本的な賛意を得ている」と主張して、ノイラートに屈服を迫ったのである。(77)

加えてブロムベルクは、武器輸出入禁止法廃止後の新たな武器輸出促進および武器貿易監視機関として、工業全国集団〔ドイツ工業全国身分の後身〕のなかに新たな輸出問題委員会を設立する提案を、関係各省庁におこなった。(78)これは、民間武器輸出企業の相互調整による武器輸出の統制を目指したものであり、のちに「武器輸出組合」の創設につながる考えであった。

外務省の「法の空白回避」論とヒトラーの決定

しかしながら外務大臣ノイラートは、ヒトラーを動員したこのブロムベルクの提案に対し、六月二七日、「提案された手続きには賛成できない」旨の返答をおこなった。ノイラートはつぎのように述べる。「私はここ数カ月、関係各省庁に対し、新たな代替規制なしに武器輸出入禁止法を廃止することはできないと繰り返し主張してきた。その理由は、たんに外国で悪印象を呼び起こすというだけではなく、現に戦争行為にかかわっている諸国〔イタリアと日本〕に対し、ドイツによる武器輸出の解禁は敵〔エチオピアおよび中国〕を支援することを目的としているとの疑いを引き起こす可能性があるからである」。

したがってノイラートによれば、「新しい法律の作成を可及的速やかに開始するべき」であり、しかも「いかなる事情があろうとも旧法〔武器輸出入禁止法〕と新法のあいだに法律の空白を作ってはならない」とされたのである。[79]

こうした外務省の抵抗に対し、ブロムベルクはふたたびヒトラーを動員することに成功した。七月九日、ブロムベルクはヒトラーと会談し、ヒトラーからつぎのような言質を引き出したのである。[80]

武器輸出入禁止法はヴェルサイユ条約第五部にかかわるものであり、したがって、私の五月二一日演説により廃止されたと考える。それゆえ、私は個別の公式声明を必要だとは考えない。

すなわちヒトラーはここで、一九三五年五月二一日の「国防法」制定とヒトラーの帝国議会演説により、すでに武器輸出入禁止法は撤廃されたとの判断を示したのである。外務省による「法の空白回避」論は、このヒトラーの決定により、根拠を失う形となった。

国防省は七月一一日、関係各省庁連絡会議を開催し、ヒトラーの決定を説明した。さらに、一カ月後の八月一二日、国防省は関係各省庁に新たな「武器輸出入法」案を送付し、意見を求めた。四日後の一六日、外務省は法案に異議はないと国防省に伝えた。[81]さらに他の省庁も、二九日までに何らの異議もないと国防省に伝えたのである。[82]

外務省の最後の抵抗

こうした各省庁の同意を受け、ブロムベルクは法案に署名し、八月三〇日、外務大臣ノイラートにも持ち回りで署名を求めた。しかしその時外務次官ビューロは、最後の抵抗を試みた。ビューロによれば、外務省が法案に最終的に賛成した八月一六日から二週間の間に、「国際政治情勢は相当程度変動した」というのである。具体的には「イタリアとエチオピアとの間で紛争が勃発直前」であり、「武器輸出に対する政府の責任を大幅に表明する法律をいま公示するのは適切ではない」とされた。したがってビューロは、「少なくともジュネーヴの国際連盟総会の終了まで法律の公示を延期するよう提案したい」との姿勢を示した。あるいは別の方法として、イタリアとエチオピアの紛争が勃発したあとに、ドイツの中立宣言とともに、新しい武器輸出入法を公示することが考えられたのである。[83]ブロムベルクから書簡を受け取った同じ八月三〇日、ビューロはこうした考え方をノイラートに伝えて了解を得たのち、ブロムベルクに書簡を送り、法律の公示を少なくとも一〇月上旬まで延期するよう求めた。[84]

九月五日、ヒトラーも延期に賛成した。一六日、国防省もしぶしぶ延期に同意したのである。しかし国防省は、当面は財務省の「武器輸出入に関する暫定措置（案）」にとどまらざるを得ないものの、暫定措置（案）はたんなる回避策に過ぎず、「ドイツ経済は武器市場での世界景気に参入すべきだ」と述べ、「新法の公示に際し遅滞を回避するため」、あらかじめ法案への署名を各大臣に求めたのである。[85]これを受け、ヒトラーは九月二四日にミュンヒェンで法案に署名した。[86]ただし、この時点でも公示はあくまで控えられた。

3　武器輸出組合の成立と武器輸出入法の公示

武器輸出組合の成立

すでにみたように、国防大臣ブロムベルクは一九三五年六月二四日に外務大臣ノイラートに書簡を送り、武器輸出入禁止法廃止後に設置する、武器輸出促進および武器貿易監視のためのあらたな機関として、工業全国集団のなかに武器輸出問題委員会を設立する提案を、関係各省庁におこなっていた。これを受け、八月七日に経済省において関係各省庁会議が開催され、あらたに「武器輸出組合」を設立することが合意された。

八月一六日、武器輸出組合の定款（案）が各省庁に提案された。それによれば、武器輸出組合はドイツ軍需産業界各社の自発的な連合体であるとされ、その任務は、⑴武器輸出の促進、⑵値下げ競争の阻止、⑶大規模契約の配分などであった。また、武器輸出組合を発足させるための前提として、同日、それまで全国工業集団内に設置されていた「工業軍縮事務所」が、メンバー全員一致のもとに解散されることになった。[87]

その後、一〇月三〇日には全国工業集団、国防省、経済省、外務省の各代表者の会議が開催され、武器輸出組合が正式に発足した。[88]組合を対外的に隠蔽するため、特定の法人格を採用することは見送られた。名誉議長には、経済省元次官トレンデレンブルク（Ernst Trendelenburg）が選任された。さらに、あらたな定款案が審議された。それによれば、武器輸出組合は、武器輸出にかかわる法令の遵守を義務づけられたほか、参加会社は武器輸出にあたって、武器輸出組合により発行される許可証を提示することが義務づけられた。また、貿易業界、銀行業界には武器輸出組合の結成を通知することとされ、その通知の完了後、組合は直ちに活動を開始することとなった。新しい武器輸出入法が公示されるまでは、武器輸出は組合により発行される許可証により規制されることとされたのである。[89]武器輸出組合発足から一年の間に、七五社が組合員となった。[90]

武器輸出入法の公示（一九三五年一一月一五日）

さて、すでにみたように、九月二四日にヒトラーが武器輸出入法に署名したが、法律自体は適切な時期が来るまで公示が控えられていた。しかし一一月上旬、このようなドイツの態度を転換させるような事態が発生した。イタリアのエチオピア侵略が開始され、ドイツは戦争当事者に武器を輸出する状態に陥ったのである。具体的には、一二〇万ＲＭ相当の武器・弾薬が、エチオピアに向け発送されようとしていた。[91]

こうした危機的事態を受け、一一月六日、財務省のエルンスト部長が外務省のフローヴァイン参事官と協議することとなった。エルンスト（Willi Ernst）によれば、将来は国防省の委託を受けた武器輸出組合の許可証で武器輸出ができるようになるが、それにもかかわらず、いま可及的速やかに新しい武器輸出入法を公示する必要がある。なぜなら、「古い武器輸出入禁止法が正式に破棄されていない現在、官吏は法を厳格に守る義務があり、またそのように教育されているからである」。さらにエルンストは、ジュネーヴの国際連盟における制裁議論もにらみながら、「イタリアおよびエチオピアへの武器・軍需物資の禁輸を公表しつつ、それと絡めながら武器輸出入法を公示する」べきであろうとの考えを表明した。その際エルンストは、個人的な考えとして、ヒトラーの決定を得ておくべきであろうと述べたのである。(92)

これを受け、外務大臣ノイラートはただちにヒトラーと会談し、エチオピアをめぐる「経済制裁と禁輸」の問題について協議をおこなった。この会談ののち、一一月七日、外務大臣ノイラートは財務省のエルンスト部長に連絡し、「外務省は、武器輸出入禁止法に関して長い間懸案であった行動をいまおこなうことに同意する」と報告したのである。これに対しエルンストは、「外務省が反対したからいままで延期されてきた」との当てつけをおこなったが、いずれにせよ「外務省がOKなら国防省と経済省にも必要な措置を求める」と約束したのである。(93)

国防大臣ブロムベルクは、一一月八日、案件をもう一度ヒトラーに提出することとし、ヒトラーが滞在するミュンヒェンへ向かうこととした。外務省のフローヴァインは、国防省の代表者に対し、「法律は報道においてできるだけ目立たないように扱って欲しい」と最後の哀願をおこなった。一一月六日付の武器輸出入法は、こうして、一一月一五日、『ドイツ法典』に掲載され、それにより一九二七年七月二七日の武器輸出入禁止法が正式に廃止された。さらに、三日後の一一月一八日、『ドイツ官報』に、新しい武器輸出入法に関連する物資のリストが掲載されたのである。(94)武器輸出に関しドイツを拘束してきた法的な枠組みは、こうして、全廃されることとなった。

「南京プロジェクト」の進展と、中独武器貿易の構造転換

一九三六年初め、ラインメタル社は武器輸出組合に対し、中国向けの武器輸出（二〇ミリ高射砲、榴弾砲およびそれらに付属する弾薬等、二七〇〇万ＲＭ）のために、あらたに帝国欠損保障を申請した。[95] しかしながら、いままであらゆる機会を捉えてラインメタルの対中国武器輸出事業を全力で支援してきた国防大臣ブロムベルクは、意外にも、この申請に異議を唱えた。さらにこの時期、中国側も、いままで個別のドイツ武器会社と直接に、あるいは上海を中心とする中国在留ドイツ商社を通じておこなってきたドイツ製武器の購入交渉を、停止し始めたのである。[96]

こうした事態の背後には、もちろん、顧振代表団派遣に象徴されるハプロの南京プロジェクトの進展があった。外務省も見抜いていたように、国防省は「クライン・プロジェクトとの関連で、ドイツに滞在している訪独団に配慮」していたのである。[97] すなわち国防省およびブロムベルクは、明らかに対中国武器輸出の軸足を、約二カ月前に成立した武器輸出入法による一般的武器輸出促進政策から、ハプロを通じたバーター交易へと移した。また中国国民政府も、中独条約により予定された大量のクレジットによる清算を見越して、既存の武器貿易ルートを回避し始めたのである。すなわち、中独武器貿易は、中独条約の成立を契機として、構造的な転換過程に入ったわけである。この構造転換は、ドイツ政府各アクターと中国在留ドイツ商社をも巻き込んだ、激しい利害対立を生み出すこととなる。

（1）以上外務省・財務省とフーゲンベルクの政策的対立については、以下を参照。熊野直樹『ナチス一党支配体制成立史序説――フーゲンベルクの入閣とその失脚をめぐって』法律文化社、一九九六年。
（2）Entwurf Liese vom 16. April 1934, in: BA-MA, WiIF5/383/Teil 2.

（3）熊野直樹『ナチス一党支配体制成立史序説――フーゲンベルクの入閣とその失脚をめぐって』法律文化社、一九九六年、二二三頁。Ministerialbesprechung vom 7. April 1933, in: *Akten der Reichskanzlei, Regierung Hitler* (folgend zitiert als *AdR, Regierung Hitler*), Bd. I, Dok. Nr. 93, S. 321-327, hier S. 326.

（4）ヒトラーの外交政策上の「プログラム」と中国については、以下を参照。田嶋信雄『ナチズム外交と「満洲国」』千倉書房、一九九二年、一二二頁。

（5）以下を参照。鹿錫俊『中国国民政府の対日政策　一九三一―一九三三』東京大学出版会、二〇〇一年。

（6）宋子文の訪米について、以下を参照。内田尚孝『華北事変の研究――塘沽停戦協定と華北危機下の日中関係　一九三三―一九三五年』汲古書院、二〇〇六年、とくに第三章第三節「宋子文の訪米」八三―八八頁。

（7）ラインメタル社の東アジアに対する輸出努力については、工藤章「日独商社の角逐――ラインメタル製高射砲をめぐるイリス商会と三菱商事」『日独企業関係史』有斐閣、一九九二年、四五―七一頁、参照。ただし、対象国は日本、対象時期は一九三七年以降で、本書と重なる部分はほとんどない。

（8）Aufzeichnung Bülow vom 18. September 1933, in: *ADAP*, Serie C, Bd. I, Dok. Nr. 435, S. 800-801 und Anmerkung（4）dazu.

（9）世界経済恐慌後に制度化された帝国欠損保障などの輸出奨励策の詳細については、以下の文書を参照。Wiehl an Döhle vom 8. August 1930 mit der Anlage, Aufzeichnung vom 7. August 1930, in: *ADAP*, Serie C, Bd. III, Anmerkung der Herausgeber, S. 22-25.

（10）Aufzeichnung Michelsen vom 10. Juli 1933, in: *ADAP*, Serie C, Bd. I, Dok. Nr. 357, S. 636-638.

（11）Ebenda.

（12）Aufzeichnung Michelsen vom 10. Juli 1933, a. a. O.

（13）Ebenda.

（14）Ebenda.

（15）Ebenda.

（16）Aufzeichnung Bülow vom 27. September 1933, in: *ADAP*, Serie C, Bd. I, Dok. Nr. 463, S. 853-854.

（17）Aufzeichnung Bülow vom 18. September 1933, in: *ADAP*, Serie C, Bd. I, Dok. Nr. 435, S. 800-801 und Anmerkung（4）dazu. なお当時のクルップ社の武器輸出活動一般について、以下を参照。C. M. Leitz, "Arms exports from the Third Reich 1933-1939: the example of Krupp", in: *Economic History Review* 51-1, 1998, pp. 133-154.

（18） Aufzeichnung de Grahl vom 15. November 1933, in: PAdAA, Geheimakten Abt. IV OA, Allgemeines, Bd. 211/1, H098168. 当時の陸軍兵器部の軍拡計画および各軍需会社との関係について、大島通義『総力戦時代のドイツ再軍備――軍事財政の制度論的考察』同文館、一九九六年、に詳しい。横山啓一「ドイツ陸軍再軍備　一九三四――陸軍兵器局のヴィジョンとその作用」『駿台史学』第八六巻（一九九二年）をも参照。

（19） Das AA an die deutsche Gesandtschaft in Peiping vom 17. November 1933, in: PAdAA, Geheimakten Abt. IV OA, Allgemeines, Bd. 211/1, H098167.

（20） Trautmann an das AA vom 23. Dezember 1933, ebenda, H098169.

（21） Trautmann an das AA vom 20. Januar 1934, ebenda, H098170.

（22） Ministerialdirektor Meyer an das Heereswaffenamt vom 27. Januar 1934, ebenda, H098172.

（23） Entwurf Liese vom 16. April 1934, in: BA-MA, WiIF5/383/Teil 2.

（24） Der Gesandte in Peiping Trautmann（z. Z. in Nanking）an das AA vom 21. April 1934, in: *ADAP*, Serie C, Bd. II, Dok. Nr. 412, S. 743.

（25） Ebenda.

（26） Ebenda, Ammerkung der Herausgeber（4）.

（27） Trautmann an das AA vom 17. Mai 1934, in: *ADAP*, Serie C, Bd. II, Dok. Nr. 454, S. 806-807.

（28） Trautmann an das AA vom 24. August 1934, in: PAdAA, IV OA, Allgemeines Bd. 211/2, H098321.

（29） Ebenda.

（30） Trautmann an das AA vom 10. September 1934, ebenda, H098307.

（31） Ministerialdirektor Meyer an das Reichskriegsministerium vom 11. September 1934, ebenda, H098309.

（32） Ebenda, H098317; Liese an das AA vom 15. September 1934, ebenda, H098316.

（33） Handelsabteilung der Chinesischen Gesandtschaft Berlin an den Chef des Waffenamts Liese vom 10. September 1934, ebenda, H098317.

(34) Ebenda.
(35) Anmerkung der Herausgeber (1), *ADAP*, Serie C, Bd. III, S. 415.
(36) Ulrich an das Reichswirtschaftsministerium, z. H. von Koeler vom 5. Oktober 1934, in: PAdAA, IV OA, Allgemeines Bd. 211/2, H098331-332.
(37) Aufzeichnung Erdmannsdorff vom 26. September 1934, in: *ADAP*, Serie C, Bd. III, Dok. Nr. 220, S. 415-416.
(38) Anmerkung der Herausgeber (1), *ADAP*, Serie C, Bd. III, S. 416.
(39) Anmerkung der Herausgeber (1), *ADAP*, Serie C, Bd. III, S. 448.
(40) Ulrich an das Reichswirtschaftsministerium, z. H. von Koeler vom 5. Oktober 1934, a. a. O.
(41) Aufzeichnung Voss vom 6. Oktober 1934, in: PAdAA, IV OA, Allgemeines Bd. 211/2, H098337-340.
(42) Aufzeichnung Frohwein vom 28. Februar 1934, in: *ADAP*, Serie C, Bd. II, Dok. Nr. 289, S. 530-531.
(43) Anmerkung der Herausgeber (3), *ADAP*, Serie C, Bd. II, S. 531; Aufzeichnung Frohwein vom 26. Juli 1934, in: *ADAP*, Serie C, Bd. III, Dok. Nr. 124, S. 246-247.
(44) Aufzeichnung Frohwein vom 26. Juli 1934, ebenda.
(45) Anmerkung der Herausgeber (6), *ADAP*, Serie C, Bd. III, S. 246.
(46) Aufzeichnung Frohwein vom 26. Juli 1934. a. a. O.
(47) Ebenda.
(48) Anmerkung der Herausgeber (8), *ADAP*, Serie C, Bd. III, S. 247.
(49) Anmerkung der Herausgeber (5), *ADAP*, Serie C, Bd. III, S. 477.
(50) Aufzeichnung Frohwein vom 5. Oktober 1934, in: *ADAP*, Serie C, Bd. III, Dok. Nr. 232, S. 448.「第三帝国」における「政府内政治」の武器としての「ヒトラー」について、以下を参照。田嶋信雄『ナチズム外交と「満洲国」』千倉書房、一九九二年、九九—一〇〇頁。
(51) Vermerk Frohwein vom 17. Oktober 1934, in: *ADAP*, Serie C, Bd. III, Dok. Nr. 253, S. 476-477.
(52) Vermerk Frohwein vom 19. Oktober 1934, in: *ADAP*, Serie C, Bd. III, Dok. Nr. 258, S. 490-491.
(53) Chefbesprechung in der Reichskanlrei vom 18. Oktober 1934, 12 Uhr, in: *AdR, Regierung Hitler*, Bd. II, Dok. Nr. 25, S. 104-107. 出

席者はヒトラー、財務相クロージク、外相ノイラート、食糧農業相ダレー、内閣官房長官ランマース、内閣広報長官フンク（Walther Funk）、経済省局長ポッセ、食糧農業省次官バッケ（Herbert Backe）、ライヒェナウ、ライヒスバンク副総裁ドライゼ（Friedrich Wilhelm Dreyse）、ケプラー、外務省貿易政策局長リッター、食糧農業省第二部長モーリッツ（Alfons Moritz）、食糧農業省第五部長ケーラー、ライヒスバンク理事プール（Emil Puhl）、ライヒスバンク理事ブレッシング、議事録担当・内閣官房局長ヴィルーン（Franz Willuhn）。

（54）なお、武器を自国の再軍備のために優先的に配分するという政策的考慮がこの時期のヒトラーにあったとは考えられない。それについては以下の叙述で明らかとなろう。

（55）Anmerkung der Herausgeber（2）, *ADAP*, Serie C, Bd. III, S. 490–491.

（56）Ebenda.

（57）Ebenda. 政府内政治の参加者による恣意的なヒトラー決定の解釈と、それに基づく政府内政治の混乱については、以下を参照。田嶋信雄『ナチズム外交と「満洲国」』千倉書房、一九九二年、八九―九〇頁。

（58）Rheinmetall an das AA vom 20. Oktober 1934, in: PAdAA, IV OA, Allgemeines Bd. 211/2, H098346.

（59）Anmerkung der Herausgeber（6）, *ADAP*, Serie C, Bd. III, S. 477.

（60）出席者は以下。外務省からフローヴァイン第二部参事官、ホルベルク（Friedrich Hollberg）経済特別部副領事、エックハート（Walter Africanus Eckhardt）第二部秘書長。国防省から軍務局兵器部ヘーデリヒ大佐、メリンクロート（Mellinckrodt）、ノルダ（Mark August Nolda）海軍少佐。財務省から第一部参事官ヘルティッヒ（Härtig）、税関部長ジーゲルト（Ernst Siegert）、経済省から部長ケーラー。Aufzeichnung Frohwein vom 23. November 1934, in: *ADAP*, Serie C, Bd. III, Dok. Nr. 351, S. 649–652.

（61）Ebenda.

（62）Anmerkung der Herausgeber（5）, *ADAP*, Serie C, Bd. IV, S. 223.

（63）*Reichsgesetzblatt* 1935, Teil I, S. 375; Neurath an die Botschaften in Rom, London, Paris und Warschau vom 16. März 1935, in: *ADAP*, Serie C, Bd. III, Dok. Nr. 532, S. 984–985.

（64）同日制定された「帝国防衛法」（Reichsverteidigungsgesetz）を含めた一連の動きについて、以下を参照。Nürngerger Dokument 2261-PS, in: *Der Prozeß gegen die Hauptkriegsverbrecher vor dem Internationalen Militärgerichtshof Nürnberg*, Bd. XXX, S. 59–65.

(65) Anmerkung der Herausgeber, *ADAP*, Serie C, Bd. IV, S. 170–177.
(66) Vermerk Voß vom 3. April 1935, in: PAdAA, Abt. IV OA, Allg. Bd. 211–4, H098424.
(67) Ebenda.
(68) Aufzeichnung Kühlborn vom 4. April 1935, in: PAdAA, Abt. IV OA, Allg. Bd. 211–4, H098423.
(69) Aufzeichnung Kühlborn vom 5. April 1935, in: PAdAA, Abt. IV OA, Allg. Bd. 211–4, H098419–20.
(70) Aufzeichnung Meyer vom 5. April 1935, in: PAdAA, Abt. IV OA, Allg. Bd. 211–4, H0984122.
(71) 政策執行過程における「ヒトラー決定」の換骨奪胎について、以下を参照。田嶋信雄『ナチズム外交と「満洲国」』千倉書房、一九九二年、一〇六頁。
(72) Krosigk an Neurath vom 28. Mai 1935, in: *ADAP*, Serie C, Bd. IV, Dok. Nr. 116, S. 222–223.
(73) Anmerkung der Herausgeber (6), *ADAP*, Serie C, Bd. IV, S. 223–224.
(74) Ebenda.
(75) Blomberg an Neurath vom 24. Juni 1935, *ADAP*, Serie C, Bd. IV, Dok. Nr. 168, S. 344–345.
(76) Ebenda.
(77) Ebenda.
(78) Anmerkung der Herausgeber (4), *ADAP*, Serie C, Bd. IV, S. 345.
(79) Anmerkung der Herausgeber (5), *ADAP*, Serie C, Bd. IV, S. 345.
(80) Ebenda.
(81) Ebenda.
(82) Anmerkung der Herausgeber (4), *ADAP*, Serie C, Bd. IV, S. 592.
(83) Aufzeichnung Bülow vom 30. August 1935, in: *ADAP*, Serie C, Bd. IV, Dok. Nr. 279, S. 592.
(84) Anmerkung der Herausgeber (6), *ADAP*, Serie C, Bd. IV, S. 592–593.
(85) Blomberg an Neurath vom 16. September 1935, in: BA-L, R43 II/329, Bl. 35–36; Anmerkung der Herausgeber (6), *ADAP*, Serie C, Bd. IV, S. 592–593.

(86) Ebenda.
(87) Anmerkung der Herausgeber (6), *ADAP*, Serie C, Bd. IV, S. 778.
(88) 調印したのは以下の機関の代表者。国防省国防経済幕僚部および三軍の各兵器部、外務省、経済省。Jahresbericht der AGK bei der Reichsgruppe Industrie, Das erste Geschäftsjahr, 1. 11. 1935-31. 10. 1936, in: BA-MA, WiIF5/383, Teil 2, E236599-236639, hier E236602.
(89) Anmerkung der Herausgeber (6), *ADAP*, Serie C, Bd. IV, S. 778.
(90) Jahresbericht der AGK bei der Reichsgruppe Industrie, Das erste Geschäftsjahr, a. a. O.
(91) Aufzeichnung Frohwein vom 6. November 1935, in: *ADAP*, Serie C, Bd. IV, Dok. Nr. 395, S. 778-780.
(92) Ebenda.
(93) Aufzeichnung Ritter vom 7. November 1935, in: *ADAP*, Serie C, Bd. IV, Dok. Nr. 402, S. 789-800.
(94) Anmerkung der Herausgeber (3), *ADAP*, Serie C, Bd. IV, S. 790.
(95) Aufzeichnung Voß vom 4. März 1936, in: PAdAA, „Projekt Klein", H096369.
(96) Aufzeichnung Voss vom 31. März 1936, in: *ADAP*, Serie C, Bd. V, Dok. Nr. 239, S. 324-328.
(97) Erdmannsdorff an die deutsche Botschaft in Nanking vom 16. März 1936, in: PAdAA, 6691/H098673.

第七章　四カ年計画と対中国政策

第一節　中独条約の成立と東アジア協会

1　東アジア協会と中独貿易関係

東アジア協会の政治的・経済的利害とナチズム

すでに見たように、中独条約の準備・調印および執行は、国防省と経済省のヘゲモニーのもと、外務省にもその詳細を知らせずに推進されていた。しかも中独条約は、ドイツ側の国営企業ハプロと、中国側の政府機関「中央信託局」が、外国為替による決済を排除して、主としてドイツ製の武器・武器工場関連プラントと、タングステンなどレアメタルや中国農産品などを政府間のバーターで取引しようとするものであり、既存の貿易関係を相当程度損なう統制経済的な取りきめであった。中独条約のこうした性格は、中国に活動拠点を持つ既存のドイツ商社や、それをドイツ本国において統括している業界利益団体「ハンブルク・ブレーメン東アジア協会（Ostasiatischer Verein Hamburg-Bremen）」（以後「東アジア協会」と略）の利益を深刻に侵害するものであり、かれらの中独条約に対する反発を惹起することは必至であった。

東アジア協会は、東アジアとの交易にかかわるハンブルクやブレーメンなどの商社の連合体として一九〇〇年に成立し、自らの商業上・貿易上の利益を擁護するために、積極的な活動を展開した。その後、ドイツの東アジア関係商社およびその東アジアにおける本支店は、日独戦争とドイツの敗北、青島植民地の喪失、商人を含むドイツ人俘虜の日本での長期にわたる収容生活、中国での資産没収、ドイツへの強制送還、その後の東アジアへの帰還と無からの事業再建、世界経済恐慌と世界貿易の縮小など、さまざまな局面において困難な活動を展開し、東アジア協会もまたそれを本国で支援する活動を、精力的に展開したのである。[1] かれらは自らの経済的利益を推進するだけではなく、東アジアにおいて、ドイツの「骨格であると同時に基盤」として、ドイツ文化、ドイツ科学、ドイツ技術に「跳躍板」を提供しているという強い自負を持っていた。[2]

一九三二年五月三〇日にブリューニング（Heinrich Brüning）内閣が崩壊したあと、重工業界を始めとする経済界首脳は、ヒトラーおよびナチズム運動との連絡のため、総統直属経済特別顧問であるケプラーを中心とした、いわゆる「ケプラーの会」を組織した。この組織はシャハトの参加をも得て活動を積極化させ、ナチスの権力掌握に重要な役割を演じたが、そこにはハンブルク貿易業界を代表する形で東アジア協会執行委員（のち会長）ヘルフェリヒ、およびのちのハンブルク市長クロークマンも参加していた。[3] 東アジア協会が参加した理由は、世界経済恐慌後の対東アジア貿易の縮小およびそれにともなう苦境を、ナチズム運動への接近により克服しようと考えたからである。

初期ナチズム体制下での活動（一）——ドイツ在外商社保護のための活動

さらに、一九三三年一月三〇日にナチスが権力を握ったあとも、東アジア協会の方針に変更はなかった。ナチス体制発足後にかれらがおこなった圧力団体活動は、二つの分野で注目される。第一は、ドイツ在外商社保護のための活動である。たとえば同年四月二〇日、東アジア協会は執行委員会を開催し、「ナチス政府との協力を惜しまない」ことを表明した上で、「在外ドイツ人の強化」、「ドイツの名誉の促進」、「海外でのわが国の経済的立場の強化」「ドイツ経済組織およびドイツ人コロニーの団結と統一の強化」を、方針として確認していたのである。(4)さらに東アジア協会は、同年五月二日、ヘルフェリヒ宅に総統直属経済特別顧問ケプラーや、ハンブルク市長クロークマンを招いて、「在外ドイツ人商業界の救済」について協議をおこなった。かれらはナチスの権力掌握を契機として、世界経済恐慌に苦しむ在外ドイツ商社の救済を目指したのである。この協議の内容は、五月二三日、以下のような嘆願書にまとめられて、経済大臣フーゲンベルク、財務大臣クロージク、ライヒスバンク総裁シャハトらに提出された。(5)ここでは自らの経済的利益と「国益」が、ストレートに同一視されていた。(6)

ここ二〇年のあいだに起こった政治的・経済的事件の結果として、何の罪もないドイツ海外利益団体に危機が訪れた。海外で生き残ったわずかなドイツの拠点を維持することは、ドイツ国民全体の利益にとって避けることのできない使命である。

そのため、東アジア協会が求めたのは、無利子の貸付金と銀行の設立であった。「われわれは、国家とライヒスバンクが無利子で、あるいはわずかな利子で、貸付金を提供するよう請願する」。「ドイツ輸出利益団体に資金を提供するという、特別の任務を帯びた資金力のある銀行を設立することが、無条件に必要であるとわれわれは考える」。この嘆願書は、まさしくドイツ海外商社保護のための綱領的文書とも言い得るものであった。(7)

初期ナチズム体制下での活動（二）——フーゲンベルクに反対する闘争

注目すべき第二の活動は、ドイツ経済のアウタルキー化を目指したフーゲンベルクに反対する闘争である。すなわち、さきにみたドイツ通商政策をめぐる経済大臣兼食糧農業大臣フーゲンベルクと、外務大臣ノイラート、財務大臣クロージク、国防大臣ブロムベルクらの閣内対立に関して東アジア協会は、自由貿易主義の立場から、フーゲンベルクの政治的排除を求めて積極的に活動した。たとえばかれらは、ケプラーやクロークマンを通じてヒトラーにフーゲンベルク解任を求める圧力団体活動をおこなったほか、同年五月一九日、東アジア協会執行委員ヘルフェリヒみずから総統代理ヘス（Rudolf Heß）を通じてヒトラーに書簡を送り、「フーゲンベルク枢機卿がライヒ経済省を引き受けて以来、経済領域では農業保護のための若干の独裁的措置を除き、いかなる指導も存在していない」として、フーゲンベルクの解任を求めた。(8) さらに同年五月下旬には、クロークマンがヒトラーに直接面会して、フーゲンベルクの解任を要求したのである。(9) この時ヒトラーは、その要求を激しい口調で拒否したが、その後、世界経済会議における外交的失態により、結局フーゲンベルグは政治的に自滅することになる。

ドイツ外務省の東アジア協会支持

このような東アジア協会・中国在留ドイツ商社の自由貿易主義的立場は、ドイツ外務省、とりわけ中国現地駐在のドイツ外交官により強力に支持されていた。すでに見たように、一九三四年八月一九日にゼークトと会談した駐華公使トラウトマンは、「中国のドイツ商社はわが国経済活動の基礎」であると述べ、ゼークトが中国国民政府との間で結ぼうとしていた南京プロジェクトに疑念を呈していたし、四カ月後の一二月三一日にも、トラウトマンは「中国からドイツへの輸出に努力している中国在留ドイツ商社は、バーター政策により打撃を受ける」との判断から、南京プロジェクトに反対していたのである。(10) さらにトラウトマンは、一九三五年二月二二日にも「武器輸出に関し、われわれは政府の介入を避けるべき」であるとし、「われわれはわが国の貿易の墓掘人になるつもりなのか？」と、クラインやゼークトの策動を痛烈に批判していたのである。(11)

ただし、ここで注意しておかなければならないのは、東アジア協会の「自由貿易主義」的立場といっても、それはあくまでナチス的経済・貿易統制（のちには四カ年計画など）を前提とした、いわば輸出重視、自己利益重視の立場であって、かれらはナチス経済・社会体制そのものへの対抗などということは考えてもいなかった。ナチスの権力掌握過程における東アジア協会の積極的な関与は、そのことを明瞭に示していたといえよう。(12)

また東アジア協会は、ドイツの東アジア権益が中国に偏在していたことを反映し、政治的には極めて強固な親中国的態度を維持していた。一九三四年に東アジア協会会長に就任したヘルフェリヒや、事務局長モーア（Friedrich Wilhelm Mohr）は、ドイツの親日派から見れば「全面的に反日的」な見解を持っており、日本にとっての「ペルソナ・ノン・グラータ」であると判断されていたのである。(13)

クライン・ゼークトの策謀と東アジア協会

さてこの間、中国におけるクラインとゼークトの策動の噂は、さまざまなルートでハンブルクの東アジア協会に伝えられ、そのメンバーたちを刺激していた。一九三五年一月一二日、東アジア協会は執行委員会総会を開催し、「東アジア協会の対中国経済関係を損ないかねない計画がいろいろおこなわれている」から、「適切で断固とした措置を取る」との姿勢を確認したのである。(14) これに基づき東アジア協会のモーア事務局長は、同年二月四日、外務省第四部の東アジア担当参事官エールトマンスドルフに面会を求める書簡を送付していた。(15)

ただし、その後もクラインやドイツ国防省は、中国でのプロジェクトや顧振代表団の訪独を秘匿し続けたため、東アジア協会にはプロジェクトに関する情報がほとんど入らない状態が続いた。たとえば一九三六年一月二三日、東アジア協会は執行委員会を開催したが、そこではハプロやクライン・プロジェクトについて、さらに中国国民政府の顧振代表団派遣についても、まったく話題にならなかったのである。(16)

しかしながら、条約締結が間近に迫ると、中国国民政府は中独条約による貿易清算に期待し、中国在留ドイツ商社やメーカー支店との貿易交渉を中断し始めていた。こうした深刻な事態は、ドイツ外務省にも危機感を生ぜしめることとなった。すでに見たように、外務省はハプロ条約締結直前の土壇場で、南京プロジェクトへの遅すぎた反論を試みていたが、そのなかで第四部のフォスは、ハプロに対する中国政府の大量の発注が、「わが国の既存の貿易組織を確実に破壊」し始めていると述べていたのである。[17]

こうした事態をまえにして、東アジア協会は、ハプロおよびその背後にいる国防省や経済省に対する臨戦態勢を固めていった。

2　一九三六年春の原料・外国為替危機と政府内対立

原料および外国為替をめぐるシャハトとゲーリングの対立

東アジア協会とシャハト・国防省の対立を分析する前に、当時同時に展開されていたゲーリングとシャハトの政治的対立、およびそこにおける国防省の立場について、ここで概括的に分析しておこう。なぜなら一九三六年春に、ドイツではふたたび外国為替危機が深刻化したため、ドイツ政府内部での政治的対立が公然化し、そのことがさらにハプロをめぐる東アジア協会と国防省・経済省の対立にも、大きく影響することになるからである。

中独条約成立四日前の一九三六年四月四日、ゲーリングが原料・外国為替問題全権に任命された。ゲーリングにはヒトラーから、「必要なすべての措置に関する検討と命令」の権限が与えられることとなった。[18]これ以降ゲーリングは、シャハトに代わるあらたな「経済の独裁者」の道を歩むことになるが、以後この任命をも一つの契機として、原料問題および対外貿易問題一般に関するゲーリングと経済大臣兼ライヒスバンク総裁（さらに、一九三五年五月二一日以降は「戦争経済全権」をも兼任）シャハトとの間での路線上の対立関係が深刻化した。[19]

ゲーリングとシャハトの争点の第一は、外国への依存を減らすために、採算を度外視してまでもドイツ国内での人造石油、合成ゴムなどの代替生産を重視するか（ヒトラーおよびゲーリング）、そうした試みを非経済的・非合理的と見なし、外国との貿易を通じた原料確保を重視するか（シャハト）という点である。原料の代替生産を強化すれば、それにともなって輸出工業品の価格が上昇するため、結果的に輸出が減退し、外国為替の減少に帰結するのではないかと懸念されたのである。たとえば五月一二日に開かれた閣僚委員会でシャハトは、「ドイツ国内産原料の生産は輸出商品の高騰を招くので、限界がある」と主張した。こうした考えに対しゲーリングは、つぎのように言い放ったのである。「もし明日戦争が起これば われわれは代用原料を当てにしなければならない。そうなれば金など何の役にもたたない。もしそうであるならば、われわれは平時においてすでにそのための前提を作る用意がなければならない」[20]。

第二の争点は、経済的採算を度外視してまでも軍拡を強行するか（ゲーリング）、あるいは原料・外国為替危機を乗り切るために軍拡のテンポを緩和するか（シャハト）、という争点である。ドイツのラインラント進駐（一九三六年三月七日）後、四月三日、シャハトは「一定の政治目的が達成されたいま、とくに原料不足という条件もあるのだから、軍備拡張の速度を緩めなければならない」と述べていたが[21]、このような態度はもちろんゲーリング（およびヒトラー）のとるところではなかったのである。一九三六年五月二七日に開かれた代用原料生産に関する会議で、ゲーリングは「すべての措置は戦争遂行の保証という観点から考えられなければならない」と主張していたし[22]、さらに周知のように、一九三六年八月のいわゆる「四カ年計画覚書」のなかでヒトラーは、「ドイツ軍は四カ年のうちに作戦可能とならなければならない」、「ドイツ経済は四カ年のうちに戦争可能とならなければならない」とし、「その他のさまざまな考えはまったく妥当性を持たないものとして斥けなければならない」と述べていたのである[23]。

さらに第三に、以上のような対立点は、シャハトの「新計画」をどのように評価するかという問題と連動していた。すなわち基本的には輸出促進を方針としつつも、他方で外国からの原料輸入を確保するため、対外貿易における強力な統制経済（＝「新計画」体制）を維持するのか（シャハト）、外国からの原料輸入を付加的なものに留め、経済統制を緩和することによる輸出増大をはかるのか（ゲーリング）という争点である。「新計画」に基づく双務主義的清算協定の硬直性、複雑さ、官僚主義、弾力性の欠如、輸出補助金の不十分さなどについては、東アジア協会と基本的に立場を同じくするハンブルク市長クロークマンが、すでに一九三六年一月一〇日にヒトラーに改善方策を提案していた。(24) さらに一九三六年五月一二日の閣僚委員会では、ゲーリングの立場を代弁するプロイセン財務相ポーピッツが、「現在の体制〔「新計画」体制〕では輸出の増大は期待できない。……審議されるべきなのは輸出の強制経済をさらに継続すべきか否かである」と、シャハトの「新計画」を激しく批判したのである。(25)

しかしここで注意しておかなければならないのは、対外経済政策全般に関するシャハトの比較的一貫した態度とは異なり、ゲーリングの立場は極めて状況的であって、それを首尾一貫したものと考えてはならないということである。のちに見るように、一九三六年夏以降のドイツ経済にあっては、「四カ年計画」（すなわち国内原料生産）、「軍備拡大」「輸出促進」という三つの政策の優先順位をめぐって、大きな論争と対立が惹起されるが、シャハトとの政治的・個人的対立にもかかわらず、ゲーリングの経済政策的立場は結果的にしばしば、シャハトのそれとの共通性を示すこととなる。ゲーリングの政治活動と経済政策を詳細に検討した、ドイツ連邦共和国の現代史家クーベ（Alfred Kube）も主張しているように、「経済の素人」を自認するゲーリングには、「しっかりした一貫性のある経済構想などなかった」と考えなければならない。(26)

したがって結局のところ、以上のような政策的対立点は、今後原料および外国為替問題など経済問題における主導権を握るのはシャハトかゲーリングか、という問題に集約された。たとえばゲーリングは、五月一二日に開催された閣僚委員会において、とくに「輸出業務が経済省によって拒否されている」とシャハトの硬直性を強く批判し、今後はゲーリング自身によって「諸官庁が再調査されることになろう」、そうすれば「多くの事態は異なったものとなろう」と述べ、経済問題においてシャハトにとって代わる意思をあからさまに示したのである。[27] こうしたゲーリングの権力意思は、同日に開かれた別の専門家会議でも遺憾なく示された。この会議でゲーリングは、自分が「総統の委任に基づき命令を下す」と「ヒトラー・シンボル」を振りかざしたのち、つぎのように主張したのである。「総統の全権は無慈悲に貫徹される。それを拒否するものは逮捕する[28]」。

シャハト＝ゲーリング対立とドイツ国防省

こうした争点を内包するゲーリングとシャハトの対立の中で、国防省の態度は微妙であった。すなわちかれらは、第一に、一般的にいえば軍拡の強行的貫徹という点で、もちろんゲーリングに近い立場にあった。たとえば一九三六年九月二日、ヒトラーから「新しい経済計画」、すなわちゲーリング指導下での「四カ年計画」実施について知らされたシャハトは大いに失望し、国防省と連絡してヒトラーに計画を思いとどまらせるよう働きかけようとしたが、国防大臣ブロムベルクと国防経済幕僚部長トーマスはこれに同調しなかったのである。[29]

しかし第二に国防省は、「新計画」やハプロに代表される対外貿易における強力な経済統制を支持する点では、シャハトに近い立場にあった。七月一日、トーマスは上官ブロムベルクに書簡を認め、「ゲーリングのもとでの最近の会議では成果はほとんどゼロ」と述べたのち、やや安堵の気持ちを込めてつぎのように記したのである。「〔新計画以外の〕新しい方法をうち固めるのは適切ではなく、むしろ一定の改善のみを図ろうということが確認されました[30]」。

ただし、さらに国防省内部を子細に検討すれば、軍拡の強行的貫徹のためには強力な統制経済が必要と考える、根っからの親ナチス派＝ライヒェナウと、経済の合理性やドイツ対外経済の担い手（たとえば東アジア協会）に一定程度配慮する立場から、経済統制を緩和することにも理解を示した「シャハトの盟友」＝トーマスとの間で、若干の政治的ニュアンスの差が見られ、さらに当時国防軍の内部で「ゴム製のライオン」と揶揄されていた国防大臣ブロムベルクは、その両者のいわば中間的な立場にあった。たとえば一九三六年八月下旬にトーマスは、原料・外国為替不足および専門労働力不足にかんがみ、「軍備がこれまでの規模とこれまでのテンポで実行されなければならないのかどうか」と問題を提起し、「平時経済の工業を犠牲にした軍備の強化」は、社会的・国際的影響を考慮してこれ以上おこなわない、などシャハトの立場にも一定程度配慮した提案をおこなった。しかしこのトーマスの提案は、ブロムベルクや陸海空三軍総司令官の一致した反対によって、却下されてしまったのである(31)。

ゲーリングと東アジア協会の野合

以上のような政治的対抗関係を念頭に置くならば、ゲーリングが反シャハト・反「新計画」の観点から、東アジア協会を中心とする自由貿易派と利害をともにする部分が大きいことが理解されるであろう。事実、のちに述べるように、ゲーリングは東アジア協会の政治的代弁者として登場することになるのである。しかしながらこの両者の連合は、もちろんいわば野合であって、その背後に大きな利害の不一致があったことが確認されなければならない。それは要するにアウタルキーを是認し推進するか（ゲーリング）、自由貿易主義的な立場からあくまでドイツの世界経済への復帰をノーマルなものと考えるか（東アジア協会）、の相違である。一九三六年五月一二日の閣僚協議会でゲーリングは、「もし代用原料が量的に十分であるならば、われわれに困難をもたらす輸入はもはや必要なくなる」と述べていたが、こうした考えはもちろんハンブルクの貿易業界＝東アジア協会の立場とはまったく相容れないものであった(32)。

3　中独条約の成立と東アジア協会のロビイズム

東アジア協会と国防省

一九三六年四月二二日、すなわち中独条約成立の約半月後、東アジア協会副会長ノルテ（Ado Nolte, カルロヴィッツ社）が、ベルリンのベンドラー通りに国防経済幕僚部長トーマスを訪ね、ハプロのプロジェクトについて事実関係の説明を求めた。その席でトーマスは、トーマス自身がハプロの取締役会議長に就任し、クラインは「退社」したと述べた上で、シャハトにより設定されたクレジットに基づき陸軍兵器部自身が直接ドイツ各武器会社に発注し、中国政府の「中央信託局」を通じて中国側に物資供給をおこなうという新システムが成立したことを説明した。その上でトーマスは、東アジア協会の立場に触れ、以下のように述べたのである。「中国在留ドイツ貿易商社の状況は承知しており、考慮されねばならない。しかし〔ハプロによる〕付加的な輸入は、かれらの利益にもなると確信する」、と。[33] すなわち中独条約は中国在留ドイツ商社の利益にもなるというのである。しかしながら、東アジア協会側は、当然にもこれを「空虚なフレーズ」と受け取った。[34] なおここで、トーマスはクラインが「退社」したと述べているが、形式的身分はともかく、その後もクラインはハプロの実質的責任者として、ドイツと中国で積極的に活動することになる。

一方ライヒェナウ（当時ミュンヒェン第七軍管区司令官）はトーマスよりもいっそうあからさまであった。ライヒェナウは五月四日、すでにみたように訪中計画を説明するため外務省のビューロ次官を訪ねたが、その時ライヒェナウは、トーマスよりもはるかにあけすけに、「中国在留の『小商人』の不満など重要ではない」と言い放ったのである。[35]

現地上海におけるドイツ商人の反応

一方、中国現地では、上海ドイツ商業会議所が五月二〇日に会合を開き、対応を協議することとなった。この会議にオブザーバーとして参加した南京駐在ドイツ大使館参事官フィッシャーによれば、その場では参加者が「興奮した状態」でクライン・プロジェクトに関する噂を議論したのである。[36] 結局この会議では、「立場表明はともかく、まず説明を求めよう」との意見で一致し、東アジア協会に以下のように打電することを「満場一致で」決定した。「ハプロ一億ＲＭ協定」により、「当地の商工各代理店は深刻な打撃を受ける。説明を求める」[37]。

六月二五日、上海ドイツ商業会議所はさらに長文の覚書を作成し、自分たちの立場を説明した。覚書によれば、ドイツ各商社が第一次世界大戦後、「カオスから新しくふたたび発展を開始」した苦境を説明した上で、「ハプロ条約締結前に多くの契約の締結が中国側から停止された」とし、「長年ドイツ商社により供給された工業物産の既存の貿易は、これにより解体が始まった」との苦情を述べたのである[38]。さらに翌六月二六日、上海ドイツ商業会議所はとくにハプロ条約について「秘密メモ」を作成し、中国条約締結以後、中国側が国家条約の枠内での有利な清算を期待するなかで「さまざまな事業に関するキャンセルが続出している」と述べ、「永年多くの犠牲をともないながら創出されてきた貴重なドイツ商社の組織が、一定の領域において活動休止に追い込まれている」との激しい危機感を吐露していた。上海ドイツ商業会議所はこの嘆願書を東アジア協会のみならず、上海総領事クリーベル、在華ドイツ軍事顧問団事務所などにも送付して理解を求めた[39]。

東アジア協会による連合パートナーの模索

この間ドイツでは、東アジア協会が会長ヘルフェリヒのもとに強力なロビイズムを展開し、中独条約体制に反対する連合相手を求めていた[40]。かれらがまずアプローチしたのは、ハンブルク市長クロークマンであった。クロークマンは以前より東アジア協会の支援者であり、同協会のロビイズムを陰に陽に支持した[41]。たとえば一九三六年一月一〇日、クロークマンは対外貿易に関する覚書を起草し、双務主義的清算協定や現行貿易体制の複雑さ、弾力性の欠如などを指摘してシャハトの「新計画」に強い批判を加えていた。しかしながら一方かれは、同年六月三〇日、「もし自分がシャハトの計画に対してあまりに強い批判をすれば、シャハトは場合によってはハンブルクに報復するだろう、自分はそれを望まないのだ」と弱気な一面を露呈している。[42] 東アジア協会にとってクロークマンは、必ずしも強力な同盟者とはいえなかった。

さらにヘルフェリヒは、「ケプラーの会」時代の盟友であったケプラーを、反ハプロに動員しようと試みた。しかしこの間ケプラーは、その自由貿易主義的見解を徐々に変化させていた。第一にケプラーは、クロークマンら自由貿易派との接触は維持しつつも、総統直属経済特別顧問として、ヒトラーの意向を無視するわけにはいかなかった。たとえば一九三四年六月一八日、ケプラーはクロークマンとの会談で、代用原料問題と輸出入問題に関する以下のようなヒトラーの意向を伝えている。[43]

ドイツは準備なしに新たな戦争に突入することはできないのだから、ここドイツにおいて代用原料の生産が大規模に育成される必要がある。

輸出を大幅に拡張すれば、外国との摩擦の拡大が懸念されるので、むしろ輸入の制限が望ましい。

これに対しクロークマンは、「ハンブルクの大変厳しい状況」を説明し、ケプラーも「それを完全に理解」したが、しかしにもかかわらずケプラーは、クロークマンに「いかなる希望をも与えることができなかった」のである。[44] すでに見たように、一九三四年春から夏にかけて、外国為替状況の悪化を背景に、シャハト、外務省貿易政策局長リッターや陸軍兵器部経済参謀課長〔当時〕トーマスらは貿易における統制経済の導入もやむを得ないという立場に移行していたが、ヒトラーもまさしく同様であった。

第二に、すでにみたようにケプラーはそもそも、国防省のブロムベルクやライヒェナウやトーマスとともに、クラインのプロジェクトの有力な後援者であり、しかも当のハプロの取締役であった。ケプラーを政治的に獲得しようとするヘルフェリヒの試みは、こうして失敗した。一九三六年七月一一日のケプラー宛書簡の末尾に、ヘルフェリヒは以下のように記したのである。「プラトンは大切な友人だが、真理はもっと大切だ（Amicus Plato, sed magis amica veritas）」[45]。

こうしたなかヘルフェリヒは、さしあたり経済省および国防省の事務当局との交渉を優先的に模索した。六月一〇日、かれは経済省次官ポッセに書簡を送り、経済省（ポッセ）、国防省（トーマス）および東アジア関係貿易商社代表たちとの三者協議を開くよう要請したのである。しかしながら経済省は、そもそも中独条約は経済省で作成されたものではないとして消極的な姿勢を示し、さらにトーマスは、当面東アジア協会の要求に対し引き延ばし戦術で応じた。かれは、中国訪問中のライヒェナウの帰国報告を待つべきだとして、この三者協議の開催を拒否したのである[46]。東アジア協会は、こうしてドイツ政府内に連合相手を求める努力においても、また経済省および国防省の事務当局を相手とするロビイズムにおいても、行き詰まることとなった。

東アジア協会の対閣僚工作とブロムベルクの拒絶

そこで東アジア協会・ヘルフェリヒは、抗議のレヴェルをもう一段上げて、国防大臣ブロムベルク、経済大臣兼ライヒスバンク総裁シャハト、原料・外国為替問題全権ゲーリングをターゲットに据えることとなった。

七月四日、東アジア協会は執行委員会を開催したが、そこでは「われわれは中独条約締結前に専門家としての意見を聴取されていない」との不満が示され、「長年築いてきた中国におけるドイツ商社の立場が深刻に脅威にさらされている」との危機感で一致した。三日後の七月七日、会長ヘルフェリヒはブロムベルク、シャハト、ゲーリングらに書簡を送付し、東アジア関係商社にもたらされる被害をつぎのように述べた。

ドイツの中国関係商人たちは数十年にわたる活動によって中独経済関係の基礎を創出してきた。いまそれが〔中独〕条約によって非常に脅かされており、また同時に、東アジアにおけるドイツの非常に価値ある経済的・国家的・文化的な拠点である中国在留ドイツ商社の生存そのものが、危機に晒されている。

ヘルフェリヒは「こうした状態は耐え難い」とし、「在中ドイツ商社にとって破局的な条約の影響を緩和する唯一の方策」は、条約の「実施規則の制定」であると提案した。すなわち東アジア協会は、政策の執行過程に介入することにより、自らの利益を擁護しようと試みたのである。最後に、ヘルフェリヒはブロムベルクに、「いささかの遅滞もなく」東アジア協会と各関係省庁との会談を開催するよう要請した。(47)

こうした東アジア協会の要請に対し、シャハトは沈黙したが、国防大臣ブロムベルクは激烈に反応した。ブロムベルクは、中独条約は「総統と関係諸大臣の了承の下に」締結されたものであると、「ヒトラー・シンボル」を振りかざしたのち、ハプロ条約は「付加的なバーター」を規定しているが、「国防軍の利益」に完全に叶うものであり、「責任は政府がとる」ことになる、したがって「中国の貿易に関与する商社との交渉に入る意志はない」と、東アジア協会を突き放したのである。ヘルフェリヒは当然のことながらこれを、「われわれには受け入れがたい剝き出しの拒絶」と判断した。(48)

しかし東アジア協会には、屈服する意思はまったくなかった。七月一八日、ヘルフェリヒはブロムベルクに返信し、「われわれ商社の生存に深くかかわっている」ので「貴下の考えは承服できない」と強く主張し、上海ドイツ商業会議所の六月二六日付の覚書を同封して、「もう一度私の要求を繰り返したい」と述べ、さらに同文の書簡をゲーリング、シャハト、ケプラーにも送付した。ヘルフェリヒは、ブロムベルクの意図がどうであろうと、またヒトラーの支持がどうであろうとお構いなく、ハプロと闘うことを決意したのである。(49)

そのための一つの手段として、東アジア協会は副会長のノルテを中国現地に派遣することを決定した[50]。国防省国防経済幕僚部長トーマスは譲歩し、ヘルフェリヒら東アジア協会の強い要請に基づき、八月九日、中国に滞在するライヒェナウに上海ドイツ商業会議所およびノルテの主張を聴取するよう依頼したのである[51]。

ハプロ条約に対するゲーリングの関心の萌芽

こうしたヘルフェリヒ・東アジア協会の窮状に一定の関心を示したのは、原料・外国為替問題全権ゲーリングであった。一九三六年八月一日、上述の七月一八日付の手紙に応える形で、ゲーリングはヘルフェリヒに書簡を送付し以下のように述べた[52]。

ハプロ条約はドイツと中国の間での付加的な商品交換を目的として締結されたものであり、いかなる意味でもドイツ商人の活動を阻害してはならない。むしろ逆に、中国貿易に従事しているドイツ商人のイニシアティヴを妨げるのではなく、それを支援するよう考慮がなされなければならない。

そのためにゲーリングは、中独条約の執行にかかわる官庁と商人たちが協力する方法を考えるつもりだと、ヘルフェリヒに約束した。東アジア協会は、のちにヘルフェリヒが述べているように、ついに「連合の相手を獲得した」のである[53]。

ただし、その際どのように対中貿易にかかわるかということについて、ゲーリングにはっきりとした具体的な方針があったとは考えられない。五月二七日、かれは閣僚委員会において「中国の内政状況が不明瞭なので、中国事業〔ハプロによる事業〕は見通しがまったく立たない」との判断を示していた[54]。さらにこのころ、ゲーリングはそもそもハプロ条約のテキスト自体を、いまだ入手してはいなかったと思われる[55]。

こうした事情から、ゲーリングのハプロに対する態度は揺れ動いた。たとえば一九三六年六月上旬、ゲーリングは「クライン氏のみが中国との国家条約において、懸案の業務につき交渉することができる」と確認し、クラインの活動を支持するかのごとき発言をおこなっていた[56]。さらに七月三〇日、ゲーリングのもとで原料・外国為替に関するスタッフ会議が開かれ、「鉄鉱供給に関し中独条約を」活用するという立場を確認していたのである。しかもその会議では、「軍備制限プロパガンダに対しては断固として拒否」という立場が確認され、シャハトへの強烈な対抗意識が示されていた[57]。

しかし他方でゲーリングは七月一七日、国防省に対し、「現在中国から輸送されている原料供給の種類を報告せよ」と要求するのみならず、「ドイツから中国に向けられたあらゆる供給をストップせよ」との強硬な姿勢を示し、ハプロ条約体制の見直しさえ示唆していたのである[58]。要するにゲーリングは、当面、具体的な対中国政策やハプロの事業に対する政策判断を欠いていた。かれが積極的に対中国政策に介入してくるのは、一九三六年秋以降のことになる。

第二節　国防省と東アジア協会の対立の本格化

1　現地中国での暗闘

ライヒェナウとクラインの訪中

現地中国には六月下旬にライヒェナウとクラインが到着し、中独条約の執行について主として財政部長孔祥熙や、ハプロの中国側カウンターパートである「中央信託局」と交渉するとともに、国民政府との友好関係を強化するさまざまな活動をおこなっていた。

南京駐在ドイツ大使館経済専門官ヴィンターフェルト（Sigmung Rudolf von Winterfeldt）は、七月二日にライヒェナウに面会を求め、ハプロ条約に関して現地中国のドイツ商社の間で広まっている不安に関して三〇分ほど意見を交換した。その際ライヒェナウは、「私はドイツ商社の苦境を完全に理解している」ので、「かれらの損害を最小限にするようあらゆる努力をするつもりである」と述べたが、しかし「交渉の成り行きは見通せない」から、「努力の成果は請け負えない」と、商社側の過剰な期待を戒めたのである。さらにライヒェナウは、「中国の対独輸出に関しては、まったく痛みなしに進行することはないだろう」と述べ、ドイツ側（より正確には商社側）が損害を甘受することをも考慮に入れていたのである。ヴィンターフェルトがこれに対し、「〔商社側の〕問い合わせに何と答えればよいのか」と尋ねるとライヒェナウは、「われわれが商人を裏切ったといわれかねない」から、「知らぬふりをして死んだようにしているのがよい」とまで述べたのである。[59]

さらに翌七月三日、ヴィンターフェルトはクラインと一時間半ほど会談したが、その時クラインは、「孔祥熙が命じているので」条約について多くを語ることはできないが、「在中商社には何の影響もないだろう」との不誠実な態度に終始したのである。[60]

クラインも、ドイツ商人と交渉する気はまったくなかった。かれは七月二三日、国防省に電報を打ち、中独条約に基づく中独協力は「始まったばかり」であり、しかも「いま中国の貿易にドイツ私企業を編入しないからこそ、ヨーロッパとアメリカの私企業が口を差し挟まない」のであるから、「たとえ可能性が存在するとしても、私企業を業務に編入することは戦術的な誤り」であり、「一定の反対は沈黙させねばならぬ」と、東アジア協会の要求を拒否する姿勢を示したのである。[61]またクラインは、翌二四日にも国防省に電報を打ち、「中独の密接な経済的協力関係の利益のため、ドイツ関係各省は、条約に対する輸出入会社の有害なアジテーションをやめさせよ」と強硬に述べたのである[62]。

一方、南京駐在ドイツ大使館参事官フィッシャーは、七月三一日に外務省に宛てて中独条約に関する報告書を起草し、そのなかで中国駐在各国代表部や専門家の間で、「中国の軍拡は今後もっぱらドイツによってなされる」との噂が流れていることを指摘した。しかもフィッシャーによればこうした噂は、「公の場においてもとどまるところを知らないドイツ商社の怒り」によって増幅されているという。こうした状況を憂慮したフィッシャーは、上海総領事クリーベルとも協議したのち、「中国在留ドイツ商社の生存を維持する前提条件は、かれらの中独条約への編入である」との提案を外務省に送ったのである[63]。

さらにライヒェナウとクラインの中国訪問とその秘密主義は、ファルケンハウゼンを窮地に追い込む結果となった。すでに見たように、軍務局長時代のライヒェナウと南京駐在のファルケンハウゼンの間では、クラインの活動をめぐって書簡により激しい言葉の応酬が交わされたが、こうした感情的なしこりはライヒェナウの訪中によっても解消されなかった。むしろフィッシャーも観察したように、ライヒェナウは「ファルケンハウゼン将軍への皮肉」を言外に示し、さらに実際ファルケンハウゼンを「ことさらに無視」し、自分の中国での軍拡プログラムについて、何らの情報をも与えなかったのである。それればかりかライヒェナウは、この時期中国で、ファルケンハウゼンに代えてドイツ現役将校からなる新たな軍事顧問団を中国に派遣することまで検討していたのである[64]。

こうした事態は、ファルケンハウゼンの側から見るならば、かつてゼークトに軍事顧問団長の地位を奪われたヴェッツェルのような立場に、自らが追い込まれたことを意味した。南京駐在ドイツ大使館参事官フィッシャーは、こうした事情から、ファルケンハウゼンが国防大臣ブロムベルクに「進退問題」を提起することにもなりかねないと判断していたのである[65]。

一方上海ドイツ商業会議所は、八月一九日に会議を開催し、中国訪問中の東アジア協会副会長ノルテの報告を聞くこととなった。ノルテは、四月二二日にベルリンでトーマスに面会して以来の、四カ月にわたる活動を詳細に報告した。その後会議では「行きつ戻りつの長い議論」や「憤激」が見られたが、中独条約という既成事実を前に、メンバーの間で一定の妥協的態度が示されることとなった。すなわちこの会議では、「国家条約はいまや成立してしまったのだから、この条約に反対する立場に立つのは無意味」であり、「ドイツ商社は輸出入に関しハプロ条約に自らを編入させる努力をすべきだ」とのノルテの主張が、全体としてメンバーに受け入れられたのである。[66]この会議にオブザーバーとして参加していたドイツ大使館上海駐在貿易専門官ケムペ（Richard Kempe）は、八月二八日、ハプロ問題では上海で「新しい変化」が起こったとし、ドイツ商社による「当初の純粋に否定的な抗議」は、「条約の執行過程への編入を目指すエネルギッシュな試み」にとって代わったと判断したのである。[67]

クライン＝ノルテ会談（八月二四日）およびライヒェナウ＝ノルテ会談（九月二二日）

この間ライヒェナウは、上海ドイツ商業会議所やノルテと会談することを避け続けたが、一方ノルテはライヒェナウおよびクラインとの会談のため、中国在留ドイツ商社を中独条約の執行過程に編入する案を起草し、上海ドイツ商業会議所もその案に同意した。すでに見たように、国防省国防経済幕僚部長トーマスは、東アジア協会に一定程度の譲歩をおこない、八月九日、中国に滞在するライヒェナウに、上海ドイツ商業会議所およびノルテの主張を聴取するよう依頼していた。ライヒェナウおよびクラインは、ノルテとの会談に応じざるを得なくなったのである。

八月二四日、ついに上海でノルテとクラインの会談が実現した。ノルテのヘルフェリヒ宛て八月二八日付報告書によれば、クラインは「非常に打ち解けた」態度で会談に臨み、東アジア協会からいままでの「不平や苦情」に代わって、「積極的な提案」が出されたことを喜んだという。しかしノルテがすぐにでもドイツ商社を編入するよう求めたところ、クラインは、年末にドイツに帰るのでそれまで待つよう述べてこの要求を拒否した。この会談の成果は、ほとんどゼロに等しかった[68]。

ライヒェナウもノルテの面会要求を回避し続けたが、ついに九月二二日に上海で応じざるを得なくなった。この会談でライヒェナウは、ドイツ商社を国家条約に編入する可能性はないが、商社は国家条約により間接的に大きな利益を得るだろうし、事業をかなり拡大することができるだろうと述べた。さらにライヒェナウは、条約の経済的・実務的な部分はクラインの任務であり、自分の任務はもっぱら軍事的な領域、すなわち中国の軍拡組織の創設にあると主張したのである。ライヒェナウによれば、中独条約の目的は、日本による侵略の危険の増大に対して、中国を可及的速やかに軍事化することであるというのであった。しかし結局東アジア協会にとって、この会談の成果は何もなかったのである[69]。この会談ののち、ライヒェナウは客船シャルンホルスト号に乗船して帰国の途についた[70]。

ノルテは一〇月七日に、ようやく南京でもう一度クラインをつかまえたが、クラインは八月二四日の会談での主張を繰り返すにとどまった[71]。こうして一九三六年夏の中国でのさまざまな動きは、結局何らの成果ももたらすことがなかったのである。

2　東アジア協会と国防省の攻防（一）

外務省通商局の成立と通商局長リッター

この間ヴィルヘルム通りのドイツ外務省は、ハプロに関する政策決定および政策執行の蚊帳の外に置かれていたが、七月一六日にハプロの広範な計画が伝達されるにおよび[72]、外務省はようやく中独条約の執行過程に関与することとなった。外務省はその責任者として、通商局長のリッターを起用することにした[73]。

このリッターの起用は、ドイツ外務省のハプロに対する態度に一定の変化をもたらした。約二年前の一九三四年六月一八日、外務省貿易政策局長〔当時〕リッターは、「ドイツ対外貿易政策の現状と課題」と題する綱領的な覚書を起草し、そのなかで原料および外国為替問題の深刻化に対処するため、シャハトの「新計画」にもつながる双務主義的清算協定を構想し、それを通じてドイツ対外貿易政策の再編成を推進する姿勢を示していたのである[74]。さらにリッターはその後、シャハトと協力して東欧、東南欧、ラテンアメリカで双務主義的な清算協定網を張りめぐらすとともに、一九三六年四月三〇日には「満洲国」とも貿易協定を締結し、ドイツ製工業製品と満洲大豆の部分的バーター取引を実現していた[75]。リッターは、この独「満」貿易協定の成立をも一つの契機として、同じく四月三〇日、一二の地域別の課を擁し広範な権限を有する「通商局」を、外務省内の一大セクションとして正式に発足させることとなる[76]。

したがって、当時のドイツ外務省の内部では、中独条約に対し複数の観点が存在していたことになる。第一は、東アジア情勢や中国国内情勢の不安定、経済的リスクなどの観点から、これに疑義を呈するノイラート、ビューロら外務省中枢の立場であり、第二は、中国在留ドイツ商社の保護の観点、さらには蔣介石や在華ドイツ軍事顧問団の立場への配慮から、これを批判する駐華大使トラウトマンや上海総領事クリーベルの立場であり、第三は双務主義的清算協定である中独条約を基本的には支持する観点に立つリッターの立場である。そして、中独条約に関する外務省内の管轄が、最後のリッターに移されたいま、外務省は中独条約に関し、それを原則的には受け入れつつ、若干の運用上の問題点について注文を付けるという姿勢に転換することになる。

リッターは一九三六年八月一七日、ドイツ対外経済政策における「新計画」と、双務主義的清算思想に関する長文の同文訓令を起草し、そのなかで東アジア政策と独「満」貿易協定に触れたあと、つぎのように宣言した。「目下のところドイツ貿易政策の関心は、とりわけ東アジアの国々に向けられている……。われわれは、独満貿易協定が、東アジア諸国との貿易関係を積極的に処理していくための、たんなる第一歩に過ぎないと考える」。その上でリッターは、「この地域におけるすべてのドイツ政府代表部が、この努力を積極的に支持するようお願いする」と要請した。[77]これは、中国に限定していえば、駐華大使トラウトマンや上海総領事クリーベルらに中独条約支持を要請するに等しかったといえよう。

トーマス＝リッター連合とゲーリング

シャハトの「新計画」に同調するリッターが、外務省における中独条約の責任者になったことは、もちろん、長年ハプロ問題で外務省およびその在外代表部の抵抗に悩まされてきたトーマスにとっては、非常に喜ばしいニュースであった。八月八日に外務省第四部のフォスがリッターの代理としてトーマスを訪問した時、フォスはまず外務省の再編成により、リッターが中独条約担当となった事実を報告し、「プロジェクトの執行において外務・国防両省の積極的な協力を実現するため、リッターは長い間トーマスと連絡を取りたいと希望していた」と伝えたところ、トーマスはこれを「非常に喜んだ」のである。その上でフォスがハプロ問題に触れ、⑴中独条約の軍事的色彩を弱めるため、ハプロの非軍事的業務についてはっきりと情報を提供すること、⑵東アジア協会の苦情を緩和するため、ハプロが維持する業務と在中商社に任せる業務を区別すること、という二点を提案した時、トーマスはそれらに同意するのみならず、中国に滞在するライヒェナウにもその線で対応するよう通知すると述べたのである。[78]中独条約反対派の牙城である外務省に連合の相手を見いだしたトーマスの喜びは大きかった。

ただし、現実の政府内政治の観点からいえば、こうした「トーマス＝リッター連合」は大きな力を持ち得なかった。それというのも、当時ゲーリングは、外務省、とりわけ在外代表部の活動に著しい不信感を持ち、外務省に敵対的な態度を取っていたからである。たとえば五月一五日に開かれた輸出問題に関する会議で機械工業界の代表が、「外務省の貿易担当者は多くの手段を投入するという任務を遂行し得ない。在外代表部の長は一般的に不活発だ」と批判すると、ゲーリングはわが意を得たかのように、「外務省に関するその言明は正しい」と述べたのである。[79]

当時原料・外国為替問題に関する一連の閣僚委員会、ないし専門委員会を主宰していたゲーリングは、こうして外務省の関与を嫌い、ほとんどの場合、会議に外務省代表を招請していなかった。例外的にゲーリングが外務省の代表としてリッターを招いたのは、六月三〇日に開かれた輸出問題に関する会議であった。しかしこの会議では、外交代表部の問題に関してゲーリングとリッターの激しい応酬が交わされた。ゲーリングは「外務省で新しい部局を創設し、指導することになったリッター局長」に発言を求め、新しい通商局は「どの程度輸出発展と輸出促進の問題に寄与することができるのか」と挑発した。ゲーリングによれば、「一般的に外務省業務に対する苦情の声は大きくなっているので、その苦情は事実として存在していると考えなければならない」という。リッターはこれに対し、外務省への苦情は「一定程度は当たっている」と一旦譲歩しながらも、さまざまな例や対策を具体的に示したのち、「一般的にいえば外務省の在外公館は、貿易および経済交渉において有能さを実証していると確認することができる」と強く反論した。このリッターの反論に刺激されたゲーリングはただちに反応し、「わが在外公館は大規模事業の契約締結においてもたびたび必要な措置をとらなかった。それによりドイツにとって多くの事業が失われてしまったのだ」と、リッターを罵倒したのである。[80]

中独条約成立まで外務省は、国防省・経済省から蚊帳の外に置かれ、政治的に疎外されていたが、条約締結以後も外務省・リッターは、ゲーリングの開催するさまざまな会議から政治的に干されることになる。

ゲーリングの提案

一方ゲーリングは、すでに見たように、一九三六年八月一日に東アジア協会に書簡を送付し、中独条約の執行にかかわる官庁と商社が協力する方法を考えるつもりだと述べていたが、それに基づき、八月下旬、東アジア協会に以下のような提案を示した。[81]（1）ハプロと中央信託局は純粋な清算機関に留まる。ハプロと中央信託局自体は事業をおこなわず、国防省の一億ＲＭの管理のみにかかわる。商品提供、処理作業、全商品の供給は以前のようにドイツ商社がおこなう。（2）それが無理ならハプロは純粋な武器取引のみに従事する。（3）一億ＲＭの借款を、鉱山・鉄道のような生産的設備の建設を目的とする長期的な金融に用いる可能性を調査する（つまり、一億ＲＭのクレジットの使い道を武器などに限定せず、さらにそれを中央信託局の一元的管理から外し、ドイツ商社の参加に道を開く）。このようにゲーリングの提案は、東アジア協会の要望に一定程度沿うように考案されていた。ただし、東アジア協会は、武器輸出事業にも死活的利害を有していたため、当面このゲーリングの提案に対し態度を留保した。

「国内価格」問題の露呈とトーマスの動揺

この間東アジア協会はハプロに関する内密の調査を継続していたが、ハプロのバーター取引における価格設定の問題に関して疑念を深めたヘルフェリヒは、ハプロが武器を国内価格で中国に輸出し、中国からの原料は国際価格で輸入していることを突き止めた。そこでヘルフェリヒは武器輸出組合（ＡＧＫ）の名誉議長トレンデレンブルクと連絡を取り、各武器会社が中独条約締結前にどのような価格で中国に輸出していたかを調査してもらうことにした。その結果、ドイツ各武器会社は国際価格で、すなわち国内価格より五〇％から八〇％も高い価格で輸出していたことを確認したのである。つまりハプロの採用した国内価格は、中国に一方的に有利な価格設定であった。ヘルフェリヒによれば、シャハトもこの事実を知らなかったが、この国内価格での輸出を指示したのはほかならぬ国防省、すなわちブロムベルクとトーマスであることが露呈したのである。

これはもちろん、武器輸出組合に参集する各武器会社にとっても極めて由々しきことであったに違いない。ヘルフェリヒはのちに「こうしたことすべては、結局ドイツ産業界を中国関係貿易商社との統一戦線に向かわせることになった」と述べている。[82]

こうした事態の発覚は、トーマスを大きく動揺させたようである。八月二七日、ベンドラー通りの国防省で会議が開かれ、トーマスを含め国防経済幕僚部から五名、ハプロから二名、および武器会社代表として武器輸出組合（AGK）から二名が参加した。この席でトーマスは、ドイツ貿易商社に大幅に譲歩する発言をおこなった。すなわちかれは以下のことを述べたのである。[83]

(1)ドイツ商社を国家条約の執行に編入することに基本的に賛成する。

(2)いままでの価格設定システムの運用は誤りであった。それを是正するため武器輸出組合をハプロ事業に関与させる。

(3)一億RMのクレジットはすでに発注済みの三年分の注文で使い果たされており、これ以上の発注は受け入れないことに決定した。

(4)中国在留のドイツ商社および産業界の支店は、今まで通り今後も武器事業で活動することができる。ハプロはすでにその任務を果たし終えており、これ以上事業をおこなわない。

(5)ハプロ事業から期待し得る追加事業は商社に与えられる。

(6)中国から原料資源を調達するについてはまだ検討すべき問題が残っているが、この分野では貿易商社を編入する機会があると思われる。

以上のトーマスの発言は、予想外に東アジア協会の立場に歩み寄ったものであり、ほとんどトーマスの自己批判といってもよいものであった。この決定を聞いたヘルフェリヒも「すべてはうまくいった」との感想を抱いたのである。[84]しかしトーマスの動揺はなおも続いた。一〇日後の九月六日にトーマスは、「製鉄業経済集団」において演説を予定していたが、トーマスは、以上のような妥協とはまったく異なる演説草稿を用意していたのである。草稿の内容は多岐にわたるが、中国に関してはつぎのように記している。

最近の対中国事業における国家による執行の形態に対し、参加関連工業分野内部で抗議がなされているとしたら——私はそれを確認せざるを得ないが——私はそのような抗議を撤回することを緊急に要請する。輸出においては「私のために」ではなく、「すべてはドイツのために」という解決が重要である。執行の形態は国防経済上・祖国上の観点に適合されなければならない。

すなわちトーマスは、ふたたび国防経済上の必要性を持ち出して、中独条約の遂行にたいする抵抗をやめるよう、関連武器会社に強く求めようとしたのである。ただし草稿のこの部分は、（おそらくトーマス自身の手により）斜線で削除された。トーマスが講演でこの部分を読み上げたか否かは不明であるが、いずれにせよトーマスの動揺は深かったといえよう。(85)

ブロムベルクの妥協

一方ブロムベルクは九月一五日、外務省通商局のキープに国防省への来訪を求め、中独条約執行の「基本線」として以下の諸点を呈示した。

(1)貿易会社は適切な方法で、たとえばトーマス大佐との協議により、条約とその取り扱いについて通知される。
(2)ハプロは中国への輸出においては純粋な軍需品およびその他の特殊品目、たとえば鉱業開発のための品目に限定し、その他の輸出品は商社に任せる。

(3)中国からドイツへの輸入においてはドイツの原料供給の観点からすべての商社が協力することがむしろ望ましい。

それに加えてブロムベルクはキープに、既存の在華ドイツ軍事顧問団の組織を変更するつもりはなく、ハプロはファルケンハウゼンとの密接な協力の下に活動することが望ましいと述べた。[86] すなわちブロムベルクは、おそらくトーマスの方針を受けて、東アジア協会・ドイツ東アジア関係商社との妥協の道を探り始めたのである。これは、中国で一週間後の九月二二日に、ノルテに向かって「ドイツ商社を国家条約に編入する可能性はない」と断言する、ライヒェナウの急進的な路線とは異なるものであった。

このブロムベルクとの会談のあと、キープは国防省内の国防経済幕僚部でトーマスと会談を持ったが、その席でトーマスは、ハンブルク商社との会議の前に、準備のため小さな関係各省庁会議を開催したいと述べたのである。[87]

国防省の「再転向」？

以上のように国防省の姿勢の軟化が見られたが、しかしその約二週間後の一〇月五日、ハンブルクの東アジア協会は、ベルリンから「国防経済幕僚部の完全な転向」を伝える「信頼し得る情報」を受け取った。それによれば、将来中国への武器輸出はすべてハプロのみを通じておこなうことが「最終的に決定された」というのであった。[88] この「情報」の真偽はいまのところ不明であるが、この間ブロムベルクとトーマスが、東アジア協会および中国関係商社との話し合いを、ライヒェナウやクラインの帰国まで延期するという「待機主義」の姿勢に転換したことは確かであると思われる。[89] たとえば同じ一〇月五日、上記の「情報」を得た東アジア協会は、ゲーリング、ブロムベルク、シャハト、ケプラーにドイツ商社の中独条約への編入に関する提案を送付し、[90] 同協会や商社を含む関係団体会議を開催するよう求めたが、一〇月九日、トーマスは以下のような返答をヘルフェリヒに送ったのである。[91]

あなた方が提起した問題群を協議の上で解決したいという希望は国防経済幕僚部にもありますが、さしあたり一〇月二〇日にも帰国が予定されているライヒェナウ将軍の報告を待つのが一般的な利益にかなうと考えます。

なお、ヘルフェリヒがゲーリングらに送付した「提案」は、「ドイツ中国関係商社は、武器を含む輸出において既存の形態で事業を進める」とし、「ハプロと中央信託局は、国家条約を通じた諸契約の監督機関ないし清算機関として業務をおこなう」とあり、ほとんど中独条約の内容を否定するに等しかった。もっとも、ヘルフェリヒもこの書簡の中で認めたように、そもそも東アジア協会は「条約の文言さえ知らされていない」ありさまであった。(92)

「ライヒェナウ路線」の後退

この間ライヒェナウが帰国し、国防省内でライヒェナウのプランが議論されることとなった。ライヒェナウは中国において、クラインの「組織建議」にしたがう形で軍および政府機関を改編することを目指し、現役のドイツ人将校からなる新たな軍事顧問団本部の建設、ドイツ影響下の中国版「国防経済幕僚部」の創設など、広範な計画を推進していたが、すでに見たように、日本を仮想敵国としたライヒェナウの計画は、帰国後、対日関係に一定の配慮をおこなうブロムベルクとトーマスによって退けられた。「中国病に罹って帰国した」（ヒトラー）ライヒェナウは、(93)ドイツ国防省の方針を説明する電報を、しぶしぶ中国国民政府に送付せざるを得なかったのである。(94)

こうした「ライヒェナウ路線」の後退は、ハプロをめぐる国防省の態度にも影響を与えた。トーマスによれば、当該時点でドイツの対中国輸出は鉄兜、弾薬筒、高射砲用弾薬、投光器、ベアリング機器など一〇〇〇万ＲＭにのぼったのに、ドイツが提供した一億ＲＭの借款のうち、中国側が現物で返済した原料は当時わずか二〇〇万ＲＭ（タングステン一二〇〇トン、アンチモン若干、鶏卵製品など）であり、かなりの不均衡が生じていたのである。しかもトーマスの判断によれば「中国側で輸出の実務を請け負っている中央信託局は、今日までさっぱり役に立っていない」ありさまであった。[95] 一一月四日、外務省幹部ヴァイツゼッカーおよび第四部のエールトマンスドルフと会談したトーマスは、こうした貧弱な状態を説明した上で、「依然としてドイツ中国関係商社をクラインの条約に編入する用意がある」と言明し、そのためヘルフェリヒやヴォールタート（Helmuth Wohlthat, 経済省第四部長、外国為替管理担当）と会談する予定であると述べたのである。[96]「『小商人』の不満など重要ではない」と言い放ったライヒェナウの急進的な立場は、ブロムベルクとトーマスにより、徐々に崩されていった。

第三節　四カ年計画体制下の攻防

1　四カ年計画体制の成立とゲーリングの権限拡大

ヒトラーの「四カ年計画覚書」

一九三六年八月、ヒトラーはオーバーザルツベルクの山荘に籠もり、いわゆる「四カ年計画覚書」を自ら作成した。[97] この覚書の中でヒトラーは、「ドイツとイタリア以外では、ただ日本のみが世界の危険〔ボリシェヴィズム〕と対抗している国家と見なし得る」と日本を評価しており、さらに、すでに述べたように結論部分で「ドイツ軍は四カ年のうちに作戦可能とならなければならない」、「ドイツ経済は四カ年のうちに戦争可能とならなければならない」と述べている点で、ヒトラーの外交政策・戦争政策を考える場合極めて重要な意味を持つものであるが、しかしこの覚書自体はもともと、原料・外国為替問題と食糧問題をめぐる隘路を打開するために書かれたものであった(98)。

この覚書の中でヒトラーは、ドイツ国民に食糧を供給することをナチス・ドイツ政治指導部のもっとも重要な課題とし、その「最終的な解決」は「生存圏の拡大」（すなわちゲルマン民族支配下の東方帝国の建設）の中にあるとしているが、それ以前の「過渡期」においては、「暫定的な」措置がとられなければならないと述べる。この過渡期においては、一方で「世界で第一級の軍隊」を「無条件で」建設しなければならず、そのために必要な原料を確保しなければならないが、他方で国民に食糧を供給するという課題も、同時に満たさなければならない。しかしながら、ドイツの農業生産を大幅に拡大することは不可能なので、食糧は外国為替を用いて外国から輸入せざるを得ない。こうした矛盾する要求を解決する方法としては、もちろん「国家の軍拡の制限を通じて、すなわち武器や弾薬の製造の制限を通じて原料を『蓄積』し、戦時にそれをドイツのために用いるというような考え方」もあるが、それには「断固として反対しなければならない」とヒトラーは主張する（これがシャハトを暗に批判したものであることはいうまでもない）。それに対抗する措置としてヒトラーは、つぎのような方策を提案する。「ドイツの国内原料生産が自国の需要を満たし得る分野では、外国為替を倹約し、どうしても輸入に頼らなければならない需要にそれを回さなければならない」。

こうした考え方に立ってヒトラーは、コストを考えることなくドイツ製人造燃料、合成ゴム、国内鉄、軽金属などの開発・製造を急ぐべきだと主張する。

> 今後鉄の意志をもって、可能な領域では一〇〇％の自力供給を実現することが必要であり、それにより、平時において食糧輸入のために必要な外国為替を節約することができる。

つまりヒトラーは、ドイツ国内産原料を製造・開発することにより、軍拡に必要な原料の外国からの輸入を最小限にとどめ、そこで節約した外国為替を食糧の輸入に充てるべきだという考えを示したのである。

ゲーリング、四カ年計画全権へ

ヒトラーはこうした四カ年計画、すなわち国内産原料の開発・製造の実施をゲーリングに委託するとともに、九月二日、来る党大会（九月八日―一四日）で四カ年計画を公表する意思があることをシャハトに明らかにした。これを聞いたシャハトは驚倒し、そうなれば「貿易政策全体が破綻する」との危機感を持つにいたった。同日シャハトは、「盟友」トーマスを電話で呼び出し、ブロムベルクとともにこれに反対するよう求めたが、しかしながら国防省は動くことはなかったのである。(99)

九月四日、ゲーリングは閣僚委員会を開催し、「本日の会合はいままでのすべての会合よりも重要である」と述べたのち、シャハトらの閣僚の前で、ヒトラーから与えられた「四カ年計画覚書」を朗読し、「私がこの覚書で与えられた任務に責任を持つ」と宣言した。九月九日、ヒトラーは党大会の演説のなかで「新しい四カ年プログラム」に触れ、「必要な原料、燃料などのうち、ドイツ国内で生産し得るものは何かを精査しなければならない」とし、「それにより倹約された外国為替は、将来食糧の確保および国内で決して生産できない原料の購入にあてるべきである」と宣言したのである。(100)

一九三六年一〇月一八日、ヒトラーはゲーリングを「四カ年計画全権」に任命した。(101)ゲーリングとシャハト、国防省の関係は、こうして、新たな段階に入ることになった。

ゲーリングのスペイン内戦介入政策

この間、ゲーリングは多忙な日々を送っていた。一九三六年七月一八日にスペインで国民戦線派のクーデターが勃発し、それが長期化して内戦へと発展するにいたったのである。ゲーリングは七月二五日にヒトラーが開催した会議に参加し、スペイン領モロッコで動きを封じられていたフランコ派に輸送機を援助するよう、航空相として強く主張した。その後のスペイン内戦介入政策でゲーリングは、一方で航空相として空軍主体のドイツの対スペイン介入政策で主導権を発揮し、「特務機関W」(Sonderstab W)、「団体旅行連盟(Reisegesellschaftsunion)」など、スペイン反乱派支援のための機関を空軍省内に設置するとともに、他方、原料・外国為替問題全権として、スペイン側に偽装会社「スペイン・モロッコ輸送会社」(HISMA)(Compañía Hispano-Marroqui de Transportes)を、ドイツ側に「原料・貨物購入会社」(ROWAK)(Rohstoffe- und Waren-Einkaufsgesellschaft)を設立し、反乱派への援助の代価として、スペインの天然資源をドイツに独占的に輸入するシステムを構築したのである。HISMAの運営には、スペイン領モロッコ在住のナチス党員ベルンハルト(Johannes Bernhardt)が、ROWAKの運営にはナチス党外国組織部から経済専門家ヤークヴィッツ(Eberhard von Jagwitz)が当たることとなった。さらにゲーリングは、のちにスペインに大規模な空軍部隊＝「コンドル兵団」を送り込み、「ゲルニカ」に象徴される無差別爆撃などを実行するようになる。しかもその過程でゲーリングは、ヒトラーの政治的思惑をも無視し得る政治外交指導を発揮した。まさしくスペイン内戦は、ドイツ側からみた場合、「ゲーリングの戦争」(Wolfgang Schieder)としての性格を色濃く帯びていたのである。(102)

外務省通商局および経済省が、右にみたHISMA－ROWAKによる独西貿易関係独占の既成事実を知ったのは、HISMAが創設されてから実に三カ月後の、一九三六年一〇月一四日のことであった。経済省局長ポッセは、この時四カ年計画庁のケルナー(Paul Körner)から、「両社は輸入独占権と輸出独占権を持つ」との説明を聞かされたのである。すなわち「もしあるドイツ輸出業者がスペインに輸出したい時は、まずROWAKに商品を売り、ROWA

Kがそれを HISMAに転売する」システムがゲーリングによって作られ、そのため ROWAKには、財務省から三〇〇万RMのクレジットが与えられたというのである。[103] 実際、同じころ武器輸出組合（AGK）からスペインに派遣されていたメッサーシュミット（E. Messerschmidt）は「わが国による輸出は HISMAにより独占されており、工業全国集団にはビジネスの機会は閉ざされている。私にできることといえば、HISMAの指示に従うことぐらいである」と苦情を訴えていたのである。[104]

ここでは民間会社が輸出入から必ずしも締め出されてはいないこと、クレジットの額が三〇〇万RMと比較的少ないという点で相違があるが、それでも二国間貿易関係を特定の偽装会社を通じて国家が独占するという点で、HISMA-ROWAKの組織が、ハプロ―中央信託局と同じような発想から出発していることが注目されよう。[105] しかも重要であるのは、このHISMA-ROWAKが、もっぱら原料・外国為替問題全権（のち四カ年計画全権）としてのゲーリングのもとに、排他的・独占的に組織されたことである。この情報を得た経済省のポッセは、外務省通商局に「経済省はむしろ省独自の諸計画を実現できればよいと考えていたが、一つの既成事実ができあがってしまった以上、今後は成りゆきを見守り、こちらからは差しあたり何も企てるつもりはない」と、一種の諦念を吐露するありさまであった。[106] ここに、ゲーリングとシャハトの対抗関係が影を落としていたことはいうまでもない。スペインはゲーリングの管轄となったのである。

スペインから中国へ

さらに注目されるのは、この時期、HISMA設立からすで三カ月が経過したにもかかわらず、当初のゲーリングの期待とは異なって、HISMA-ROWAK体制が必ずしも期待通りの成果をあげていなかったことである。そこでゲーリングは、いっそう中国とハプロに目を向けるようになっていった。たとえば一九三六年一一月二五日、国防省国防経済幕僚部長トーマスは外務省のエールトマンスドルフを訪れて、日独防共協定調印が中独関係に及ぼす影響について協議したが、その時トーマスは「スペインからの輸入があらゆる点で期待を裏切るものだったので、プロイセン首相ゲーリングはいよいよ〔中独条約に基づく〕輸出に大きな関心を抱いている」と述べていた。ゲーリングの政治的野心は、こうしてスペインから中国へと拡大されたのである。(107)

実際、前日の一一月二四日、ゲーリングはオットー・ヴォルフ社のヴォルフ（Otto Wolff）に以下のような「全権」を与え、中独条約の執行過程に介入してきたのである。(108)

貴下の中国滞在中、ハンス・クライン氏と密接に協力し、中独バーター条約の枠内でおこなわれる商品交換を実現するよう委任する。

(1)中国側の対ドイツ輸出を促進・拡大すること。

(2)すでに納品されたドイツ商品への支払いを可能な限り外国為替でおこなうこと。

ここでゲーリングが、ヴォルフに中独条約に関する「全権」を与えた理由は、必ずしも明らかではない。ただ、オットー・ヴォルフはすでに一九三四年末から、クラインと同じく中国とのバーター貿易および投資に関心を持ち、上海に支社を設立したほか、中国国民政府に対しても、ドイツ側の各機械メーカーや銀行などとのコンソーシアム設立を核とした、詳細な提案をおこなっていたのである。(109)

さらにゲーリングは一九三六年秋、同じくオットー・ヴォルフを通じて、マンガン鉱と真空管のバーター事業をソ連と締結する計画を持っていた。すなわち同年一〇月三日、ゲーリングはオットー・ヴォルフの対ソ交渉に対し「同意と特別の援助」を保証し、「いかなることがあってもロシア人と取引関係に入る」よう望んだのである。(110)その際ゲーリングはたんに書面でオットー・ヴォルフの支援を約束するにとどまらず、「オットー・ヴォルフ氏と会談することを望んでいる」と述べていた。いずれにせよゲーリングは、原料・外国為替問題ではスペイン、中国、ロシアを始めあらゆる分野に介入することを試みていたのである。その行動はシャハトにとって「目の中の棘」(ein Dohn im Auge)であったのみならず、さらにブロムベルクとの「あからさまな権限戦争」(Alfred Kube)を引き起こしていたのである。(11)

トーマス「国防経済と四カ年計画」

こうしたゲーリング、シャハト、ブロムベルクの三つ巴の政府内政治のなかで、国防経済幕僚部長トーマスの立場は揺れ動いた。一九三六年一二月七日に部内で発表した論文「国防経済と四カ年計画」は、こうしたトーマスの動揺性を顕著に示していた。それはまずドイツの地政学的な位置から説き起こし、「ドイツは世界貿易から自己を隔離したり、純粋に自給自足的経済をおこなうといった意志を決して持たないだろう」と述べ、ヒトラーやゲーリングや食糧農業相ダレーに示されるアウタルキー指向を暗に批判する。しかし他方でトーマスは、シャハトに代表されるような、経済的合理性を重視し、軍備拡大のテンポの緩和を主張する傾向に対しても、つぎのように強く批判する。「もし今日経済的理性を四カ年計画の経済的誤りの証しとして持ち出すならば、そうした警告は完全に誤っている」。

それではトーマスは、四カ年計画をどのように位置づけるのか。かれはおそらくシャハトの主張を念頭に、世界貿易との結合を求めてつぎのように述べる。「ドイツ国防経済は健全な国民経済の基礎を創出するのであり、それは世界との平和的貿易に立脚しようと欲する」。しかもトーマスは、こうしたシャハトの路線をゲーリングの路線と同一と見なすのである。「ゲーリング上級大将が、新しい四カ年計画の中で貫徹しようとしているさまざまな企画が目指すものも、こうした路線上にある」。これはゲーリングとシャハトの路線対立を何とか弥縫しようとする、トーマスの苦しい立場を明瞭に示すものであった。トーマスはこの論文を、以下のような詩人クロップシュトック（Friedrich Gottlieb Klopstock, 1724-1803）の言葉で結んだ。「行為は汝の言葉。決意は汝の剣。だが汝は剣を鎌に替えよ」[112]。トーマスは経済合理性を超えた「決意」＝「剣」を重視しつつも、「鎌」すなわち生産の論理を優先しようとしたのである。

ゲーリング・国防省の管轄競争と武器輸出

一九三五年三月の再軍備宣言以降、ドイツの軍拡は急速に進められていた。同時に、一九三五年一〇月の武器輸入法の制定と武器輸出の合法化により、ドイツ製武器への諸外国からの需要が高まった。そのため一九三六年も末ごろになると、武器輸出が徐々にドイツ自身の軍拡を阻害しかねない状況に立ちいたった。国防大臣ブロムベルクは一九三六年一二月一日、ゲーリング宛に以下のような書簡を記した。「ドイツ製武器への諸外国の要望は徐々に高まっており、ドイツ自身の軍拡への一定の危険を意味するようになった」。そのためブロムベルクはゲーリングに、以下のような武器輸出の指針への賛同を求めたのである[113]。

将来武器輸出に関しては、外国が大部分を外国為替で支払うか、ドイツの軍拡に特別の価値を持つ原料を対価として払う時にのみ承認されるべきである。

四日後の一二月五日、ゲーリングの四カ年計画庁において、ブロムベルクも参加して原料・外国為替に関する会議が開催され、以上のブロムベルクの方針に沿う形で、武器輸出に関して以下のような事項が決定された[114]。

いままでのような規模での武器輸出はもはやおこない得ない。将来において武器は、かなりの規模の外国為替か、ドイツの軍拡にとって無条件に必要な原料を確保できる時にのみ輸出することとする。武器輸出が政治的に必要であるにもかかわらず、外国為替ないし原料での支払いが実現しない場合、例外的に、わが国の食糧供給に必要な生産物を対価として受け入れることができる。

さらにこの会議では、武器輸出の行政的手続きについて、ゲーリングの意向に沿いつつ以下の事項が決定された。

武器輸出は将来ゲーリング上級大将の幕僚部〔四カ年計画庁〕と国防経済幕僚部の密接な合意のもとにのみおこなわれる。陸海空三軍はそれぞれの分野で持ち込まれる武器輸出申請を国防経済幕僚部に報告し、その契約が業務上実行可能であることを陳述する。国防経済幕僚部はゲーリング上級大将の意見を聴取し、その意見に見合った指示を武器輸出組合に与える。

ここでは武器輸出問題が原料・外国為替問題にいままで以上に結びつけられ、それに見合う形で、武器輸出問題に関するゲーリングの権限が顕著に拡大していることが注目されよう。逆にいえば、武器輸出に関する国防大臣ブロムベルクや国防経済幕僚部長トーマスの権限は、徐々にゲーリングに侵食されてきたのである。

一九三七年一月二三日、トーマスは中独条約の枠内で予定されている、約一七〇〇万RM分の輸入品リストを外務省に送った。トーマスは、ドイツから中国への現在までの輸出品が一五〇〇万RMなので、一億RMのクレジットを使い切っていないものの、「中国側は履行に努力している」と好意的に評価した。また、リストにはタングステン、アンチモンのほかに、鶏卵製品、胡麻油、大豆油など「わが国の食糧供給に必要な生産物」が多くを占めており、そのことをトーマスは「ゲーリング上級大将の指示により、さしあたりドイツの食糧供給状況の改善に役立つ農業産品の輸入に大きな価値が置かれた」と説明した。[115]

こうしてゲーリングは、トーマスへの指示・圧力を通じてハプロに影響力を行使し、中独貿易関係の分野に積極的に介入し始めたのである。

2　東アジア協会と国防省の攻防（二）

国防経済幕僚部での会議（一九三六年一二月二一日および一九三七年二月五日）

ライヒェナウの帰国後に予定されていた、ハプロ問題に関する関係各機関・当事者の会議は、なおもトーマスにより遷延させられていたが、いよいよ一九三六年一二月二一日に、ベンドラー通りの国防経済幕僚部において開催される運びとなった。出席者は国防経済幕僚部からトーマスを含め二名、外務省からキープとフォス、ハプロからクラーナイ、東アジア協会からヘルフェリヒと上海商業会議所の一メンバーが参加した。

この席ではまずトーマスが発言し、国防省の公式的立場からの説明をおこなった。すなわちかれは、国家条約はゼークト、クライン、国防省のイニシアティヴのもとに、もっぱら原料供給の観点から締結されたものであり、東アジア協会など各界からの批判は承知しているが、国家の上級官庁の合意に基づきひとたび締結された以上、すべての批判は中止されなければならないと主張した。その上でトーマスは、条約は、武器輸出事業を除き、商社の通常の事業と対立するものではなく、さらに条約の実施に際し、可能な限り在外商社を編入したいと述べた。トーマスによれば、「在中商社の強化は私の特別の関心事」というのであった。

これに対しヘルフェリヒは、しばしばトーマスの反論により遮られながらも、さまざまな問題点を指摘して条約を批判した上で、輸送への参加、中国からの原料輸出への参加、中国における技術専門家の採用、武器輸出事業への参加の拡大などを要望した。

最後にトーマスは今後の進め方として、東アジア協会の提案を書式にまとめること、クラインの中国での成果を待つべきことを述べた[116]。

ヘルフェリヒは会談を振り返り、「在中商社の強化は私の特別の関心事」とするトーマスの言葉を、「われわれを宥めるためのおしゃべり」と批判し、「会談の結果はわれわれにとり非常に不満」であったと述べた[117]。その後、翌一九三七年一月七日にヘルフェリヒは、中国在留商社を中独条約に編入するための措置に関する詳細な提案をまとめてトーマスに送付したが[118]、さしあたりトーマスから新たな動きはなかったのである。

二月五日、ふたたび国防経済幕僚部でトーマス、東アジア協会、ハプロの会談が持たれ、前回一二月二一日以上の激しいやり取りが交わされた。トーマスは、基本的な事項について確認したあと、中独条約を批判する中国在留ドイツ商社にたいし、国防省の公式の立場を代表し、「妨害工作」「陰口」という言葉まで用いて強く批判した。中国在留ドイツ商社の中独条約への編入に関しても、トーマスは新しい提案をせず、四月上旬に予定されたクラインの帰国報告を待つという態度に終始した。会議の最後にヘルフェリヒは、もしクラインが満足し得る譲歩をおこなわないならば、「あらゆるエネルギーをもって」、在外商社の正当な利益を擁護せざるを得ないだろうとの決意を述べたのである[119]。会議はまたもや決裂した。

外務省のハプロ認識

この間ドイツ外務省は、ハプロをめぐる政府内での交渉にほとんど発言の場を得ていなかったが、同省の立場は第四部のフォスが、一九三七年四月一三日にトラウトマンに送った覚書から読み取ることができる。それによれば、中独条約は「クレジットをもちいたドイツ工業製品と中国原料産品の交換」をその目的とし、「両者の友好的協力」をその方法とする「紳士協定」である。中国人は輸出の組織化において「フリーハンド」を有しており、したがって、

「ドイツ商社の編入は、クライン氏かドイツ商社自身の友好的交渉によってのみ実現する」のであり、「われわれ〔外務省〕が編入を督促することはできない」。原料に関する限り、条約の遂行はまさしく満足し得る状態である。「中国側はわれわれの要求に基づいて輸出を促進しており、先行輸出をおこなってさえいる」。商社編入問題は「なおも激しく議論されている」が、しかし商社の編入は条約の改訂なしには実現し得ない。こうした条約の改訂をいま中国に提起することは難しい。「商社を貿易の全体構造の中に組み入れるよう要望されているが、そうした編入は条約の改訂なしには達成し得ないだろう」。日独防共協定が調印された現在、「この問題はすぐれて政治的側面を有する」。もしわれわれが中国に条約の改訂を要望すれば、「中国はわが国が日本を考慮して、中国との密接な関係から離脱することを望んでいると解釈するだろう」。「商社に対する熱い同情」にもかかわらず、「そのような政策に賛成することはできない」[120]。

このように外務省は、中国在留ドイツ商社の編入は中独条約の改訂なしには不可能と考えていた。ただし、いままで見てきたように、ハプロ問題でのドイツ外務省の発言権は極めて限られていたのである。

クライン、クリーベル、ノルテの帰国と東アジア協会

一九三七年四月、上海総領事クリーベルと東アジア協会副会長ノルテが帰国し、中独条約について、東アジア協会会長ヘルフェリヒと詳細な協議をおこなっていた。ハプロ条約反対派が結集したのである。こうした席でクリーベルは、クラインの人物に関する詳細な情報を東アジア協会に与えた[121]。一方クラインは四月二日に上海を出発し、ドイツへと向かった。これを聞きつけたヘルフェリヒは、四月二七日にトーマスに書簡を送り、クラインとの会合をセットするよう要求したのである[122]。

クラインを交えた会談は、やはり遷延を重ねたが、国防経済幕僚部ではなく、ゲーリングの四カ年計画庁において、

六月一七日に開催されることになる。

3　国防経済をめぐる各種の連合構想とゲーリング

ブロムベルクの「権限分割案」

ところでこの間、上述のようなゲーリングの権限拡張に閉口したシャハトは、それへの抵抗として一種のストライキを試みるにいたった。すなわち一九三七年二月、シャハトは国防大臣ブロムベルクに対し、「私の全権〔戦争経済全権〕とゲーリング上級大将の全権〔四カ年計画全権〕の間に矛盾が認められるので、私の仕事は停止している」と伝えたのである。ブロムベルクによれば、これにより「経済上の動員準備が滞っている」という。

こうした状況に業を煮やしたブロムベルクは、二月二二日、シャハトとゲーリングとブロムベルク三者の権限分割に関する提案を、ヒトラーに提出した。それによれば、ゲーリングおよび四カ年計画庁の任務は、「ドイツの国防経済力が陥っている隘路を、平時において除去しておくこと」とする。とりわけ、「鉄、燃料、ゴムなどの国内生産の確保に関する手続きが非常に重要である」。これに対し戦争経済全権（シャハト）は、「戦争を念頭に、ドイツの現存する国防経済力を準備し、戦時には国民と国防軍のためにそれを利用しつくすこと」とする。それに加えて国防大臣（ブロムベルク）は、「経済上の動員の準備に関する基本的な指示」を発出する権限を有することとする。こうすることにより、「私の考えでは」、「戦争経済全権と四カ年計画全権のあいだの意見の違いは、そもそも避けることができる」というのである。ブロムベルクはこうした意見をヒトラーに提出し、シャハトがストライキを解除して、「仕事を再開できるよう」ヒトラーに要請したのである。このブロムベルクの権限分割案は、要するにゲーリングの任務をその本来の「国内代用資源の開発および準備」に限定しようというものであり、その限りではシャハトに有利な提案

であった[123]

国防経済状況の深刻化とシャハト＝ブロムベルク合意

この間、一九三七年に入ると、原料の不足がいっそう深刻化し、軍拡および四カ年計画の遂行に深刻な影響を与えるようになった。一九三七年二月四日、ゲーリングは四カ年計画に関する会議を招集したが、この会議は、ゲーリングも認めているように、「原料の不足に関する決定的な会議」となった。すなわちこの席でゲーリングは、原料不足が軍拡および四カ年計画に与えている影響を詳細に分析したのち、原料割当の四〇％削減を予告しつつ、他方、「輸出のみが国防軍への充分な〔原料〕割当を可能にする」と主張したのである。これは明らかにアウタルキー重視から輸出重視への転換を主張したものであり、シャハトの政策的立場への無原則的なすり寄りであった。ゲーリングは当初のアウタルキー指向にもかかわらず、軍拡および四カ年計画の推進を一時緩和してでも、「輸出の優位」を追求せざるを得なくなったのである[124]。

一九三七年四月一六日にトーマスは覚書を作成し、ドイツ国防経済の現状を概観した。それによれば、原料および食糧問題でドイツ経済における深刻な現状が続いている。原料分野、とりわけ製鉄では、必要な鉄鉱を外国から輸入するための外国為替が不足しており、ドイツ国内での生産が充分におこなわれていない。したがって、「国防経済上の理由から軍拡のテンポは緩和されている」。その上「軍拡に必要な原料は、世界市場で高値の傾向が続いているにもかかわらず、外国から調達しなければならない」。食糧問題では、通常の収穫を前提としても、「食糧需要の二〇％を輸出に頼らなければならない」。以上のような事情のため、「外国為替が必要である」。

こうした情勢判断から、トーマスはつぎのような結論を引き出す。「今日までの外国為替量を増加することのみが、軍拡の計画的継続を可能にする」。しかも、「この増大は軍拡領域以外での諸困難〔食糧問題〕を回避するためにも必要」なのである。
しかしトーマスによれば、「外国為替収入の増大は、たんに輸出の増大によってのみ可能」である。「責任のある諸機関、とりわけ四カ年計画全権〔ゲーリング〕、経済大臣〔シャハト〕、国防大臣〔ブロムベルク〕の間では、輸出がすべてに優先するとの見解で一致している」。
トーマスは、こうした状況を克服するため、「組織面では」国防大臣ブロムベルクと戦争経済全権シャハトの間で、「新しい合意」が成立したことを報告する。その合意とは、「国防経済政策の全般」において、国防軍は「要求機関」、戦争経済全権は「執行機関」という業務分担を画定するものであった。ただしこの「合意」は、国防大臣が「あらゆる国防経済的処置にたいし広範な監督権・介入権を持つこと」を、留保しているとされた。トーマスによれば、こうした権限分割により、「組織間の困難を度外視しつつ前進すること」が可能であり、必要であるというのであった。[125]
以上のように、この「シャハト＝ブロムベルク合意」は、ゲーリングの組織介入に手を焼いていたブロムベルクが、ゲーリングに対抗するため、自ら一定の組織的不利益を甘受してでも、シャハトと組織上の連合を組む試みだったといえよう。[126]

シャハト、ゲーリング、ブロムベルクの輸出意欲

以上のような「シャハト＝ブロムベルク合意」にもかかわらず、前述のトーマスの覚書にも記されていたように、一九三七年春、シャハト・ブロムベルク（トーマス）・ゲーリングの三者は、「輸出がすべてに優先する」という認識で一致していた。

五月五日、ゲーリング、シャハトおよび国防省は三者共催で輸出工業界の指導者を集め、「輸出の強化を求める訴え」をおこなった。ゲーリングによれば、現在の一般原則は「輸出が第一」である。「輸出」より「軍拡」と「四カ年計画」（すなわち国内代替原料生産）を先行させなければならない場合もあるが、それはあくまで「やむを得ぬ必要性がある場合」のみである。一九三八年末までには、輸出を三〇％拡大しなければならない。「輸出はなによりも、外国為替かそれに代替する原料で支払う国に向けなければならない」。さらにゲーリングは武器輸出について、すでにみた武器輸出の原則の立場から、以下のように述べる。「将来武器は、外国為替かそれと同等の原料で支払われる場合にのみ、輸出しなければならない」。つぎにシャハトは、双務主義的・バーター的貿易清算によってなされた輸出の成果を列挙した。続いて国防省の代表は、個々の産業分野での輸出可能性に関する詳細な調査の結果を公表した。

以上の報告に続いて、会場では「激しい議論」が交わされ、輸出工業界の指導者たちはほとんど全員が一致して「輸出の拡大ためには原料が充分に割り当てられる必要がある」と強調した。つまりここでは「輸出」と「軍拡」と「四カ年計画」の間での解決困難な矛盾が露呈されたのである。これに対しゲーリングは、「さまざまな利益、すなわち輸出、軍拡、四カ年計画の間での矛盾を調整するという任務と全権を与えられた小委員会を立ち上げるつもりである」と述べるにとどまった。

すなわちこの会議は、ゲーリング、シャハト、国防省が、「軍拡」と「四カ年計画」（国内代用原料の開発・生産）をさしあたり犠牲にしてでも外国為替獲得のため「輸出第一」の方針で一致したこと、しかもかれらがそれを解決困難な課題であると認識していたことを示していたのである。(127) シャハトも、「新計画」の厳格なバーター方式の緩和の必要性を暗に認めざるを得なかったし、またゲーリングも、「軍縮」と「四カ年計画」の優先順位を下げざるを得なくなったわけである。ドイツ経済の危機はそこまで深刻化していたといえよう。

このようなさまざまな議論の中では、ゲーリングもシャハトもブロムベルクも、とくに中独条約に言及することはなかった。しかし以上のような方針を中独貿易関係に当てはめて考えると、中独条約の規定を緩和し、貿易清算を中国の鉱業・農業産品ではなく、外国為替でおこなわせるようにする必要があった。要するにゲーリング、シャハト、ブロムベルクの間では、バーター貿易を規定する中独条約の実質的改訂を目指す点で、暗黙の一致があったといえよう。異なるのは、どの官庁がハプロおよび中独経済関係を管轄するか、という一点であった。

第四節　孔祥熙の訪独と日中戦争の勃発

1　孔祥熙の訪独とハプロ問題

ハプロの経済省への移管

シャハトは中独条約をきっかけとして、カウンターパート＝孔祥熙の訪独を要請していた。孔祥熙は一九三七年五月に、イギリス国王ジョージ六世（George VI）の戴冠式出席のため訪欧し、その後チェコスロヴァキアのナウハイムに「湯治」と称して滞在する予定であった。二月二六日、シャハトは孔祥熙に手紙を送り、賓客としてベルリンに招きたいと申し入れ(128)、三月五日には外務大臣ノイラートが宴席で、駐独大使程天放に孔祥熙の来訪を歓迎すると伝えた(129)。さらに四月三日には、シャハトの招待状にブロムベルクとゲーリングが原招待者として加わった(130)。かれらの主要目的の一つは、孔祥熙と直接に会談し、今後の中独関係、とりわけ中独経済関係のあり方について協議を進めることにあった。

この孔祥熙の訪独を前に、シャハト、ブロムベルク、ゲーリング三者の間で、ハプロに関する意見調整がおこなわれた模様である。そのうちもっとも重大な決定は、ハプロの管轄権を、国防省から経済省に移行するというものであった(131)。この決定の背後には、すでに述べた「国防軍は要求機関、戦争経済全権は執行機関」という、権限分割に関するブロムベルクとシャハトの間での合意があったと思われる。さらに、ゲーリングもこの移管に賛成していた。すなわちゲーリングはこのころ、「クライン条約を国防省＝クラインの管轄領域から解放しなければならない」との考えを抱いていたのである[132]。ただし、もちろんトーマスはハプロの取締役会議長としてとどまり、国防省、とりわけ国防経済幕僚部はその運営に重要な役割を果たし続けることになる。

六月九日晩、ライヒスバンクにおいてシャハトの主催で孔祥熙代表団（行政院副院長兼財政部長孔祥熙、海軍部部長陳紹寛、行政院秘書長翁文灝、教導総隊隊長桂永清中将、ベルリン駐在中国大使程天放ら）の歓迎会が開かれ、国防経済幕僚部長トーマスや、東アジア協会会長ヘルフェリヒも出席した。この席でトーマスは、ヘルフェリヒに、中独条約に関する実務が経済省に移管されるという決定を伝えたのである。さらにトーマスは、この決定に基づきシャハトが、中国在留ドイツ商社および東アジア協会と会談を持つ予定であると語った[133]。

この決定はもちろん、ヘルフェリヒにとっては青天の霹靂であり、のちに「トーマスが突然舞台から降りてしまった」と述べるほどであった[134]。しかしこのニュースは一方、ヘルフェリヒにとっては新たな不安の種ともなった。ハプロの管轄権がシャハトに移されたいま、孔祥熙の訪問を契機として、シャハトが中国と新たな経済的取りきめをおこなう可能性が出てきたからである。翌六月一〇日、不安にかられたヘルフェリヒは早速シャハトに書簡を送り、すみやかに東アジア協会と会談を持つよう依頼するとともに、以下のような要望を記したのである。「中国在留ドイツ商社の意見を聴取する機会を持たないまま、既存の条約を拡大したり、中国と新たな協定を締結することのないよう、緊急の要請を表明いたします[135]」。

孔祥熙＝シャハト会談（六月一〇日）と孔祥熙＝ヒトラー会談（六月一三日）

一九三七年六月一〇日、シャハトがライヒスバンクで孔祥熙を接受した。シャハトと孔祥熙はスペイン内戦問題、そこでの英伊対立、日独防共協定問題、植民地問題、英米の中国における権益など一般的なテーマで意見を交換したあと、最後に中独条約を議論した。シャハトは、中国側の受け入れ機関（すなわち中央信託局）があまりよく機能していないのではないかとの不満を示し、孔祥熙は逆にドイツ側の武器供給について、その質と価格の面での不満を述べた。シャハトはこの武器の点については、ドイツの担当軍当局（すなわちトーマス）と話して欲しいと要請し、さらに個々の問題については後日議論したいと述べ、この日の会談は終了した。(136) 孔祥熙とシャハトは、このようになお中独条約に関する細部の議論を残したが、それは七―八月に予定された孔祥熙の再訪独の際に議論されるはずであった。

三日後の六月一三日には、ヒトラーが孔祥熙とその一行をオーバーザルツベルクの山荘で接受した。会談は、中独条約のような詳細に立ち入ることなく、「日常の一般的政治的諸問題」に終始した。孔祥熙は「極東の一寸法師」（日本）によって作られた東アジア情勢や、中国の立場を説明し、中独関係の可能性について言及した。ヒトラーは、ドイツは東アジアでは政治的・領土的目的はなく、経済関係の形成のみに関心を持つと述べた。その後ヒトラーは、「世界秩序の脅威」としてのボリシェヴィズム問題に話を移し、さらに独仏関係、ドイツ＝ポーランド関係、イタリア＝ユーゴスラヴィア関係、ユーゴスラヴィア＝ブルガリア関係などに関する「長い一般的な説明」を展開した。孔祥熙にとっては退屈な話であっただろう。ヒトラーは最後に、付け足したようにドイツによる日中仲介の可能性について触れた。このようにヒトラーは、東アジアの国際関係にほとんど関心を示すことなく、一般的な話でこの会談を終えたのである。(137)

孔祥熙＝ゲーリング会談（六月一一日）

しかし中独関係にとって、あるいはドイツの対中国政策にとって重要であったのは、六月一一日にベルリンで開催された、ゲーリングと孔祥熙の会談であった。この席でゲーリングは、中国軍の作戦能力向上のために「交通路、とりわけ鉄道網」の建設が必要であり、ドイツはこの建設のため「完成品の輸出による援助を与えることができる」と主張した。さらに、その反対給付としてゲーリングは、「毛織物や鶏卵などの商品ではなく、なによりも中国側の注文〔工業製品〕に応じるために必要な鉄鉱石」を考えていると述べた。

さらに中独条約についてゲーリングは、すでに見たような見解、すなわち「クライン条約を国防省＝クラインの管轄領域から解放しなければならない」との見解を主張した。この点でゲーリングは将来の中独経済関係に関し、「政府間の協定に基づいた商品交換」を考えていることを示唆した。それに加えてゲーリングは、つぎのように既存の中独条約体制への不満を述べた。

商社による通常の貿易業務は妨害されてはならない。貿易業界は、「クラインの条約」は商社に中国関係業務の遂行の可能性を与えていないと私のところに苦情を申し入れている。中国は商品交換を有効に形成するため、またドイツにとって商品交換を受け入れ可能にするために、長期にわたる発注計画を立てる必要がある。こうした基礎の上に立ってこそ、中国原料を対価としたドイツ商品の輸出が可能になる。そうでなければドイツは、すべての発注に対しキャッシュでの支払いを求めざるを得ない。

私はドイツ経済全体に責任を持つものとして、中国との商品交換を将来どのように細部にわたって形成していくべきか、現在のところ最終的なイメージを有していない。しかし私はスペインとの商品交換で良い経験を積んだ。スペインではドイツ側とスペイン側のそれぞれの会社が商品交換を清算する任に当たっている（その後、ＲＯＷＡＫとＨＩＳＭＡの活動について多くの報告がなされた）。このシステムでは、通常の貿易業務に商社が編入された状態である。私が現在考え得るところでは、中国の場合、二つの貿易会社〔ハプロおよび中央信託局〕に代わり、中国側とドイツ側にそれぞれ一つずつ銀行を設立し、その銀行を通じて商品交換の支払いをおこなわせるべきではないか。

ここでゲーリングは、将来どのように対中経済関係を形成していくべきか明確な像を有していないと正直に告白しながらも、ハプロや中央信託局のような独占的組織を媒介させず、銀行により清算がおこなわれる国家間取り決めが望ましいとし、独西貿易におけるＨＩＳＭＡ－ＲＯＷＡＫ体制を念頭に、一般貿易商社の編入を考えていたのである。しかもその際ゲーリングが考慮した商品は、ドイツ自体の軍拡にも必要な武器ではなく、中国の鉄道網建設のための工業品であり、中国から望んでいたのはタングステンなどのレアメタルよりも、鉄の国内生産に必要な鉄鉱石ないしキャッシュであった。

以上は要するに、既存の中独条約体制を根本的に再編成しようとするものであったといえよう。このような考えに立てば、中国在留ドイツ商社は中独経済関係において存在を許される反面、クラインは邪魔者になるのであった。

こうしたゲーリングの発言は、孔祥熙にとっては驚くべき事であったに違いない。一通りゲーリングの主張を聞き終わったあと、孔祥熙は何らのコメントをも発さず、ただシャハトと二度目の会談をおこないたいと述べるにとどまった[138]。孔祥熙にとってゲーリングは、相手にする価値がないと思われたのである。中国人一行が、「極めて不愉快」な思いで会談をあとにしたのも当然であった[139]。

六月一四日晩、孔祥熙は、イェール大学での名誉博士号授与のため、フランスからアメリカ合衆国に向かう旅に出た。さらに七―八月、アメリカからふたたびヨーロッパに戻る予定であった。孔祥熙には、シャハトと協議すべき問題が残されていたのである。

ゲーリングのクライン批判（六月一七日）

すでに見たように、六月九日のライヒスバンクにおける晩餐会で、東アジア協会会長ヘルフェリヒは、トーマスからハプロの経済省への移管を伝えられた。しかしシャハトはそもそも中独条約の調印者であり、しかも東アジア協会が激しく反対する「新計画」の推進者であった。東アジア協会はシャハトの采配に期待することはできなかった。そこでヘルフェリヒは、ゲーリングを動員する決意を固めた。かれは東アジア協会のコネを使って六月一七日にゲーリングのアポイントメントを取り付けることに成功したのである[140]。

六月一七日午前一〇時から始められたゲーリングとの会談で、ヘルフェリヒは話を三点に絞った。第一はクラインの人物、第二はハプロ条約の政治的側面、第三は経済的側面である。第一のクラインの人物についてヘルフェリヒは、国家の信用を置くに値しないとし、「クラインの過去におけるいくつかの不明な点」を解明するよう求めた。第二の政治的側面についてヘルフェリヒは、日独防共協定が成立したいま、国家間の武器取引は望ましくないとし、「いままでやってきたように、中国がドイツの民間会社を通じて武器を受け取れば、誰もそれを統制できないし、誰も文句をいわない」と述べた。第三に「経済的には、国家条約はまったくのナンセンス」であるという。対中国クレジットにはリスクがあり、ハプロと中央信託局には経験がなく、武器は国際価格を遥かに下回るドイツの国内価格で中国に輸出されており、あろうことかそれをドイツ国防省が指示している。一方中国の農鉱産品は、世界市場の二〇％増しの値段でドイツに輸出されている。中国在留ドイツ商社は完全にシステムから除外されている。ヘルフェリヒは以上のようにゲーリングに訴えたのである。

ヘルフェリヒによれば、この会談のあとゲーリングは、待機していた「同志」クリーベルを招き入れて、二人だけの会談をおこなった。そのあとゲーリングはクリーベルとヘルフェリヒに加え、経済省のシュピンドラー（Spindler）、ノルテら中国在留ドイツ商社代表三名およびハプロのクラインが出席する全体会議を開催した。この席でゲーリングは、東アジア協会の主張を支持する一方、「二人の将軍」（ゼークトとブロムベルク）を「籠絡した」としてクラインを激しく批判したのである[141]。

ヘルフェリヒによればこのゲーリングの見解は、当然のことながら、東アジア協会にとって「強力な支援」となった。しかしながら、ゲーリングの対応がどうであろうと、ハプロが経済省の管轄に移された以上、東アジア協会とシャハトとの対決は避けられなかった。

経済省での会議（六月二一日）

シャハトが開催する会議は、六月二一日に開催された。東アジア協会からはヘルフェリヒ、ノルテほか計六名、四カ年計画庁からノイマン（Erich Neuman）、経済省からヴォールタートとシュピンドラー、ハプロからクラインが出席した。この日の会議では、孔祥熙との来るべき再協議の際に目指すべき方向として、以下の諸点が確認された。[142]

(1)ハプロは「完成武器」のみを扱い、その他の物品は商社を通じておこなう。
(2)中央信託局を商品輸出業務から排除する。それが無理な場合は、中央信託局とドイツ商社の競争により商品輸出をおこなう。その際中国中央政府は、ハプロのクレジットに対応するものとして中国法幣でクレジットを設定し、支払いはそのクレジットを用いておこなう。
(3)運送はすべてのドイツ商社に公正に分配する。

ヘルフェリヒによれば、この結論にはクラインもほぼ同意したという。[143] ヘルフェリヒおよび東アジア協会は、もともとシャハトとの会談に際して「ハプロの廃止」を目指しており、[144] その意味で上記の結論は一種の妥協の産物であった。が、かれらにとっては中国在留ドイツ商社のハプロ事業への編入を勝ち取ったという意味で、この決定は積極的に評価しうるものであった。東アジア協会の一年以上にわたる激しいロビイズムは、ヘルフェリヒから見れば、一応ここに奏功したのである。

クラインの蔣介石宛て経過報告（六月二八日）

しかしながら、クラインはこの間の折衝について、ニュアンスの異なる報告を蔣介石に送っていた。経済省における会議から一週間後の六月二八日、クラインは蔣介石に宛てて「孔副院長および代表団とドイツ政府の協議の経過報告」なる文書を送付し、孔祥熙訪独を契機とした、さまざまな協議の結果を報告したのである。そこではまず、「中独双方は各種の協議の経過を通じて、お互い等しく誠意を持って当たり、誠実友好の精神に満たされ、等しく中独協力の意義の重大であること、および両国の前途の幸福が無限であることを確信した」と述べたあと、中独条約について「双方が協議し合意した各点」を、以下のように報告したのである。[145]

ドイツを代表して、一切の貨物運送および供給の業務を実施する機関は、国営ハプロ公司である。
中国政府は、ドイツ政府が中国に供給するドイツ製武器およびその他の貨物を、国内農鉱産品をもって弁済することに同意する。

すなわちここでクラインは、ヘルフェリヒの上述の報告とはまったく異なり、孔祥熙の訪独および関係各機関との交渉の中では、武器貿易の問題でも支払い方法の問題でも、既存のハプロ体制がそのまま維持されたかのような報告をおこなっているのである。

ただしクラインはそれに続けて「シャハト経済大臣と孔副院長のあいだでは、貨物互換方法や財政問題など、緊急に相談し決定しなければならないその他の重要問題が残っている」と述べており、中央信託局の問題、商社編入の問題、外国為替による支払いの問題、銀行設立の問題などの懸案が、孔祥熙とシャハトの今後の協議にかかっていることを示唆していた[146]。すなわちヘルフェリヒにとっても、またゲーリングに罵倒されたクラインにとっても、中独条約体制の今後のあり方は、結局は七―八月に予定された孔祥熙とシャハトとの再協議にかかっていたのである。

一九三七年七月六日に、ヘルフェリヒは外務次官マッケンゼン（Hans Georg von Mackensen）と会談したが、その時両者はつぎのような認識で一致した。「ゲーリング上級大将は現存条約の改正を断固として推進しようと考えている。しかしそれは大きな困難に直面するだろう」[147]。中独条約体制の再編成に関する決着をつけるには、なお困難な政治交渉が必要とされていたのである。

しかしこの改定交渉を遮ったのは、翌七月七日に勃発した盧溝橋事件であり、その後に長期化する日中戦争であった。

2　日中戦争の勃発とハプロの運命

日中戦争の勃発と対中国武器輸出問題

一九三七年七月七日、盧溝橋事件が勃発した。約二週間後の七月二二日、日本大使館参事官柳井恒夫は、ドイツ外務省幹部ヴァイツゼッカーを訪問し、ドイツの中国への武器輸出に関して抗議をおこなった[148]。それによれば多くの武器が現在上海に向けて輸送されており、柳井は「今後中国に到着する武器の没収」を示唆したのである。これに対しヴァイツゼッカーは「私は武器商人ではないから知らない」と木で鼻をくったような言い方で答えたが、日本側の抗議は深刻であった。

一週間後の七月二八日、ヴァイツゼッカーは東京駐在大使ディルクセンに電報を打ち、つぎのように日本の行動を強く批判した。

日本の行動は中国の団結を阻害し、中国での共産主義の拡大を促進し、最終的には中国をロシアの側に追いやるので、むしろ防共協定と矛盾していると見なし得る。

つづけてヴァイツゼッカーは、ドイツから中国への武器輸出について、つぎのように主張した。「ドイツから中国への武器輸出は、日独交渉の対象とはなり得ない(149)」。同日、ベルリン駐在日本大使武者小路公共が外務省を訪問した時も、ヴァイツゼッカーは武器輸出問題について、「日本にはドイツの対中国武器輸出に抗議する権利はない」と言い放ったのである。(150)

ゲーリングの暗躍

日中戦争の勃発は武器輸出問題に関するゲーリングの政治的関心をいっそう深める結果となった。七月二二日、経済省第二部長ザルノ（Otto Sarnow）は、「武器輸出に関する基本方針」として、ゲーリングの決定をつぎのように伝えている。(151) それは武器輸出の支払いを一〇〇％の外国為替払いにする原則と、その留保条項を規定したものであった。

現在までの武器輸出では外国為替に関して非常に不利な結果が出ているので、今後武器輸出については外国為替払い（外国為替一〇〇％）か、外国為替に準じる原料による付加的な支払いとし、基本的にはクレジットなしにおこなわれなければならない。

この指示は将来の武器輸出事業において無条件に遵守されなければならない。が、しかし上記の条件が満たされない場合でも、すべての武器輸出がただちに禁止されるわけではない。すべてをただちに禁止すれば、ドイツにとって政治的にも非常に重要な武器輸出の大部分が停止に追い込まれるだろう。

以上の指示の第二段落目、すなわち武器輸出禁止の留保は、明らかに中国を念頭に置いたものであった。すでに見たように、一九三六年度におけるドイツの世界各国に対する武器輸出総額のうち、半数近くが中国に送られていたからである。ゲーリングは、この対中国武器輸出をただちに停止するわけにはいかなかった。しかしこの指示には、日中戦争による中国側の窮状につけ込み、対中国武器輸出も、できれば中独条約の枠外で、すなわち外国為替払いでおこないたいというゲーリングの期待が込められていたのである。

ゲーリングはこの方針の受け入れを、国防省やヒトラーにも強く働きかけた。

孔祥熙のドイツ再訪とヒトラーの決定

八月上旬、孔祥熙が密かにふたたびドイツを訪問した。日中戦争の勃発という条件の下で、孔祥熙訪独の主目的は、もはや中独条約の改定ではあり得ず、もっぱら武器供給の確約をいかにドイツから引き出すかということにあった。国防大臣ブロムベルクは八月一〇日、孔祥熙に対し、武器を「第三国を迂回して供給する可能性」を示唆し[152]、対中国武器輸出継続への意欲を示した。さらに一二日には、トーマスとともに、つぎのように孔祥熙にはっきりと保証したのである。「総統〔ヒトラー〕から禁止されない限り、中国への輸送の継続に自ら全力を尽くす。在華ドイツ軍事顧問団の召還は問題外である[153]」。

しかしながらドイツ国防省は、その際孔祥熙に対し、日中間の戦争状態とそこから派生する「リスク」にかんがみ、対中国武器輸出は、今後一カ月の期間を区切り、一九三七年九月四日までは中独条約の枠内で、すなわち中国の鉱業製品・農業製品とのバーターで清算するが、それ以降は外国為替払いにしたい旨の要望を提出した。この方針は、右にみたゲーリングの意向に従ったものであった。中国には厳しい要求であったが、日中戦争の重圧のもと、孔祥熙はこの条件をやむなく「口頭で」了承せざるを得なかったのである。[154]

四日後の八月一六日、日中戦争に関するヒトラー、外務大臣ノイラートおよび国防大臣ブロムベルクの会談がニュルンベルクで開かれた。[155] この席でヒトラーはまず「日本との提携は維持するが、ドイツは今回の日中戦争では中立を保たなければならない」との一般原則を確認した。そののちかれは、対中国武器輸出に関し、対外的なカモフラージュが必要であり、なおかつ「中国からの今後の武器発注は、可能であれば受け入れるべきでない」（すなわち、やむを得なければ受け入れる）と留保しつつも、以下のように述べたのである。[156]

中独条約に基づいて実施されている輸出は、中国が外国為替かそれに見合う原料供給によって支払う限り、続行せよ。

こうして日中戦争下におけるドイツの対中国武器輸出政策は、ヒトラーやブロムベルク、ノイラートを含め、ゲーリングの方針で統一された。中国側は、この間ドイツから提供された武器の対価として、一九三七年一一月三〇日までに、さしあたり七三七万五〇〇〇ドル（約一八三五万六〇〇〇ＲＭ相当）を現金でハプロに支払った。[157]

ハプロの運命

日中戦争を契機としたゲーリングの野望は、さらに組織面でも露わになった。八月上旬にゲーリングは、ＲＯＷＡＫから経済専門家ヤークヴィッツを四カ年計画庁の外国貿易担当参事官に任命し、ＲＯＷＡＫのみならずハプロ問題をも扱わせる決定をおこなったのである。国防省でハプロ問題を担当していた国防経済幕僚部長トーマスは、これをゲーリングによる自らの権限のいっそうの侵害と受け取り、八月六日、ヤークヴィッツの任命を「歓迎していない」

とあからさまな不快感を示した[158]。

当時トーマスは、ハンブルクで対外経済問題に関する講演を予定していた。しかしトーマスは、以上のような事情のため、もし講演をおこなったら、「国防省がヤークヴィッツに対抗しているかのような印象」を惹起し、それにより「新しい路線的対立」が喧伝されるのではないかと恐れた。とりわけトーマスは、「ハンブルクの輸出業者とハプロのあいだで意見の違いがある」ので、「最近私は対外貿易問題では意図的に発言を自制している」というのであった。結局トーマスは、国防大臣ブロムベルクと相談したのちに、このハンブルクでの講演を取りやめることにしたのである[159]。ハプロをめぐるドイツ政府内の政治対立は、深刻であった。

一方このころ、日中戦争をめぐる情勢は、ゲーリングが上記の「武器輸出に関する基本方針」を発した七月二二日から根底的に変化していた。日本は部隊をつぎつぎに増派し、八月一二日には「第二次上海事変」が勃発した。日中戦争の早期解決は、いよいよ遠のいたのである。

一九三七年一〇月二〇日、ゲーリングはトーマスに電話し、中国との事業を「いままで通りの形態で」さらに継続せよとの指示を与えた[160]。つまりゲーリングは、中国国民政府に外国為替払いという条件を呑ませたいま、国民政府との条約改定交渉にはあえて入らず、既存のハプロによる独占体制を維持することを選択したのである。ゲーリングは、こうして東アジア協会を政治的に切り捨てた[161]。

以上のような流れの中で、ハプロの組織的再編制がおこなわれた。すなわち一九三七年一〇月二九日にベルリンでハプロの取締役会が開催され、四カ年計画庁のヤークヴィッツがハプロの取締役会議長に就任し、トーマスは議長から副議長に降格されたのである。と同時にハプロは、シャハト・経済省の管轄からゲーリング・四カ年計画庁の管轄へ、しかもヤークヴィッツの外国貿易部へと移された[162]。このことは、スペインに続いて中国が、正式にゲーリングの管轄下に入ったことを示していたのである。

国防省は取締役会副議長トーマスを通じて、ハプロ内でかろうじて発言権を確保し得ることになったが、トーマスは、以後ゲーリングやヤークヴィッツの指揮を直接に受け入れざるを得ない立場に置かれた。[163] これが国防省にとって、とりわけ国防経済官僚としての矜持を強く有する国防経済幕僚部長トーマスにとって、極めて屈辱的な事態であったことはいうまでもない。

若干の展望

ゲーリングはその後も、傘下に収めたハプロを通じて、日中戦争下の中国へ武器輸出を継続することとなる。すでにみたように、ハプロは一九三六年に約一四三三万RMの武器を中国に輸出していたが、三七年には約七二七五万RMにまでその額を拡大した。ハプロは日中戦争勃発以降、対中国武器輸出をほぼ独占することとなった。

しかしながらこの間、ドイツでは密かに外交政策の転換が模索されていた。一九三七年一一月五日、ヒトラーは国防軍および外務省の首脳を集めた秘密会談で、自らの侵略意志を明確にし、「チェコスロヴァキアと、そして同時にオーストリアを打倒することがわれわれの第一の目標でなければならない」と主張した。[164] これに対し国防大臣ブロムベルクや陸軍総司令官フリッチュ（Werner Freiherr von Fritsch）、外務大臣ノイラートは、ヨーロッパ戦争の勃発を憂慮する立場から異を唱えた。すなわちヒトラーは、自らの侵略意志の貫徹のためには、国防軍や外務省の政治的障害を排除しておく必要に迫られることとなった。他方、ヒトラーの侵略意志を受けた形で駐英大使リッベントロップは、翌一九三八年一月二日に「総統のための覚書」を起草し、つぎのように主張した。「静かに、しかしねばり強く、イギリスに対抗する同盟を作り上げること。すなわち、イタリアおよび日本との友好関係を実践的に強化すること」。[165] すなわちここでリッベントロップは、イギリスに対抗するため、日独伊三国の間での軍事同盟形成を示唆したのである。

一九三八年二月、ヒトラーはクーデター的な手法を用いて、ブロムベルクら国防軍首脳の粛清に乗り出し（「ブロムベルク＝フリッチュ危機」）、さらにノイラートを更迭してリッベントロップをあらたな外務大臣に任命した。ドイツの東アジア政策の観点から見れば、これは親中派（ブロムベルク）と中立派（ノイラート）の政治的排除を意味していたのである。

その後ドイツは、ヒトラーの計画に沿ってオーストリアを併合し（一九三八年三月）、続いてチェコスロヴァキア侵略に乗り出した。このためリッベントロップ新外相は、イタリアおよび日本との関係強化を目指すのである。その動きはやがて一九三八年夏から一九三九年夏にかけてのいわゆる「防共協定強化交渉」に帰結するが[166]、そのための前提としてドイツは、一九三八年二月の「満洲国」承認意思の表明、同年六月の駐華ドイツ大使トラウトマンおよびファルケンハウゼンらドイツ軍事顧問団の本国召還など、一連の政治的・外交的譲歩を日本に対しておこなうことになる。同じ文脈で、一九三八年四月五日、ヒトラーやリッベントロップら親日派からの政治的圧力に屈した四カ年計画全権ゲーリングは、やむなくハプロを含めた対中国武器輸出を禁止し[167]、ドイツの中国への武器輸出はほぼ停止するにいたる[168]。ここに中国とドイツは、事実上国交を断絶することとなる。

しかしながら、それでナチズム期の中独関係史が終焉を迎えたわけではもちろんなかった。その後の国際関係の展開、たとえば独ソ不可侵条約の成立（一九三九年八月）、第二次欧州大戦の勃発（一九三九年九月）、フランスの降伏（一九四〇年六月）、ビルマルートの閉鎖（一九四〇年七月）、日独伊三国同盟の成立（一九四〇年九月）、日ソ中立条約の成立（一九四一年四月）、独ソ戦の開始（一九四一年六月）、ドイツの汪兆銘政権承認（一九四一年六月）、日本の真珠湾奇襲攻撃と太平洋戦争の勃発（一九四一年一二月）などにより、中独関係はさらに激しい変遷を重ねていくことになる[169]。

（1）Ostasiatischer Verein Hamburg-Bremen e. V.（Hrsg.）, *Ostasiatischer Verein Hamburg-Bremen zum 60 jährigen Bestehen*, Hamburg: Kühn-Verlag 1960.

（2）Denkschrift der deutschen Firmen Shanghais vom 25. Juni 1936, in: BA-MA, Msg. 160/7, Bl. 11-35. 青島植民地について、以下を参照。浅田進史『ドイツ統治下の青島——経済的自由主義と植民地社会秩序』東京大学出版会、二〇一一年。浅田進史「膠州湾租借条約の成立」工藤章・田嶋信雄編『日独関係史　一八九〇—一九四五（一）——総説／東アジアにおける邂逅』東京大学出版会、二〇〇八年、一八五—二二〇頁。貿易商人を含む中国在留ドイツ人について、以下を参照。中村綾乃「東アジア在留ドイツ人社会とナチズム」工藤章・田嶋信雄編『日独関係史　一八九〇—一九四五（三）——体制変動の社会的衝撃』東京大学出版会、二〇〇八年、五五—九七頁。アストリート・フライアイゼン（田嶋信雄・中村綾乃訳）「日本占領下の上海と二つのドイツ人社会」同書九九—一四〇頁。中村綾乃『東京のハーケンクロイツ——東アジアに生きたドイツ人の軌跡』白水社、二〇一〇年。

（3）いわゆるケプラー・クライスについて、以下を参照。栗原優『ナチズム体制の成立——ワイマル共和国の崩壊と経済界』ミネルヴァ書房、一九八一年、四〇五—四一九頁。伊集院立「ヴァルター・ダレーとヴィルヘルム・ケプラー」『史学雑誌』第九八編第三号（一九八九年）、三八—七九頁。ケプラー・クライスとヘルフェリヒの関係について、以下を参照。Emil Helfferich, *1932-1946. Tatsachen*, Jever: C. L. Mettcker & Söhne 1969, S. 7-24.

（4）Protokoll über die Sitzung des Geschäftsführenden Ausschusses am 20. April 1933, in: BA-MA, RW19 Anhang 1/1393.

（5）Emil Helfferich, *1932-1946. Tatsachen*, S. 37.

（6）外交において各アクターが私的利益を国家的利益と同一視するイデオロギー的傾向について、以下を参照。田嶋信雄『ナチズム外交と「満洲国」』千倉書房、一九九二年、九五—九六頁。

（7）Eingabe des Ostasiatischen Vereins vom 23. Mai 1933, abgedruckt in: Emil Helfferich, *1932-1946. Tatsachen*, S. 37-38. 以上の経過について、栗原優『第二次世界大戦の勃発——ヒトラーとドイツ帝国主義』名古屋大学出版会、一九九四年、一八一—一八九頁。熊野直樹『ナチス一党支配体制成立史序説——フーゲンベルクの入閣とその失脚をめぐって』法律文化社、一九九六年、二二七—二二八頁。

（8）Helfferich an Hitler vom 19. Mai 1933, abgedruckt in: Emil Helfferich, *1932-1946. Tatsachen*, S. 21-22.

（9）Carl V. Krogmann, *Es ging um Deutschlands Zukunft 1932-1939*, Leoni am Starnberger See: Druffel-Verlag 1976, S. 68-69. 栗原優『第二次世界大戦の勃発——ヒトラーとドイツ帝国主義』名古屋大学出版会、一九九四年、一八四頁。熊野直樹『ナチス一党支配体制

成立史序説——フーゲンベルクの入閣とその失脚をめぐって』法律文化社、一九九六年、二二七—二二八頁。

(10) Trautmann an das AA vom 31. Dezember 1934, in: *ADAP*, Serie C, Bd. III, Dok. Nr. 404, S. 742-744.

(11) Trautmann an Neurath vom 22. Februar 1935, in: *ADAP*, Serie C, Bd. III, Dok. Nr. 504, S. 938.

(12) ナチズム体制下の自由貿易主義について、以下も参照。栗原優『第二次世界大戦の勃発——ヒトラーとドイツ帝国主義』名古屋大学出版会、一九九四年、とくに第二章「二　自由貿易か為替管理か」および「三　自由貿易かブロック経済か」一九一—二一一頁。

(13) Aufzeichnung Hack vom 10. Oktober 1935, in: Nachlaß Friedrich Hack (im Besitz vom Verfasser). ナチス時代の中国在留ドイツ人がほとんど例外なく親中国的な態度を維持していたことについては、多くの論者が一致して指摘している。中村綾乃「東アジア在留ドイツ人社会とナチズム」工藤章・田嶋信雄編『日独関係史　一八九〇—一九四五（三）——体制変動の社会的衝撃』東京大学出版会、二〇〇八年、五五—九七頁。アストリート・フライアイゼン（田嶋信雄・中村綾乃訳）「日本占領下の上海と二つのドイツ人社会」同書、九九—一四〇頁。Astrid Freyeisen, *Shanghai und die Politik des Dritten Reiches*, Würzburg: Verlag Königshausen & Neumann, 2000.

(14) Protokoll über die Sitzung des Beirates am 12. Januar 1935, in: BA-MA, RW19 Anhang 1/1939. この「東アジア協会の対中国経済関係を損ないかねない計画」には、クラインの広東・南京プロジェクトのほかに、「満洲国」で進められていたナチス党外交政策局と「帝国コミッサー」ハイエの策動も含まれていた。ハイエの「満洲国」での策動について、以下を参照。田嶋信雄『ナチズム外交と「満洲国」』千倉書房、一九九二年、一三八—二二四頁。

(15) Ostasiatischer Verein Hamburg/Bremen an Erdmannsdorff vom 4. Februar 1935, in: PAdAA, „Projekt Klein“, 6680/H096056-058.

(16) Protokoll über die Sitzung des Beirates am 23. Januar 1936, in: BA-MA, RW19 Anhang 1/1939.

(17) Aufzeichnung Voss vom 31. März 1936, in: *ADAP*, Serie C, Bd. V, Dok. Nr. 239, S. 324-328.

(18) Rundschreiben des Staatssekretärs und Chefs der Reichskanzlei vom 6. April 1936, in: *AdR*, *Regierung Hitler*, Bd. III 1936, Dok. Nr. 64, S. 245.

(19) 以下シャハトとゲーリングの対立について、栗原優『第二次世界大戦の勃発——ヒトラーとドイツ帝国主義』名古屋大学出版会、一九九四年、一四〇—三一三頁から多くの示唆を得た。つぎの著作も参照。Dieter Petzina, *Autarkiepolitik im Dritten Reich. Der nationalsozialistische Vierjahresplan*, Stuttgart: Deutsche Verlags-Anstalt 1968; Alfred Kube, *Pour le mérite und Hakenkreuz. Hermann Göring im Dritten Reich*, München: R. Oldenbourg 1987; Arthur Schweitzer, „Foreign Exchange Crisis of 1936“, in:

Zeitschrift für gesamte Staatswissenschaft, Bd. 118 (1962), S. 243-277. 工藤章『二〇世紀ドイツ資本主義――国際定位と大企業体制』東京大学出版会、一九九九年、とくに第二部「東方指向と大企業体制の再建――一九三〇年代」の第三章「景気回復と戦争経済」、第四章「大企業体制の危機と再建――鉄鋼業のケース」、第五章「東方指向――「広域経済圏」の構造」。柳澤治「ナチスの戦争準備・戦時経済体制と資本主義的企業――四カ年計画からシュペア体制へ」明治大学『政経論叢』第八〇巻第五・六号、二〇一二年三月、一二一―一六六頁。

(20) Ministerratssitzung bei Göring vom 12. Mai 1936, 17 Uhr, in: *AdR, Regierung Hitler*, Bd. III 1936, Dok. Nr. 89, S. 317-324.

(21) Carl V. Krogmann, *Es ging um Deutschlands Zukunft*, S. 266. 栗原優『第二次世界大戦の勃発――ヒトラーとドイツ帝国主義』名古屋大学出版会、一九九四年、二八二―二八三頁。

(22) Ministerratssitzung bei Göring vom 12. Mai 1936, 17 Uhr, in *AdR, Regierung Hitler*, Bd. III 1936, Dok. Nr. 89, S. 317-324.

(23) Aufzeichnung ohne Unterschrift (Obersalzberg, August 1936), in: *ADAP*, Serie C, Bd. V-2, Dok. Nr. 490, S. 793-801.

(24) Carl V. Krogmann, *Es ging um Deutschlands Zukunft*, S. 248. 栗原優『第二次世界大戦の勃発――ヒトラーとドイツ帝国主義』名古屋大学出版会、一九九四年、二七四頁。

(25) Ministerratssitzung bei Göring vom 12. Mai 1936, 17 Uhr, in: *AdR, Regierung Hitler*, Bd. III 1936, Dok. Nr. 89, S. 317-324.

(26) Alfred Kube, *Pour le mérite und Hakenkreuz. Hermann Göring im Dritten Reich*, München: R. Oldenbourg 1987, S. 162.

(27) Ministerratssitzung bei Göring vom 12. Mai 1936, 17 Uhr, in: *AdR, Regierung Hitler*, Bd. III 1936, Dok. Nr. 89, S. 317-324.

(28) Anmerkung der Herausgeber (4), in: *AdR, Regierung Hitler*, Bd. III, S. 299. 「第三帝国」の対外政策決定過程における、ウルティマ・ラーツィオとしての暴力の発動およびその威嚇について、以下を参照。田嶋信雄『ナチズム外交と「満洲国」』千倉書房、一九九二年、一〇三―一〇四頁。

(29) Aktennotiz Thomas vom 2. September über die Besprechung mit Dr. Schacht, in: *Ursachen und Folgen*, Bd. X, S. 543-544.

(30) Thomas an Blomberg vom 1. Juli 1936, in: BA-MA, RW19/v. WiIF5/203, Bl. 401.

(31) 栗原優『第二次世界大戦の勃発――ヒトラーとドイツ帝国主義』名古屋大学出版会、一九九四年、二八六―二八七頁。大島通義『総力戦時代のドイツ再軍備――軍事財政の制度論的考察』同文館、一九九六年、二二九―二三一頁。

(32) Ministerratssitzung bei Göring vom 12. Mai 1935, 17 Uhr, in: *AdR, Regierung Hitler*, Bd. III 1936, Dok. Nr. 89, S. 317-324.

(33) Aktennotiz Nolte vom 22. April 1936, abgedruckt in: Emil Helfferich, *1932-1946. Tatsachen*, S. 108-110.

(34) Emil Helfferich, *1932-1946. Tatsachen*, S. 110.

(35) Aufzeichnung Bülow vom 4. Mai 1936, in: *ADAP*, Serie C, Bd.V, Dok. Nr. 306, S. 466-467.

(36) Fischer an Erdmannsdorff vom 26. Mai 1936, in: PAdAA, „Projekt Klein", 218/147872.

(37) Fischer an Erdmannsdorff vom 29. Mai 1936, in: PAdAA, „Projekt Klein", 218/147873-874.

(38) Denkschrift der deutschen Firmen Shanghais vom 25. Juni 1936, in: BA-MA, Msg. 160/7, Bl. 11-35.

(39) Vertrauliche Aktennotiz der Deutschen Handelskammer Shanghai betreffend Staatsvertrag vom 26. Juni 1936, in: BA-MA, Msg. 160/7, Bl. 1-9.

(40) 「第三帝国」の外交政策決定および執行過程における「ロビイズム」の政治的意味については、以下を参照。Peter Hüttenberger, „Interessenvertretung und Lobbyismus im Dritten Reich", in: Gerhard Hirschfeld / Lothar Kettenacker (Hrsg.), *Der „Führerstaat": Mythos und Realität*, Stuttgart: Klett-Cotta 1981, S. 429-457. 田嶋信雄『ナチズム外交と「満洲国」』千倉書房、一九九二年、九七頁。

(41) Emil Helfferich, *1932-1946. Tatsachen*, S. 113. ゲーリングとハンブルク市長クロークマンらハンブルク商業界とのつながりについて、以下を参照。栗原優『第二次世界大戦の勃発――ヒトラーとドイツ帝国主義』名古屋大学出版会、一九九四年、二七三―二七四頁。

(42) Carl V. Krogmann, *Es ging um Deutschlands Zukunft*, S. 274. 栗原優『第二次世界大戦の勃発――ヒトラーとドイツ帝国主義』名古屋大学出版会、一九九四年、二七八頁。

(43) Carl V. Krogmann, *Es ging um Deutschlands Zukunft*, S. 216.

(44) Ebenda, S. 215-216.

(45) Helfferich an Keppler vom 11. Juli 1936, abgedruckt in: Emil Helfferich, *1932-1946. Tatsachen*, S. 113.

(46) Ebenda.

(47) Helfferich an Blomberg vom 7. Juli 1936, abgedruckt in: Emil Helfferich, *1932-1946. Tatsachen*, S. 114-115. ナチズム外交における政策の執行過程への介入について、以下を参照。田嶋信雄『ナチズム外交と「満洲国」』千倉書房、一九九二、一〇六頁。

(48) Blomberg an Helfferich vom 10. Juli 1936, abgedruckt in: Emil Helfferich, *1932-1946. Tatsachen*, S. 116.

(49) Helfferich an Blomberg vom 18. Juli 1936, abgedruckt in: Emil Helfferich, *1932-1946. Tatsachen*, S. 117.

(50) Emil Helfferich, *1932–1946. Tatsachen,* S. 118.

(51) Thomas an Helfferich vom 9. August 1936, abgedruckt in: Emil Helfferich, *1932–1946. Tatsachen,* S. 119.

(52) Göring an Helfferich vom 18. Juli 1936, abgedruckt in: Emil Helfferich, *1932–1946. Tatsachen,* S. 117.

(53) Emil Helfferich, *1932–1946. Tatsachen,* S. 117.

(54) Ministerratssitzung bei Göring vom 27. Mai 1936, 11. 30 Uhr, in: *AdR, Regierung Hitler*, Bd. III 1936, Dok. Nr. 93, S. 339–344.

(55) Emil Helfferich, *1932–1946. Tatsachen,* S. 116.

(56) Thomas an Voß vom 10. Juni 1936, in: PAdAA, „Projekt Klein", 218/ 147894.

(57) Aktenvermerk über die Besprechung bei Göring vom 30. Juli 1936 (Nürnberger Dokument 3890-PS), in: National Archives II, College Park, Maryland, RG 238.

(58) Aufzeichnung Voss vom 18. Juli 1936, in: *ADAP*, Serie C, Bd. V, Dok. Nr. 461, S. 732–734.

(59) Aufzeichnung Winterfeldt vom 7. Juli 1936, in: PAdAA, „Projekt Klein", 218/147948-949.

(60) Aufzeichnung Winterfeldt vom 7. Juli 1936, in: PAdAA, „Projekt Klein", 218/147950-951.

(61) Telegramm Klein vom 23. Juli 1936, in: PAdAA, „Projekt Klein", 218/147963.

(62) Telegramm Klein vom 24. Juli 1936, in: PAdAA, „Projekt Klein", 218/147962.

(63) Fischer an das AA vom 31. Juli 1936, in: PAdAA, „Projekt Klein", 218/147935–36.

(64) Aufzeichnung Voss vom 10. August 1936, in: *ADAP*, Serie C, Bd. V, Dok. Nr. 504–505, S. 827–828.

(65) Fischer an Erdmannsdorff vom 4. August 1936, in: *ADAP*, Serie C, Bd. V, Dok. Nr. 495, S. 808–812.

(66) Aufzeichnung Winterfeldt vom 20. August 1936, in: PAdAA, „Projekt Klein", 218/148007-0011.

(67) Aufzeichnung Kempe vom 28. August 1936, in: PAdAA, „Projekt Klein", 218/148012-014.

(68) Emil Helfferich, *1932–1946. Tatsachen,* S. 120–121.

(69) Emil Helffreich, *1932–1946. Tatsachen,* S. 121–122.

(70) Fischer an das AA vom 14. September 1936, in: *ADAP*, Serie C, Bd. V, Dok. Nr. 536, S. 897–898.

(71) Emil Helfferich, *1932–1946. Tatsachen,* S. 123.

（72）Aufzeichnung Voss vom 17. Juli 1936, in: PAdAA, „Projekt Klein", 218/147932-934.

（73）Aufzeichnung Voss vom 10. August 1936, in: *ADAP*, Serie C, Bd. V, Dok. Nr. 504, S. 827-828.

（74）Runderlaß vom AA vom 18. Juni 1934, in: *ADAP*, Serie C, Bd. III, Dok. Nr. 13, S. 25-35.

（75）一九三六年独「満」貿易協定について、以下を参照。田嶋信雄『ナチズム外交と「満洲国」』千倉書房、一九九二年、一二七―一三七頁。同協定およびその後の独「満」経済関係について、以下を参照。工藤章「幻想の3角貿易――「満洲国」と日独通商関係・覚書」『ドイツ研究』二三号、一九九六年、五二―七〇頁。熊野直樹「バター・マーガリン・満洲大豆――世界大恐慌期におけるドイツ通商政策の史的展開」熊野直樹・柴尾健一・山田良介・中島琢磨・北村厚・金哲『政治史への問い／政治史からの問い』法律文化社、二〇〇九年、一四七―一七四頁。

（76）田嶋信雄『ナチズム外交と「満洲国」』千倉書房、一九九二年、一五三―一五四頁。

（77）Runderlaß vom AA vom 17. August 1934, in: *ADAP*, Serie C, Bd. V, Dok. Nr. 511, S. 837-847.

（78）Aufzeichnung Voss vom 10. August 1936, in: *ADAP*, Serie C, Bd. V, Dok. Nr. 504, S. 827-828.

（79）Niederschrift der Sitzung des Gutachter-Ausschusses über Exportfragen am 15. Mai 1936, in: BA-L, R26/I, 36. 主要な出席者はゲーリング、シャハト、クロージク、ポーピッツ、ケプラー、ブリンクマン（Rudolf Brinkmann, ライヒスバンク理事）、ブレッシング（ライヒスバンク理事）、クロークマン、ザルノ（経済省部長）、トレンデレンブルク（経済省部長、武器輸出組合名誉会長）、トーマス、フェーグラー（Albert Vögler）など。

（80）Niederschrift über die Sitzung des Gutachter-Ausschusses für Exportfrage am 30. Juni 1936, 16 Uhr, in: BA-L, R26/I, 36. 主要な出席者はゲーリング、シャハト、クロージク、ポーピッツ、ポッセ、ケルナー、ケプラー、リッター、クロークマン、ノイマン、ブレッシング、ザルノ、ティッセン（Fritz Thyssen）、トーマス、フェーグラーなど。

（81）Aufzeichnung Kempe vom 28. August 1936, in: PAdAA, „Projekt Klein", 218/148012-014. ゲーリングの書簡の原文は残されていないが、その要旨は東アジア協会から上海ドイツ商業会議所に送られ、上海ドイツ総領事館貿易専門官ケムペに伝えられた。

（82）Emil Helfferich, *1932-1946. Tatsachen*, S. 124.

（83）Emil Helfferich, *1932-1946. Tatsachen*, S. 125.

（84）Ebenda.

(85) Vortrag Thomas vor der Wirtschaftsgruppe „Eisen schaffende Industrie“ vom 6. September 1936, in: BA-MA, WiIF5/133.

(86) Aufzeichnung Kiep vom 15. September 1936, in: *ADAP*, Serie C, Bd. V, Dok. Nr. 537, S. 899-890.

(87) Ebenda.

(88) Emil Helfferich, *1932-1946. Tatsachen*, S. 125.

(89) ナチズム外交における各アクターの「待機主義」の政治的意味について、以下を参照。田嶋信雄『ナチズム外交と「満洲国」』千倉書房、一九九二年、一〇七頁。

(90) Helfferich an Göring vom 5. Oktober 1936, in: PAdAA, „Projekt Klein“, 218/148019-020.

(91) Thomas an Helfferich vom 9. Oktober 1936, abgedruckt in: Emil Helfferich, *1932-1946. Tatsachen*, S. 126.

(92) Helfferich an Göring vom 5. Oktober 1936, in: PAdAA, „Projekt Klein“, 218/148019-020.

(93) Aufzeichnung Engel vom 1. Oktober 1938, in: Gerhard Engel, *Heeresadjutant bei Hitler 1938-1943. Aufzeichnungen des Majors Engel*, hrsg. und kommentiert von Hildegard von Kotze, Stuttgart: Deutsche Verlags-Anstalt 1974, S. 40-41.

(94) Aufzeichnung Erdmannsdorff vom 4. November 1936, in: *ADAP*, Serie C, Bd. VI, Dok. Nr. 7. S. 19-20.

(95) Ebenda.

(96) Ebenda.

(97) Aufzeichnung ohne Unterschrift, in: *ADAP*, Serie C, Bd. V, Dok. Nr. 490, S. 793-801.

(98) 詳しくは以下を参照。栗原優『第二次世界大戦の勃発——ヒトラーとドイツ帝国主義』名古屋大学出版会、一九九四年、二八〇—三一三頁。

(99) Aktennotiz Thomas vom 2. September über die Besprechung mit Dr. Schacht, in: *Ursachen und Folgen*, Bd. X, S. 543-544.

(100) Aus der Proklamation Hitlers bei der Eröffnung des „Parteitages der Ehre“ in Nürnberg, 9. September 1936, in: *Ursachen und Folgen*, Bd. X, S. 546-548.

(101) Verordnung Adolf Hitler zur Dürchführung des Vierjahresplanes vom 18. Oktober 1936, in: *Ursachen und Folgen*, Bd. X, S. 552.

(102) 詳しくは以下を参照。田嶋信雄「ドイツ外交政策とスペイン内戦　一九三六年——「ナチズム多頭制」の視角から」(一)(二・完)『北大法学論集』第三二巻第一号、二七三—三二三頁、第二号、一〇七—一四一頁、一九八一年。田嶋信雄「スペイン内戦とドイツの軍事介入」スペイン史学会編『スペイン内戦と国際政治』彩流社、一九九〇年、一二三―一四九頁。「ゲーリングの戦争」テーゼ（シーダー・テーゼ）について、以下を参照。Wolfgang Schieder, „Spanischer Bürgerkrieg und Vierjahresplan", in: Wolfgang Michalka (Hrsg.), *Nationalsozialistische Außenpolitik*, Darmstadt: Wissenschaftliche Buchgesellschaft 1978, S. 325-359, bes. S. 340. 田嶋信雄『ナチズム外交と「満洲国」』千倉書房、一九九二年、四八―五〇頁。

（103）Aufzeichnung Sabath vom 16. Oktober 1936, in: *ADAP*, Serie D, Bd. III, Dok. Nr. 101, S. 96-97.

（104）Der Gesandt in Lissabon an das AA vom 11. September 1936, in: *ADAP*, Serie D, Bd. III, Dok. Nr. 80, S. 72-76.

（105）Aufzeichnung Benzler vom 23. Februar 1937, in: *ADAP*, Serie D, Bd. III, Dok. Nr. 223, S. 207-209.

（106）Ebenda.

（107）Aufzeichnung Erdmannsdorff vom 2. November 1936, in: *ADAP*, Serie C, Bd. VI, Dok. Nr. 56, S. 110-111.

（108）Göring an Otto Wolff, „Vollmacht", vom 24. November 1936, in: PAdAA, „Projekt Klein", 218/148085.

（109）Trautmann an das AA vom 31. Dezember 1934, in: *ADAP*, Serie C, Bd. III, Dok. Nr. 404, S. 742-744.「奥托・俄普夫拟「発展中徳貿易意見書」及中方之研究報告」一九三五年二月、『中徳外交密档（一九二七―一九四七）』桂林・広西師範大学出版社、一九九四年、一九九―二〇四頁。オットー・ヴォルフの対中事業について、詳しくは以下を参照。Peter Danylow/Ulrich S. Soénius (Hrsg.), *Otto Wolff*, München: Siedler Verlag 2005, „China-Geschäfte", S. 215-229. 浙贛鉄道（浙江省―江西省線）に対するオットー・ヴォルフの借款契約について、以下を参照。萩原充『中国の経済建設と日中関係――対日抗戦への序曲　一九二七―一九三七年』ミネルヴァ書房、二〇〇〇年、一七六―一七七頁。

（110）Herbert Göring an Swieykowski vom 3. Oktober 1936 ; Aufzeichnung Herbert Göring vom 3. Oktober 1936, Anlagen zu Dok. Nr. 591, in: *ADAP*, Serie C, Bd. V, S. 994.

（111）Alfred Kube, *Pour le mérite und Hakenkreuz. Hermann Göring im Dritten Reich*, München: R. Oldenbourg 1987, S. 148.

（112）Artikel Thomas, „Wehrwirtschaft und Vierjahresplan" vom 7. Dezember 1936, in: BA-MA, RW19/v. WiIF5/113.

（113）Blomberg an Göring vom 1. Dezember 1936, in: BA-MA, RW19/v. WiIF5/203, Bl. 87-89.

（114）Aufzeichnung Blomberg vom 15. Dezember 1936 „Ergebnis der Besprechung bei Generaloberst Göring als Beauftragter für den Vierjahresplan", in: BA-MA, R11/2. v. Case 3/2/48900, Bl. 49-51.

(115) Thomas an das AA vom 23. Januar 1937, in: *ADAP*, Serie C, Bd. VI, Dok. Nr. 157, S. 344-346.

(116) 一九三六年一二月二一日の会議に関する公的なメモは見いだせないが、ヘルフェリヒのメモとして以下がある。Aufzeichnung Helfferich über den Empfang der Übersee-Firmen bei Oberst Thomas, den 21. Dezember 1936, in: PAdAA, „Projekt Klein", 218/148107-108. そのほかにヘルフェリヒの回想として、Emil Helfferich, *1932-1946. Tatsachen*, S. 126-127.

(117) Ebenda.

(118) Helfferich an Thomas vom 7. Januar 1937, in: PAdAA, „Projekt Klein", 218/148102-104.

(119) Emil Helfferich, *1932-1946. Tatsachen*, S. 127-128.

(120) Voss an Trautmann vom 13. April 1937, in: *ADAP*, Serie C, Bd. VI, Dok. Nr. 314, S. 681-682.

(121) ナチズム外交における重要な政治資源としての「情報」について、以下を参照。田嶋信雄『ナチズム外交と「満洲国」』千倉書房、一九九二年、一〇二頁。

(122) Emil Helfferich, *1932-1946. Tatsachen*, S. 128.

(123) Blomberg an Hitler vom 22. Februar 1937, in: *Ursachen und Folgen*, Bd. X, S. 559-560.

(124) Tagebucheintrag Jodl vom 4. Februar 1937, in: *Der Prozeß gegen die Hauptkriegsverbrecher vor dem Internationalen Militärgerichtshof Nürnberg*, Bd. XXVIII, Dokument 1780-PS, S. 350.

(125) Aufzeichnung Thomas vom 16. April 1937, in: BA-MA, RW19/v.WiIF5/114.

(126) ナチズム外交における各組織の連合形成について、以下を参照。田嶋信雄『ナチズム外交と「満洲国」』千倉書房、一九九二年、一〇六頁。とりわけこの「シャハト＝ブロムベルク連合構想」と同時期に展開されていた「外務省＝ローゼンベルク連合構想」および「リッベントロップ＝ローゼンベルク連合構想」について、以下を参照。田嶋信雄『ナチズム極東戦略——日独防共協定を巡る諜報戦』講談社、一九九七年、一四九—一六九頁。

(127) Aufzeichnung Ritter vom 5. Mai 1937, in: *ADAP*, Serie C, Bd. VI, Dok. Nr. 357, S. 771-772.

(128) Anmerkung der Herausgeber (1), *ADAP*, Serie C, Bd. VI, S. 627.

(129) 「駐徳大使程天放歓迎孔祥熙訪徳致南京外交部電（一九三七年三月六日）」『中徳外交密档（一九二七—一九四七）』桂林・広西師範大学出版社、一九九四年、二九—三〇頁。

(130) Anmerkung der Herausgeber (8), *ADAP*, Serie C, Bd. XI, S. 627.

(131) Helfferich an Schacht vom 10. Juni 1937, abgedruckt in: Emil Helfferich, *1932–1946. Tatsachen*, S. 128–129.

(132) Bericht Krebs vom 14. Juni 1937 über den Besuch des chinesischen Finanzministers Dr. Kung beim Ministerpräsidenten Generaloberst Göring am 11. Juni 1937, in: *ADAP*, Serie C, Bd. VI, S. 923–934.

(133) Helfferich an Schacht vom 10. Juni 1937, abgedruckt in: Emil Helfferich, *1932–1946. Tatsachen*, S. 128–129.

(134) Emil Helfferich, *1932–1946. Tatsachen*, S. 128.

(135) Helfferich an Schacht vom 10. Juni 1937, abgedruckt in: Emil Helfferich, *1932–1946. Tatsachen*, S. 128–129.

(136) Vermerk Schacht vom 10. Juni 1937, in: *ADAP*, Serie C, Bd. VI, Dok. Nr. 418, S. 894–895.

(137) Aufzeichnung Schmieden vom 15. Juni 1937, in: *ADAP*, Serie C, Bd. VI, Dok. Nr. 429, S. 916–918.

(138) Das Reichs- und preußisches Wirtschaftsministerium an das AA vom 16. Juni 1937, in: *ADAP*, Serie C, Bd. VI, Dok. Nr. 431, S. 922–924. 孔祥熙の訪独について、以下の文書綴を参照。Deutschlandbesuch des chinesischen Finanzministers Dr. H. H. Kuhn, in: PAdAA, R104816. そのほかに、程天放『使徳回憶録』台北・国立政治大学出版委員会、一九六六年、一八三―一九五頁。馬振特・戚如高『蔣介石与希特勒――民国時期的中徳関係』台北・東大図書股份有限公司、三四七―三五九頁。

(139) 程天放『使徳回憶録』、一八七頁。

(140) Staatssekretär Körner im preußischen Staatsministerium an Helfferich vom 15. Juni 1937, abgedruckt in: Emil Helfferich, *1932–1946. Tatsachen*, S. 129–130.

(141) Emil Helfferich, *1932–1946. Tatsachen*, S. 131–132. ただし、ヘルフェリヒはそこでの決定内容を東アジア協会の全面勝利として描いているが、この問題が以下に述べるような展開を経たことを記していない。

(142) Emil Helfferich, *1932–1946. Tatsachen*, S. 133. ヘルフェリヒの描写は以下の第一次史料によりほぼ裏付けられる。Der Ostasiatische Verein an Schacht vom 22. Juni 1937, in: PAdAA, 218/148161–163.

(143) Emil Helfferich, *1932–1946. Tatsachen*, S. 133.

(144) Der Ostasiatische Verein an Schacht vom 22. Juni 1937, in: PAdAA, 218/148161–163.

(145) 「克蘭代表自柏林上蔣委員長報告行政院副院長孔祥熙暨所率領之代表団与徳国政府洽商軍火貨物交換聘用徳国軍事技術専門人員等事

之経過電（訳文）」（一九三七年六月二八日）、中華民国重要史料初編編輯委員会『中華民国重要史料初編――対日抗戦時期　第三編 戦時外交（二）』台北・中央文物供応社、一九八一年、七〇五―七〇七頁。

(146) 同上。

(147) Aufzeichnung Mackensen vom 6. Juli 1937, in: PAdAA, R29839, Büro des Staatssekretärs. Aufzeichnungen über Besuche von Nicht- Diplomaten, Bd. 1, 36029.

(148) Aufzeichnung Weizsäcker vom 22. Juli 1937, in: *ADAP*, Serie D, Bd. I, Dok. Nr. 467, S. 602–603.

(149) Weizsäcker an Dirksen vom 28. Juli 1937, in: *ADAP*, Serie D, Bd. I, Dok. Nr. 472, S. 606–607.

(150) Aufzeichnung Weizsäcker vom 28. Juli 1937, in: *ADAP*, Serie D, Bd. I, Dok. Nr. 473, S. 607–608.

(151) Sarnow an die Referate II/1–9 und II/12 vom 20. Juli 1937 betrifft: Richtlinien für die Ausfuhr von Kriegsgerät, in: PAdAA, R901/106416.

(152) Aufzeichnung Weizsäcker vom 10. August 1937, in: PAdAA, R29826, Büro des Staatssekretärs, Diplomatenbesuch Bd. I, 212381–382.

(153) Aktennotiz Thomas über die Besprechung mit Dr. Kung am 12. August 1937, in: BA-MA, RW5/v. 315; Aufzeichnung Mackensen vom 13. August 1937, in: PAdAA, R29826, Büro des Staatssekretärs. Diplomatenbesuch, Bd.I, Bl. 466918–919.

(154) Bericht der Deutschen Revisions- und Treuhand-Aktiengesellschaft Berlin über die bei der HAPRO vorgenommene Zwischenprüfung für die Zeit vom 1. April bis 30. November 1937, in: BA-L, R121/5178, Bl. 6.

(155) Aufzeichnung Mackensen vom 19. August 1937, in: PAdAA, R29839, Büro des Staatssekretärs, Aufzeichnungen über Nicht-Diplomatenbesuch Bd. I, Bl. 36046.

(156) Aufzeichnung Neurath vom 17. August 1937, in: *ADAP*, Serie D, Bd. I, Dok. Nr. 478, S. 612.

(157) Bericht der Deutschen Revisions- und Treuhand-Aktiengesellschaft Berlin über die bei der HAPRO vorgenommene Zwischenprüfung für die Zeit vom 1. April bis 30. November 1937, in: BA-L, R121/5178, Bl. 6.

(158) Schreiben Thomas vom 6. August 1937, in: BA-MA, R19/v. WiIF5/668.

(159) Ebenda.

(160) Aufzeichnung von der Heyden-Rynsch vom 22. Oktober 1937, in: *ADAP*, Serie D, Bd. I, Dok. Nr. 504, S. 629-630.

(161) しかしその後ヨーロッパにおける第二次世界大戦の勃発を経て一九四〇年に来日した時、ヘルフェリヒは見事なナチス統制経済派に変貌していた。以下を参照。柳澤治「ナチス政策思想と「経済新体制」――日本経済界の受容」工藤章・田嶋信雄編『日独関係史　一八九〇―一九四五（三）――体制変動の社会的衝撃』東京大学出版会、二〇〇八年、二七五―三二二頁。柳澤治『戦前・戦時日本の経済思想とナチズム』岩波書店、二〇〇八年、とくに第五章「日本の「経済新体制」とナチス経済思想――一九四〇年前後」一五五―二二六頁。

(162) Bericht der Deutschen Revisions- und Treuhand-Aktiengesellschaft Berlin über die bei der HAPRO vorgenommene Zwischenprüfung für die Zeit vom 1. April bis 30. November 1937, in: BA-L, R121/5178, Bl. 2.

(163) Ebenda.

(164) Niederschrift über die Besprechung in der Reichskanzlei am 5. November 1937, in: *ADAP*, Serie D, Bd. I, Dok. Nr. 19, S. 25-32.

(165) „Notiz für Führer" von Ribbentrop vom 2. Januar 1938, in: *ADAP*, Serie D, Bd. I, Dok. Nr. 93, S. 132-137.

(166) 「防共協定強化交渉」について、以下を参照。加藤陽子『模索する一九三〇年代――日米関係と陸軍中堅層』山川出版社、一九九三年、とくに第三章「中立アメリカをめぐる攻防――防共協定強化交渉」。

(167) „Schnellbrief" Göring vom 5. April 1938, in: PAdAA, R901, 106417.

(168) Ausfuhrgemeinschaft für Kriegsgerät, Geschäftsbericht 1939/40, in: BA, R901/106419.

(169) 以上のような中独関係の変遷については、さしあたり、以下を参照。田嶋信雄「東アジア国際関係の中の日独関係――外交と戦略」工藤章・田嶋信雄編『日独関係史　一八九〇―一九四五（一）――総説／東アジアにおける邂逅』東京大学出版会、二〇〇八年、三―七五頁。田嶋信雄「総論　国際関係のなかの日中戦争――ヨーロッパ国際関係との連関を中心に」西村成雄・石島紀之・田嶋信雄編『国際関係のなかの日中戦争』慶應義塾大学出版会、二〇一一年、三―三〇頁。田嶋信雄「日中戦争と日独中ソ関係」同書、三三―五三頁。

終章　一九三〇年代の中独関係史——対中国武器輸出政策を軸に

以上第一章から第七章では、一九三三年一月のナチスによる権力掌握より、一九三七年七月の日中戦争勃発前後にいたるまでの中独関係の史的変遷を、政治過程論の立場から、すなわちドイツ側での多元的な政策決定―執行過程に着目する立場から、分析してきた。またその作業を通じて、一九三〇年代東アジアにおける中独関係史の持つさまざまな国際関係論的な意味も、同時に浮き彫りになったと思われる。そこで本「終章」では、最後に、叙述の中心的なテーマの一つであったドイツの対中国武器輸出政策に着目しつつ、本書の政治過程論的・国際関係論的な分析結果を改めて確認しておくこととしたい。

第一節　対中国武器輸出政策

一九三三年五月三一日に塘沽停戦協定を締結し、「満洲事変」に端を発する日本との緊張関係に一応の終止符を打った中国国民政府は、「安内攘外」路線の下、国内政治の安定および国内経済の建設に努力を集中することとなった。国民政府の国内政治上の第一の敵は、いうまでもなく中国共産党であり、国民政府軍は在華ドイツ軍事顧問団の指導の下、満洲事変の間に中断していた対共産党戦（「囲剿戦」）を再開した。

他方、第二の隠然たる敵は、陳済棠（広東派）、李宗仁・白崇禧（広西派）らの西南派であった。彼ら西南派はもともと一九三一年五月に、蔣介石に反発して汪兆銘らとともに広州に反蔣派の「国民政府」を樹立していたが、満洲事変を契機に翌三二年一月に「汪蔣合作政権」が成立したことを受け、「国民政府西南政務委員会」および「国民党中央執行委員会西南執行部」を組織し、貴州・雲南・四川を含めた華南に対する広範な自治を主張した。これにより西南派は、南京中央政府との間で党務・政治・経済・軍事などの各レヴェルを含む「全方位的敵対」（陳紅民）の関係に立つことになった。[1] 一九三四年七月、蔣介石は「広東が平定されなければ、軍事も整理のしようがない」と日記に記し、武力による西南派の討伐を考えていたのである。[2] と同時に国民政府は、経済的には、将来の対日戦争を想定した近代化路線・軍拡路線を推進した。

そのため、中国国民政府はナチス・ドイツに接近した。たとえば一九三三年六月、宋子文は世界経済会議出席の途中ドイツに立ち寄り、ラインメタル、クルップなどの軍事産業と接触した。ラインメタルには一〇〇〇万ＲＭの予算で機関銃を、クルップ社には五億ＲＭの予算で武器工場を中国に建設するプロジェクトについて打診した。[3] しかもその際、ドイツ政府内部では、こうした中国への武器輸出に対し帝国欠損保障などの公的な輸出奨励策を与えるか否か、すなわち政府が対中国武器輸出を公然と支援するか否かが争点となった。

当時、ナチス・ドイツでは経済のアウタルキー化を目指す経済相兼食糧農業相フーゲンベルクと、外務大臣ノイラート、財務大臣クロージクら自由貿易主義に基づく輸出志向の経済政策を追求するグループとの対立が生じていたが、一九三三年六月の世界経済会議におけるフーゲンベルクの外交的失態と、その後の政治的失脚により、ナチズム体制初期における輸出志向の経済政策がほぼ固まった。[4]

しかしながら、輸出志向では閣内の合意が成立したものの、こと武器輸出という各論においては各アクターの政治的差異が顕在化した。

外務省は、中国への武器輸出の公然化に難色を示した。その第一の理由は、ヴェルサイユ条約および国内法たる「武器輸出入禁止法」（一九二七年制定）への配慮であった。[5] 外務省は、その立場上、なによりもヴェルサイユ条約違反を口実とした英仏など西側列強からの政治的・外交的圧力の回避を優先課題とせざるを得なかった。第二は、満洲事変に端を発する東アジアの国際政治状況である。日中関係が緊張している中で、中国と武器取引をおこなうことは、対日政策の観点からも「遺憾なきにあらず」とされたのである。第三は、中国内政の不安定である。「北伐」の終了、および国民政府の統一後もなお継続している中国の内戦的状況の下では、国民政府への武器輸出は中国内の一当事者への一方的な政治的肩入れを意味していた上、国民政府が将来も存続して支払いを継続しうる保証はなかったのである。[6]

これに対し国防省は、武器輸出に死活的利害を有した。第一には、ドイツ工業製品の輸出の促進により、軍拡に必要な外国為替および原料資源を確保するためである。第二には、ドイツ軍需産業において軍事技術および生産能力を維持・発展させる必要性である。しかも第三に、ドイツ国防省は最新の武器を導入するため、旧式の武器を放出する必要があった。武器輸出は、この三つの要求を同時に満たす絶好の事業であった。国防大臣ブロムベルクの言葉によれば、「経済的・国防政策的な諸理由からして、ドイツ軍用兵器の輸出と、外国との武器・弾薬貿易の促進・簡素化が緊急の課題」であり、「輸出用の武器製造は、長期的に見てわが国の軍需会社の生産能力を維持し、財政的独立性を維持するための、もっとも価値ある唯一の手段」なのであった。[7]

しかもドイツ各武器会社にとって中国は、内戦的状況により多大な武器需要を有する魅力的な市場であり、さらに軍拡に不可欠なタングステンなど、レアメタルの巨大な生産地であった。ドイツ国防省は、一九三三年一月のナチズム政権成立後、同政権の極端な反ソ・反共政策ゆえに、それまで維持されてきた良好な独ソ関係、とりわけ独ソ秘密軍事協力関係を断念せざるを得ず、その代替として、ソ連のさらに東の国、すなわち中国への国防経済上の関心を強めたのである。(8)

こうした国防省の対中国武器輸出への関心には、加えて、一九三四年八月に経済大臣を兼任していたライヒスバンク総裁シャハトの強力な支持があった。周知のようにシャハトは、当時対外貿易の体系的な双務化・バーター化を目指す「新計画」を推進しようとしていた。シャハトの「新計画」の対象国は、当初は東南欧諸国でありラテンアメリカ諸国であったが、(9)やがて東アジアにまで拡大されることとなる。とりわけ中国は、工業国家ドイツとの経済的相互補完性ゆえに、こうしたシャハトのシェーマに適合的な国家であった。(10)外務省通商局長リッターは、シャハトに主導された「新計画」の進展を以下のように説明している。「目下のところ、ドイツ貿易政策の関心は東アジア諸国に向けられているのである(11)」。

その間、ラインメタルやクルップは、企業ベースで中国から大量の武器を受注していたが、こうした武器貿易の安定的な継続を保障するため、各武器会社は武器輸出の合法化と、当時ドイツ政府によっておこなわれていた、輸出奨励策の一つである帝国欠損保障の付与を求め続けた。たとえば一九三四年九月、ラインメタルは八〇〇万RM相当の予算で、一五センチ重榴弾砲二四門を輸出するという契約を中国国民政府から獲得し、その実現のため帝国欠損保障の申請をおこなったのである。(12)しかし外務省は、このラインメタルの申請に対し、日本の天羽声明（一九三四年四月一七日）などを引証しつつ、「厄介なことになるだろう」と帝国欠損保障付与に反対したのである。(13)

しかしながらドイツ国防省は、武器会社の旺盛な輸出意欲を背景に、シャハトの協力も得て、対中国武器輸出の合法化に抵抗するノイラートら外務省に対し、激しい非難を繰り広げた。国防省軍務局長ライヒェナウは一九三四年一〇月一六日、外務次官代理ケプケに対して「中国への重榴弾砲輸出事業」について語り、「国防省と経済省はこの事業の実現に非常に大きな価値を置いている」と述べていたのである。(14)

こうした国防省＝経済省連合からの政治的圧力に対し、外務省は一定の譲歩を余儀なくされることとなった。一九三四年一一月二三日、ドイツ政府内で関係各省庁会議が開催され、その席で外務省は、「政府の関与が公にならないよう最大限の保証が確保されなければならない」と述べて、武器輸出に関する秘密の保持を要請しながらも、「政府は一般的な輸出促進と外国為替獲得のため、政府の財政力により武器輸出のような事業を援助する方向で介入せざるを得ない」と述べ、武器輸出政策の転換を図ったのである。[15]

しかしながら、外務省の要求する「秘密の保持」には、もちろん限界があった。ドイツ外務省は、ラインメタルの対中国武器輸出を秘匿するため、帝国欠損保障付与を回避する方法をさまざまに検討したが、こうした外務省の姿勢は他の省庁の政治的反発を買った。たとえば経済省は一九三五年四月二日、外務省に対し、ラインメタルの対中国武器輸出に関する外務省の「以前の否定的な態度を放棄せよ」と迫ったのである。[16]

さらに国防大臣ブロムベルクは、一九三五年三月一六日の再軍備宣言をきっかけに、武器輸出入禁止法を廃止することに関し、同年六月、ヒトラーを説得することに成功した。[17] 追い詰められた外務省は八月一六日、ついに武器輸出入禁止法の撤廃と新法（武器輸出入法）の制定に異議はないと表明したのである。[18] 九月二四日、ヒトラーが新法案に署名し、一一月六日付とされた武器輸出入法は、一一月一五日のドイツ官報に公表された。[19] ここにドイツでは、対外武器輸出一般が合法化されることとなり、これにより民間武器会社のイニシアティヴによる対中国武器輸出が公然と、かつ精力的に推進されることとなった。

ドイツ国防省は、この間、武器輸出に関し、新たな行政的・制度的枠組みを構築する必要性を認識するにいたった。そこで国防省は、経済省、外務省、工業全国集団、民間武器会社の参加を得て、一九三五年一〇月三〇日、「武器輸出組合」を設立し、以後武器輸出組合をもって武器輸出の許可証発行や関係各社間の調整に当たらせることとなった。武器輸出組合発足から一年の間に、七五社が組合員となった。[20]

第二節　広東・南京両プロジェクトとハプロ

しかしながら国防省は、当初より民間ベースによる対中国武器輸出に満足しているわけではなかった。すなわち国防省は、陸軍兵器部経済参謀課長（のち国防省国防経済幕僚部長）トーマスを中心として、対中国武器貿易に国家として介入する方針を採用したのである。

事の発端は、一九三三年五月から七月までのゼークトの訪中と、それに密かに同行した武器商人クラインの中国での暗躍であった。クラインはかつて一九二〇年代に、当時の陸軍総司令官ゼークトおよびドイツ国防省との連携の下、STAMAGと呼ばれる武器会社を設立し、秘密の対ソ武器貿易にかかわった人間であり、ナチズム政権成立による独ソ武器貿易の停滞後、中国に新たな活動の場を見いだしたのである。しかもクラインの活動には、対ソ武器貿易の場合と同様、国防省、とりわけトーマスの支持があった。

一九三三年夏の中国訪問は蔣介石の招待であり、ゼークトは国民政府軍の視察や、蔣介石への意見書提出などをおこなったが、ゼークトを追って中国に到着したクラインは、密かに広州で広東派の陳済棠、広西派の李宗仁らと、兵器工場プラント輸出のための交渉をおこなっていた。一九三三年七月二〇日に調印された契約は、広東省清遠県琶江口の南に、(1)大砲工場、(2)砲弾・信管・薬莢工場、(3)毒ガス工場、(4)防毒マスク工場などを建設するというものであった。その他の費用を含め、契約総額は約五五〇万香港ドルに上った（広東プロジェクト第一次契約[21]）。またゼークトは、中国最後の訪問地として七月一一日に広州に入り、クラインと西南派の契約を後見した。つまりここでゼークトは、政治的には南京国民政府と西南派の二股をかけたのである。

帰国したクラインは、一九三四年一月二四日、トーマスを監査役とする、半官的武器会社ハプロをベルリンに設立した。[22]つまりこの会社はドイツ国防省自らが対中国武器輸出に乗り出すために設立されたものであり、ハプロの成立は、ドイツ国防省の国防経済上の関心がソ連から中国に移動したことを示していた。

ハプロの成立を背景に、クラインは、一九三四年五月、第四代ドイツ軍事顧問団長就任を受諾したゼークトとともに再訪中し、中国でゼークトの政治的庇護の下にさらなる暗躍を開始した。同年八月二三日、クラインは南京国民政府財政部長孔祥熙との間で鉄道・製鉄工場・港湾設備、爆薬工場、ガスマスク工場の建設などを主な内容とする大規模な仮契約（南京プロジェクト）を交わしたのである。この契約の特徴は、シャハトの「新計画」に結実するドイツの貿易清算思想を反映し、こうしたドイツの工業品ないし工業プラントを、中国で産出する農業産品および鉱業産品とバーターで交易することにあった。鉱業産品の開発にはドイツの技術者が当たることとし、クラインは、鉱業開発および先行支払いのため、一億RMのクレジットをベルリンで獲得するよう努めることとされた。[23]駐華公使トラウトマンも見抜いていたように、ドイツ国防省・ハプロは、中国との間で「商品交換という形での一種の計画経済」をおこなおうとしていたのである。[24]

しかしこの間、ハプロがもっとも力を入れていた交渉相手は、南京中央政府ではなく、西南派、とりわけ陳済棠率いる広東派であった。なぜならドイツ国防省およびハプロは、広東省と江西ソヴィエトの境界に存在していた豊穣なタングステン鉱に、多くの魅力を感じていたからである。当時中国は、世界のタングステン生産の半分以上を占めると言われていた。[25]

実際クラインは、南京国民政府との契約に達する約一カ月前の一九三四年七月二一日、広東省政府と交渉し、(1)製鉄工場、(2)港湾施設、(3)火薬工場の建設に関する大規模な契約を締結し、さらに九月八日、同政府との間で、(4)防毒マスク工場の建設契約を締結していたのである。また、広東派は返済をタングステン等の鉱物資源の対独輸出でおこなうこととし、鉱山開発のため、二億RMのクレジットをクラインに要請したといわれる（広東プロジェクト第二次契約）[26]。これらは、前年七月二〇日にクラインと広東派との間で締結されていた武器工場建設契約と一体となって、クライン・ハプロの「広東プロジェクト」全体を形成することとなったのである。ハプロの一メンバーも認めていたように、ドイツ国防省にとって、「広東の方が重要」であり、南京プロジェクトは「南京政権の不満を緩和するため」のものに過ぎなかった[27]。

したがって、ハプロの広東での活動と武器工場建設の進展は、南京中央政府から見れば、広東派、すなわち潜在的な敵対者とドイツとの政治的な関係強化を意味していただけではなく、実際に南京中央政府への軍事的な脅威を形成することになった。このことは、広東プロジェクトの当初から蔣介石とクラインの、さらにいえば蔣介石とゼークトおよびドイツ国防省との関係の、異常な緊張をもたらした。

一九三四年一一月初旬、ドイツ駐在中国公使劉崇傑は、国民政府外交部の指示に基づき、ドイツ外務省を訪問し、「広東への武器輸出を止めるよう蔣介石から指示を得ている」と述べ、クラインの広東プロジェクトに重大な抗議をおこなった。これを受け一一月六日、ドイツ外務省は国防省軍務局長ライヒェナウおよび帰国していたクラインと対応を協議した。この席でライヒェナウは、陸軍兵器部が広東プロジェクトに「重大な関心」を示しており、経済大臣シャハトも「賛意を伝えている」と述べて、蔣介石の反発にもかかわらず、広東プロジェクトを強力に推進する姿勢を示したのである[28]。さらに一九三四年一二月半ば、蔣介石はクラインの広東プロジェクトを後見していたゼークトに書簡を送ったが、蔣はゼークトに「広東大砲工場計画に関する書面での態度表明」を要求し、これにより「蔣介石＝ゼークト関係が悪化した」のである[29]。

加えて一九三五年三月、広東にドイツ国防省から毒ガス専門家が到着し、南京駐在ドイツ軍事顧問団とは別の軍事顧問団が広東に設立されるという情報が伝わり、蔣介石を強く刺激することとなった[30]。蔣介石は一九三五年四月一二日、ドイツに帰国していたゼークトに自ら電報を送り、クラインの広東プロジェクトに関し、「私はそれを承認していない、どうか国防省にその旨を伝えていただきたい」と非常に強い調子で要請したのである。[31]

この要求に対して国防大臣ブロムベルクは五月一日に蔣介石に電報を打って回答したが、その内容は非常に強硬なものであった。「クライン氏はドイツ国防省および経済大臣シャハト博士の完全な信頼を得ている。ドイツ政府はクライン氏のプロジェクトに特別の関心を持っており、そこに大きな価値を置き、それを完全に支持している」。ブロムベルクはこうして、クラインの広東プロジェクトに反対する蔣介石の抗議に対し、正面突破を図ったのである。[32] こうしてクラインの広東プロジェクトをめぐり、中独関係は異常な緊張をはらむにいたった。

しかしながら、こうした中独対立の背景にある中国国内の政治状況は、一九三四年秋から三五年春にかけて、大きな変化を見せ始めていた。すなわち一九三四年秋、国民政府軍に包囲された紅軍は江西ソヴィエトを放棄し、「大西遷」という名の敗走を強いられたのである。逆に西南派は南下してきた南京中央政府の軍事的圧力に直接さらされることとなり、西南派五省連合のうち、雲南、貴州、四川が中央政府の支配下に入った。残るは広東・広西のみとなったが、広西省の南部は国民政府軍に占領され、さらに南京国民政府の支配領域は、広東省の境界にまで及ぶこととなった。[33]

このことは政治的に見れば、南京中央政府が広東省・江西省の境界に存在する、大量のタングステン鉱を手中にする展望が生まれたことを意味し、さらには将来南京国民政府が、広東プロジェクトの成果である工場群を接収する可能性が生じたことを意味したのである。事実、一九三五年五月初旬、国民政府軍政部兵工署長兪大維は、「広東が最終的に統合された場合の接収」に備え、第五代在華ドイツ軍事顧問団長ファルケンハウゼンに対し、「広東へ供給された兵器」について尋ねていたのである。[34] こうして蔣介石は、広東プロジェクトについてはペンディングにしつつ、さしあたりクライン・ハプロが同時に進めていた南京プロジェクトを推進する姿勢を示したのである。

クラインの広東プロジェクト第一次契約は、一九三五年の初めに一応完成し、広東省に大砲工場、砲弾工場、毒ガス工場、防毒マスク工場が建設された。そのうち大砲工場および砲弾工場などは広州市北方、広東省清遠県に建設され、工場総面積一万六千平方メートル、機器設備三四〇台を誇った。この工場群は「広東第二兵器制造廠」（通称「琶江兵工廠」）と命名され、一九三五年一二月に生産を開始した。[35]

さらに一九三六年五月、広東プロジェクトにかかわる重大な事態が発生した。いわゆる「両広事変」である。五月九日、西南派の元老格である胡漢民が、突然脳溢血に襲われて広州で死去した。蔣介石中央政権はこれをきっかけとして、西南派に政治的・軍事的圧力を加え、追いつめられた陳済棠・李宗仁は連合して「抗日」を名目に軍を北上させたが、国民政府の軍事力の前に反乱は一挙に瓦解し、陳済棠は香港に逃亡した。[36] 南京の国民政府軍政部兵工署は、同年一一月に工場の接収を開始し、翌三七年にそれを完了した。その際に工場は「広東第二兵工廠」と改名された。[37]

広東第二兵工廠は大砲工場、砲弾工場、雷管工場、工作機械工場、鋳造工場、木工場、動力工場などを包括し、三百人の労働者を雇い、約四〇人のドイツ人技師が働いた。生産技術は、完全にドイツ人技師に掌握されていた。設計上、毎月の生産能力は七五ミリ歩兵榴弾砲九門、七五ミリ野戦砲九門、一〇五ミリ軽便野戦榴弾砲五門、砲弾一万二千五百発とされていた。

日中戦争勃発後、広東第二兵工廠は日本軍機の連続爆撃に晒された。[38] 破壊は激しく、生産不能となったため、軍政部兵工署は三八年五月、重慶への移転を決定した。移転にともない名称も「兵工署五十工廠」に改められた。[39]

第三節　中独条約の成立

一九三五年秋、蔣介石は、広東プロジェクトをさしあたりペンディングにしつつ、南京プロジェクトを推進する方針に転換した。シャハトはすでに三五年五月六日に孔祥熙に電報を打ち、南京政府とクラインのバーター契約を全力で推進する姿勢を示し、南京国民政府が提供しうる農業産品および鉱業原料について問い合わせていたが[40]、一一月上旬、国民政府が二〇〇〇トンのタングステンを用意すると述べたため、南京プロジェクトは大枠においてほぼ合意に達したのである。これを受けて国防大臣ブロムベルクは、二台の大型車を蔣介石に贈呈するとともに、一一月一六日、蔣介石および孔祥熙宛てにつぎのような感謝状を送付した。「〔中独両国の〕協力関係が迅速に実際上の成果をもたらしたことを喜ぶとともに、閣下の力強い援助に感謝の意を表します[41]」。

中国国民政府は、ドイツでの武器買い付けのため訪独団を派遣することとし、南京プロジェクト担当の国民政府資源委員会秘書長翁文灝が、団員の人選やドイツでの武器購入計画の立案を担当した[42]。一九三六年二月二三日、顧振を団長とする中国代表団がベルリンに到着し、翌二四日にゼークトと、二五日にブロムベルクと、二七日にヒトラーと、二八日にシャハトと面会した[43]。二八日、国防大臣ブロムベルクは陸海空三軍に「中国は近代兵器の大量購入を予定しているので、現在国防軍に導入されている兵器の完成品をよく見学させるよう」求め、ドイツ国防省が中国代表団を最上客として扱っていることを示した[44]。このブロムベルクの指示を背景に、三月、代表団はドイツのさまざまな武器工場を存分に見学した[45]。

一九三六年四月八日、シャハトは中国代表団との間で中独（ハプロ）条約を締結し、対中国武器輸出事業の国家による運営を図った。すなわちこの条約でドイツは、一億ＲＭの借款を中国に与えて中国の大規模な武器購入を可能とし、中国はタングステンを始めとする原料資源で、これを相殺するシステムが成立したのである[46]。中独条約の成立により、ドイツ国防省は、対中国武器貿易の軸足を、民間会社を通じたものからハプロを通じたものへと移していった。また、この条約で与えられたクレジットをも用いて、中国代表団は大量の武器を購入したのである[47]。

こうした中国政府の武器購入計画に対し、国防大臣ブロムベルクは五月六日、三軍宛てに通達を出し、「中国政府がドイツ軍需産業から購入しようとしている物資の供給を、ドイツの軍需品調達プログラムの中に編入せよ」という驚くべき決定をおこなった。[48]こうして「第三帝国」の軍拡政策と中国の軍拡政策は、有機的かつ密接に結合されることとなった。

一九三六年四月一四日、蔣介石は来たるヒトラーの誕生日（四月二〇日）にあわせ、祝電を送るとともに、「ドイツと中国との間の経済的協力関係は、〔中独〕条約の調印によって、偉大な成果をもたらしました」と述べて中独条約調印への満足感を示した。[49]これに対しヒトラーは五月一三日、蔣介石に電報を打ち、「中独両国のバーター貿易は実に両国の経済発展に対し莫大な利益を与えるものであり、閣下の特別のご配慮をいただいたことに謹んで感謝申し上げます」と述べたのである。[50]このヒトラーと蔣介石の交歓は、まさしく中独条約がもたらした両国の友好関係を象徴していた。こうした友好関係は、加えて、中独条約を推進してきた元軍務局長ライヒェナウの中国訪問という形でさらに強く表現されることとなった。六月末にクラインとともに訪中したライヒェナウは、中国で国賓並みの待遇を受けることとなる。[51]

ところで中独条約には、調印当初より多くの反対論が表明されていた。反対論の第一は、第三国、すなわち日本から発せられた。いうまでもなく日本は、ドイツから中国への大量の武器輸出を恐れたのである。この間休暇で帰国していた東京駐在大使ディルクセンは、中独条約が日本の対ドイツ政策、とりわけ当時進行していた日独防共協定交渉に悪影響を及ぼすことを恐れ、六月九日、独断でドイツ駐在日本大使武者小路公共に、中独条約の内容を伝えていた。[52]また日本のマスコミも、六月二七日、中独条約について報道していた。[53]これに基づき武者小路大使は、その後二度もドイツ外務省を訪問し、強い抗議をおこなっていたのである。

第二の反対論は、ドイツ国内からもたらされた。すなわち、中独貿易に携わるドイツ商社、およびそれをハンブルクで統括する東アジア協会は、中独条約が既存の在中商社による武器貿易を脅かすものであるとの不安から、中独貿易の国家による独占を、強く批判したのである。一九三六年五月、上海ドイツ商業会議所の会員の間では、中独条約が「ドイツの中国貿易を深刻な危機に陥れる」として、「異常な不安」が惹起されていた。[54]事実この間中国政府は、中独条約への期待から、在中ドイツ商社を通じた多くの契約交渉を停止していたのである。[55]既存の武器貿易で利益を上げてきた在中商社は、その存亡の危機に立たされることとなった。

一九三六年七月四日、東アジア協会は執行委員会を開催し、中独条約について議論するとともに、七月七日、同協会会長ヘルフェリヒがブロムベルク、シャハト、ゲーリングらに宛てて書簡をしたため、「長年築いてきた中国におけるドイツ商社の立場が、深刻な脅威にさらされている」と強く抗議した。[56]これに対しブロムベルクは、「中独国家条約は、総統と関係各省庁の了承の下に」実行されており、「国防軍の利益」になるものであるから、「中国貿易に関与する商社との交渉に入るつもりはない」と、突き放したのである。これは、ヘルフェリヒも正しく解釈したように、「われわれには受け入れられない剥き出しの拒絶」であった。[57]

この間、ドイツ外務省は交渉の蚊帳の外に置かれ、中独条約についてはほとんど情報を得ていない有様であったが、七月一八日、ハプロの対中計画の全貌が、ようやく外務省にも明らかとなった。すなわちこの日、ハプロのロイスが外務省を訪問し、クラインが中国で作成した「組織建議」に基づく諸計画を説明した。それは、ドイツ人現役将校からなるあらたな軍事顧問団の派遣、その指導の下における中国軍事行政組織の再編成、六個師団からなる「十万軍」の建設と「三〇万軍」への拡大強化、中国各地における軍需産業コンビナートの建設などインフラ面での軍事援助と、沿岸防衛施設などの大規模な緊急武器輸出プログラム、さらに中国軍人の留学生としての受け入れ計画などからなっていた。[58]こうしてクラインおよびドイツ国防省が中独条約により構想したプランは、極めて軍事的な色彩の濃いものであり、しかもこの計画の仮想敵は明らかに日本であった。九月一一日、ライヒェナウは中独条約の目的を、つぎのように端的に述べている。「国家条約の目的は、日本による侵略の危険と脅威の増大に対し、中国を可及的速やかに軍拡することである[59]」。

こうした中独関係の政治的・軍事的深化を背景に、ライヒェナウは九月末、中国でつぎのように言い放った。「当地〔東アジア〕では日本につくか中国につくかを決めなければならない。……もし日中戦争が勃発すれば、かれら〔在華ドイツ軍事顧問団〕が〔中国軍と〕ともに戦争に赴かなければならないのは当然である[60]」。こうしてドイツ国防省は、中国に対し、軍事同盟にも似た緊密な協力関係を推進していくこととなる。

一九三六年一〇月三一日、武器輸出組合（ＡＧＫ）は第一回の「年次報告書」（一九三五年一一月一日―一九三六年一〇月三一日）をまとめた。それによると、ドイツの武器輸出全体は三四八五万五四三四ＲＭの額にのぼったが、その中に占める中国の割合は実に約五七・六％（二〇〇七万八六五五ＲＭ）で、ドイツの武器貿易全体に占める中国の圧倒的な地位を示していた。しかも注意すべきは、このうち、約半年前に締結された中独条約によるものがすでに約五〇％（約一〇一〇万ＲＭ）を占めており、わずか半年の間にハプロを通じた武器貿易が、在華ドイツ商社による武器貿易を相当程度圧迫し始めたのである[61]。

第四節　日中戦争の勃発とドイツの対中国政策

一九三七年七月七日の日中戦争勃発後も、ハプロは極秘裏に対中国武器輸出を継続した。同年八月一二日、国防大臣ブロムベルクは、当時訪独して武器購入に奔走していた国民政府財政部長孔祥熙に対し、「中国への武器輸出を継続するためあらゆる努力をする」と約束した[62]。ヒトラーも八月一六日、「中国との条約に基づいて輸出される物資〔武器」については、中国から外国為替ないし原料供給で支払われる限り、続行せよ」と命じた[63]。こうしてドイツは、日中戦争勃発後も対中国武器輸出を精力的に推進したのである。

この間蔣介石は、ドイツ軍事顧問団に作戦指導を受け、優れたドイツ製武器で武装した八七師、八八師、税警団など最精鋭部隊一〇万を上海戦線に投入し、日本の侵略への強い抵抗意志を示した。上海での戦闘は、さながら「日独戦争」の様相を呈した。

武器輸出が合法化されて二年目の一九三七年には、一九三六年（暦年）に比べ、ドイツの武器輸出総額は約四・四倍に増え、二億二四八九万九二〇〇ＲＭにのぼった。当時のドイツの総輸出額は約五九億一一〇〇万ＲＭだったので、輸出総額に対する武器輸出総額の割合は約四％であった[64]。対中国武器輸出に関していえば、ドイツの武器輸出全体に占める比率は下げたが（約三六・八％）、総額は前年に比べ一挙に約三・五倍の約八二七八万八六〇〇ＲＭに拡大した。しかも注目すべきことに、この中でハプロ事業が占める割合は、実に八七・九％（七二七四万九八〇〇ＲＭ）にまで拡大したのである[65]。これにより、東アジア協会および在来の中国駐在ドイツ商社は、決定的な打撃を受けることとなった。

しかしながらこの間、ドイツはオーストリア併合（一九三八年三月）に続いてチェコスロヴァキア侵略に乗り出した。このためドイツは、日本との関係を強化する必要に迫られたのである。こうした必要性はやがて、一九三八年夏から一九三九年夏にかけてのいわゆる「防共協定強化交渉」に帰結するが、そのための前提としてドイツは、一九三八年二月の「満洲国」承認、同年六月の駐華ドイツ大使トラウトマンおよびファルケンハウゼンらドイツ軍事顧問団の本国召還など、一連の政治的・外交的譲歩を日本に対しておこなった。同じ文脈で、一九三八年四月五日、ヒトラーやリッベントロップら親日派からの政治的圧力に屈した四カ年計画全権ゲーリングは、やむなくハプロを含めた対中国武器輸出を禁止し[66]、ドイツの中国への武器輸出はほぼ停止するにいたったのである[67]。

国防省ブロムベルクやゲーリングら「親中派」はこうして敗北し、ヒトラーやリッベントロップに代表される戦争の論理が、経済的合理性を無視し、自由貿易派や国家統制派の論理を踏みにじりつつ、貫徹されていくことになる。

（1）陳紅民（光田剛訳）「矛盾の連合体――胡漢民・西南政権と広東実力派（一九三二―一九三六年）」松浦正孝編著『昭和・アジア主義の実像――帝国日本と台湾・「南洋」・「南支那」』ミネルヴァ書房、二〇〇七年、七八頁。

（2）羅敏（光田剛訳）「福建事変前後の西南と中央――対立から交渉へ」松浦正孝編著『昭和・アジア主義の実像』ミネルヴァ書房、二〇〇七年、一一七頁。

（3）Aufzeichnung Bülow vom 18. September 1933, in: *ADAP*, Serie C, Bd. I, Dok. Nr. 435, S. 800-801 und Anmerkung (4) dazu.

（4）以下を参照。熊野直樹『ナチス一党支配体制成立史序説――フーゲンベルクの入閣とその失脚をめぐって』法律文化社、一九九六年。

（5）*Reichsgesetzblatt*, 1927, Teil 1, S.239–242.

（6）Aufzeichnung Michelsen vom 10. Juli 1933, in: *ADAP*, Serie C, Bd. I, Dok. Nr. 357, S. 636–638.

（7）Blomberg an Neurath vom 24. Juni 1935, in: *ADAP*, Serie C, Bd. IV, Dok. Nr. 168, S. 344–345.

（8）Entwurf Liese vom 16. April 1934, in: BA-MA, WiIF5/383/Teil 2.

（9）Bericht Kiep an den Staatssekretär in der Reichskanzlei Lammers vom 14. Februar 1935, in: *ADAP*, Serie C, Bd. III, Dok. Nr. 492, S. 910–912.

（10）以下を参照。田嶋信雄『ナチズム外交と「満洲国」』千倉書房、一九九二年、二二六―二二七頁。

（11）Runderlaß Ritter vom 17. August 1936, in: *ADAP*, Serie C, Bd. V, Dok. Nr. 511, S. 842.

（12）Liese an das AA vom 15. September 1934, in: PAdAA, IV OA, Allgemeines, Bd. 211/2, H098316; Handelsabteilung der Chinesischen Gesandtschaft Berlin an den Chef des Waffenamts Liese vom 10. September 1934, ebenda, H098317.

（13）Aufzeichnung von Erdmannsdorff vom 26. September 1934, in: *ADAP*, Serie C-III, Dok. Nr. 220, S. 415–416.

（14）Vermerk Frohwein vom 17. Oktober 1934, in: *ADAP*, Serie C, Bd. III, Dok. Nr. 253, S. 476–477.

(15) Aufzeichnung Frohwein vom 23. November 1934, in: *ADAP*, Serie C, Bd. III, Dok. Nr. 351, S. 649-652.
(16) Vermerk Voß vom 3. April 1935, in: PAdAA, Abt. IV OA, Allgemeines, Bd. 211/4, H098424.
(17) Blomberg an Neurath vom 24. Juni 1935, in: *ADAP*, Serie C, Bd. IV, Dok. Nr. 168, S. 344-345.
(18) Anmerkung der Herausgeber (5), *ADAP*, Serie C, Bd. IV, S. 345.
(19) *Reichsgesetzblatt* 1935, Teil 1, S. 345.
(20) Jahresbericht der AGK bei der Reichsgruppe Industrie, Das erste Geschäftsjahr, 1. 11. 1935-31. 10. 1936, in: BA-MA, WiIF5/383, Teil 2, E236630.
(21) 「克蘭与両広当局簽訂之《中徳交換貨品合約》(一九三三年七月二〇日)」『中徳外交密档(一九二七―一九四七)』桂林・広西師範大学出版社、一九九四年、四六〇―四六五頁。「克蘭与広州永隆建築公司籤訂之《琶江口各兵工廠建築物承建合約》(一九三三年一二月一四日)」同書、六六一―四六八頁、も参照のこと。
(22) Bericht und Anlage der Deutschen Revisions- und Treuhand-Aktiengesellschaft Berlin über die bei der „Hapro" vorgenommene Sonderprüfung vom 3. Dezember 1936, in: BA-L, R121/5177; Walter Eckert, *Die HAPRO in China*, Graz: Selbstvertrag o. D., Anhang, Hapro-Daten.
(23) 「中国農産品与徳国工業品互換実施合同(一九三四年八月二三日)」『中徳外交密档』三二四―三二六頁。Ausführungs-Vertrag über den Austausch von Rohstoffen und Landesprodukten Chinas gegen Industrie- und sonsitige Erzeugnisse Deutschlands, in: Walter Eckert, *Die HAPRO in China*, Graz: Selbstvertrag o. D., Anhang, Hapro-Daten.
(24) Trautmann an Bülow vom 28. August 1934, in: *ADAP*, Serie C, Bd. III, Dok. Nr. 180, S. 352-353.
(25) 以下を参照。飯島典子「清末から民国期にかけての広東・江西に跨るタングステン開発」『中国研究月報』二〇〇九年三月号、三二―四三頁。
(26) Verhandlungs-Bericht von Hans Klein, Anlage zu Aufzeichnung Voss vom 31. Januar 1935, in: PAdAA, „Projekt Klein", 6680/H096151;「克蘭与広東当局籤訂之《防毒面具廠合約》」『中徳外交密档』四六八―四七一頁。
(27) Aufzeichnung Voss vom 2. Februar 1935, in: *ADAP*, Serie III, Dok. Nr. 476, S. 879-881.
(28) Aufzeichnung Meyer vom 6. November 1934, in: *ADAP*, Serie C, Bd. III, Dok. Nr. 301, S. 560-561.

(29) Trautmann an das AA vom 15. Dezember 1934, in: PAdAA, „Projekt Klein", 6680/H096025.
(30) Aufzeichnung Voss vom 18. März 1935, in: PAdAA, „Projekt Klein", 6680/H096255–260.
(31) Das AA an Reichenau vom 17. April 1935, in: PAdAA, „Projekt Klein", 6680/H096270.
(32) Blomberg an Chiang Kai Shek vom 1. Mai 1935, in: BA-MA/Msg 160/7, Bl. 69.
(33) Aufzeichnung Voss vom 18. März 1935, in: PAdAA, „Projekt Klein", 6680/H096255–260.
(34) Trautmann an das AA vom 10. Mai 1935, in: PAdAA, „Projekt Klein", 6680/H096287–292.
(35) 鄧演存「琶江兵工廠建立始末」広州市政協文史資料研究委員会編『南天歳月——陳済棠主粤時期見聞実録』（広州文史資料第三七輯）、広州・広東人民出版社、一九八七年、一六一―一六七頁。
(36) 両広事変については以下を参照。施家順『両広事変之研究』高雄・復文図書出版社、一九九二年。
(37) 李滔・陸洪洲編『中国兵工企業史』北京・兵器工業出版社、二〇〇三年、一五二―一五四頁。
(38) 防衛庁防衛研究所戦史室編『戦史叢書』第七九巻「中国方面海軍作戦（二）」朝雲出版社、一九七五年、七四頁。
(39) 李滔・陸洪洲編『中国兵工企業史』北京・兵器工業出版社、二〇〇三年、一五二―一五四頁。
(40) Schacht an Kung vom 6. Mai 1935, in: *ADAP*, Serie C, Bd. IV, Dok. Nr. 76, Anlage, S. 136–137.
(41) Blomberg an das AA vom 11. November 1935, in: PAdAA, „Projekt Klein" 6680/H096333.「柏龍白来電（一九三五年一一月一六日）」『中徳外交密档』一三三頁。
(42) 「克蘭致翁文灝電（一九三五年一二月二九日）」『中徳外交密档』三五三頁。「塞克特致翁文灝電（一九三六年一月一五日電）」同書、三五四頁。「翁文灝復塞克特電（一九三六年二月一九日）」同書、三五四―三五五頁、など。
(43) Hans Meier-Welcker, *Seeckt*, Frankfurt am Main: Bernard & Graefe Verlag für Wehrwesen, 1967, S. 692.
(44) Blomberg an die drei Wehrmachtteilen vom 28. Februar 1936, in: BA-MA, RM11/2/v. Case 3/2/48899.
(45) „Reiseplan", in: BA-MA, RM11/2/v. Case 3/2/48899.
(46) Kreditzusatzvertrag zu dem zwischen der chinesischen Regierung und Hans Klein abgeschlossenen Warenaustausch-Vertrag vom 23. August 1934, Berlin, den 8. April 1936, in: *ADAP*, Serie C, Bd. V, Dok. Nr. 270, S. 382–383.「中徳信用借款合同（一九三六年四月八日）」『中徳外交密档』三二九―三三〇頁。

(47) この時代表団が発注した武器のリストは馬振特・如戚高『蔣介石与希特勒——民国時期的中徳関係』台北・東大図書股份有限公司、一九九八年、三三五—三三七頁に掲載されている。

(48) B. Nr. B Stat 1192/35 Gkods vom 15. Mai 1936, RM11/2/v. Case3/2/48899.

(49) Chang Kai Shek an Hitler vom 14. April 1936, in: PAdAA, „Projekt Klein", 6680/H096416.

(50) 「希特勒為発展対華合作事致蔣介石電（一九三六年五月一三日）」『中徳外交密档』四—五頁。

(51) 馬振特・如戚高『蔣介石与希特勒——民国時期的中徳関係』三〇〇頁。

(52) Anmerkung der Herausgeber (4), *ADAP*, Serie C, Bd. V, S. 605.

(53) Noebel an das AA vom 27. Juni 1936, in: PAdAA, „Projekt Klein", 218/147910.

(54) Die deutsche Handelskammer in Shanghai an den Ostasiatischen Verein Hamburg-Bremen vom 21. Mai 1936, in: Emil Helfferich, *1932–1946. Tatsachen*, Jever: C. L. Mettcker & Söhne 1969, S. 113.

(55) „Vertrauliche Aktennotiz betreffend Staatsvertrag" vom 26. Juni 1936, in: BA-MA, Msg. 160/7.

(56) Helfferich an Göring vom 7. Juli 1936, in: Emil Helfferich, *1932–1946. Tatsachen*, S. 114–115.

(57) Blomberg an Helfferich vom 10. Juli 1936, in: Emil Helfferich, *1932–1946. Tatsachen*, S. 116.

(58) Aufzeichnung Voss vom 18. Juli 1936, in: PAdAA, „Projekt Klein", 218/147932.

(59) Emil Helfferich, *1932–1946. Tatsachen*, S. 122.

(60) Fischer an Erdmannsdorff vom 1. Oktober 1936, in: PAdAA, „Projekt Klein", 218/148031.

(61) Jahresbericht der AGK bei der Reichsgruppe Industrie, Das erste Geschäftsjahr. 1. 11. 1935–31. 10. 1936, in: BA-MA, WiIF5/383, Teil 2.

(62) „Aktennotiz über die Besprechung mit Dr. Kung am 12. August 1937", in: BA-MA, RW5/v. 315, Bl. 22.

(63) Aufzeichnung Neurath vom 17. August 1937, in: *ADAP*, Serie D. Bd. I, Dok. Nr. 478, S. 612.

(64) Ausfuhrgemeinschaft für Kriegsgerät, Jahresbericht 1937, in: BA-L, R901/106417, S. 24.

(65) Ausfuhrgemeinschaft für Kriegsgerät, Jahresbericht 1937, in: BA-L, R901/106417, Anhang.

(66) „Schnellbrief" Göring vom 5. April 1938, in: BA-L, R901/106417.

(67)　Ausfuhrgemeinschaft für Kriegsgerät, Geschäftsbericht 1939/40, in: BA-L, R901/106419.

あとがき

私が「ナチズム極東政策の形成　一九三三―一九三八年――政府内政治をめぐる諸対抗」というタイトルのもとに博士論文を構想し、そのための史料調査を開始したのは、一九八三年―八五年の第一回ドイツ留学の時であった。かれこれ三〇年近く前のことになる。当初の予定では、論文は、独「満」貿易協定、日独防共協定、中独条約のそれぞれの成立過程を分析し、それを踏まえ、一九三八年五―六月のナチズム親日政策の確定までを考察する予定になっていた。このうち独「満」貿易協定の成立過程の分析は、一九九二年に『ナチズム外交と「満洲国」』（千倉書房）として発表し、日独防共協定の成立過程の分析は『ナチズム極東戦略――日独防共協定をめぐる諜報戦』（講談社選書メチエ）として、一九九七年にやはり著書の形で発表したが、中独条約に関する著作の発表は、以来今日まで遷延してしまった。これはひとえに私の怠慢のなせる業であり、今となっては自らの学問的生産性の低さにひたすら恥じ入るほかはない。

ただし、厚顔を顧みず今あえてその遅延の言い訳を探せば、以下のような事情を指摘することができるかもしれない。第一に、そもそも私の論文は、その副題「政府内政治をめぐる諸対抗」が示しているように、東アジア政策をめぐるナチス・ドイツ政府内の政治過程を分析しようとするものであったから、当初はもっぱらドイツ側の史料のみで論文を構成するつもりであった。しかし研究を進めるにつれて、その政治過程には、必然的に中国国民政府の政策が色濃く反映していることを強く認識せざるを得なかった。つまり、ナチス・ドイツの対中国政策を分析するために、私は、中国現代史研究への学問的越境を決意せざるを得なかった。

第二は、そのことと密接に関係するが、中国における改革開放政策の進展と国際関係における冷戦体制の崩壊にともない、中国、台湾、ドイツ（旧東独）において中独関係史をめぐる史料状況が劇的に改善されたことである。本書で使用された史料の半分以上は、すでに私の第一回ドイツ留学の際に収集し終えており、第二回目のドイツ留学時（一九九二―九三年）にそれを補完したが、その後の史料状況の変化に直面し、私は論文の史料基盤を見直さざるを得なかった。世紀の替わるあたりから、私は毎年のように中国・台湾に出張するようになり、また旧東ドイツに所蔵されていた史料を中心に、ドイツのアルヒーフへの調査旅行を再開した。これはもちろん歴史家としては喜ぶべき誤算であったが、史料調査の新規まき直しにそれなりのエネルギーを必要としたことも確かである。

そのこととの関連で、スタンフォード大学に保存されている、いわゆる「蔣介石日記」にも触れておきたい。中独関係史に関する史料調査の過程で私は、蔣介石の政治的動向に関し、『総統蔣公大事長編初稿』や『事略稿本』のうちの関係個所を検討したが、なお蔣介石日記を閲覧するにはいたっていない。蔣介石日記については、解読に相当のエネルギーを要するといわれるうえ、注釈を付けた出版も検討されていると聞くが、なお近い将来全編が活字化される見込みは立っていない。そこで本書では、「大きな事件に対する蔣介石の考えや動きについては、『事略稿本』や『蔣公大事長編初篇《ママ》』を丹念に読み込むことで大筋は拾える」との川島真氏の判断（http://www.kawashimashin.com/08/archive/jiangjieshiriji.pdf）にしたがい、ひとまず本書に関わる史料収集の旅を終えることとした。もとより、蔣介石日記の全容が将来判明しても、本書の分析に大きな変更を加える必要はない筈だ、という見通しをもった上でのことである。

本書は、時々の事情によりいくつかの個別論文として発表してきたものをまとめる形となったが、上述の「研究計画」からも推測されるように、もともとは「一筆書き」で一気に書き下ろす予定のものであった。個別論文としての体裁を整えるため、発表時にそれぞれ「まえがき」「あとがき」などを付したが、論旨はまったく変わっていない。以下発表時のタイトルおよび発表媒体を記しておく。


序章　書き下ろし。

第一章「ゼークトの中国訪問　一九三三年」『成城法学』第七七号（二〇〇八年）。

第二章「ナチス・ドイツと中国国民政府　一九三三―一九三六年（一）」『成城法学』第七九号（二〇一〇年）。

第三章「ナチス・ドイツと中国国民政府　一九三三―一九三六年（二）」『成城法学』第八〇号（二〇一一年）。

第四章および第五章「ナチス・ドイツと中国国民政府　一九三三―一九三六年（三・完）」『成城法学』第八一号（二〇一二年）。

第六章「武器輸出解禁の政治過程」成城大学法学会編『二一世紀における法学と政治学の諸相』信山社、二〇〇九年。

第七章　書き下ろし。

終章「第三帝国の軍拡政策と中国への武器輸出」横井勝彦・小野塚知二編『軍拡と武器移転の世界史』日本経済評論社、二〇一二年。


なお、当初の私の研究計画では、一九三八年六月まで（すなわちドイツによる「満洲国」の承認、トラウトマン大使およびドイツ軍事顧問団の本国召還、対中国武器輸出の停止まで）の中独関係史を分析の対象としていたが、その後研究を進めるなかで、日中戦争期・第二次世界大戦期の中独関係史も極めて重要かつ興味深い研究対象であることが自覚されてきた。そこで研究計画のマイナーチェンジをおこない、本書ではさしあたり日中戦争の勃発までで叙述を終え、日中戦争期・第二次世界大戦期の中独関係史については別途研究を進めることとした。その成果については、いずれ改めて世に問うこととしたい。

遅々とした歩みではあったが、私は、研究を進める過程で、多くの方々のお世話になった。かつてドイツ語史料の中にWon Wen HauやDr. Maなどの人名を見て途方に暮れていた私にとって、当時日本で先駆的に開始されていた中華民国史研究（「民国史観」）の前進にどれだけ助けられたか知れない。ナチズム研究の先達・同学諸氏の業績についても同様である。そのうち本書のテーマに直接関係する重要な著書・論文については、註で引用してあるが、これら中国現代史研究者、ドイツ現代史研究者の方々にお礼を申し上げたい。

加藤陽子氏、中見立夫氏、（故）西川正雄氏、西村成雄氏、山内昌之氏は、大学の研究室に籠もり、目立たない紀要などに細々と論文を発表していた私の仕事に関心を払い、私を「陽の当たる場所」に引き出して下さった。そのご厚意は忘れがたい。川島真氏は、かつて台湾・中国への研究旅行を組織することにより、私の「羽田決心」を後押しして下さった。私が参加した科学研究費共同研究の代表者の方々、サーラ・スヴェン氏、横井勝彦氏、臼杵陽氏にも感謝申し上げたい。

ドイツ＝東アジア関係史研究の「盟友」工藤章氏は、本書の刊行をもっとも強く督励してくださったうえ、本書の原稿に目を通して詳細なコメントと懇切な改善案を提示してくださった。ご指摘に十全にお応えできなかった部分もあり、申し訳なさも残るが、ご厚意に心よりお礼申し上げたい。ただし、記述の誤りやミスの責任がすべて私にあることは、改めていうまでもない。

北海道大学法学部のゼミに参加を許されて以来、今日にいたるまで、松沢弘陽先生にはつねにあたたかい励ましをいただいている。田口晃先生には、本書の刊行により、ようやく三〇年がかりの宿題を提出しえた気がする。長い間のご指導に深く感謝申し上げたい。

東京大学出版会理事の黒田拓也氏および編集を担当して下さった大矢宗樹氏は、私の遅々とした仕事ぶりをつねに寛大に見守って下さったほか、時々の適切なアドヴァイスで本書を刊行に導いて下さった。心よりお礼申し上げたい。

母・田嶋美喜は、最晩年、東京都立大学大学院人文科学研究科で奥村哲先生のご指導のもとに、一九三〇年代中国国民党史研究に打ち込み、博士論文を準備していたが、病魔に冒され、二〇一一年五月、志半ばで逝った。私事にわたり恐縮であるが、本書を母の墓前に捧げることをお許しいただきたい。

二〇一三年一月

田嶋信雄

＊1　本書の刊行にあたり、成城大学法学部より出版助成金を得た。
＊2　本書の研究に際し、以下の研究助成金による支援を得た。
・科学研究費　基盤研究（B）「日独関係史における相互認識――想像、イメージ、ステレオタイプ」研究代表　サーラ・スヴェン上智大学国際教養学部准教授、研究期間　二〇〇八年四月―二〇一一年三月。
・科学研究費・基盤研究（A）「軍縮と武器移転の総合的歴史研究――軍拡・軍縮・再軍備の日欧米比較」研究代表　横井勝彦・明治大学商学部教授、研究期間　二〇〇八年四月―二〇一二年三月。
・科学研究費　基盤研究（B）「第二次世界大戦期の日本および枢軸国の対中東・イスラーム政策」研究代表　臼杵陽・日本女子大学文学部教授、研究期間　二〇〇八年四月―二〇一一年三月。
・私立大学戦略的研究拠点基盤形成支援事業「社会的・文化的複数性に基づく未来社会の構築に向けたグローカル研究拠点の形成」研究代表　上杉富之・成城大学文芸学部教授、研究期間　二〇一一年四月―二〇一六年三月。
・成城大学特別研究助成金「ナチス・ドイツと日中戦争」個人研究、研究期間　二〇〇八年四月―二〇一〇年三月。
・成城大学特別研究助成金「中国と欧州大戦　一九三九―一九四五年」個人研究、研究期間　二〇一〇年四月―二〇一二年三月。

工藤章・田嶋信雄 編

日独関係史　一八九〇―一九四五〈全三巻〉

I　総説／東アジアにおける邂逅	A5	五六〇〇円
II　枢軸形成の多元的力学	A5	五六〇〇円
III　体制変動の社会的衝撃	A5	五六〇〇円

岡本隆司・川島真 編

中国近代外交の胎動　A5　四〇〇〇円

松本彰 著

記念碑に刻まれたドイツ　戦争・革命・統一　A5　六四〇〇円

ゲルハルト・レームブルッフ
平島健司 編訳

ヨーロッパ比較政治発展論　四六　三二〇〇円

ここに表示された価格は本体価格です．御購入の際には消費税が加算されますので御了承ください．

著者略歴
1953年東京都生まれ．北海道大学法学部卒業，トリーア大学およびボン大学留学（1982－1984年）．北海道大学大学院法学研究科博士課程（公法専攻）単位取得退学．博士（法学）（北海道大学）．北海道大学法学部助手，成城大学法学部講師，同助教授を経て，現在，成城大学法学部教授．フライブルク大学客員研究員（1992-1993年）．

主要業績
『ナチズム外交と「満洲国」』千倉書房，1992年．
『ナチズム極東戦略——日独防共協定を巡る諜報戦』講談社，1997年．
『日独関係史　一八九〇－一九四五』全3巻（工藤章と共編），東京大学出版会，2008年．
Japan and Germany. Two Latecomers to the World Stage, 1890-1945, 3 vols., co-edited with Akira Kudo and Erich Pauer, Folkestone: Global Oriental, 2009.
『国際関係のなかの日中戦争』（西村成雄・石島紀之と共編），慶應義塾大学出版会，2011年．

ナチス・ドイツと中国国民政府　一九三三－一九三七

2013年 3 月19日　初　版

［検印廃止］

著　者　田嶋信雄《たじまのぶお》

発行所　一般財団法人　東京大学出版会
代表者　渡辺　浩
113-8654 東京都文京区本郷 7-3-1 東大構内
電話 03-3811-8814　FAX 03-3812-6958
振替 00160-6-59964
http://www.utp.or.jp/

印刷所　株式会社平文社
製本所　矢嶋製本株式会社

ISBN 978-4-13-036244-3　Printed in Japan

人名索引

ア 行

カ 行

サ　行

タ　行

ナ　行

ハ　行

マ　行

ヤ 行

ラ 行

事項索引

ア　行

カ　行

ナ　行

ハ　行

マ　行

ヤ　行

ラ　行

ワ　行

アルファベット

文献目録

本書で直接言及したものに限定した

I　欧文文献（アルファベット順）

文書館史料

Bundesarchiv Koblenz (BA-K)

N. 1022　Nachlaß Max Bauer

Bundesarchiv Lichterfelde, Berlin (BA-L)

R7　Reichswirtschaftsministerium

R26/I　Beauftragter für den Vierjahresplan

R43　Reichskanzlei

R121　Industriebeteiligungsgesellschaft mbH

Bericht und Anlage der Deutschen Revisions- und Treuhand-Aktiengesellschaft Berlin über die bei der „HAPRO" vorgenommene Sonderprüfung

R 901　Auswärtiges Amt, Abteilung W, Handel mit Kriegsgerät allgemeines

Bundesarchiv-Militärarchiv, Freiburg im Breisgau (BA-MA)

Msg. 160 Deutsche Beraterschaft in China

Nl. 246　Nachlaß Alexander von Falkenhausen

N. 247　Nachlaß Hans von Seeckt

RH8　Amtsgruppen und Abteilungen im Heereswaffenamt

RM11　Marineattachégruppe

RW5　Amt Ausland und Abwehr

RW19　Chef des Wehrwirtschafts- und Rüstungsamtes

RW19/Anhang Sammlung von Ausarbeitungen wirtschaftswissenschaftlicher Institute

1/1393, „Ostasiatischer Verein Hamburg/Bremen"

National Archives II, College Park, Maryland, USA

RG 238　World War II War Criminal Record

Politisches Archiv des Auswärtigen Amtes, Berlin (PAdAA)

Geheimakten der Abteilung IV, Ostasien, Allgemeines

HaPol.-Verträge: China/Projekt Klein

Mikrofilm AA/3088 Reichsaußenminister, China
Mikrofilm AA/8985 Büro Reichsminster
R9208 Deutsche Botschaft China
R29826 Büro des Staatssekretärs, Diplomatenbesuch
R29839 Büro des Staatssekretärs, Aufzeichnungen über Besuche von Nicht-Diplomaten
R85703 Pol. 13, China. Militärangelegenheiten
R104816 Deutschlandbesuch des chinesischen Finanzministers Dr. Kuhn
Sammlung RAM (Reichsaußenminister)

個人文書

Nachlaß Friedrich Hack, im Besitz vom Verfasser
Nachlaß Ulrich von Busekist, „Erinnerungen an meine Chinajahre", im Besitz vom Verfasser

参考文献

Auswärtiges Amt (Hrsg.), *Biographisches Handbuch des deutschen Auswärtigen Dienstes 1871–1945*, Paderborn: Ferdinand Schöningh 2000–.
Biographisches Wörterbuch zur deutschen Geschichte, Dritter Band: S-Z, München: A. Francke Verlag 1975.
Esser, Alfons , *Bibliographie zu den deutsch-chinesischen Beziehungen, 1860–1945*, München 1984.
Grainer, Gerhard/Josef Henke/Klaus Oldenhage (Hrsg.), *Bundesarchiv und seine Bestände* (3. Auflage), Boppard am Rhein: Harald Boldt Verlag 1977.

刊行史料

Akten der Reichskanlei, Regierung Hitler
1933–1938, Teil I: 1933/34, Teilband 1: Jan.-Aug. 1933 (bearbeitet von Karl-Heinz Minuth), Boppard am Rhein: Harald Boldt Verlag 1983.
1933–1938, Teil I: 1933/34, Teilband 2: Sept. 33-Aug. 34 (bearbeitet von Karl-Heinz Minuth), Boppard am Rhein: Harald Boldt Verlag 1983.
1933–1938, Teil II: 1934/35, Teilband 1: Aug 34-Mai 35 (bearbeitet von Friedrich Hartmannsgruber), München: R. Ordenbourg Verlag 1999.
1933–1938, Teil II: 1934/35, Teilband 2: Juni-Dez. 35 (bearbeitet von Friedrich Hartmannsgruber), München: R. Ordenbourg Verlag 1999.
1933–1938, Teil III: 1936 (bearbeitet von Friedrich Hartmannsgruber), München: R. Ordenbourg Verlag 2002.
Akten zur Deutschen Auswärtigen Politik 1919–1945
Serie C, Bd. I, Januar bis Oktober 1933 (bearbeitet von Franz Knipping), Göt-

tingen: Vandenhoeck & Ruprecht 1973.

Serie C, Bd. II, Oktober 1933 bis Januar 1934 (bearbeitet von Franz Knipping), Göttingen: Vandenhoeck & Ruprecht 1973.

Serie C, Bd. III, Juni 1934 bis März 1935 (bearbeitet von Hans Rothfels and Vincent Kroll), Göttingen: Vandenhoeck & Ruprecht 1973.

Serie C, Bd. IV, April 1935 bis März 1936 (bearbeitet von Frank Knipping), Göttingen: Vandenhoeck & Ruprecht 1975.

Serie C, Bd. V, März bis Oktober 1936 (bearbeitet von Gerhard W. Rakenius), Göttingen: Vandenhoeck & Ruprecht 1977.

Serie C, Bd. VI, November 1936 bis November 1937 (bearbeitet von Walter Bussmann und Vicent Kroll), Göttingen: Vandenhoeck & Ruprecht 1981.

Serie D, Bd. I. Von Neurath zu Ribbentrop, Baden-Baden: Imprimerie Nationale, o.D.

Serie D, Bd. III. Deutschland und der Spanische Bürgerkrieg, Baden-Baden: Imprimerie Nationale, o.D.

Engel, Gerhard, (hrsg. u. kommentiert von Hildegard von Kotze), *Heeresadjutant bei Hitler 1938-1943. Aufzeichnungen des Majors Engel*, Stuttgart: Deutsche Verlags-Anstalt 1974.

International Military Tribunal, *Der Prozeß gegen die Hauptkriegsverbrecher vor dem Internationalen Militärgerichtshof Nürnberg, Nürnberg* (s. n.), 1948.

Kuo Heng-yü (Hrsg.), *Deutsch-chinesische Beziehungen 1928-1938*, München: Minerva Publikation 1988.

Martin, Bernd, (Hrsg.), *Deutsch-chinesische Beziehungen 1928-1937*, Berlin: Akademie Verlag 2003.

Mund, Gerald, *Ostasien im Spiegel der deutschen Diplomatie. Die privatdienstliche Korrespondenz des Diplomaten Herbert v. Dirksen vom 1933 bis 1938*, Stuttgart: Franz Steiner Verlag 2006.

Reichsgesetzblatt, Berlin: Reichsverlagsamt

Ursachen und Folgen: Vom deutschen Zusammenbruch 1918 und 1945 bis zur staatlichen Neuordnung Deutschlands in der Gegenwart (hrsg. von Herbert Michaelis/Ernst Schraepler), Bd. 10, Berlin: Dokumenten-Verlag Dr. Herbert Wendler & Co., o. D.

自伝・回想録

Eckert, Walter, *Die HAPRO in China*, Graz: Selbstvertrag o. D.

Helfferich, Emil, *1932-1946. Tatsachen*, Jever: C. L. Mettcker & Söhne 1969.

Herwarth, Hans von, *Zwischen Hitler und Stalin. Erlebte Zeitgeschichte 1931-1945*, Frankfurt am Main: Propyläen Verlag 1982.

Hoßbach, Friedrich, *Zwischen Wehrmacht und Hitler*, Wolfenbüttel: Wolfenbütteler

Verl. Anstalt 1949.

Krogmann, Carl V., *Es ging um Deutschlands Zukunft 1932–1939*, Leoni am Starnberger See: Druffel-Verlag 1976.

研究文献

Bloß, Hartmut, „Deutsche Chinapolitik im Dritten Reich", in: Manfred Funke (Hrsg.), *Hitler, Deutschland und die Mächte*, Düsseödorf: Droste 1978, S. 407–429.

Chan, Anthony B. *Aiming the Chinese. The Western Armaments Trade in Warlord China 1920–1928*, Vancouver: University of British Columbia Press 1982.

Chapman, John W., "Japan and German Naval Policy 1919–1945", in: Josef Kreier (Hrsg.), *Deutschland-Japan. Historische Kontakte*, Bonn: Bouvier verlag Herbert Grundmann 1984, S. 211–264.

Danylow, Peter /Ulrich S. Soénius (Hrsg.), *Otto Wolff*, München: Siedler Verlag 2005.

Drechsler, Karl, *Deutschland-China-Japan, 1933–1939*, Akademie-Verlag (Berlin-Ost) 1964.

Fox, John P., *Germany and the Far Eastern Crisis 1931–1938*, Oxford: Oxford University Press 1982.

Freyeisen, Astrid, *Shanghai und die Politik des Dritten Reiches*, Würzburg: Verlag Königshausen & Neumann 2000.

Funke, Manfred, (Hrsg.), *Hitler, Deutschland und die Mächte*, Düsseldorf: Droste 1978.

Hildebrand, Klaus, *Deutsche Außenpolitik 1933–1945. Kalkül oder Dogma?* Stuttgart: Kohlhammer 1871.

—— *Das Dritte Reich*, München: R. Ordenbourg 1979（クラウス・ヒルデブラント，中井晶夫・義井博訳『ヒトラーと第三帝国』南窓社，一九八七年）.

Hoffmann, Joachim, *Kaukasien 1942/43*, Freiburg im Breisgau: Rombach Verlag 1991.

Hüttenberger, Peter, „Nationalsozialistische Polykratie", in: *Geschichte und Gesellschaft*, 2. Jg. (1976), S. 417–442.

—— „Interessenvertretung und Lobbyismus im Dritten Reich", in: Gerhard Hirschfeld/Lothar Kettenacker (Hrsg.), *Der „Führerstaat": Mythos und Realität"*, Stuttgart: Klett-Cotta 1981, S. 429–457.

Jacobsen, Hans-Adolf, *Nationalsozialistische Außenpolitik 1933–1938*, Frankfurt am Main: Alfred Metzner Verlag 1968.

Kirby, William C., *Germany and Republican China*, Stanford: Stanford University Press 1984.

Kube, Alfred, *Pour le mérite und Hakenkreuz. Hermann Göring im Dritten Reich*, München: R. Oldenbourg 1987.

Kuo Heng-yü, *Von der Kolonialpolitik zur Kooperation. Studien zur Geschichte der deutsch-chinesischen Beziehungen*, München: Minerva Publikation 1986.

Leitz, C. M., "Arms exports from the Third Reich 1933-1939: the example of Krupp", *Economic History Review*, 51-1, 1998, pp. 133-154.

Liang, Hsi Huey, *The Sino-German Connection. Alexander von Falkenhausen between China and Germany 1900-1941*, Assen/Amsterdam: Van Gorcum 1978.

—— „Alexander von Falkenhausen (1934-1938)", in: Bernd Martin (Hrsg.), *Die deutsche Beraterschaft in China. Militär-Wirtschaft-Außenpolitik*, Düsseldorf: Droste 1981, S. 135-146.

Machetzki, Rüdiger, (Hrsg.), *Deutsch-chinesische Beziehungen. Ein Handbuch*, Hamburg: Institute für Asienkunde 1982.

Martin, Bernd, *Die deutsche Beraterschaft in China. Militär-Wirtschaft- Außenpolitik*, Düsseldorf: Droste 1981.

Mehner, Karl, „Die Rolle deutscher Militärberater als Interessenvertreter des deutschen Militarismus und Imperialismus in China 1928-1936", Unveröffentlichte Dissertation, Universität Leipzig 1961.

Meier-Welcker, Hans, *Seeckt*, Frankfurt am Main: Bernard & Graefe Verlag für Wehrwesen 1967.

Nakata, Jun, *Der Grenz- und Landesschutz in der Weimarer Republik 1918-1933*, Freiburg im Breisgau: Rombach Druck- und Verlagshaus 2002.

Ostasiatischer Verein Hamburg-Bremen e. V. (Hrsg.), *Ostasiatischer Verein Hamburg-Bremen zum 60 jährigen Bestehen*, Hamburg: Kühn-Verlag 1960.

Petzina, Dieter, *Autarkiepolitik im Dritten Reich. Der nationalsozialistische Vierjahresplan*, Stuttgart: Deutsche Verlags-Anstalt 1968.

Rabenau, Friedrich von, *Seeckt. Aus seinem Leben 1918-1936*, Leipzig: Hase & Koehler Verlag 1940.

Ratenhof, Udo, *Die Chinapolitik des Deutschen Reiches 1871-1945*, Boppard am Rhein: Harald Boldt Verlag 1987.

Ruland, Bernd, *Deutsche Botschaft Peking. Das Jahrhundert deutsch-chinesischen Schicksals*, Bayreuth: Hestia-Verlag 1973.

Sander-Nagashima, Berthold J., *Die deutsch-japanischen Marinebeziehungen 1919 bis 1942*, Hamburg: Universität Hamburg 1998.

Schäfer, Kirstin A., *Werner von Blomberg: Hitlers erster Feldmarschall. Eine Biographie*, Paderborn: Schöningh 2006.

Schieder, Wolfgang, „Spanischer Bürgerkrieg und Vierjahresplan", in: Wolfgang Michalka (Hrsg.), *Nationalsozialistische Außenpolitik*, Darmstadt: Wissenschaftliche Buchgesellschaft 1978, S. 325-359.

Schmitt-Englert, Barbara, *Deutsche in China 1920-1950*, Gossenberg: OSTASIEN Verlag 2012.

Schweitzer, Arthur, „Foreign Exchange Crisis of 1936", in: *Zeitschrift für gesamte Staatswissenschaft*, Bd. 118 (1962), pp. 243-277.

Seps, Jerry Bernard, "German Military Advisers and Chang Kai-shek, 1927-1938", Ph. D. Dissertation, University of California at Berkeley 1972.

Thomas, Georg, *Geschichte der deutschen Wehr- und Rüstungswirtschaft* (*1918-1943/45*), Boppard am Rhein: Harald Boldt Verlag 1966.

Volkmann, Hans-Erich, „Außenhandel und Aufrüstung in Deutschland 1933 bis 1939", in: Friedrich Forstmeier/Hans-Erich Volkmann (Hrsg.), *Wirtschaft und Rüstung am Vorabend des Zweiten Weltkrieges*, Düsseldorf: Droste Verlag 1981, S. 81-131.

Whealey, Robert H., *Hitler and Spain: the Nazi role in the Spanish Civil War, 1936-1939*, Lexington: The University Press of Kentucky 1989.

II　中国語文献（ピンイン順）

文書館史料

国史館（新店）

　蔣介石档案　籌筆一.

中央研究院近代史研究所档案館（台北）

　朱家驊档案.

参考文献

安悟行（Wolfram Adolphi）（馬振犢訳）「1937-1938年徳国駐華大使館収集的有関中国抗戦档案史料」『民国档案』1988年第1期，98-101頁.

中国現代史辞典編輯委員会編『中国現代史辞典——人物部分』台北：近代中国出版社，1985年.

刊行史料

北京師範大学・上海市档案館編『蔣作賓日記』南京：江蘇古籍出版社，1990年.

郭恒鈺（Kuo Heng-yü）・羅梅君（Mechthild Leutner）主編（許琳菲・孫善豪訳）中央研究院近代史研究所史料叢刊『徳国外交档案　一九二八——九三八年之中徳関係』台北：中央研究院近代史研究所，1911年.

国民政府軍事委員会委員長行営『参謀団大事記』（上）（中）（下），台北：軍事科学院軍事図書館，1986年.

黄自進・潘光哲編『蔣中正総統五記・困勉記』新店：国史館，2011年.

『蔣中正総統档案　事略稿本』新店：国史館，2003年-.

秦孝儀（総編集）『総統蔣公大事長編初稿』台北：出版社記述なし（第9巻より財団法人中正文教基金会）1978年-.

王聿均・孫斌合編『朱家驊先生言論集』中央研究院近代史研究所史料叢刊（三），台北：中央研究院近代史研究所，1977年.
翁文灝（李学通・劉萍・翁心鈞整理）『翁文灝日記』北京：中華書局，2010年.
中国第二歴史档案館編『中徳外交密档（一九二七――一九四七）』桂林：広西師範大学出版社，1994年.
中国国民党中央委員会党史委員会編『馬君武先生文集』台北：中央文物供応社，1984年.
中華民国重要史料初編編輯委員会編『中華民国重要史料初編――対日抗戦時期　緒編（一）－（三）』台北：中央文物供応社，1981年.
中央档案館編『紅軍長征档案史料選編』北京：学習出版社，1996年.
中央研究院近代史研究所史料叢刊『徳国外交档案　一九二八――一九三八年之中徳関係』台北：中央研究院近代史研究所，1991年.

自伝・回想録・オーラルヒストリー

白崇禧『白崇禧先生訪問紀録』（中央研究院近代史研究所口述歴史叢書４）台北：中央研究院近代史研究所，1984年.
程天放『使徳回憶録』台北：国立政治大学出版委員会，1966年.
鄧演存「琶江兵工廠建立始末」広州市政協文史資料研究委員会編『南天歳月――陳済棠主粤時期見聞実録』（広州文史資料第37輯）広州：広東人民出版社，1987年，161-167頁.
関徳懋『関徳懋先生訪問紀録』（中央研究院近代史研究所口述歴史叢書65）台北：中央研究院近代史研究所，1997年.
李宗仁『李宗仁回憶録』上海：華東師範大学出版社，1995年.
銭昌照『銭昌照回憶録』北京：中国文史出版社，1998年.

研究文献

賓長初「論新桂系的経済建設方針及管理機構」『民国档案』2008年第３期，77-83頁.
陳存恭『列強対中国的軍火禁運（民国八年――八年）』台北：中央研究院近代史研究所，1983年.
陳仁霞『中徳日三角関係研究　一九三六――一九三八』北京：生活・読書・新知三聯書店，2003年.
程麟蓀『旧中国的資源委員会（一九三二――一九四九）――史実与評価』上海：上海社会科学院出版社，1991年.
馮啓宏『法西斯主義與三〇年代中国政治』，台北：国立政治大学歴史学系，1998年.
郭昌文「蔣介石『剿共』態度之研究（1932-1936）――以処理『剿共』与平定粤桂関係為中心」『民国档案』2011年第２号，76-83頁.
李滔・陸洪洲編『中国兵工企業史』北京：兵器工業出版社，2003年.
李学通『翁文灝年譜』（中国近現代科学技術史研究叢書），済南：山東教育出版社，2005年.

李雲漢『中国国民党史述』第三編，台北：中国国民党中央委員会党史委員会，1994年.
林蘭芳『資源委員会的特殊鉱産統制（一九三六－一九四九年）』台北：国立政治大学歴史学系，1998年.
劉大禹・姚路英「五全大会与蒋介石个人集権政治的形成」『民国档案』2011年第1期，93-102頁.
呂芳上「抗戦前的中央与地方——以蒋介石先生与広東陳済棠関係為例（一九二九－一九三六）」『近代中国』（台湾）144期，2001年8月，170-198頁.
馬丁，伯恩徳（Bernd Martin）「徳国与国民党中国（一九二七－一九四一）」張寄謙主編『中徳関係史研究論集』北京：北京大学出版会，2011年，131-176頁.
馬振特・如戚高『蒋介石与希特勒——民国時期的中徳関係』台北：東大図書股份有限公司，1998年.
戚如高・周媛「資源委員会的『三年計画』及其実施」『民国档案』1996年第2期，95-103頁.
施家順『両広事変之研究』高雄：復文図書出版社，1992年.
王憲群「合歩楼公司与中独関係」1995年，国立台湾大学図書館所蔵.
薛毅『国民政府資源委員会研究』北京：社会科学出版社，2005年.
厳如平「翁文灝生平概述」『民国档案』1994年第3，112-119頁.
張寄謙主編『中徳関係史研究論集』北京：北京大学出版会，2011年.
鄭友揆・程麟蓀・張伝洪『旧中国的資源委員会——史実与評価』上海：上海社会科学院出版社，1991年.
周恵民『徳国対華政策研究』台北：三民書局，1995年.
朱浤源『従変乱到軍省——広西的初期現代化　一八六〇－一九三七』，台北：中央研究院近代史研究所，1995年.

Ⅲ　日本語文献（50音順）

文書館

外務省外交史料館

「外国ノ対中国借款及投資関係雑件　第二巻」B-E-1-6-0-X1_002

参考文献

『中国人名資料事典』日本図書センター，1999年.
山田辰雄編『近代中国人名辞典』霞山会，1995年.

刊行史料

外務省編『日本外交年表竝主要文書』原書房，2007年.
丁秋潔・宋平編，鈴木博訳『蒋介石書簡集』（上）（中）（下），みすず書房，2001年.

自伝・回想録

シュネー，ハインリッヒ（金森誠也訳）『「満州国」見聞記』新人物往来社，1988年.
ブラウン，オットー（瀬戸鞏吉訳）『大長征の内幕』恒文社，1977年.
松本重治『上海時代（上）』中央公論社，1974年.

研究文献

浅田進史「膠州湾租借条約の成立」工藤章・田嶋信雄編『日独関係史　一八九〇－一九四五（1）　総論／東アジアにおける邂逅』東京大学出版会，2008年，185-220頁.
――『ドイツ統治下の青島』東京大学出版会，2011年.
飯島典子「清末から民国期にかけての広東・江西に跨るタングステン開発」『中国研究月報』2009年3月号，32-43頁.
家近亮子『蔣介石と南京国民政府』慶應義塾大学出版会，2002年.
石川禎治「南京政府期の技術官僚の形成と発展」『史林』第74巻第2号（1991年），1-33頁.
石島紀之「南京政権の経済建設についての一試論」『茨城大学人文学部紀要文学科論集』11号（1978年），41-77頁.
――「国民党政権の対日抗戦力」野沢豊・田中正俊編集代表『講座中国近現代史』第8巻，東京大学出版会，1978年，31-62頁.
――『中国抗日戦争史』青木書店，1984年.
――「国民政府の「安内攘外」政策とその破産」池田誠編著『抗日戦争と中国民衆』法律文化社，1988年，59-79頁.
――『雲南と近代中国』青木書店，2004年.
伊集院立「ヴァルター・ダレーとヴィルヘルム・ケプラー」『史学雑誌』第九八編第三号，1989年，38-79頁.
今井駿『四川省と近代中国』汲古書院，2007年.
ウィーラー＝ベネット，J.（山口定訳）『国防軍とヒトラー　一九一八－一九四五』東京：みすず書房（新版）2002年.
内田尚孝『華北事変の研究――塘沽停戦協定と華北危機下の日中関係　一九三二－一九三五年』汲古書院，2006年.
HHKドキュメント昭和取材班編『オレンジ作戦』角川書店，1986年.
大島通義『総力戦時代のドイツ再軍備』同文館，1996年.
大木毅「フリードリヒ・ハックと日本海軍」『国際政治』第109号（1995年），22-37頁.
小野田摂子「蔣介石政権における近代化政策とドイツ極東政策」（一）および（二）『政治経済史学』第344号（1995年1月）644-707頁：345号（1995年2月）61-86頁.
鹿毛達雄「独ソ軍事協力関係（一九一九－一九三三）」『史学雑誌』第74編第6号（1965年），1-44頁.
加藤陽子『模索する一九三〇年代』山川出版社，1993年.
姜抮亜「1930年代陳済棠政権の製糖業建設」『近きに在りて』第30号，1996年11月，78-97頁.
工藤章『日独企業関係史』有斐閣，1992年.

――「幻想の3角貿易――「満州国」と日独通商関係・覚書」『ドイツ研究』23号(1996年)，52-70頁.
――『20世紀ドイツ資本主義――国際定位と大企業体制』東京大学出版会，1999年.
熊野直樹『ナチス一党支配体制成立史序説――フーゲンベルクの入閣とその失脚をめぐって』法律文化社，1996年.
――「バター・マーガリン・満洲大豆」熊野直樹他『政治史への問い／政治史からの問い』法律文化社，2009年，147-174頁.
栗原優『ナチズム体制の成立』ミネルヴァ書房，1981年.
――『第二次世界大戦の勃発』名古屋大学出版会，1994年.
黒川康「「レーム事件」の経過とその意義――「第三帝国」の支配的権力構造をめぐって」『季刊社会思想』第3巻3・4号，1974年，55-84頁.
ゲルリッツ，ヴァルター（守屋純訳）『ドイツ参謀本部興亡史』学習研究社，1998年.
高橋進『ドイツ賠償問題の史的展開』岩波書店，1983年.
田嶋俊雄「中国・台湾2つの開発体制――共産党と国民党」東京大学社会科学研究所編『20世紀システム（4）　開発主義』東京大学出版会，1998年，171-206頁.
田嶋信雄「ドイツ外交政策とスペイン内戦　一九三六年――「ナチズム多頭制」の視角から」(一)（二・完）『北大法学論集』第32巻第1号・第2号（1981年），273-323頁・107-141頁.
――「スペイン内戦とドイツの軍事介入」スペイン史学会編『スペイン内戦と国際政治』彩流社，1990年，123-149頁.
――『ナチズム外交と「満洲国」』千倉書房，1992年.
――『ナチズム極東戦略――日独防共協定を巡る諜報戦』講談社，1997年.
――「孫文の『中独ソ三国連合』構想と日本　一九一七－一九二四年――「連ソ」路線および「大アジア主義」再考」服部龍二・後藤春美・土田哲夫編『戦間期の東アジア国際政治』中央大学出版部，2007年，3-52頁.
――「東アジア国際関係の中の日独関係――外交と戦略」工藤章・田嶋信雄編『日独関係史　一八九〇－一九四五（1）　総論／東アジアにおける邂逅』東京大学出版会，2008年，3-75頁.
――「親日路線と親中路線の暗闘」工藤章・田嶋信雄編『日独関係史　一八九〇－一九四五（2）　枢軸形成の多元的力学』東京大学出版会，2008年，7-53頁.
――「総論　国際関係のなかの日中戦争」西村成雄・石島紀之・田嶋信雄編『国際関係のなかの日中戦争』慶應義塾大学出版会，2011年，3-30頁.
――「日中戦争と日独中ソ関係」西村成雄・石島紀之・田嶋信雄編『国際関係のなかの日中戦争』慶應義塾大学出版会，2011年，33-53頁.
田嶋美喜「中国国民党の地方統合と党組織――山西省の場合」『人文学報』（首都大学東京都市教養学部人文・社会系）400号（歴史学編36），2008年3月，123-147頁.
田野大輔「ポリクラシーの政治力学」『京都社会学年報』第3号（1995年）57-76頁.
陳紅民（小野寺史郎訳）「周辺の存在の国民党内派閥闘争に対する影響――胡漢民の政治主張を中心とする研究（一九三一－一九三六）」横山宏章・久保亨・川島真

編『周辺から見た二〇世紀中国』中国書店，2002年，143-159頁.
——（光田剛訳）「矛盾の連合体——胡漢民・西南政権と広東実力派（一九三二——九三六年）」，松浦正孝編著『昭和・アジア主義の実像』ミネルヴァ書房，2007年，78-99頁.
程麟蓀「国民政府資源委員会とその人民共和国への遺産」久保亨他編『一九四九年前後の中国』汲古書院，2006年，139-160頁.
中村綾乃「東アジア在留ドイツ人社会とナチズム」工藤章・田嶋信雄編『日独関係史　一八九〇——九四五（3）　体制変動の社会的衝撃』東京大学出版会，2008年，55-97頁.
——『東京のハーケンクロイツ——アジアに生きたドイツ人の軌跡』白水社，2010年.
萩原充『中国の経済建設と日中関係——対日抗戦への序曲　一九二七——九三七年』ミネルヴァ書房，2000年.
フライアイゼン，アストリート，（田嶋信雄・中村綾乃訳）「日本占領下の上海と二つのドイツ人社会」工藤章・田嶋信雄編『日独関係史　一八九〇——九四五（3）体制変動の社会的衝撃』東京大学出版会，2008年，99-140頁.
防衛庁防衛研究所戦史室編『戦史叢書』第79巻「中国方面海軍作戦（二）」朝雲出版社，1975年.
室潔『ドイツ軍部の政治史　一九一四——九三三』早稲田大学出版部，1989年.
柳澤治「ナチス政策思想と「経済新体制」——日本経済界の受容」工藤章・田嶋信雄編『日独関係史　一九八〇——九四五（3）　体制変動の社会的衝撃』東京大学出版会，2008年，275-322頁.
——『戦前・戦時期日本の経済思想とナチズム』岩波書店，2008年.
——「ナチスの戦争準備・戦時経済体制と資本主義的企業——四カ年計画からシュペア体制へ」明治大学『政経論叢』第80巻第５・６号（2012年３月），121-166頁.
山口定「グレーナー路線とゼークト路線」立命館大学『人文科学研究所紀要』第６号（1962年５月），73-143頁.
横山啓一「ドイツ陸軍再軍備　一九三四——陸軍兵器局のヴィジョンとその作用」『駿台史学』第86号（1992年）54-98頁.
——「ドイツ第三帝国の国防経済　一九三五——九三七」『駿台史学』第122号（2004年），1-35頁.
羅敏（光田剛訳）「福建事変前後の西南と中央——対立から交渉へ」松浦正孝編著『昭和・アジア主義の実像』ミネルヴァ書房，2007年，100-125頁.
ラリー，ダイアナ（益尾知佐子訳）「戦争の地域へのインパクト——広西，一九三七年——九四五年」姫田光義・山田辰雄編『中国の地域政権と日本の統治』慶應義塾大学出版会，2006年.
鹿錫俊『中国国民政府の対日政策　一九三一——九三三』東京大学出版会，2001年.